Cuando nos prohibieron ser mujeres
…y os persiguieron por ser hombres

Segunda edición revisada: enero 2017.

© 2016, 2017 Alicia V. Rubio Calle

ISBN: 978-84-608-9601-2

Edición y cubierta: Lafactoría.pub

*Alicia V. Rubio*

# Cuando nos prohibieron ser mujeres
# ...y os persiguieron por ser hombres

Para entender cómo nos afecta la ideología de género

# …Y LOS UTILIZARON POR SER NIÑOS

A todas las asociaciones, grupos y personas
particulares que,
contra las manipulaciones, mentiras y
persecuciones por ser disidentes…
sin fondos públicos, ni ayudas
han enarbolado y mantenido firme la bandera
en la lucha contra la hidra de las mil cabezas.
A esa sociedad que se resiste a morir.

# ÍNDICE

# SOBRE LA AUTORA

Alicia V. Rubio es filóloga y ha sido profesora de educación física en un instituto público durante veinticinco años. La enorme discrepancia que constató entre la percepción de la realidad en el campo del rendimiento físico y la llamada ideología de género determinaron su interés por el estudio de este planteamiento constructivista.

Su activismo como madre objetora frente al adoctrinamiento ideológico escolar ha sido el impulso final para estudiar a fondo desde sus diversos ámbitos (ético, legislativo, educativo, antropológico, biológico, neurofisiológico, etc...) un ideología que hoy afecta a las relaciones personales y por ende a la familia y la sociedad.

Este libro es un resumen de su experiencia e investigaciones y una forma amena y clara de visualizar y comprender la nefasta influencia de la ideología de género.

# PRÓLOGO

Cuando Alicia nos contó que estaba trabajando en un libro sobre ideología de género recuerdo que pensé que sería, sin duda, un libro brillante, fácil de leer, ameno y diciendo alto y claro el camelo y la barbaridad que es la ideología de género. Y no me equivoqué.

Sólo el título del libro es ya sugestivo y dice, tristemente, más que suficiente.

Hace ya dos años que en Profesionales por la Ética pusimos en marcha una iniciativa específica sobre mujer: Mujer, Madre y Profesional porque entendemos que el origen de mucha de la podredumbre que vivimos hoy está en aquel feminismo radical que se empeñó en anular a la mujer como tal y el valor y la grandeza de su maternidad. Bien sabían ellos que así podrían acabar con la familia y, por ende, con cualquier posibilidad de sociedad sana y fuerte. Y por eso creemos que la regeneración social pasa por devolverle a la mujer su identidad femenina y a la maternidad el valor y papel que le corresponde. Sencillamente, darle la vuelta a la tortilla y deshacer el camino que nos han hecho andar.

Que las mujeres sean mujeres, que los hombres sean hombres y ambos se complementen; que la maternidad sea considerada como un regalo y una fuente de alegría y orgullo; que el papel de la mujer como madre de familia sea central y prioritario en la sociedad; que los padres formen parte recíproca y complementaria de ese papel; que la maternidad reciba especial apoyo y protección por parte de los gobiernos… evidencias que ayudarían a fortalecer la sociedad y que, sin embargo, se consideran hoy políticamente incorrectas porque la ideología de género así lo ha impuesto.

Alicia ha sabido explicar todo esto de manera extraordinaria, para que todos lo entendamos y lo sepamos explicar, que todos veamos evidente lo evidente y lo sepamos hacer ver, que entendamos la manipulación y reaccionemos frente a ella.

Y que nos decidamos a actuar.

La labor de los promotores de la ideología de género ha sido larga y minuciosa. Simone de Beauvoir decía en 1949 que la mujer era entonces lo que el hombre quería o había querido que fuese, que la mujer no había marcado su destino sino que había seguido el camino que el hombre había trazado para ella. Y con ese postulado y otros más radicales ("no se nace mujer, se llega a serlo"; "no todo ser humano hembra es necesariamente una mujer") construyeron las sucesoras de Beauvoir la ideología de género. Y ahora después de todo aquello, con esa ideología en la cresta de la ola, lo que vemos es que tampoco la mujer es lo que quiere ser sino lo que los defensores del género quieren que sea. Y así, la mujer ha perdido la libertad para serlo. No le dejan ser mujer.

Hace solo un par de años o cosa así, la ideología de género era casi desconocida para el común de la sociedad, recuerdo que solíamos decir que no se entendía qué era y eso le permitía pasar desapercibida y colarse sigilosamente en las leyes, en las escuelas, en las familias, en las conversaciones… Con este libro Alicia consigue desenmascararla y hacerla comprensible. Hace que parezca increíble que la política, la cultura y la vida en general se hayan podido empapar de esa manera de semejante barbaridad y estupidez.

Pero ahora es nuestro turno. Toca actuar, es nuestra sociedad, nuestra familia, nuestros hijos los que están en riesgo. Una sociedad que asume la ideología de género, la hace suya y se enorgullece de ello, produce frutos podridos que van contagiando a los que les rodean.

La ideología de género toca prácticamente todos los aspectos de tu vida, ya lo verás al leer el libro. Y cuando termines, mira a tu alrededor, mírate a ti mismo y decide qué vas a hacer.

Leonor Tamayo
Presidente de *Profesionales por la Ética*

# INTRODUCCIÓN

*Toda violación de la verdad no es solamente una
especie de suicidio del embustero, sino una puñalada
en la salud de la sociedad humana*
Ralph W. Emerson

Mi primer contacto con la ideología de género fue cuando yo no sabía tan siquiera de su existencia y ni mucho menos me imaginaba lo aceptada que estaba, incluso por quienes más claramente veían, en el día a día, que semejante teoría era una falacia a la que la realidad desmiente continuamente: los profesores de Educación Física.

Corría el año 2005 y todo el colectivo de profesores participantes en los Campeonatos Escolares de la Comunidad de Madrid, reunidos en una asamblea, lamentaba la imposibilidad de hacer que las chicas participaran con el mismo entusiasmo, en los mismos deportes y en la misma cantidad numérica que sus compañeros varones en los citados campeonatos deportivos. Lo achacaban a los roles sociales impuestos a las chicas, al empeño social de que éstas no practicaran deportes masculinos (pese a que ya por entonces se hacía todo lo contrario y se incentivaba a las chicas a participar en deportes como el fútbol, el rugby...) y a una difusa "vagancia femenina" fruto de esos roles inculcados. Y, naturalmente, a ninguno se le ocurría que únicamente fuera porque hombres y mujeres somos diferentes. Simplemente era impensable hablar de diferencias intrínsecas entre ambos sexos y mucho menos se podía verbalizar semejante hecho. Los hombres y las mujeres debíamos ser iguales ante el hecho deportivo y cualquier variación en los comportamientos sólo podía deberse a factores educativos. La ideología de género había calado hasta en un estamento profesional que pasa sus días constatando y midiendo diferencias físicas entre alumnos y alumnas a los que debe examinar utilizando distintos baremos según su sexo.

Posteriormente he tenido muchos otros contactos, a mi pesar, y no deja de sorprenderme cómo una teoría tan falaz, descabellada y continuamente rebatida por la realidad, es asumida por personas de muy distinta condición intelectual sin que una sombra de duda enturbie esa arquitectura ideológica basada en una hipótesis. Quizá sería más exacto decir basada en una mentira.

Como indica Dale O'Leary, investigadora de la asociación Médica Católica de EEUU y autora de diversos libros sobre el tema, *la ideología de género es un sistema cerrado contra el cual no hay forma de argumentar. No puede apelarse a la naturaleza, ni a la razón, la experiencia o las opiniones y deseos de las mujeres normales. No importa cuántos argumentos y datos se acumulen contra sus enunciados: todo ello se deberá siempre a las construcciones sociales.* Y a esos roles impuestos por una educación que nos empuja y obliga a ser como somos pero que en realidad, según los ideólogos del género, no es como realmente somos.

Y es que la ideología de género, pese a no tener bases científicas ni reales en que fundamentarse, se hace invulnerable por el sistema de no permitir el análisis, ni la confrontación con esa realidad, como sería exigible para cualquier teoría. No puede apelarse a la naturaleza humana, porque los ideólogos del género no creen en ella y en la existencia de una base biológica que afecta al comportamiento y al resto de los planos que conforman al ser humano. No puede apelarse a la razón porque sus fundamentos exigen la fe incondicional de sus adeptos puesto que no hay bases científicas que los demuestren. No puede apelarse a la experiencia cotidiana que muestra las diferencias de gustos y comportamientos entre los sexos desde la infancia, porque dicen que toda esa experiencia está manipulada y es fruto de una imposición de estereotipos mediante la educación. No puede apelarse a las opiniones y deseos de las mujeres actuales, que se encuentran en una situación de igualdad en dignidad y derechos con el varón y no están de acuerdo con esa deriva del feminismo que las desprecia por sus diferencias con el hombre porque, según esta ideología, esas mujeres están alienadas y no saben lo que les conviene. Y lo que les conviene, según los ideólogos del género, es ser exactamente como hombres.

Esta extraña argumentación sobre el ser humano en la que la parte biológica y genética no tiene peso sobre nuestros comportamientos, sino que es la educación la que nos convierte en hombres y mujeres, pudo defenderse, a duras penas, en épocas no demasiado lejanas en las que se estimulaban los valores masculinos, los juegos masculinos y los comportamientos masculinos en los hombres y, de forma análoga, todo lo femenino en las mujeres. Incluso ambos sexos recibían una educación diferente en función de los roles sociales que habrían de desarrollar en el futuro.

Sin embargo, en la actualidad, con hombres y mujeres educados en la igualdad, no se cumplen los parámetros de igualitarismo absoluto que los defensores de la ideología de género creen que sería lo esperable y lo deseable en una sociedad "igualitaria" según sus criterios. Esta igualdad implicaría el mismo número de hombres y mujeres en todos los ámbitos de la sociedad como trabajo, formas de ocio, representación política... Y también implicaría iguales gustos, deseos e intereses, igual sexualidad, las mismas formas de realización personal... Pero como eso no llega a suceder, continúan apelando a esa educación sexista hasta llegar al ridículo.

Y digo al ridículo porque explicar con una teoría que nunca puede terminar de probarse, unas consecuencias evidentes como que hombres y mujeres somos y nos comportamos de forma diferente y tratar de achacarlo a algo ajeno a la biología, excluyendo ésta de forma taxativa, es un sinsentido. Es decir, los ideólogos del género afirman que somos diferentes, no por lo evidente, la biología, sino por algo que sucede, aunque creemos que no es así y hacemos todo lo posible para erradicarlo. Y ese algo que sucede de forma sigilosa e inevitable es la educación sexista.

En sociedades igualitarias donde la supuesta causa de las diferencias, la citada educación sexista, se ha reducido a la mínima expresión, cuando se evidencia que las cosas no son como los defensores de la ideología de género creen que deberían ser, es decir, con hombres y mujeres idénticos en gustos, percepciones, comportamientos, intereses, deseos y capacidades, insisten en que eso es porque la causa de las desigualdades no ha desaparecido del todo. Y encuentran un anuncio sexista, un mal ejemplo inconsciente de los progenitores, un chiste, un juguete culpable que empuja al niño a esos roles sociales indeseables pero malignamente perdurables... cualquier cosa, para afirmar que esa es la causa de que la sociedad no haya alcanzado la perfección igualitaria. Lo lógico sería empezar a pensar que, erradicadas las causas educativas, pudiera haber otros factores que nos hacen comportarnos, desear e interesarnos por cosas diferentes.

De hecho, efectivamente, la causa de nuestras diferencias no ha desaparecido y es muy posible que no desaparezca nunca: la biología no parece muy dispuesta a plegarse a la ideología de género. Pero esa evidencia no les vale a los activistas del género y, contra cualquier argumento, siguen buscando algún lugar oscuro donde su causa favorita de la diferencia entre sexos, la educación y los estereotipos sexistas, se parapeta para seguir haciendo el mal.

Sin embargo, la lógica más elemental muestra que insistir en que, aunque la causa de la diferencia entre hombres y mujeres ha desaparecido, sigue oculta en algún anuncio, juguete o mal ejemplo porque las diferencias siguen dándose, es algo parecido a afirmar que los niños que nacen con pelo oscuro lo hacen porque hay personas cerca que, en el momento de su nacimiento, tienen malos pensamientos. Y si un niño nace con el pelo oscuro, aunque se explique que no había nadie cerca, que nadie tuvo malos pensamientos, el color de su pelo demuestra que sí. Y ya no hay más que hablar.

Y afirmo, de nuevo, que se llega al ridículo porque intentar convencernos de que un anuncio esporádicamente visto por los menores, o unos cuentos infantiles de príncipes y princesas, van a incidir más en los comportamientos de los niños que una machacona educación en la igualdad, es dar una excesiva importancia a cosas puntuales para explicar lo que nada tiene que ver con la educación y que es mucho más fuerte y determinante que ésta. Y, desde luego, mucho más fuerte y determinante que el color rosa o azul con el que se viste a los bebés para introducirlos maquiavélicamente en sus roles sociales, tal y como explican los defensores de la falacia, desde antes de que los pobres bebés sepan que existen ellos mismos y sus roles. Cuando hablo de algo mucho más fuerte y determinante que la educación, me refiero a las raíces biológicas que nos dictan comportamientos exitosos para lo más importante, para lo que estamos diseñados, configurados y programados desde hace millones de años: la supervivencia de la especie.

Y para algo que viene perfeccionándose desde nuestros más arcaicos prototipos, algo que deviene de nuestras raíces evolutivas, de nuestros genes, tan elaborado, tan extendido por todo nuestro ser, tan profundamente anclado en nuestro cerebro, tan importante para nuestra supervivencia como los comportamientos instintivos y biológicamente programados, las tonterías de la ideología de género carecen de peso específico. Aunque sea importante, la educación no tiene, ni tendrá nunca, el peso específico de los comportamientos programados por los genes. Aunque sólo sea porque el educador de la ideología de género ha de desprogramar y reprogramar, uno por uno, los nuevos seres que vienen "de fábrica" con los datos que, a través de la herencia biológica, lo hicieron exitoso.

En esta guerra ideológica en la que, sin darnos cuenta, nos vemos metidos y en la que el factor educativo trata de imponer gustos, percepciones, deseos, intereses y comportamientos idénticos a hombres y mujeres para alcanzar una hipotética felicidad social basada en la igualdad y que, al no ser posible la igualación de ambos sexos, ha derivado en la neutralización de los mismos, los dos salen malparados. Pero quizá son las mujeres, por ser las presuntas beneficiadas, quienes resultan ser más estafadas en este timo de envergadura planetaria. Respecto a la infelicidad individual que produce alegando vender felicidad, todos perdemos, y mucho.

Son diversas las razones que se han de analizar por las que la ideología de género perjudica especialmente a ese colectivo al que dice beneficiar de forma específica. El primer problema es la concepción de la mujer como el sexo oprimido y perjudicado, que ha llevado a que los comportamientos, gustos, deseos, intereses y percepciones de la mujer sean despreciados y achacados, no a su naturaleza y a su ser intrínseco, sino a factores de coacción educativos, transformándolos por ello en algo indeseable y merecedor de ser erradicado.

Por otra parte, la ideología de género surge principalmente de los movimientos feministas de tercera generación en los que la búsqueda de la equiparación entre hombres y mujeres se transforma en la igualación absoluta en todas las facetas, ámbitos y campos de la vida y la sociedad. Y es que lo que se busca realmente no es que la mujer tenga los mismos derechos que el hombre, sino que no existan ni hombres ni mujeres.

El hecho de que el feminismo de tercera generación se vea liderado por lesbianas y que se tome a los roles masculinos como el modelo al que tiene que tender la igualdad, hace que las mujeres deban renunciar completamente a sus gustos, deseos, intereses, percepciones y naturaleza para encajar en ese parámetro de éxito. Deben renunciar a

17

su esencia. Y renunciar a su esencia significa renunciar a su propia felicidad en aras de alcanzar lo que otros consideran que es la felicidad.

A esta centrifugación de la esencia femenina colaboran activamente los colectivos homosexuales, que buscan la desaparición de la alteridad sexual y la sociedad basada en la heteronormatividad para que surja una nueva sociedad con otros referentes que no sean lo masculino y lo femenino, referentes que para ellos son falsos, impuestos, encasilladores y a los que niegan otro fundamento y origen distinto a las imposiciones culturales.

Este estudio intenta, por ello, mostrar una visión de la naturaleza humana en la que se valore tanto esa parte cultural capaz de mejorar la naturaleza, como esa parte biológica con la que tenemos que convivir y a la que tratar de ignorar sólo nos traerá infelicidad, puesto que existe y es determinante en nosotros.

No sólo se verá qué es la ideología de género y cómo se ha infiltrado en todas nuestras concepciones ideológicas e interpretaciones de la vida, sino cómo nos afecta de forma negativa a todos, a las mujeres por el engaño que supone hacerles creer que son beneficiarias de sus acciones y por el desprecio de su naturaleza, y a los hombres por la persecución a la que son sometidos, simplemente por ser lo que son. Se pondrán de manifiesto todas las mentiras y ocultaciones sobre nuestro ser biológico y evolutivo, nuestros instintos y pulsiones de supervivencia que implica tener como cierta semejante doctrina. También se tratará de reivindicar a la mujer real, la mujer biológica y mentalmente mujer que en este momento intentan eliminar con el argumento de ayudarla y equipararla al hombre y al varón real, con todas sus características antropobiológicas masculinas por las que es acusado, culpado y perseguido.

Entre tanta ideología sin bases biológicas, entre tanto feminismo que no representa a una gran mayoría de mujeres, es necesario que surja un nuevo movimiento de defensa y reivindicación de la mujer como mujer, con sus deseos, percepciones, capacidades, intereses y gustos. Con el conocimiento profundo de su ser y su biología. Con su opción personal tan cercana a sus condicionamientos y roles biológicos como ella quiera. Una mujer que exige que se le valore y se le respete tal y como es, lejos de los planteamientos de todos los movimientos feministas que, bajo la coartada de la defensa y la representación de las mujeres, desprecia su esencia y trata de transformarla en lo que no es.

Parece innecesario plantear, como cuestión previa en el desarrollo de este libro, que la igualdad entre hombres y mujeres es un concepto ético que presupone una equiparación en derechos y dignidad de ambos sexos, ideal al que nuestra sociedad debe aspirar no sólo con hombres y mujeres sino con todos los seres humanos, sea cual sea su raza, religión procedencia, nivel económico... y que en este libro se defiende por encima de todo. Y se defiende la igualdad por encima de todo porque se evidencian las diferencias. Y se asumen. Precisamente, porque cuando se niegan las diferencias de quienes son diferentes y se les exige ser iguales en todo, incluso en lo que son evidentemente distintos, siempre hay algún colectivo que sale más perjudicado. En unos casos, los perjudicados son hombres, en otros, las mujeres pero siempre lo es la familia ecológica y natural y la sociedad misma. Y esa injusticia, no sólo es negativa a nivel individual, sino que hace peligrar esa igualdad ética de derechos y dignidad para hombres y mujeres a la que se aspira.

También parece innecesario afirmar que, naturalmente, esta igualdad ética es perfectamente compatible con la diversidad y la diferencia que todos percibimos entre ambos sexos y que es imposible negar salvo que se idee un sistema cerrado de causas y consecuencias, como la ideología de género, en el que se afirme que siempre que aparecen unas consecuencias, es que se han dado esas causas, sin tratar de indagar sobre el hecho sorprendente de que las consecuencias se producen incluso cuando la probable causa es imposible de constatar o, lisa y llanamente, no ha hecho su aparición.

Otra cuestión previa que debería ser innecesario plantearse, pero se menciona a causa de los prejuicios y el miedo que produce la defensa de que existen diferencias entre hombres y mujeres, es que la afirmación de la existencia de diferencias no implica ningún debate sobre la superioridad de hombres o de mujeres. La fundamentación de estas diferencias se realiza desde una perspectiva que señala la complementariedad física e intelectual entre los sexos y sus funciones y que ha conseguido su objetivo de forma óptima: la supervivencia de la especie humana. Desde ese punto de vista, el intento de presentar un sexo como superior a otro resulta ridículo.

# CAPÍTULO 1
# EL CONFLICTO ENTRE BIOLOGÍA Y CULTURA
## ...O POR QUÉ LA IDEOLOGÍA DE GÉNERO ES UNA FALACIA DOLOSA

*Lo verdadero es siempre sencillo, pero solemos llegar*
*a ello por el camino más complicado*
George Sand

El ser humano es una mezcla indisoluble de su biología y de su cultura. Sus características biológicas son el fruto de una larga serie de estadios evolutivos y adaptaciones exitosas cuyo objetivo, evidentemente logrado, era la supervivencia individual y, sobre todo, la supervivencia de la especie. Esta herencia biológica, fruto de la evolución y determinante en sus comportamientos para todos los animales, en el caso del hombre se ve mediatizada por otra evolución mucho más rápida: la cultural.

La evolución biológica desde los "hombres-mono" ha durado millones de años mientras que en los últimos 200 años se han producido tales cambios en nuestro modo de vida a raíz de la evolución cultural que, a veces, sentimos nuestra herencia biológica como un lastre que nos impide avanzar todo lo rápido que quisiéramos y que nos mantiene anclados en un pasado que creemos ya superado. Esta dicotomía entre biología y cultura, entre cuerpo y mente, nos produce unos conflictos de difícil solución.

La imagen que mejor puede explicar esta situación es la expresada por David P. Barash, para quien el hombre es un animal que tiene los pies anclados en una tortuga, que sería la evolución biológica y la cabeza atada a una liebre, como expresión de la evolución cultural.

El conflicto entre biología y cultura está relacionado intrínsecamente con el conflicto entre biología y educación. Los biólogos, psicólogos y diversos especialistas han reconocido hace tiempo que la naturaleza (nuestra herencia genética y biológica) y la educación (nuestras experiencias y saberes adquiridos) producen nuestro comportamiento combinándose de forma inextricable. Y esta relación estrecha no tiene por qué estar en armonía. De hecho, cultura y biología no siempre se ajustan como quisiéramos.

El hecho de que una de las bases que determinan nuestro comportamiento evolucione tan despacio y la otra tan deprisa ha creado una serie de problemas y conflictos de difícil solución. Por un lado, nuestra evolución cultural nos ha llevado a una serie de conceptos, conclusiones y creencias sobre qué es lo óptimo y lo deseable en diversos ámbitos de nuestra organización social, económica, política y otras superestructuras colectivas y, sobre estos parámetros, creamos normas y leyes a fin de que esos conceptos y conclusiones se materialicen. Una de ellas es la igualdad en dignidad y derechos de los seres humanos con independencia de la raza, la ideología, el sexo o cualquier situación personal. Pero la igualdad en dignidad y derechos de ambos sexos no puede englobar la igualdad biológica. La biología y la evolución nos hicieron diferentes. Y tuvieron poderosas razones y poderosísimas estrategias.

Por otra parte, al querer aplicar este organigrama de creación ideológica y cultural en el campo de la biología, nos tropezamos con una realidad diferente, que se rige por leyes y normas distintas a las que tratamos de aplicar y que busca otros objetivos y resultados ajenos a nuestros esquemas culturales. Además, su evolución es exasperantemente lenta.

Sin embargo, también es parte de lo que fundamenta nuestro comportamiento, parte de nuestro ser y, nos guste o no, no deberíamos olvidarlo nunca. Pese a ello, hay una tendencia en nuestra sociedad a olvidarlo, obviarlo e incluso despreciarlo, creyendo que las cosas, por el hecho de pensar que deben ser de determinada manera, se van a amoldar y transformar conforme nuestros deseos y convicciones por encima de la genética, la biología y la evolución. Es el caso de la ideología de género, que fundamenta todos nuestros comportamientos en una sola de las columnas que conforman y sustentan el edificio, tremendamente complejo, de la naturaleza humana. Y como puede suponerse, una teoría de la naturaleza humana que ignora una parte importante de esta, está condenada a caer estrepitosamente en el momento en que los soportes ideológicos que le dan estabilidad pongan en evidencia su inconsistencia frente a la realidad.

Una de las conclusiones a las que el ser humano ha llegado en su evolución cultural, es a la de la igualdad entre hombres y mujeres. No es el objetivo de este estudio poner en duda esa conclusión fruto de la superestructura cultural. Sin embargo, la igualdad teórica, en el plano de las ideas, creencias y leyes de creación humana, esa igualdad de derechos y deberes entre seres humanos de la misma especie que se fundamenta en una igualdad intelectual indudable y en una idea de la dignidad del ser humano como tal y por el hecho mismo de serlo, empieza a hacer aguas cuando se intenta aplicar en aspectos en los que la biología evolutiva ha decidido que es más efectiva para sus fines la discriminación, la diferencia de características en relación con las funciones que hombres y mujeres conviene que realicen para alcanzar el éxito: la supervivencia de la especie.

En aras de la igualdad teórica de dignidad y derechos entre el hombre y la mujer, se están llevando a cabo una serie de errores e injusticias que, en el ámbito de lo puramente físico, se hacen más patentes en tanto que afectan a esa parte biológica y "animal" que conforma nuestro ser, al individuo biológico hombre-mujer quien, ajeno a la evolución cultural, continúa su lentísima evolución hacia unos objetivos totalmente distintos a nuestras construcciones intelectuales, tan respetables como efímeras si las medimos en temporalizaciones o etapas de evolución biológica.

A esta discutible forma de igualar a hombres y mujeres en lo que no son iguales originada en los grupos feministas, que produce injusticia y en absoluto beneficia a nadie, y menos a la mujer a la que pretende ayudar, se ha unido una fuerza, la de los colectivos homosexualistas, minoritarios pero desde hace tiempo muy influyentes, que ven en la disolución de los dos sexos y sus características la forma de amoldar la sociedad a su idea de lo que esta debe ser. La sociedad heterosexual no les agrada y dicen no sentirse a gusto, por lo que hay que cambiarla de forma que la mayoría pierda sus referencias de alteridad sexual en beneficio de una minoría que no se identifica con ellas. Y puesto que la biología se empeña en reproducir el modelo varón-hembra con las características que mejor han funcionado para la supervivencia de la especie (dicotomía sexual, cuerpos diferentes para funciones diferentes, heterosexualidad, intereses y gustos diferentes, capacidades diferentes, percepciones diferentes, sexualidades vividas de forma diferente…) arremeten contra la biología. Y ya que no pueden negar los cuerpos diferentes, niegan que esto tenga nada que ver con nuestros comportamientos, ni con lo que somos.

Puesto que nada pueden hacer para que la tortuga, nuestra parte biológica, vaya más rápido, niegan que nuestros pies estén anclados a esos éxitos evolutivos que nos han traído hasta aquí y que nuestros cuerpos sexuados afectan a nuestras mentes en tanto que somos, en gran parte, lo que biológicamente somos.

Por esa razón, porque no se puede cambiar la biología tan fácilmente como el pensamiento y la cultura, la ideología de género ha encontrado en las diferencias físicas, con sus diferentes capacidades y competencias en hombres y mujeres, un campo de batalla arduo en la falsa igualdad a todos los efectos, si bien en este momento cree haberlo controlado. Sin embargo, un análisis de los pasos dados por estas teorías en la educación física, puede darnos una visión exacta de su falsedad y puede ser un buen punto de partida para desarmarla. Mis años de docencia en esa materia me han dado datos, ejemplos y argumentos que pueden aportar algo nuevo a esta batalla ideológica sobre la naturaleza humana.

En las clases de materias teóricas es más difícil detectar las diferencias entre hombres y mujeres fruto, nos guste o no, de la biología, si bien hay definidas ciertas diferencias sobre lo que los cerebros masculinos y femeninos procesan con mayor o menor facilidad: está estudiado que el cerebro masculino tiene mayor facilidad en el desarrollo de la visión espacial y el razonamiento matemático, y el cerebro femenino en el razonamiento verbal. No hay que olvidar que hablamos de mayorías y de situaciones generales. En todo caso, no se pone en duda que hay casos individuales que contradicen la inercia mayoritaria puesto que hay mujeres excelentes matemáticas o ingenieras.

En el caso de la Educación Física, la dicotomía de comportamientos entre alumnos y alumnas a partir del desarrollo, es decir, desde el punto en que dejan de ser niños y se convierten en hombres y mujeres fértiles, es tan evidente que no pasa desapercibido para ninguno de los profesores de esta área. Sin embargo, parece que la ideología de género y la teoría de la construcción social de la identidad sexual han calado tanto en nuestra sociedad, que prácticamente ninguno de los docentes que realiza estudios acerca de los diferentes comportamientos de ambos sexos ante el ejercicio físico centra la causa en lo que realmente marca la diferencia: que somos profundamente diferentes. Que nuestra biología, por mucho que la educación afecte a los comportamientos, nos mantiene anclados a esa parte fundamental de nosotros que es nuestro cuerpo físico, nuestros genes, nuestras hormonas y nuestro fin esencial como especie: la supervivencia como tal, la procreación de seres de la misma especie que perpetúen el éxito genético que somos. Nos guste, o no. Estemos dispuestos a asumirlo, o no.

Los hombres y las mujeres no somos iguales. No podemos serlo porque nuestras características físicas no lo son, ni los distintos agentes químicos que recibimos en nuestros cerebros lo son, ni nuestros deseos, gustos, comportamientos y pulsiones en tanto que proceden de esa diferente composición de factores químicos que riega nuestros cerebros.

La igualdad como creación humana, cultural, en el plano de las ideas o en el contexto de unas creencias religiosas, que dotan a la especie humana de unos valores sobrenaturales o de una dignidad ontológica, es evidentemente inaplicable cuando se trata de trasladar al plano biológico. A nivel biológico, hombres y mujeres son diferentes físicamente y, en tanto que esa biología nos influye, sus comportamientos y actitudes son igualmente diferentes.

Sin embargo, durante años se ha tratado de achacar a la educación sexista y a la imposición de roles sociales estas diferencias, obviando lo evidente, que somos diferentes físicamente, a fin de poder trasladar a la biología la construcción social de la igualdad. *"No somos iguales porque se nos educa distinto. Cuando nos eduquen igual, haremos, desearemos y viviremos las mismas cosas y de la misma manera o construiremos nuestra personalidad ajenos a otra cosa que nuestros propios deseos"* es un desiderátum que no tiene mucha base real en tanto olvida completamente nuestros "pies biológicos" atados a esa tortuga de tan lentos movimientos y lo mucho que nos implican y condicionan estas ataduras.

Es sorprendente que nadie quiera reconocer, ante la arrolladora entronización de la ideología de género, que nuestra naturaleza se desarrolla en dos dimensiones distintas (cuerpo y mente) que transcurren por dos planos diferentes con normas y objetivos totalmente distintos. Y que aplicar las normas de uno al otro es un error evidente que, en muchos casos, sólo trae conflictos.

Quizá se explique mejor con el caso contrario: la transposición de las leyes biológicas o los resultados visibles de éxitos evolutivos, aplicados a las creaciones intelectuales, leyes u organigramas de la cultura, han resultado fallidos por su propia incompatibilidad al estar en planos diferentes y han sido profundamente nocivas para los seres humanos a nivel individual. El hecho de pensar que, porque biológicamente las mujeres eran más débiles respecto a la fuerza física, las hacía inferiores como individuos, o el hecho de pensar que unas diferencias meramente adaptativas superficiales, como el color de la piel, pudieran significar una condición sub-humana sólo ha traído injusticia a la especie humana. Con ese tipo de diferencias, la naturaleza no pretendía crear individuos inferiores en derecho y dignidad, sino adaptarlos a unas necesidades y funciones concretas. Trasladar las acciones de la naturaleza al plano cultural e intelectual es un despropósito.

De igual manera, la transposición de los esquemas culturales, intelectuales o espirituales a las realidades biológicas, regidas por unas leyes y unos objetivos completamente diferentes, puede dar como resultado una nueva injusticia. Aún estamos a tiempo de aclarar los conceptos a quienes han decidido hacer avanzar la liebre de la creación cultural sin tener en cuenta los pies biológicos que sobre la tortuga de la evolución nos sustentan, produciéndonos el dolor y el desconcierto de quien en su avance pierde una parte de sí mismo.

Puesto que es evidente que gran parte de la preocupación e incluso de la infelicidad humana viene determinada por el desequilibrio entre esas dos "naturalezas" del ser humano, resulta importante tratar de equilibrarlas y no reforzar una en detrimento de la otra, puesto que son los dos pilares sobre los que fundamentamos nuestro ser. Sobre todo en la actualidad, cuando la ideología de género y otras teorías antropológicas han empujado el péndulo hacia el lado de la hipervaloración de nuestro ser cultural en detrimento del biológico, alejándonos del equilibrio entre nuestras dos naturalezas.

Exagerar la influencia de nuestra biología sin valorar la capacidad humana de variar comportamientos a través de la cultura es tan erróneo como tratar de magnificar esa capacidad de evolución cultural y achacarle la posibilidad de cambiar nuestra biología, nuestros instintos y nuestros comportamientos de origen neurofisiológico.

Decía Henry Hazlitt que *el hombre es el único animal que ríe y llora porque es el único animal capaz de sorprenderse por la diferencia que hay entre lo que son las cosas y lo que deberían ser.* Por esta razón, en este libro no se trata de impedir o criticar que los hombres tratemos de adecuar nuestros comportamientos derivados de factores biológicos a nuestros valores culturales en aras de una mayor armonía y felicidad, sino preguntarnos si podemos variar tales comportamientos, hasta dónde podemos variarlos y si vale la pena variarlos.

Para poder responder a todo ello hay que determinar la influencia de la genética, las hormonas y la evolución en la conducta humana, establecer con claridad si muchos de nuestros comportamientos tienen orígenes biológicos o bien, tras analizar los postulados de la ideología de género, son fruto de la educación tal y como esa teoría postula, qué posibilidades hay de variarlos, y qué perjuicios conlleva empeñarse en variarlos contra la propia naturaleza de la mujer y del varón. Del ser humano como especie adaptada y adaptable que busca su felicidad.

Comenzaremos analizando diversos aspectos de esa teoría de la naturaleza humana que es la ideología de género: su origen, sus estrategias, sus beneficiarios y sus diversas ramificaciones. Después se presentarán las diferencias físicas, fisiológicas y conductuales entre hombre y mujer de evidente origen biológico así como las que la etología considera comunes y repetidas en la inmensa mayoría de los grupos humanos, lo que hace pensar en un origen biológico al margen de los aspectos educativos. Como consecuencia de todo ello, se establecerá una posible teoría de la naturaleza humana contrapuesta a los planteamientos de la ideología de género y, finalmente se analizarán todas las consecuencias que esta teoría falaz ha traído, sus entramados económicos y sus objetivos no expresos.

# CAPÍTULO 2
# ¿QUÉ ES LA IDEOLOGÍA DE GÉNERO
## ...EN ESTE MOMENTO?

*La cuestión de la mujer nunca ha sido la cuestión*
*feminista*
Heidi Hartmann

Para comenzar este capítulo, lo mejor será exponer lo que nos cuentan acerca de la ideología de género en los cursos sobre "diversidad sexual" a los profesores de los niveles de infantil, primaria y secundaria. Estos cursos son organizados por los colectivos homosexualistas con el motivo expreso de evitar la discriminación sexual en las aulas, pero con la intención oculta de introducir en ellas la ideología de género a través de los docentes.

Porque, efectivamente, la ideología de género se ha ido infiltrando en nuestros principios y valores amparada por unos objetivos muy loables, que los seguidores de esta doctrina dicen buscar, y para defender a unos colectivos en situación de injusticia social a los que desean beneficiar. Normalmente estos colectivos "beneficiados" son las mujeres y los homosexuales, aunque los verdaderos beneficiados son sólo algunas mujeres y algunos homosexuales, y los pretextos para poner en práctica sus medidas son la igualdad, la defensa del homosexual discriminado y la defensa de la mujer oprimida, e incluso agredida, por el varón. Naturalmente, el varón heterosexual es el principal enemigo de la felicidad de estos colectivos, al igual que la mujer que no quiere ser ayudada por estos liberadores de yugos ancestrales.

En uno de estos cursos, convocado para posicionar favorablemente al profesorado en cuanto a que en el aula haya igualdad, diversidad sexual y respeto a las opciones sexuales de todos, un antropólogo defensor a ultranza de la ideología de género y, al parecer, reputado en su ámbito, nos explicó los fundamentos de esta concepción de la naturaleza humana que hace prevalecer exclusivamente la faceta cultural del ser humano y que menosprecia, hasta su eliminación, la parte biológica. Resulta curioso que un antropólogo obvie de forma tan alegre capítulos enteros de su especialidad que desmienten absolutamente la ideología de género. Sin embargo, hay que tener presente que, en la aceptación de esta doctrina que explica la naturaleza humana y que pretende transformar la sociedad hacia su perfección, hay mucho de fe irracional, y eso implica la negación de las evidencias en contra.

La ideología de género está basada en que las diferencias entre el hombre y la mujer son construcciones culturales, un aprendizaje social independiente del sexo. El ser humano nace neutro aunque, como cosa carente de importancia, presenta unos genitales masculinos o femeninos que en nada habrían de afectar a su existencia salvo por la educación sexuada que se les impone y que está adaptada a los roles sociales que obligatoriamente ha de cumplir por imposición de una sociedad de corte patriarcal que obliga a ello.

Los ideólogos de género, si bien reconocen que existe el sexo con el que se nace, creen que este no es en absoluto decisivo ni para determinar el comportamiento ni para afectar al deseo sexual. De esta forma, el sexo biológico, con sus diferencias genéticas, hormonales y físicas no es determinante en la vida y el comportamiento de las personas. Hombres y mujeres somos iguales y nuestros comportamientos, capacidades, percepciones, deseos, gustos, intereses y formas de aprendizaje son idénticos. La única razón por la que somos distintos es la educación, el aprendizaje desde nuestra infancia de unos roles que determinan nuestras diferencias como hombres y como mujeres. La ideología de género afirma que desde nuestro nacimiento se nos determina, injustamente, por nuestro sexo. Desde antes de nuestro nacimiento, incluso.

Pues sí, para los defensores de la ideología de género, antes de nacer ya estamos orientando al nonato hacia un lado u otro al preguntar a la feliz mamá lo que consideran una estupidez común: ¿es niño o niña? Al menos eso nos dijo el reputado antropólogo, quien afirmaba que esa pregunta era absolutamente inconveniente, puesto que daba igual el tipo de genitales que presentara el bebé, ya que el sexo era irrelevante y, además, había muchos géneros, catalogación esta que era más importante que el sexo. Cualquiera diría que el nonato, al escuchar su sexo de boca de su madre, se viera inmediatamente impelido a actuar según unos roles sociales y estereotipos asociados.

Para argumentar esta premisa de que hay muchos géneros y son más importantes que el sexo, el ponente de aquel monográfico sobre ideología de género expuesto, no como teoría, sino como realidad cierta, nos explicó que hay varios niveles en el género-sexualidad de la persona:

1º. El plano biológico, el sexo físico en el que existen hombres y mujeres y que no es muy importante, puesto que hay otras variantes igualmente naturales como los transexuales y los intersexuales, las personas con malformaciones en los órganos sexuales de las cuales no puede determinarse su sexo, y personas con alteraciones genéticas. El reputado antropólogo, al decir semejante cosa demostró que no sabía nada acerca de lo que estaba argumentando, según se verá un poco más adelante.

2º. El plano sociológico y psicológico que es la creación social, y cultural personal que hacemos de esa sexualidad y que lo llamaríamos "género". En ese género o plano del comportamiento, hay unos roles correspondientes a hombres y mujeres que se nos imponen socialmente y que nos hacen ser diferentes, y unos comportamientos que se nos inculcan. Ese plano de la sexualidad es variable, reinterpretable y adaptable a cada uno con independencia de su sexo biológico siempre y cuando los condicionantes culturales y educativos dejen de obligarnos a reproducir esos comportamientos malsanos e impuestos. De esa forma, en este apartado del género como construcción personal frente a la imposición social, entran las características psicológicas (mujeres que, contra lo esperable, son valientes y decididas, características, según el antropólogo, correspondientes a "lo socialmente masculino", o los hombres sensibles y cariñosos, características socialmente femeninas), y roles sociales (mujeres y hombres que llevan a cabo trabajos que tradicionalmente realizaba el otro sexo). Igualmente, parte de ese género de libre elección es el aspecto externo, un conglomerado de rasgos diferenciadores de hombres y mujeres que van desde la barba y las patillas a la falda y los tacones, del pelo largo a las pestañas postizas. En este punto se nos informó de la existencia de personas *transgénero*, las que se comportan como sería esperable en el otro sexo, así como de una categoría de disidentes del género que atiende al nombre de *genderfuck*.

Para que los alumnos del curso comprendiéramos lo enormemente necesario que era erradicar estos rasgos exteriores, nos explicaba que la mujer barbuda seguramente pasó un calvario en su vida por ser genitalmente mujer y tener rasgos externos masculinos. Esta forma de argumentar, haciendo de la excepción categoría, es la que se utiliza normalmente para convencer al incauto de que hay que cambiar todo para que sólo uno no se sienta mal, al margen de los inconvenientes que produzca al resto, una de las muchas manipulaciones y falacias que se utilizan en la defensa de lo indefendible. Y desde luego, siguiendo este hilo de "buenismo argumental", la forma de que no se cometan estas injusticias es que no haya rasgos identificadores externos. De esa forma, a nadie nos sorprenderá la mujer agresiva y con barba o el hombre sensible con bigote, falda y pestañas postizas. Según nos dijo el citado ponente, el movimiento *queer* originado en San Francisco busca esa "inidentificación" externa de las personas y a él le parecía lo más estupendo de este mundo que, en esa ciudad, te atendiera en la caja de un supermercado un ser humano con tacones, patillas, traje de faralaes y voz de barítono sin que nadie le dedicara un segundo vistazo.

3º. La orientación sexual, que comprendería los gustos y deseos sexuales. Existirían varias orientaciones: personas que sienten atracción sexual por los hombres, por las mujeres, quienes sienten deseo sexual por ambos, e incluso, últimamente, hablan de quienes no sienten deseo sexual. Ahí estarían los homosexuales, los heterosexuales, los bisexuales, los intersexuales y los asexuales. Parece evidente que es solo cuestión de tiempo la ampliación del abanico de deseos sexuales legítimos y permitidos a animales y menores, y de que se legisle lo que puede determinarse como "aceptación" de esas relaciones por parte de animales y niños, porque para la ideología de género, la única cortapisa para las relaciones sexuales es el consentimiento, o no, de los actores, de uno a varios. De hecho, en las clases de educación sexual que se imponen a los menores, se evidencia la pendiente ética hacia la amoralidad sexual y el "todo vale". Esta evidencia, que antes podría negarse, en la actualidad, a mitad de pendiente y cogiendo velocidad es muy difícil explicarla como una falacia argumental y una exageración surgida de las mentes fantasiosas de los estudiosos del tema.

Este plano de la orientación sexual puede cambiar con el tiempo en cualquier individuo, según los seguidores de la ideología de género, y pasar de heterosexual a homosexual por causas que relacionan con la elección personal, o con factores no identificados pero al alcance de cualquier ser humano. Las contradicciones entre semejante afirmación y otras partes de la ideología de género son flagrantes y las analizaremos posteriormente.

4º. La constancia de género. Este punto se refiere a la identidad sexual, a esa percepción interna de que somos hombres o mujeres y que tampoco tiene por qué depender del sexo biológico. Por una razón que los ideólogos de género no saben explicar, al menos así lo dijeron los ponentes de otro de estos cursos de "diversidad sexual", los seres humanos tenemos una percepción personal de pertenecer a un género, el masculino o el femenino, con el que nos identificamos, al margen de nuestros genitales. Esa constancia puede cambiar con el tiempo, de forma que hombres con genitales masculinos que se han sentido varones, de repente pueden sentirse y creerse mujeres, e identificarse como mujeres.

Concretamente en otro curso al que asistí, la ponente de aspecto, genes y probables genitales femeninos, que se presentó como lesbiana, afirmaba que ella se sentía mujer por alguna extraña razón que no sabía explicarse. El ponente de aspecto, genes y probables genitales masculinos, que dijo sentir deseo sexual por los hombres, afirmó que "ella" se sentía mujer. Durante toda la ponencia, la persona de aspecto femenino se dirigía a la persona de aspecto masculino como "ella" para respetar su constancia de género. Durante todas estas manifestaciones de la ideología de género, el alumnado de los cursos escuchaba, asertivo, todo lo que les acabo de narrar y la única que, al parecer, veía contradicciones, errores, mentiras, falta de informaciones e inconsistencias, era yo.

De hecho, en todo aquello resultaba evidente que, si alguien tiene que defender esa idea de que la "constancia de género" no depende del sexo que se tiene, sino que es aleatorio, elegible y puede cambiar a lo largo de la vida, lo mejor que puede hacer para demostrar que semejante cosa es algo habitual, es decir que uno mismo lo experimenta. Es como si yo afirmo, ante un público predispuesto a creer en aparecidos, que existen los fantasmas porque yo los veo todos los días.

Lo cierto es que el ponente que se sentía "ella" era un hombre sexual, genética y conductualmente dentro de los parámetros normales en los que alrededor del 50% de la población se encuentra encasillada por motivos biológicos, puesto que el otro 50% es mujer. Su deseo sexual, que ya dijo eran los hombres, no le restaba un ápice a su evidente masculinidad. Si se sentía mujer, era más sintomático de una enfermedad mental que de una nueva "constancia de género". Era evidente que la afirmación de que se sentía mujer era una "boutade" semejante a afirmar que se sentía gallina. Realmente ni se sentía mujer, ni pretendía serlo, ni iba a hacer nada por serlo, afortunadamente para su salud. Sin embargo, cabe preguntarse qué importancia tiene la educación sexista, tan determinante en el género según dicen, si este se cambia fácilmente sea cual sea la educación, masculina o femenina, que has recibido, puesto que la educación asexual que promueven ahora es demasiado actual para que hubiera sido recibida por los ponentes que hacían semejantes afirmaciones y que rondarían la treintena.

Terminada la exposición, se suponía que en estos cuatro niveles estaríamos todos en toda nuestra variedad: Hombres biológicos con roles femeninos que les gustan los hombres y que se sienten mujeres, mujeres biológicas con rasgos masculinos y barba que les gustan los trans pero que se sienten mujeres, transexuales con nuevos atributos masculinos, con rol de género femenino a los que les gustan las mujeres y que se sienten mujeres… una compleja ensalada de gustos, roles, genitales e identidades sexuales que da, efectivamente, una variedad casi infinita de "excepcionalidades".

Al antropólogo que nos contaba esto, al igual que a los diversos ponentes que he tenido como "profesores" en los cursos de diversidad sexual a los que he asistido, se les olvidaron varios detalles informativos que presentan esta "ensalada" en su verdadera dimensión y que voy a exponer con la esperanza de que a ustedes no les den "gato por libre" como a los alumnos de los cursillos, y de que, algún día, alguno de ellos lea este ensayo.

Respecto al primer nivel del que hablaban, el sexo físico, hay que señalar que todos nacemos con unos genes que nos identifican como varones y mujeres. Sólo un número mínimo de personas, que no llega al 0,4% de la población (sumando todos los tipos de síndromes) nace con unas alteraciones genéticas que podrían dificultar la asignación de sexo, si bien en la práctica no presentan tantas dificultades, pues la inmensa mayoría de los afectados tiene clara su identidad sexual, es decir, sabe perfectamente si es hombre o mujer.

El sexo viene determinado por un par de cromosomas que en el varón son XY y en la mujer son XX. Las alteraciones que describe la medicina son una monosomía y tres trisomías que se mencionan, de forma somera, seguidamente:

1º. Monosomia del cromosoma X o Síndrome de Turner: Se produce, de forma aproximada, en 1/2500 nacimientos. El individuo presenta un solo cromosoma X y es una mujer con determinadas disfunciones reproductivas.

2º. Trisomía XXY o Síndrome de Klinefelter. Se produce, de forma aproximada, en 1/700 nacimientos. Más de la mitad se abortan espontáneamente. La existencia del cromosoma Y les da rasgos y apariencia masculina si bien atenuada por menos musculación, mayor tendencia a engordar, menos aparición de vello... Tras los diagnósticos prenatales se aborta un creciente número de fetos con esa trisomía por deseo de los padres.

3º. Trisomía XYY (El supermacho). Se produce, de forma aproximada, en 1/1000 nacimientos. Los individuos son varones normales de más envergadura y menos capacidades intelectuales que sus hermanos varones, pero dentro de la normalidad. Dificultades reproductivas.

4º. Trisomía XXX (La superhembra) Se produce, de forma aproximada, en 1/1200 nacimientos. Los individuos son mujeres normales con algo más de envergadura y menos capacidades intelectuales que sus hermanas, pero dentro de la normalidad. Dificultades reproductivas.

A este 0,37% aproximado de la población se pueden unir los casos de malformaciones congénitas genitales (0,10%) donde, generalmente, los genes determinan su sexo y las hormonas van a generar el resto de los caracteres sexuales secundarios acordes con su adscripción genética, al margen de las malformaciones y pese a que los órganos genitales resulten indeterminados por problemas en la fase de gestación.

Sólo existiría duda razonable en el caso de alteraciones genéticas unidas a malformaciones genitales. En esos casos se podría hablar de ambigüedades a nivel de sexo biológico. La estadística, por tanto, determina que en la sociedad hay hombres y mujeres, no como invento social o como imposición cultural sino como mera contabilización biológica de, como mínimo, un 99,5% de los casos.

Dentro de las alteraciones médicas que pueden suponer un cuestionamiento de la dicotomía hombre-mujer aparece el síndrome médico de Harry Benjamín, que diagnostica individuos con un sexo biológico y genital al que los cócteles hormonales, en el momento de la formación cerebral, les conformaron éste como del sexo contrario. Se habla de 1/100.000 mujeres y 1/30.000 varones. Sin embargo, las personas afectadas por este síndrome, se sienten absolutamente varones o mujeres, no tienen ninguna duda de su identidad sexual y sólo desean adaptarse a esta dicotomía. De hecho, las personas diagnosticadas con ese síndrome consideran la ideología de género una falacia que les perjudica especialmente al banalizar su situación y colocarles en el mismo plano que otro tipo de situaciones (travestis, transexuales externos...) cuyo objetivo, afirman, es que no se considere su situación un trastorno médico o enfermedad de ningún tipo, pero que se les administren diversos tratamientos hormonales y de cirugía estética a través de la sanidad pública permaneciendo en la indefinición sexual. Por el contrario, las personas con síndrome de Harry Benjamín quieren que su trastorno se considere de forma clínica y no como algo relacionado con el "género". El porcentaje de transexuales externos, travestís..., al igual que los diagnosticados de Harry Benjamín, es muy pequeño.

Volviendo a lo expuesto, que el reputado antropólogo hable de una parte de la población sin asignación de sexo biológico como razón para erradicar la dicotomía hombre-mujer por minoritaria y poco relevante parece una broma con más de un 99% de seres claramente dentro de esta división.

Respecto al segundo nivel o plano de los que se han expuesto anteriormente, esos roles sociales y estereotipos que tan ajenos a la realidad y tan dañinos les parecen a los ideólogos de género, como era el caso del antropólogo ponente, resulta asombroso que ni los unos ni el otro valoren, estudien o tengan en cuenta el factor biológico en los comportamientos.

La etología, una parte imprescindible de la antropología, es el estudio del comportamiento humano más allá de los aprendizajes y la educación. Esta disciplina analiza esos aspectos sociales de nuestra mente y de nuestros comportamientos que pueden considerarse como derivados de adaptaciones biológicas a ambientes ancestrales, que responden a dictados fisiológicos de un organismo que busca sobrevivir, que han sido configurados por la evolución biológica y que podrían estar impresos en factores hereditarios determinantes en ese tipo de comportamientos humanos que se reproducen a lo largo de las generaciones.

Estos comportamientos, no adquiridos y de gran importancia en la adaptación al medio y en la supervivencia, se pueden encontrar también en especies animales inferiores en la escala evolutiva. Hay muchos casos de animales criados en cautividad que, en el medio natural, han desarrollado comportamientos no adquiridos puesto que no los habían aprendido de sus progenitores y no eran instintivos primarios. Tal es el caso del alimoche criado en cautividad que nunca había visto romper huevos con piedras a sus padres y que fue capaz de ejecutarlo sin aprendizaje alguno cuando le resultó necesario, llevando a cabo comportamientos ancestrales de su especie que habían ayudado a su supervivencia. También es sorprendente que determinados patrones de comportamiento humano se reproduzcan de forma casi unánime en distintas épocas y distintas culturas que no han tenido contacto entre ellas ni en el espacio, ni en el tiempo y que se identifican como biología del comportamiento humano y que han estudiado etólogos como Irenäus EibsEibesfeldt, Elliot Aronson y otros.

En el caso de los roles y estereotipos sociales que, según la ideología de género, se inculcan a hombres y mujeres, cabe la posibilidad de que simplemente reproduzcan y fomenten unos comportamientos ancestrales que han supuesto parte del éxito evolutivo de las especies superiores. Es decir, que no se hayan inventado de la nada, sino que tengan bases biológicas demostrables que se niegan contra todas las evidencias. Esta negación de los comportamientos ancestrales que nos han llevado al éxito como especie, es uno de los grandes errores que presenta la ideología de género. La otra gran debilidad de esta doctrina es el intento de equiparar en todo, incluso físicamente, al hombre y a la mujer con la finalidad de erradicar las diferencias negándolas.

Este apartado que afecta a los comportamientos, los roles y estereotipos sociales y las implicaciones del físico en ello, se va a desarrollar ampliamente en posteriores capítulos, precisamente por resultar los puntos que más evidencian la inconsistencia de la ideología de género como una "teoría de la naturaleza humana", paradójicamente basada en todo (ideología, prejuicios, intereses personales y de grupos, mentiras manifiestas…) menos en la naturaleza humana. También es importante por ser la parte más lesiva para la formación y felicidad posterior de esa inmensa mayoría de hombres y mujeres "normales", es decir, que se adecuan a la norma, y la que más socava las bases de la sociedad tal y como la conocemos. Como aclaración, diremos que en este texto, cuando se habla de "normalidad", se hace referencia a "lo común", lo mayoritario y opuesto a la "excepcionalidad" o lo inhabitual sin que haya matiz peyorativo alguno al referirse a lo "no normal", salvo destacar que no es lo habitual.

Si volvemos a esos rasgos externos "encasilladores", que no dejan de ser la parte folclórica de esta estupidez venida a más que es la ideología de género, habría que hacerle ver al antropólogo, al resto de los ponentes y a los defensores de estas teorías, que se han de diferenciar los gustos y formas de vestir y acicalarse, muchas veces surgidos de tradiciones o del propio deseo individual, como es el caso de faldas, tacones o maquillaje, de rasgos sexuales secundarios que no dependen ni de la sociedad ni del deseo individual y obedecen en muchos casos a disfunciones hormonales o las ya mencionadas alteraciones genéticas. Las mujeres suelen estar, de forma general, más preocupadas por la estética personal, lo que les hace ser capaces de llevar unos zapatos incómodos o unos polvos por la cara para adecuar su aspecto a sus deseos estéticos, molestias que al varón, en general, no le compensan. Respecto a la falda y el pantalón habría que hacerles ver que son ropajes tradicionales que facilitaban las vidas a los usuarios. Antiguamente, al hombre, por su forma de micción y su realización de trabajos que implicaban mucho movimiento y fuerza, le resultaba cómodo el calzón en tanto que la mujer, con las menstruaciones, la forma de miccionar, y que permanecía más en casa porque cuidaba de las crías, encontraba más cómoda la falda. En la actualidad, con los nuevos medios de controlar las pérdidas de las menstruaciones y la vida menos sedentaria, las mujeres han adoptado el pantalón de forma mayoritaria por su comodidad y mayor abrigo en invierno. Si hay hombres que deciden que la falda es muy cómoda, no necesitan del apoyo de la ideología de género para ponérsela.

Sin embargo, la mujer barbuda era víctima de un problema hormonal llamado hirsutismo. Es evidente que, en la actualidad, se pueden resolver muchas de esas disfunciones aunque, en caso contrario, es obligación de todos aceptar a esas personas. Ahora bien, utilizar un caso de enfermedad para justificar que hay personas que, en el ejercicio de su libertad, ofrezcan un aspecto externo chocante por su excentricidad, vuelve a ser un dislate. De hecho, uno de los mecanismos que la ideología de género ha utilizado para conseguir la aceptación social ha sido a través de este tipo de manipulaciones que no resisten un análisis serio pero que, explicadas en un determinado contexto ante un público predispuesto o sin mecanismos críticos, apela al "buenismo" y la solidaridad con los infortunados. La propuesta de erradicar las referencias hombre-mujer para que la mujer barbuda se encuentre socialmente integrada, además de infantil como argumento, es semejante a exigir que, puesto que hay personas sin hogar, renunciemos todos a nuestras casas y nos vayamos a la calle a pasar frío. Sin embargo, el sacrificio de renunciar a nuestras raíces biológicas para que la mujer barbuda sea feliz no suena tan radical como abandonar los hogares por la simple razón de que la audiencia que se cree esos planteamientos no se da cuenta de lo esencial para su felicidad que es armonizar sus dos naturalezas.

Por otra parte, cuando se analiza este discurso en el que personas con gustos excéntricos exigen un cambio completo de toda la visión estética de una sociedad para que su excentricidad sea vista como la normalidad, surge una sospecha bastante fundada: Si lo normal (la norma) es lo común y lo anormal (lo que está fuera de la norma) es lo excepcional, en tanto el aspecto sea excepcional, será chocante. Si se consigue que lo excepcional sea lo habitual y, por ello, no llame la atención, lo más probable es que esas personas de gustos excéntricos cambien su aspecto al más tradicional de los modelos estéticos a fin de transgredir las normas como era su objetivo, puesto que la transgresión y el intento de escandalizar, diferenciarse o llamar la atención es, en una inmensa cantidad de casos, una forma de afianzar la personalidad.

Lo que resulta evidente es que en esto, como en todo lo que la ideología de género quiere cambiar, lo que no se puede permitir son las imposiciones. Cada uno debe vestir y actuar como se sienta a gusto, se cumplan o no las expectativas de falsa igualdad de los ideólogos del género, puesto que, a la vista de otras estrategias de igualación de sexos, me temo la imposición de ratios semejantes de mujeres y hombres con tacones o sin ellos, con maquillaje o sin él.

Ciertamente, cabe preguntarse si ese cambio estético nos va a hacer más felices y va a conseguir que, una vez establecido, no se sepa a cuál de esas dos odiosas formas humanas causantes de todas nuestras desdichas y discriminaciones, hombres o mujeres, pertenecemos. En resumen, cabe preguntarse si unos ornamentos externos van a camuflar lo que genes, hormonas, fisiología y anatomía evidencian cada instante de nuestras vidas. En ningún momento, pese a que lleven un uniforme unisex, se deja de percibir si el militar es hombre o mujer. Por otra parte, el hombre con tacones y pechos es eso… un hombre con tacones y pechos aunque se sienta mujer, aunque diga que es mujer, aunque todos, sin excepción, aceptáramos que es mujer. Con independencia de que haya rasgos secundarios de difícil ocultamiento (cuello, manos, nuez, espalda…) que evidencian la masculinidad, sucede que en cada una de sus células, en cada uno de sus cromosomas y en muchos de sus comportamientos, la realidad y la biología afirman que es un hombre. La negación de la realidad no cambia la realidad.

Acerca del tercer nivel de la sexualidad humana que exponen, la atracción sexual, existen diversos estudios que establecen su origen en razones psicológicas o en causas congénitas. Los que defienden las causas psicológicas en la atracción sexual por personas del mismo sexo aluden a la insatisfactoria relación afectiva del homosexual con las personas de su sexo, lo que les empujaría, en su ansia de aceptación dentro del grupo de su sexo, a generar un sentimiento de deseo sexual. También se habla del caso contrario: relaciones afectivas insatisfactorias con el sexo contrario que llevarían a la animadversión. Autores como Richard Cohen y médicos como Aquilino Polaino, defensores de esta teoría, afirman que la homosexualidad es reversible y se puede reconducir el deseo sexual hacia el sexo contrario con terapia psicológica. Esta afirmación les ha llevado a ser víctimas de los lobbies homosexualistas. De hecho, en otro de los cursillos de diversidad sexual a los que he asistido y, tras repetir muchas veces que la atracción sexual es una opción de la persona y puede cambiar con el tiempo (mensaje, por cierto, que tratan de transmitir a toda costa a los alumnos menores de edad en las charlas de "diversidad sexual" que ofrecen), los ponentes se vanagloriaban de que el colectivo LGTB (lesbianas, gays, transexuales y bisexuales) habían conseguido evitar en España la distribución, a través de Amazon, del libro de R.

Cohen, en el que explicaba que la homosexualidad podía revertirse a heterosexualidad.

Mientras los alumnos del cursillo se felicitaban ante la noticia de que se hubiera podido torpedear a alguien tan malvado que pretendía cambiar la atracción sexual de los homosexuales que así lo desearan, yo me preguntaba por qué, si el deseo sexual es elegible y puede cambiar con el tiempo, según me acababan de explicar, los homosexuales descontentos con su deseo sexual no podían reconducirlo mientras que los heterosexuales sí que podían cambiar a homosexuales y eran aplaudidos por ello.

Al parecer, en los cambios de atracción sexual hay un doble baremo y, en uno más de los ejercicios de totalitarismo que caracteriza a este colectivo, si un homosexual quiere variar su deseo sexual hacia la heterosexualidad, porque cree que va a ser más feliz, porque por diversos motivos le desagrada su tendencia homosexual… no se le debe permitir una opción ni una elección de su sexualidad que, en caso contrario, se permite y aplaude. Su felicidad es ser homosexual y "salir del armario" con alegría. El colectivo de LGTB dictamina que su felicidad debe ser la homosexualidad y la "salida del armario" por las buenas o, como hemos visto en muchos casos, por las malas. El colectivo LGTB elige por todos los homosexuales y sabe lo que les conviene. Sorprendente, ¿no? Lo mismo hacen los colectivos feministas empeñados en hablar en nombre de todas las mujeres.

En este ensayo no se descarta la posibilidad de que, en algunos o muchos casos, estas terapias puedan ser efectivas, ya que la casuística de la homosexualidad posiblemente sea variada y relacionada con traumas psicológicos, problemas relacionales, etc. Sin embargo, existen unos estudios que afirman que el deseo sexual no se elige, ni se cambia de forma voluntaria o por causas indeterminadas y que proviene del cóctel de hormonas que riega nuestro cerebro en formación cuando estamos en el seno materno según seamos hombres o mujeres. Aunque en la inmensa mayoría de los casos esa irrigación hormonal coincidiría con los parámetros de normalidad tal y como le interesa a la naturaleza para que la especie siga sobreviviendo, en algunas ocasiones no sería así y el deseo sexual no se correspondería con el sexo genético, lo que a efectos biológicos no sería sino un "error en la fabricación" de individuos con posibilidades de éxito reproductivo, lo que evidentemente no afecta a su dignidad y derechos como personas. Estos estudios del posible origen de la homosexualidad como algo hereditario familiar señalan a la madre como causa de esa irregularidad en la fabricación de hormonas durante la formación del embrión. También se señala el alto número de homosexuales que presentan antecedentes familiares en hermanos de la madre. Lo curioso es que unos estudios tan interesantes para explicar un origen de la homosexualidad tan "natural" han desaparecido de las redes y no es fácil encontrarlos, posiblemente porque impedirían la teoría de la "voluntariedad o albedrío" del paso de heterosexual a homosexual sin más razón que el deseo de serlo. De cualquier forma, sea cual sea su origen, congénito o psicológico, según las estadísticas más optimistas de los "homosexualistas" esta disfunción (disfunción como alteración, como algo que funciona diferente a la inmensa mayoría) del deseo sexual afectaría al 10% de la población. En las menos optimistas oscila sobre el 3%.

Sin embargo, no es el objetivo de este capítulo, ni de este ensayo, explicar las causas últimas que marcan el deseo sexual humano, sino buscar las incoherencias de un sistema ideológico que trata de cambiar nuestra concepción del ser humano y nuestras vidas.

Por ello, la reflexión que se hace es la siguiente: si un 10% (ó 3%) de la población presenta, por causas indeterminadas, deseo sexual hacia las personas de su sexo, si bien en su inmensa mayoría tienen clara su identidad sexual de varones o mujeres, y un 0,5% de personas presentan alteraciones genéticas, es decir, si al menos el 89'5% (ó 96,5%)de la población coincide plenamente con unos parámetros de alteridad sexual, de identidad sexual, de gustos y comportamientos comunes al sexo al que pertenecen… ¿existe alguna razón seria para que ese 89'5% (ó 96,5%) deba quedase sin referencias a fin de que ese 10'5% (ó 3,5%) pueda sentirse "normal", es decir, dentro de "la norma"?

Gracias al reputado antropólogo y otros ponentes de los cursos de diversidad sexual, aprendí que existe una especie de error cada vez más "delictivo" y por ello, cada vez más "punible" y que es la heteronormatividad, o heterosexismo, es decir, creer y actuar como si el mundo fuera heterosexual, dividido en dos sexos.

La heteronormatividad pretende que, como un 89,5% (ó 96,5%) de la población está perfectamente identificada en esa alteridad sexual, el mundo se rija por la premisa de dar como habitual que la población es heterosexual y que el mundo se divide en hombres y mujeres. Ya ven qué pretensión más osada. Y el porcentaje de 89,5% (ó 96,5%) de población que encaja en la heteronormatividad es seguramente algo mayor porque se ha utilizado una cifra posiblemente ampliada de homosexuales y porque muchas de las personas con síndromes genéticos son y se sienten hombres o mujeres.

Tras informarnos de la existencia de ese error ofensivo de interpretación de la realidad, la heteronormatividad, el ponente nos hizo ver inmediatamente, y en una de esas "volteretas lógicas" que practica la ideología de género, que esa percepción dictada por el sentido común supone una discriminación de esa parte que no encaja en los parámetros más comunes y por ello el "heteronormativo" es homófobo, lesbianófobo, transexualófobo y bisexualófobo. Y que todas esas fobias son violencia contra el diferente.

De hecho, existe un nuevo término: "LGTBófobo" que engloba todo ello. Es decir, la aceptación de la realidad biológica del ser humano y su reflejo en la realidad social se identifica con una agresión y una fobia contra el que no coincide con esa norma general. Y como nadie quiere ser nombrado con una palabra tan fea, se va infiltrando la idea de que reconocer la sociedad humana como algo formado por hombres y mujeres es discriminatorio y por ello con tintes delictivos.

La explicación de la "voltereta lógica" parece ser, pues así nos lo explicaron a los esforzados alumnos del cursillo, que *con la heteronormatividad se crea una jerarquía en la que se ve como buena y positiva la heterosexualidad, y como malo y negativo, lo otro, la homosexualidad. Y como es lo malo y negativo, el diferente es malo y negativo y se le ataca.* Estas inferencias, que no resisten un análisis lógico mínimamente riguroso, se suelen complementar con cifras escalofriantes de agresiones a homosexuales, a veces evidentemente falsas y manipuladas y sin posibilidad de ser contrastadas. Por concatenación lógica del mismo estilo que la anterior, la heteronormatividad lleva a la violencia, por lo que esta concepción del mundo es delictiva y debe ser prohibida para defender de agresiones al diferente. La manipulación lógica y la manipulación estadística se complementan con la negación de la realidad: en los diversos cursillos de ideología de género a los que he asistido, se afirma que la heteronormatividad no es la norma. Y para dar más fuerza a esa afirmación-reivindicación, se nos contó que en las Islas Mauricio se realizan unos rituales homosexuales de madurez.

Para no tener que irse tan lejos, también se nos dijo que en la antigua Grecia era normal la homosexualidad. Curiosamente, los defensores de esta falacia olvidan los miles de culturas y pueblos que no vieron como norma, como algo positivo o digno de amparar, la homosexualidad.

Si volvemos a la pregunta que se hace a la madre que espera un bebé, ¿es niño o niña?, y que para la ideología de género es un error-delito de heteronormatividad, veremos que en un 99,5% la criatura va a pertenecer a uno u otro sexo con seguridad, por lo que no debería resultar ofensivo ni lesivo para nadie. No es odiar a la minoría reconocer que existe una mayoría. Sin embargo, en estos cursos a los que he asistido nunca se aportaron estos datos, sino una extraña mezcla de ámbitos y conceptos distintos, que acababan implicando a prácticamente toda la población y que se coronaba con el "todos somos diferentes", lo que hacía la heteronormatividad absurda y odiosa. Aunque "todos seamos diferentes" se obviaba la explicación de que bastantes más que muchos, es decir, la inmensa mayoría, tenemos características semejantes por motivos de sexo.

A juzgar por las estadísticas aproximadas que se acaban de razonar y mostrar, no parece tan descabellado que exista la heteronormatividad y que se dé por habitual y normal que la inmensa mayoría de las personas presentan un sexo genético. Igualmente es razonable y evidente pensar que ese condicionamiento biológico implica que una gran mayoría de las personas de ese sexo tengan el mismo deseo sexual y la misma identidad sexual claramente definidos y sin posibilidad de cambio, y deseen y elijan los mismos roles sociales para desempeñar, ya sea por gusto o por sentirse competentes en esos ámbitos.

Sin embargo, es de temer que el próximo objetivo de los defensores de la ideología de género sea tipificar como delito la concepción heterosexual del ser humano identificándolo como odio al homosexual u homofobia.

En este momento al lector le puede resultar sorprendente que un libro enfocado a mujeres y hombres naturales y, en todo caso, a la situación actual de ambos termine hablando de colectivos homosexuales. Sin embargo todo tiene una causa: actualmente, las mujeres nos vemos representadas en nuestros intereses únicamente por colectivos defensores de la ideología de género formados mayoritariamente por mujeres lesbianas y, por tanto, con intereses ajenos e incluso lesivos para la mujer real, la que es física y psíquicamente mujer, ese 89,5% como mínimo de mujeres que son mujeres, sienten y piensan como mujeres, se comportan como mujeres, desean y disfrutan como mujeres, les gustan los hombres y quieren ser mujeres. Y los hombres heterosexuales, para bien o para mal, debido a la penosa representación que de la mujer hacen los colectivos feministas, no están representados por nadie en ninguna parte.

Esos colectivos representantes de la mujer son asociaciones feministas de corte radical, con idearios marxistas de lucha de clases que aplican a la relación hombres-mujeres, y asociaciones de mujeres lesbianas integradas en coordinadoras homosexuales con una concepción de la feminidad como algo despreciable y que debe ser erradicado para obtener la igualdad.

Ambos grupos buscan la desaparición de todo lo que implique diferencias entre sexos, las unas porque cualquier rasgo femenino lo asocian con la sumisión al opresor y perpetuación de una sociedad patriarcal cuya estructura las degrada y trata injustamente, y las otras porque, además de aborrecer en muchos casos su sexo y desear ser hombres, se unen al deseo del lobby homosexualista de destruir la sociedad heteronormativa, donde afirman no tener cabida, por el procedimiento de diluir la identidad sexual de casi el 90% de la población (en realidad, si nos atenemos a estadísticas menos optimistas que las de los homosexualistas, se intenta diluir la identidad sexual de al menos el 90% de la población).

Esta destrucción de la sociedad basada en la biología pasa por destruir al hombre y a la mujer en sus características biológicas comunes al sexo al que pertenecen mediante la negación de estas, el desprecio de tales caracteres y, si es preciso, la prohibición. Mientras la destrucción del varón no lleva aparejada planes que dicen ayudarle, en el caso de la mujer, las leyes y normas que hipotéticamente le amparan, los colectivos que le representan, los organismos creados para beneficiarle, las partidas económicas que se invierten en presuntas ayudas, todo cuanto se presenta como una defensa de la mujer real es lo que, salvo en contadas situaciones, está actuando a favor de la destrucción de la mujer, negando su biología, impidiéndole ser ella misma, llevándola a despreciar su esencia y creándole absurdas situaciones de discriminación e infelicidad.

¿Cómo hemos llegado a esto?

¿Por qué la defensa de los derechos de la mujer ha terminado en manos de mujeres que desprecian su condición, mujeres que consideran la feminidad una lacra, mujeres que dicen no sentirse mujeres, mujeres que quieren ser hombres y lobbies homosexualistas?

¿Realmente buscan el bien de las mujeres, o son otros sus intereses?

Todas estas asombrosas teorías de la naturaleza humana que se han expuesto han sido extraídas de los cursos que el colectivo LGTB CO-GAM realiza con dinero público para los docentes de la Comunidad de Madrid a fin de que la ideología de género entre en las aulas de la mano de los profesores formados para ello. Esto significa que con semejante colección de dislates, promocionados y divulgados con nuestro dinero y con el beneplácito de nuestros dirigentes, se ideologiza a los profesores que luego van a pasar muchas horas en un aula cerrada con nuestros hijos.

# CAPÍTULO 3
# ORÍGENES DE LA IDEOLOGÍA
# DE GÉNERO...
## O CUANDO NOS PROHIBIERON SER MUJERES

*El feminismo está mezclado con la idea absurda de*
*que la mujer es libre si sirve a su jefe y esclava si*
*ayuda a su marido*
G. K. Chesterton

Desde las primeras reivindicaciones de la mujer para alcanzar un status social, político y laboral semejante al masculino, al feminismo tradicional se han ido uniendo varias corrientes de pensamiento que han aportado su ideología hasta llegar a este cuerpo doctrinal lleno de evidentes contradicciones que llamamos ideología de género.

A finales del siglo XVIII apareció en Francia una "Declaración de los Derechos de la Mujer y de la Ciudadana" (Olympe de Gouges, 1791) en la que estaban involucrados clubes de mujeres que reivindicaban sus derechos en política y economía. Poco después aparece en Gran Bretaña el libro "Una Reivindicación de los Derechos de la Mujer" (Mary Wollstonecraft) incidiendo en el mismo tipo de demandas femeninas. Sin embargo, hasta muy entrado el siglo XIX no hay organizaciones de mujeres creadas específicamente para luchar por la emancipación de su sexo.

En un primer momento, el movimiento conocido como "feminismo", palabra que aparece en una revista de finales del siglo XIX (La Citoyenne, 1882), reivindicaba el derecho al voto femenino, el derecho a ejercer profesiones consideradas como "masculinas" y vetadas, por tradición, a la mujer, el acceso a las universidades y un salario digno.

Sin embargo, las raíces de la deriva que ha acabado enfrentando sexos que son complementarios intentando igualarlos y, puesto que no es posible, concluyendo que lo mejor es que no existan, se pueden encontrar en Friedrich Engels y la aplicación de la lucha dialéctica de clases a la familia.

*El primer antagonismo de clases de la historia coincide con el desarrollo del antagonismo entre el hombre y la mujer unidos en matrimonio monógamo, y la primera opresión de una clase por otra es la del sexo femenino bajo el masculino. (…)El hombre es en la familia el burgués, la mujer representa en ella al proletariado* ("El origen de la familia, la propiedad privada y el Estado", F. Engels).

En este primer corpus doctrinal, probablemente sin que el propio autor lo buscara, se fundamenta la posibilidad de que los roles biológicos complementarios fueran antagónicos y que la construcción de una realidad social y no biológica, como son las clases sociales, se aplicara a la dicotomía biológica hombre-mujer.

Desde esta perspectiva, las primeras feministas socialistas relacionaron la subordinación social de la mujer a su papel de esposa y madre y la opresión socioeconómica con la sexual. Por ello, empezaron a arremeter contra el matrimonio y la familia tradicional y a reivindicar la libertad sexual como forma de equipararse al varón, si bien esta idea no cuajó por motivos biológicos evidentes en la sociedad de finales del XIX y principios del XX como lo ha hecho posteriormente. Paralelamente y durante esos años, hay una coexistencia con un feminismo de corte católico (Marie Maugeret) que no opone la emancipación de la mujer a la maternidad, ni la concibe como una lucha de sexos.

De esta forma, cuando diversas corrientes izquierdistas y críticas con la sociedad burguesa surgidas a lo largo del siglo XX retoman las ideas de Marx y, especialmente, de Engels para explicar y oponerse a esta, se encuentran la semilla de las feministas de ideología socialista y ven, como corolario lógico a la lucha de clases con una clase trabajadora explotada y oprimida, y a una lucha de sexos donde la mujer es la oprimida, la eliminación de las diferencias, la igualación, tanto entre clases sociales como entre sexos. La escuela de Frankfurt con Wilheim Reich y Herbert Marcuse serían los que abrirían un nuevo camino a esta idea.

Pero la que verbaliza con toda su crudeza esta concepción de la naturaleza humana como algo al albur del propio ser humano y define la idea de la sexualidad femenina con sus roles biológicos como algo odioso y nefasto es Simone de Beauvoir. Son reveladoras de su ideología las frases que se le atribuyen: *No naces mujer, ¡te hacen mujer!* que evidencia una perspectiva en la que se considera la feminidad como una creación social y por tanto variable como toda estructura social humana. El desprecio a la función biológica de la mujer y a su función social es también determinante para lo que luego vendrá: *La mujer casada es esclava. El ama de casa no hace nada.*

Sin embargo, también es consciente de que para erradicar esta situación, que considera indeseable para las mujeres, es necesaria la imposición y la violencia: *No debe permitirse a ninguna mujer quedarse en casa para criar a sus hijos* dice la señora Beauvoir, con indiferencia total por el deseo o la elección personal de la mujer concreta y con absoluto desprecio por el papel biológico de ésta que, por motivos diversos, puede suponerle una realización personal. Comienza la denigración del sexo femenino por ser como es. Y este menosprecio engloba e implica también a todo ese bagaje asociado proveniente de los diversos campos donde la mujer se desarrolla y desarrolla sus gustos, deseos y capacidades.

La siguiente aportación al corpus llega en los años 60 con una nueva ola feminista, representada por la NOW (National Organization for Woman) de Betty Friedan que radicaliza el pensamiento de Simone de Beauvoir y también a través de la liberación sexual del 68. Los movimientos de izquierda que ya habían asumido la lucha de clases aplicada a los sexos, con Germain Greer, Kate Mollet y Shulamith Firestone, proponen la revolución sexual como forma de cambiar la sociedad patriarcal y opresora y asocian, lógicamente, el papel social de la mujer, esposa y madre, como la causa de su permanencia en los ámbitos privados de la sociedad, dedicada al cuidado de los hijos.

Paralelamente, la liberación sexual de la mujer supone que ésta se comporte frente al sexo como podría comportarse un varón, al que las consecuencias de la reproducción asociada al sexo no le afectan tan directamente como a la hembra.

La libertad sexual exige un sexo sin "consecuencias indeseadas" y son precisamente las "consecuencias indeseadas" lo que atan a la mujer a sus "roles sociales indeseados". La forma de aunar estas dos ideas es conseguir una sexualidad libre y sin consecuencias indeseadas, es decir, sin maternidad para la mujer: y ahí son determinantes la homosexualidad, la anticoncepción y el aborto.

El concepto de que la homosexualidad es una forma posible y aceptable de relación sexual en la que no hay consecuencias indeseadas y la idea de que las diferencias hombre- mujer son sociales, y por lo tanto eliminables, unidas a la creencia de que todos, por ello, podemos construirnos como hombres o mujeres según nuestra educación o nuestros deseos, encaja perfectamente con las reivindicaciones y los intereses de los colectivos homosexuales. Estos lobbies entran en el panorama ideológico para defender esta teoría de deconstrucción de la sociedad heteronormativa, que perpetúa las diferencias de sexos donde no se sienten identificados, para negar la dicotomía hombre-mujer y para demonizar la heteronormatividad.

Es el punto en el que empiezan a representar a los movimientos de defensa de la mujer únicamente mujeres lesbianas que, en muchos casos, no se encuentran a gusto en su biología, e incluso, odian abiertamente su condición femenina y a los varones. De esa manera, los intereses de la mujer son sustituidos por los intereses de una pequeña parte de las mujeres cuyo planteamiento dista mucho de ensalzar y reivindicar la condición femenina y de reivindicar el papel sociobiológico de la mujer y que, por el contrario, trata de erradicar las diferencias en todos los ámbitos partiendo como modelo al que hay que tender en esa igualdad de los valores, gustos, comportamientos y deseos, al rol masculino como rol hegemónico.

Naturalmente, eso supone que, cuanto más se parezca la mujer al ser que detenta ese rol hegemónico, más cerca está de ese mismo rol hegemónico. Los comportamientos masculinos, sus gustos, su percepciones y temperamento, más agresivo y competitivo, se ponen como ejemplo de cómo debe ser una mujer. Así, las defensoras de la mujer acaban denigrando y repudiando cuanto hace a la mujer exactamente eso: mujer. Y la maternidad, como quintaesencia de la diferencia entre sexos, es considerada la peor de las lacras.

Quizá el ejemplo más ilustrativo de la evolución de esta forma de ver la feminidad sean las famosas "quemas de sostenes" que se realizaron durante esos años, con el sujetador como representación de las diferencias del hombre y la mujer y como icono del yugo femenino. Naturalmente, quemar sostenes no eliminaba la presencia de los pechos de la mujer y, una prenda que sólo usan las mujeres, y no los hombres, por motivos biológicos y que todas consideramos de forma mayoritaria que nos hace más cómoda la vida, debía desaparecer porque debíamos ser "más hombres". Este acto, que podía parecer inocuo, demuestra la deriva hacia el feminismo *de género* en el que se utiliza como argumento la negación de la biología femenina, se confunde el cuerpo y la fisiología con los organigramas culturales y sociales, y se piensa que negar una realidad la hace desaparecer. Efectivamente, una vez quemado el sostén, las mamas seguían existiendo, pero las mujeres estaban más incómodas. También es, por ello, ilustrativo del nulo beneficio que traen los actos en favor de la libertad de la mujer que olvidan a la mujer real y biológica y que llevamos padeciendo desde entonces.

De hecho, en el momento en que se abandonan los condicionantes biológicos femeninos, todo acto que se realiza en beneficio de la mujer tiene unas contradicciones que lo transforman en beneficio discutible, en beneficio con efectos secundarios indeseables o, lisa y llanamente, en perjuicio para la mujer real y mayoritaria, aunque a un pequeño grupo de mujeres sí les suponga beneficio.

Paralelamente al avance social de esta ideología, se empezaban a producir asaltos a los puestos de influencia en los grandes organismos que posteriormente van a ayudar con su enorme poder a la imposición de esta visión de los sexos y de la mujer en el mundo, y a implementar ayudas a las mujeres basadas en este olvido de la mujer real y biológica. Puesto que no era fácil que la mayoría de las mujeres aceptaran gustosa y entusiásticamente unas directivas tan opuestas a su propia esencia, a su biología, sus percepciones, *gustos*, deseos, comportamientos e intereses, era necesario imponerlas desde arriba mediante el "sistema del palo y la zanahoria": "por las buenas" con grandes asignaciones de fondos y directivas vinculantes a los países, o "por las malas" con imposiciones y leyes de obligado cumplimiento si la zanahoria de la manipulación no funcionaba.

Según las palabras de Dale O´Leary *debido a que esa revolucionaria ideología no logró la adhesión popular, las feministas radicales empezaron a poner sus miras en instituciones tales como las universidades, los organismos estatales y las Naciones Unidas. Así empezó la larga marcha a través de las diversas instituciones. En las Naciones Unidas encontraron poca oposición. Los burócratas que llevan la gestión diaria suelen tener simpatía por los objetivos feministas cuando no son activistas directos. (…) Ni qué decir tiene que las organizaciones feministas radicales han logrado imponer su programa con gran eficacia en la Sede de las Naciones Unidas de Nueva York y en diversas conferencias de las Naciones Unidas en todo el mundo. (…) Por ejemplo, las feministas radicales controlaron la Conferencia de la Mujer de las Naciones Unidas celebrada en Beijing en 1995.*

A la toma de los organismos internacionales y órganos decisorios se une la infiltración en universidades y "colleges" femeninos, donde se empiezan a impartir cursos de redefinición del género, donde se hacen obligatorios en los programas de estudios femeninos diversos textos basados en la ideología de género y de donde surgen activistas del género que van a aportar nuevas visiones cada vez más radicales de la ideología de género.

Según el filósofo Andrés Jiménez Abad, ese feminismo de los años 60-70 llamado feminismo de tercera generación, podría presentar dos perfiles:

- El liberal-reformista, surgido en Norteamérica y que tendrá una gran expansión en el mundo cultural y universitario a través de los "Women's Studies", orientado a que la mujer sea dueña de su propio cuerpo y se integre plenamente en los escenarios públicos. El modo de obtenerlo es mediante reformas legales que se imponen a través de grupos de presión dentro de las instituciones a las que acceden por su respetable imagen de cultura que proviene de la Universidad.

- El socialista, más centrado en Europa, con talante activista y de participación directa en la política, con la visión de lucha de clases aplicada a los sexos y que busca la transformación del rol social de la mujer y la desaparición de la familia y de la sociedad patriarcal, causas de la opresión femenina.

Los "Women´s Studies" son focos de investigación y debate académico, de producción intelectual y difusión de gran alcance. A ellos seguirán después los "Men's Studies", los "Gender Studies" y más adelante, en la última década, los "Gay and Lesbian Studies". Con ellos *se pretende cambiar los esquemas de pensamiento y las actitudes sociales y culturales. Desde ellos se asesora a poderosos lobbies, y numerosas feministas formadas en este entorno entran a trabajar en las agencias y oficinas internacionales de la* ONU ("La mujer impulsora del desarrollo humano", A. Jiménez Abad).

Sin embargo, en ambas variantes se detectan dos características que derivan de su base ideológica socialista: la falta de ética en la utilización de los medios para obtener sus fines y el totalitarismo en la imposición de sus postulados. Por ello podemos encontrar frases que muestran esa falta de ética y ese totalitarismo en feministas provenientes de ambas escuelas: *Pensamos que ninguna mujer debería tener la opción de quedarse en casa. No debería autorizarse a ninguna mujer quedarse en casa para cuidar sus hijos* ("¿Quién robó el feminismo?", Cristina Hoff Sommers).

*Mamá es una institución sin la cual el sistema familia se destruiría. Entonces mamá debe ser destruida para ser sustituida por una feminista socialista. El colapso de la revolución comunista en Rusia se debió al fracaso en destruir la familia, que es la verdadera causa de la opresión psicológica, económica y política* ("Dialéctica del sexo", S. Firestone).

En 1975, en la conferencia de Naciones Unidad sobre la mujer, y con el mundo entero a favor de la igualdad en derechos y dignidad de hombres y mujeres, las feministas *de género*, aunque todavía minoritarias, irrumpen con exigencias que no pueden contrarrestarse por tres razones: ese clima favorable a las acciones que las mujeres propongan, aún descabelladas, para su liberación y emancipación, el no haber un corpus ideológico organizado contra esas nuevas ideas, y el desconocimiento de las consecuencias que esos planteamientos pueden producir en las mujeres reales y la sociedad.

En 1979 la ONU crea el CEDAW (Committee on the Elimination of Discrimination Against Women), movimiento o grupo de liberación femenina dentro de este organismo para la eliminación de toda forma de discriminación contra la mujer. Recibido, como cualquier movimiento que se hubiera presentado a favor de la igualdad, con abierta simpatía, sin embargo, la idea de que "discriminación" es *"toda acción, política o práctica que influya de forma diferente en las mujeres que en los hombres"*, empieza a derivar en la demonización de cuanto, por sentido común, ha de ser diferente. En este contexto, el sujetador para el pecho femenino sería, efectivamente, un elemento discriminatorio y si no lo es, se debe únicamente a que no ha sido planteado como tal en alguna asamblea. Sin embargo, en los cinco años siguientes se sumaron a esta convención, ratificando sus acuerdos, más de ochenta países.

A lo largo de los años 80 y 90 del pasado siglo, las ideólogas de este feminismo *de género,* en su inmensa mayoría lesbianas, fueron radicalizando la ideología y disociándose definitivamente de la biología femenina. Esta tercera ola de feminismo llamado *de género,* tal y como aparece en el libro de Cristina Hoff Sommer antes mencionado, se contrapone al feminismo *de equidad,* que busca la igualdad de derechos y dignidad para todos, con esa lucha *de género* donde las mujeres son oprimidas por una sociedad de jerarquía patriarcal y sólo pueden ser liberadas con la destrucción de esa jerarquía y la sociedad que la ampara.

Paralelamente, esta visión de la liberación de la mujer, ya arraigada en numerosas universidades de corte femenino y amparada por el prestigio universitario, se proyecta al resto del mundo a través de los ámbitos culturales. Libros como el de la feminista radical y lesbiana Judith Butler ("GenderTrouble: Feminism and the subversion of the identity") que presenta el género como construcción personal independiente del sexo, Alison Jagger ("Political Philosophies of Women´s Liberation"), con su visión de la sexualidad humana como *polimorfamente perversa natural* y abogando por la destrucción de la familia biológica, son textos de obligada lectura en los estudios sobre la mujer.

En este contexto se produce otro hito de éxito para la implantación de la ideología de género: la Asamblea de Naciones unidas en Nairobi (1985) para analizar la "Década de la Mujer", donde la inmensa mayoría de las representantes de las mujeres eran defensoras de la ideología de género y sus planteamientos respecto a la mejora de la situación de la mujer. Como, evidentemente, las diferencias entre hombres y mujeres van asociadas al sexo, *discriminación es cualquier distinción hecha sobre la base del sexo, que tenga el efecto o propósito de desmejorar o anular el goce o su ejercicio por parte de la mujer, sin importar su estado marital, sobre la base de igualdad entre hombre y mujer, sobre derechos humanos y libertades fundamentales en el campo político, económico, social, cultural, civil o cualquier otro.*

Obviamente, las consecuencias del sexo son diferentes para hombres y mujeres y por ello, el sexo es discriminatorio por sí mismo. En cambio, el género, es decir, la construcción social que de nuestra sexualidad hagamos, deslindada de la realidad biológica, es totalmente antidiscriminatorio. Sin embargo, las diferencias biológicas, aunque se nieguen, existen y siguen existiendo para desgracia de los ideólogos de género. Es entonces cuando la libertad de las mujeres se asoció a su *salud sexual y reproductiva*, a la desaparición de "consecuencias indeseadas y discriminatorias" de la biología, es decir, al aborto y la contracepción sin plantearse los posibles perjuicios para la salud de la mujer que acarrea la ingesta de medicamentos contraceptivos o abortivos o los traumas por la eliminación de un hijo en formación.

Quizá entonces no se conocieran muchas de las consecuencias que sobre la salud de las mujeres conlleva el ingerir altas dosis de hormonas para evitar embarazos. En este momento y pese a que se evitan y se acallan estudios que relacionan estos medicamentos con muertes súbitas por ictus, los tumores de mama y de órganos genitales, y se constata un aumento en la incidencia de los mismos en mujeres jóvenes, se continúa con las mismas políticas de buscar la *salud sexual* de las mujeres minando su salud integral.

En el caso de los abortos, y pese a presentarlos como una forma aceptable de evitar un mal terrible, el bebé concebido, han resultado ser una forma terrible de evitar una consecuencia, el bebé, en absoluto tan dramática como cualquiera de las imágenes de abortos que podemos ver. Aunque se ha presentado como algo inocuo y corriente, como un derecho de la mujer, algo no cuadra cuando los casos de síndrome post aborto se multiplican en mujeres, conscientes de la gravedad de lo que han llevado a cabo, a las que no se ha dado otra opción.

Cabe preguntarse hasta qué punto la cuota a pagar por una liberación sexual al margen de la biología, liberación en muchos casos impuesta socialmente y a través de instituciones "defensoras de los derechos de la mujer" y publicitada por los medios, está siendo un precio excesivo para la propia mujer a la que se dice beneficiar. Muchas mujeres empezamos a preguntarnos si vale la pena pagar la alta tasa de nuestra propia salud por una libertad tan circunscrita a un ámbito: el sexo. Y comenzamos a preguntarnos: "si a nosotras no nos beneficia y se continúa por la misma senda, ¿a quién beneficia?"

El hecho es que, arrollado por una doctrina tan extremista, el feminismo *de equidad* es eliminado y los movimientos feministas toman una deriva de radicalización que va unida a la renuncia absoluta al cuerpo femenino. Es decir, la mujer real, esa mujer con la que al menos el 90% de las mujeres se siente identificada desaparece de las miras de los y, sobre todo, de las representantes de la mujer.

La mujer, dueña de su cuerpo y construyendo libremente su género, ha de huir de cuantos condicionantes le impiden actuar como un hombre: sexo libre, sin ataduras ni consecuencias, aborto como un derecho, sexualidad polimorfa con predilección por las relaciones homosexuales por no ser reproductivas, cuidado estatal de los hijos para que no aten a la mujer, agresividad, competitividad, empleos tradicionalmente masculinos...

Con una creciente mayoría de representantes partidarios de estas teorías en la ONU y de la multinacional del aborto International Planned Parenthood (IPPF) diseñando los programas de "salud sexual y reproductiva" de la mujer, teóricamente buscando el beneficio de la mujer pero, en la práctica, embolsándose increíbles cantidades de dinero por ello, la deriva *de género* se empieza a imponer al mundo mediante diversos tratados que obligan a los países firmantes.

Los siguientes hitos que nos han llevado a la imposición de tales teorías son las Conferencias de Naciones Unidas sobre la Mujer de Viena (1993), El Cairo (1994) y Pekín (1995), cumbre amparada por la ONU de especial importancia en la implantación de la ideología de género que en muchos documentos aparece mencionada como Cumbre de Beijing.

Y es que, efectivamente, en el siguiente hito de la *desfeminización* de la mujer aparece con luz propia la IV Conferencia Mundial de las Naciones Unidas sobre la Mujer, celebrada en Pekín (septiembre 1995), en la que se instauró el uso de la palabra "género" como el rol social que en nada tiene que ver con el sexo al que se pertenece y que viene asignado por la educación que se recibe y en la cual se obtuvo el compromiso de los países participantes a establecer todas sus políticas sociales bajo la *perspectiva de género* (forma de llamar a esta ideología que busca eximirla del componente adoctrinador).

En esta conferencia participa por primera vez, como tal, la Unión Europea, que previamente había celebrado en febrero de ese mismo año una conferencia preparatoria en el Consejo Europeo, ya completamente copada por defensores de esta ideología de género. Con España presidiendo la UE, la exministra de Asuntos Sociales, Cristina

Alberdi, actuaría como portavoz de este organismo en la cumbre de Pekín. Es ya en Europa donde aparecen los gérmenes de la manipulación educativa para tratar de imponer a los menores esta visión más que discutible de la naturaleza humana.

En una de las intervenciones de la Conferencia Europea, la presidente de Islandia, Vigdis Finnbogadottir, afirmaba que *la educación es una estrategia importante para cambiar los prejuicios sobre los roles del hombre y la mujer en la sociedad. La perspectiva de género debe integrarse en los programas. Deben eliminarse los estereotipos en los textos escolares y concienciar a los maestros en este sentido para asegurar así que niñas y niños hagan una selección profesional informada y no basada en tradiciones prejuiciadas sobre el género.*

Esta afirmación, que pudo resultar razonable en aquel momento, pues parecía dirigida a una mayor libertad de la elección profesional de los niños y adolescentes, vista en la perspectiva de lo sucedido posteriormente, resulta de una gravedad indignante. En primer lugar, da por única y verdadera la controvertida visión que sobre la naturaleza humana presenta la ideología de género. En segundo lugar abre la posibilidad de que, a través de los maestros se ideologice a los alumnos y este adoctrinamiento se vea como beneficioso. En tercer lugar, y por lo vivido posteriormente, la desaparición de "estereotipos de género" abre la puerta a la denigración de la mujer tradicional inculcando ideas de rechazo ante el arquetipo de esposa y madre y despreciando cuanto de beneficioso han realizado millones de mujeres a lo largo de los siglos. En el Consejo Europeo "Equality and Democracy: utopia or challenge?" se sintetiza la degradación de la mujer real considerándola un estereotipo nefasto: *No debe subestimarse la influencia psicológica negativa de mostrar estereotipos femeninos.* De igual forma, se inicia la demonización del varón al que se convierte en causante de todos los males y se le culpabiliza de ser lo que es a causa de su biología y rol biológico.

En la Conferencia de Pekín, infiltrada por partidarios de la ideología de género y muy permeable a sus planteamientos, participaron diversas mujeres profesoras universitarias o activistas de izquierdas muy politizadas: Rebecca J. Cook (Canadá), quien dice que el sexo es una construcción social que debería ser abolida y que debería hablarse de cinco sexos: hombres y mujeres heterosexuales, hombres y mujeres homosexuales, y bisexuales; Bella Abzug, activista de izquierdas quien explicó lo que era el *género, diferenciándose de la palabra sexo para expresar la realidad de que la situación y los roles de la mujer y el hombre son construcciones sociales sujetas a cambio.* La idea que se quiere transmitir es que *no existe un hombre natural o una mujer natural* y todo, incluso el deseo sexual, es fruto de la educación, y de la imposición social.

Ante el cuestionamiento del término "género" la respuesta de Abzug fue: *...borrar el término "género" del Programa de Acción y reemplazarlo por "sexo" es una tentativa insultante y degradante de revocar los logros de las mujeres, de intimidarnos y de bloquear el progreso futuro.* Se refería a un programa presentado por las feministas "de género" lleno de ambigüedades lingüísticas y donde se incluía la perspectiva de género y la palabra "género" como sustituto de los términos "sexo", "mujer" y "hombre".

Una vez unida la idea de "género" a las legítimas reivindicaciones de las mujeres, y asociada la crítica al género con la degradación de la mujer y el bloqueo de su futuro, se produce la "paradoja del traje nuevo del emperador" consistente en que, pese a que pueden surgir dudas razonables sobre si esas políticas son adecuadas, nadie se atreve a cuestionarlo por miedo a ser acusado de "los nuevos pecados": machista, enemigo de las mujeres, carca... y finalmente homófobo... pues la implicación entre género y homosexualidad en 1995 en Pekín es ya tan estrecha que Valerie Raimond (representante canadiense) propuso que la conferencia no se centrara en la mujer y que, a través de una *perspectiva de género*, se promovieran las reivindicaciones del colectivo LGTB.

De hecho, la Comisión de Derechos Humanos de Gays y Lesbianas exigió el reconocimiento del derecho a determinar su identidad sexual y otras reivindicaciones de la ideología de género. Era lógico que los intereses de estas feministas *de género* y los lobbies homosexualistas se terminaran encontrando, puesto que el feminismo, en ese momento, había abandonado completamente el interés por mejorar la situación de la mujer y buscaba la eliminación de la alteridad sexual biológica: *los hombres no gozarían del privilegio masculino si no hubiera hombres. Y las mujeres no serían oprimidas si no existiera la mujer como tal* (Extracto de un Curso de re-imagen de género).

*La forma en la que se propaga la especie es determinada socialmente. Si biológicamente la gente es sexualmente polimorfa y la sociedad estuviera organizada de modo que se permitiera por igual toda forma de expresión sexual, la reproducción sería resultado sólo de algunos encuentros sexuales: los heterosexuales. (…) En sociedades más imaginativas la reproducción podría asegurarse con otras técnicas.* (Heidy Hartmann). Y a ello nos dirigimos con paso firme y decidido.

A partir de Pekín, el desembarco de la ideología de género ha sido un paseo triunfal por un mundo engañado, desprevenido o sin capacidad de defenderse. Desde la ONU, se ha exigido a los países compromisarios que impongan la *perspectiva de género* en sus políticas y la ideología de género invade desde las series televisivas a la educación de los menores, desde las políticas sociales a los documentos de las más variadas organizaciones.

La "paradoja del traje nuevo del emperador" ha funcionado de tal forma que nadie es capaz de reconocer que ve las extrañas contradicciones de una ideología que afirma que no hay hombres y mujeres pero que exige una política de cuotas basada en la entrepierna, en la diferencia de sexos y no en la capacidad de los candidatos, que dice defender a la mujer y trata de cambiarla mediante imposiciones, que afirma que es la educación la que nos hace hombres o mujeres pero ve con agrado y sin que le resuenen las estructuras que algunos (muy pocos) hombres, educados "como hombres" según su concepción de los estereotipos sociales, digan que son mujeres y viceversa.

En los próximos capítulos vamos a analizar los orígenes biológicos de la alteridad sexual y la enorme influencia del sexo biológico en los comportamientos humanos: esos pies de tortuga de lentísima evolución pero con unas poderosísimas razones para ser como son, esa parte de nosotros que la ideología de género trata de olvidar sumiéndonos a todos en el desconcierto y la infelicidad. Una vez explicado todo esto, se evidenciará cuán descabellados son los planteamientos y las acciones de los ideólogos de género en tanto ignoran o tratan de hacernos ignorar lo que realmente somos: una especie animal biológicamente exitosa, con unas servidumbres ineludibles hacia nuestra naturaleza, por muy superiores que hayamos llegado a ser en otros planos.

# CAPÍTULO 4
## CEREBRO MASCULINO Y
## CEREBRO FEMENINO I
### ANTES DE LA EDUCACIÓN Y LA CONSCIENCIA

*Los hombres no son prisioneros del destino sino*
*prisioneros de su propia mente*
F. D. Roosevelt

Una de las estrategias que utiliza la ideología de género para igualar lo que no es ni puede ser igual, es la negación de que existe un cerebro masculino y un cerebro femenino. Puesto que niegan que haya hombres y mujeres, salvo por la diferencia en los genitales, y posteriormente afirman que eso no afecta en absoluto a los deseos, gustos, percepciones, habilidades y comportamientos, y que es la educación, únicamente, la que forja esas diferencias y asigna esos roles, es imprescindible negar el cerebro masculino y el cerebro femenino. El cerebro sería, por tanto, un órgano neutro que no se ve afectado por unos cromosomas diferentes en cada caso ni por las diferentes hormonas que lo irrigan desde prácticamente su concepción.

Pese a las evidencias diferenciales que surgen a cada instante, los ideólogos de género dicen que hombres y mujeres somos iguales, intercambiables, y sólo la educación nos hace diferentes. Sin embargo, las personas corrientes vemos continuamente cómo hombres y mujeres piensan y sienten distinto que el sexo contrario y de forma muy parecida a los de su propio sexo, con independencia de la educación, más "tradicional" o más "innovadora" que hayan recibido. Las afinidades, en muy diferentes facetas, con los de nuestro propio sexo y las diferencias con el contrario, subyacen incluso en el caso de que la educación recibida se fundamente en bases ideológicas divergentes. Esta observación, al alcance de cualquiera, es también constatable y explicable por la neurofisiología y por la psicología humana, es decir, de forma física y empírica, y aparece evidentemente ligada al rol biológico, no social, de hombres y mujeres.

La realidad, lejos de hacer reflexionar a estos defensores de una estructura ideológica sin base real ni científica y llena de contradicciones, los encastilla en sus respuestas, que siguen tres estrategias básicas de negación de las evidencias:

1º. Ignorar los hechos. Nada de lo que pone en evidencia que su teoría es falsa lo consideran "científico" pese a que no hay nada menos científico que lo que es indemostrable. Tal es el caso de la ideología que nos ocupa.

2º. Despreciar los estudios que, como éste, tratan de demostrar las diferencias intrínsecas descalificando al autor, o a lo que consideran "su afán de buscar diferencias", sin valorar que el investigador no busca las diferencias, sino que las halla y las estudia tratando, en muchos casos, de buscar su origen. Esta búsqueda del origen y la razón de los hechos es el paso lógico para cualquier investigador que trata de entender el mundo para explicarlo. Los ideólogos del género tratan de explicarlo sin entenderlo y, cuando el mundo no funciona según esas explicaciones, tratan de cambiarlo y adaptarlo infructuosamente a sus teorías.

3º. Tratar de explicar los hechos evidentes aferrándose a un imponderable, a un hecho que no se puede valorar, a una circunstancia imprevisible e incontrolable cuyas consecuencias no pueden calibrarse. Y como no pueden calibrarse, se les dota de toda la fuerza de un hecho poderoso e insoslayable. Me refiero a esa especie de solución infalible y "multisituaciones", esa especie de "cataplasma curalotodo" que creen imposible de demostrar o refutar: la educación sexista. Somos diferentes por la educación sexista. Como hombres y mujeres somos diferentes y siempre seguiremos siéndolo, la implicación es que siempre habrá una educación sexista que denunciar y erradicar.

Este tercer punto, que hasta ahora había conseguido explicarlo todo y servía para que esa lucha -y los elevados beneficios que produce a sus guerreros- se prolongara eternamente, es el que empieza a fallar por su base. En numerosos países occidentales, las políticas educativas y sociales han disminuido la diferencia de roles y la imposición de los mismos a la mínima expresión y, en la actualidad, muchos menores han sido educados bajo la férrea batuta de la ideología de género. Sin embargo, y contra todo pronóstico, continúan habiendo diferencias, por lo que parecería lógico inferir que hay otras razones para esa dicotomía si lo que realmente se buscara fuera la verdad. Sin embargo, esta teoría ha comenzado una huída hacia adelante hasta llegar a afirmar que cualquier descuido o detalle en la indicación de un estereotipo social puede marcar al niño, impeliéndole a actuar como hombre o como mujer.

De esta forma, en un país que aplica leyes educativas igualitarias, machaca a la ciudadanía con campañas de igualdad, se gasta enormes cantidades de dinero público para erradicar el sexismo… la causa de que las mujeres sigan siendo femeninas es de un perverso anuncio sexista, de una frase encasilladora… Los padres, que sabemos cuántas veces hay que repetir a los niños lo que está bien y lo que está mal para que lo interioricen y se refleje en sus comportamientos, nos quedamos sorprendidos cuando nos enteramos de que, en cuestión de estereotipos y roles sociales impuestos, las respuestas educativas se consiguen con tan poco esfuerzo. ¡Y para resultados tan determinantes y perdurables!

Y en esa huida hacia adelante de una de las mayores y más caras mentiras de la historia, además de la persecución y demonización de cuanto pueda mostrar a mujeres con caracteres femeninos y hombres con caracteres masculinos, las políticas de "erradicación de diferencia" se están transformando en políticas de "imposición de la igualdad" por encima de los deseos, gustos, intereses, percepciones, comportamientos y capacidades, que se evidencian diferentes pese a todo intento de igualación. Porque, aunque la realidad no es como los ideólogos del género dicen, hay que seguir achacándoselo todo a esos roles educativos impuestos, y en vista de que prevalecen en lugares recónditos de nuestra sociedad, hay que obligar a hombres y mujeres a ser iguales para demostrar que la teoría es cierta y que no hay cerebros masculinos y femeninos.

A la espera de que esta locura se venga abajo por su propio peso y a sabiendas de que en este momento tiene una fuerza arrolladora, como opina sabiamente el profesor Jorge Scala, *hay que colaborar activamente en su caída para evitar, en lo posible, todo el mal que está haciendo en multitud de vidas particulares.* Y para frenar el ingente desembolso de dinero público, añado yo. Este libro trata de aportar un grano de arena en tan loable propuesta.

La primera pregunta que nos surge ante la "solución curalotodo" de la ideología de género es: ¿Y si las diferencias se evidencian antes de que la educación pueda marcar e imponer roles? ¿Y si los bebés se comportaran de forma diferente antes de saber su sexo y por tanto asumir sus roles presuntamente impuestos? Revisemos la situación.

La teoría de la ideología de género siempre se apoyó en que los diferentes comportamientos y gustos de hombres y mujeres venían determinados por una educación sexista, una imposición permanente e implacable de los roles sociales asignados a hombres y a mujeres:

- los niños varones eran educados preparándolos para su rol social de machos audaces, luchadores, agresivos, poco expresivos con los sentimientos, encargados de cubrir las necesidades básicas de la prole...

- las mujeres, por el contrario, eran educadas como niñas, dirigidas desde su infancia a la práctica de los roles sociales propios de su sexo: la maternidad, el cuidado de la casa y de la prole... fomentando en ellas la abnegación, la paciencia, el gusto por la belleza y el cuidado del propio cuerpo...

Esta visión de la dicotomía social por imposición, que podía defenderse antes, actualmente no tiene base empírica sobre la que sustentarse en los muchos países con educación igualitaria pero donde se siguen dando diferencias. Entonces aparecen los imponderables, esos hechos incontrolables y no cuantificables que siguen consiguiendo que hombres y mujeres piensen, sientan, actúen y elijan de forma diferente.

Cuando ante un defensor de la ideología de género se apela a la circunstancia de que actualmente a niños y niñas se les educa de la misma forma, que los padres no tenemos conciencia de dar diferente trato a unos y otras, que han jugado con lo que han querido, que nadie les ha dirigido hacia un futuro profesional o familiar determinado, la respuesta es:

- *Aunque los padres no se den cuenta, se les trata de forma diferente.* Y ahí cuentan un inédito e increíble experimento en el que a un bebé se le vistió de rosa y de azul, afirmando en la narración que el comportamiento de los adultos fue diferente según se creyera que era chico (*machote, valiente, vas a ser un chavalote fuerte...* y se le trataba con movimientos bruscos) o chica (*princesa, guapa...* y se le movía con suavidad y cuidado). Yo no he visto jamás este trato diferenciado con los bebés en mis hijos, ni en los hijos de mis conocidos. Ni he conseguido encontrar ese manido estudio por ningún lado para verificarlo. Ni creo, sinceramente que, en caso de suceder de forma eventual y anecdótica, marque a fuego el cerebro infantil (de bebé lactante) obligándole a reproducir determinados estereotipos sociales.

- *Todo en la sociedad empuja a mantener los estereotipos: ese anuncio sexista, esa visión de la mujer que está en su casa lavando… los propios roles en las familias y las parejas…* De esa forma, el esfuerzo de los defensores de la ideología de género no tiene más límite y final que la absoluta deconstrucción de la sociedad tal y como la conocemos para que las nuevas generaciones no repitan, por imitación, el modelo social que ven en sus padres, el referente masculino y femenino que los progenitores les dan, a pesar de su esfuerzo por educarlos en la igualdad.

Y aquí está el eje del asunto para los defensores de la ideología de género: el "pecado original" de esta "absurda sociedad" donde hombres y mujeres somos diferentes, aunque tratamos de ser iguales en derechos y dignidad, está en nuestra propia naturaleza de hombres y mujeres. El sociólogo Steven Goldberg afirma que estas teorías *cometen el error de tratar el ambiente social como una variable independiente, sin lograr explicar por qué el ambiente social siempre se acomoda a los límites fijados por la biología y siguiendo una dirección acorde con lo fisiológico.* Con esto quiere evidenciar que, curiosamente, no hay casos en los que la organización social haya dado como resultado otro tipo de sociedad en la que la mujer fuera dominante, sino de forma excepcional si es que la ha habido, mientras que si fuera cierto que somos iguales, lo normal sería que en unos casos se hubieran dado ejemplos de sociedades patriarcales y en otros matriarcales. Sin embargo, eso no ha sucedido porque los roles sociales no son aleatorios, sino que vienen determinados por la biología: es decir, sociedades humanas diferentes y alejadas se organizan de igual forma porque los roles biológicos facilitan esa organización y además modelan los gustos, capacidades, deseos, percepciones y comportamientos de los sexos para que así sea y se sientan felices y realizados por actuar como se lo pide su biología.

Es cierto que los ideólogos del género se saben alguna remota tribu que se ha organizado de distinta forma y hay, entre todos, un tipo de simios, los bonobos cuya vida en las ramas no parece presentar roles sociales muy definidos, no hay fidelidad sexual y cuidan las crías de forma tribal, coma ya veremos. Casos aisladísimos que sólo confirman la regla general, casi unánime. Además, si se analiza la afirmación de que la preponderancia del varón es una imposición y se constata que, en la mayoría de los casos, las mujeres la asumen y se sienten a gusto con su papel o rol social, habría que pensar, lisa y llanamente, que las mujeres somos idiotas puesto que no hay ninguna razón para ello y sin embargo nos realiza el rol de esposa y madre.

Existe también una especie de leyenda que aparece en diversos blogs feministas, sin una sola base científica ni arqueológica, que defiende la existencia de una primigenia sociedad matriarcal allá por la edad del bronce o del hierro (no queda muy claro porque el rigor científico no les quita el sueño: en algunos blog dan como reales a las legendarias amazonas) en la que la raza humana era feliz hasta que por alguna causa se varió la organización social y caímos del paraíso sin roles o con la prepotencia femenina, al imperfecto mundo actual inventado y dirigido por los hombres. Curiosamente sucedió en todos los lugares del mundo, pues no quedó un solo vestigio de esa civilización o forma de organización social en ninguna parte y al parecer al mismo tiempo, milenio arriba o abajo. Se debió tratar de una asombrosa revolución mundial masculina altamente organizada.

La idea de que nuestras diferencias son biogenéticas y, por tanto, muy difícil si no imposible variar, es una evidencia que no pueden aceptar los ideólogos de género porque eso implica que su lucha es un sinsentido y viven demasiado bien de este cuento como para reconocerlo.

Este diagnóstico, que nuestro "pecado de discriminar" no es tal pecado, sino que es consustancial a nosotros y por tanto imposible de erradicar -asunto que se va a desarrollar en los próximos capítulos- es la causa de que la ideología de género sea para sus defensores una lucha sin fin que nos hará más infelices, sin lugar a duda, en tanto las indicaciones, a la vista de la rebeldía biológica, pasan a imposiciones de lo que nos tiene que gustar y debemos hacer. Pero, por otra parte, es lo que a la larga condenará al fracaso a esta teoría de la naturaleza humana sin base científica ninguna. Aunque pasará mucho tiempo para que esta teoría nefasta colapse por la cantidad de gente dispuesta a defenderla como origen de prebendas y dinero abundante.

Sin embargo, y en tanto se van cosechando fracasos en las políticas de imposición de la igualdad en todos los ámbitos (cultural, deportivo, educativo…) la instauración social de la igualdad de los que no son iguales (a imagen de lo que sucedió con los regímenes comunistas) va generando desconcierto, infelicidad y obligaciones. Porque "feminizar" al varón y "masculinizar" a la mujer para crear una sociedad de género neutro es el ideal social de los defensores de la ideología de género, pero no el ideal social de la naturaleza que, muchos miles e incluso millones de años antes de que llegaran estos señores a modelar al ser humano según su ideología, definió en las especies pautas de conducta que resultaran exitosas para la supervivencia.

Su argumentación se fundamenta en que, desde niños, a los varones se les impide expresar sus sentimientos (*los chicos no lloran*) mientras que a las chicas se les educa en la sensiblería y la llantina. Al menos esta es la nada científica explicación que se da en los cursos de "diferentes afectividades sexuales" basados en la ideología de género a los que he asistido (y que se imparten porque están financiados siempre con dinero público, curiosamente el dinero que expande esta ideología). Es posible que hace muchos años se educara a varones y mujeres de forma distinta, si bien coincidente con ciertas diferencias evidentes que se reforzaban con esa dicotomía de estrategias educativas y de ningún modo contraviniendo comportamientos generalmente unánimes en ambos sexos. Sin embargo, en la actualidad, al niño o niña que llora se le consuela con la fórmula *los/as niños/as valientes no lloran* con la única finalidad de que dejen de llorar y la variación de las fórmulas no puede explicar, en forma alguna, la mayor dificultad masculina de expresar los sentimientos y la mayor emotividad femenina. Sólo un tonto puede creer en el poder omnipotente y taumatúrgico de la formula *los niños no lloran* para considerarla causa del comportamiento general masculino. La afirmación de que *las niñas son lloronas* no puede ser la causa de que estas rompan a llorar durante toda su vida con más facilidad que los varones, cosa que por cierto no es ni mala, ni buena y, sin embargo, como rasgo fundamentalmente femenino se reprueba socialmente con la saña de ese feminismo que se avergüenza de su propio ser.

Es evidente que hombres y mujeres se comportan diferente como igualmente evidente resulta el hecho de que, en la infancia los niños, desde muy pequeños, eligen juegos de contacto físico, de "acoso y derribo", de competición y fuerza mientras que las niñas prefieren juegos más sosegados, donde no hay competición, y del tipo "socio-dramático" donde tienden a interpretar papeles. Estas variantes en el juego surgen con independencia de los juguetes que se les suministren a priori, e incluso sin suministro de juguetes, por lo que la explicación de que los niños se adaptan a los juegos según los juguetes sexistas que se les ha suministrado puede interpretarse al revés: se les suministran los juguetes más acordes con el tipo de juegos que prefieren desarrollar.

Si bien antaño la sociedad incentivaba este tipo de conductas diferenciales en el juego, en la actualidad no existe apenas el padre o madre que obliga a jugar a sus hijos con "lo que le corresponde por sexo" y los niños actuales juegan con lo que quieren jugar. De hecho, no es extraño ver niñas jugando con coches, o piezas de juegos de construcción a "las familias". Y chicos que juegan, con muñecas, a las carreras. Los niños de los países occidentales u occidentalizados juegan con lo que quieren y a lo que quieren.

Parece, por tanto, que pese a la educación en igualdad y la ausencia de roles impuestos en el proceso educativo de las nuevas generaciones, curiosamente no se consigue erradicar una dicotomía en gustos y comportamientos de chicos y chicas. Sin embargo, los defensores de la ideología de género siempre encuentran un anuncio sexista, un cuento infantil que marcará las mentes inocentes de forma ineludible y con una fuerza totalmente inexplicable dada su nimiedad, y empujará a los pobres niños a representar unos roles y comportamientos de hombres y mujeres de forma obligatoria. Destacarán unos colores, el rosa y el azul que, increíblemente dado su inocente aspecto, educan en la diferencia. Siempre encontrarán una razón educativa por la que hombres y mujeres actúan diferente pese a que sea algo pequeño e irrelevante. Pero reconocer que el cerebro puede ser diferente... eso nunca.

Sin embargo, las evidencias de que el cerebro de hombres y mujeres es diferente son muchas y manifiestas. Y eso implica diferentes percepciones, comportamientos, gustos, habilidades, deseos e intereses. Todo ello adaptado, curiosamente, a sus roles biológicos que, lógicamente y si no se altera la naturaleza, derivan en roles sociales diferentes.

La primera objeción que ponen los defensores de la ideología de género a la posibilidad de que el cerebro humano sea diferente en función del sexo es que la educación sexista actúa sobre los niños desde edades muy tempranas, lo que les empuja a comportamientos preestablecidos, si bien no se han atrevido a afirmar que lo hace en edades en las que el niño no tiene conciencia de su propia identidad porque resulta imposible que, un ser que desconoce si es varón o hembra, asuma roles y clichés educativos al respecto, acordes con su función o rol social.

¿Qué pasa si numerosas investigaciones demuestran y evidencian que el cerebro masculino y el femenino presentan diferencias de gustos antes de saber que son varones o hembras y de ser educados para ello?

En psicología se admite que la comprensión y asunción de la identidad propia no se empiezan a desarrollar hasta los 18 meses, aproximadamente, y no terminan de desarrollarse hasta los seis o siete años por la complicada percepción que supone la propia identidad y su posterior significado social.

Por tanto, es admitido que hasta los 18 meses el niño no es capaz de entender que "debe" actuar de determinada forma, jugar con determinado juguete, mostrar determinadas actitudes… porque no sabe si es niño o niña, ni es capaz de asumir lo que eso implicaría. Sin embargo, la tozuda realidad muestra continuamente situaciones que desmienten esa incapacidad de actuar como hombres o mujeres por no haber sido aún educados en ello. Es decir, que sin ser posible que hayan recibido influencias sexistas, actúan según lo que serían patrones sexistas de su propio sexo.

Recuerdo el caso de una amiga con dos mellizos de 14 meses, niño y niña, que al hilo de la falsedad de la ideología de género contaba un juego que hacían sus hijos y que nadie les había enseñado: cuando estaban de pie se dejaban caer al suelo sobre el pañal que les amortiguaba la caída. La niña caía con cuidado y el niño de forma mucho más brusca, lo que le llenaba de hematomas. Ambos lo hacían con grandes risas y jolgorio. La madre argumentaba que nadie, ni su padre ni ella les habían enseñado el juego, ni la forma de caer según el sexo, simplemente la chica lo hacía suavemente y el chico no. La niña caía con cuidado, con prudencia, con dulzura, con elegancia y el chico caía con brusquedad, con agresividad, con audacia… cada uno con esos odiosos epítetos que la sociedad sexista concibe como propios de cada sexo, sin saber de qué sexo eran y sin que nadie les hubiera inculcado esos valores. Sin explicación educativa ninguna, a una edad en la que no asumen y comprenden que son diferentes y, por ello, no pueden interiorizar roles, actuaban de forma diferente, como inspirados, movidos, por "otra cosa".

Otro caso que desconcierta a los defensores de la ideología de género pero que en absoluto hace tambalear su fe ciega en las causas educativas del comportamiento humano diferenciado, aunque mina de raíz su estructura argumental, son los estudios de Gerianne. M. Alexander y Melissa Hines publicados en 2002.

Estas investigadoras llevaron a cabo experimentos con niños de corta edad a los que se sometía a dos estímulos visuales: un camión de juguete y una muñeca. Para detectar cual era el estímulo que llamaba más la atención del bebé, se registraba el movimiento pupilar. Curiosamente, las niñas, incluso las que eran menores de nueve meses, mostraron un claro interés por la muñeca (rostro "humano" estático) en tanto los varones prefirieron el camión (objeto con posibilidad dinámica), aunque en menor proporción probablemente porque el cerebro femenino está más desarrollado en esa etapa que el masculino.

En un curso de "diversidad afectivo-sexual" en el que se enseñaba en realidad, como en todos, ideología de género, una ponente se refirió de pasada a estos experimentos diciendo que, aunque en ese momento no tenían explicación, ya se les ocurriría algo para rebatirlos. Ya se les ha debido ocurrir a algunos una solución acorde con sus planteamientos teóricos, pues los detractores de los resultados del experimento argumentan que, aunque el niño no sea consciente de que es niño y que debe jugar con ese tipo de juguetes, sus padres ya le habrán hecho jugar con ellos, razón por la que el niño ha asociado el estímulo a algo conocido y positivo, por lo que ha dado muestras de preferencia. Por el contrario, el juguete desconocido no ha producido estímulo.

Esta explicación para seguir manteniendo a flote la teoría de que no existe cerebro masculino y femenino es, cuando menos, profundamente insatisfactoria pues presupone que los padres actuales se empeñan en comprar única, exclusiva y machaconamente juguetes sexistas. ¿Ustedes se imaginan a padres obsesionados porque sus hijos varones jueguen con cochecitos desde bebés y sus hijas con muñecas desde los 9 meses o antes? Yo no conozco padres así.

Por otra parte, esta explicación parece obviar o desconocer que actualmente los juguetes infantiles para edades tan tempranas son muy a menudo neutros y blanditos (osos, pelotas, sonajeros de campanitas, pajaritos…) y que aún de formas semejantes, los diferentes colores pueden hacer que no reconozcan el juguete. Por otro lado, muchos niños juegan con los juguetes de bebé de su hermana o hermano mayor del otro sexo. En realidad, explicar estas situaciones con los planteamientos de la ideología de género, simplistas y carentes de base científica, es como tratar de explicar con dos sortilegios la teoría de la relatividad.

En el mismo sentido se han desarrollado los estudios de Trond Dseth, director del área de Psiquiatría Infantil del Hospital Nacional de Noruega, que ha sistematizado un test para analizar las diferencias de sexo en la elección de juguetes por parte de los bebés. El motivo de estos estudios es la determinación del sexo de los bebés con malformaciones genitales y/o alteraciones genéticas. En el juego-test, consistente en poner al alcance del bebé (de 9 meses en adelante, edad en la que el bebé ya gatea y es autónomo para dirigirse hacia lo que le atrae) cuatro juguetes considerados masculinos, cuatro femeninos y dos neutros, los resultados en bebés normales (sin malformaciones) son abrumadores: la gran mayoría de niñas elige juguetes femeninos y la gran mayoría de varones juguetes masculinos. Esta alta proporción de coincidencias es la causa de que utilice el test en bebés con malformaciones genitales a fin de determinar mejor su sexo.

La respuesta de este profesor a los resultados de sus experimentos es clara y taxativa: afirma que, puesto que a esas edades no ha podido afectarles la educación en roles y estereotipos, hay que aceptar que nacen con una clara predisposición biológica *de género* y comportamiento asociado al sexo. Añade que si después el entorno, la cultura, los valores y las expectativas atenúan o potencian esa predisposición será otro asunto, aunque no cree posible que la sociedad pueda ser tan decisiva como para modificar esa identidad, que aparece ya inherente, y esa clara predisposición *de género*.

Existen muchos otros estudios que demuestran que la diferenciación de comportamientos y roles establecidos provienen de fases anteriores a la posible influencia de la educación y la imposición de roles sociales. Para tratar de ilustrar hasta qué punto pueden retrotraerse estos comportamientos y gustos diferenciados que parecen provenir de elementos anteriores, más profundos y determinantes que el factor educativo, voy a mencionar el experimento que en 2008 dirigió

Melissa Hines. En este caso se puso al alcance de individuos de muy corta edad juguetes claramente sexistas (una pelota y un camión, una muñeca y una sartén) y juguetes neutros. Se supone que si no existen condicionantes educativos, ambos sexos se dirigirán de forma indistinta a cualquiera de los juguetes. Sin embargo, los sujetos de sexo masculino presentaron predilección por la pelota y el camión y los de sexo femenino por la muñeca y la sartén. Los juguetes neutros no parecieron tener éxito. Puesto que los sujetos del estudio eran monos, podemos suponer sin riesgo que no había podido existir contaminación consciente o inconsciente de sus preferencias con roles sexistas.

Y este experimento, que para muchos no tiene explicación desde la ideología de género, evidencia unos posibles mecanismos filobiológicos que se han fijado de alguna forma en el material hereditario de manera selectiva por su valor determinante en el éxito evolutivo. Y se han fijado desde los antepasados comunes de monos y hombres. Es decir, que si bebés humanos y simios han demostrado tener comportamientos semejantes, y que están asociados al sexo, en etapas de la vida en las que no se tiene conciencia del rol educativo que se ha de asumir, parece que sería necesario un motivo común extracultural. Un motivo biológico que se transmitiera desde la noche de los tiempos, donde las mutaciones genéticas y los mecanismos de supervivencia conductuales adscritos a la herencia podrían beneficiar la supervivencia de unos individuos sobre otros.

Este aspecto de la existencia de mecanismos conductuales comunes a uno y otro sexo respectivamente y diferentes entre ellos, ajenos a la educación y su implantación de roles y estereotipos sociales, es un punto básico para hallar la verdadera razón de los diferentes comportamientos humanos según el sexo.

Por tanto, vamos a analizar las enormes fallas que la ideología de género presenta desde el punto de vista de la fisiología cerebral, de los comportamientos, gustos, capacidades, deseos, percepciones e intereses achacados a la educación y los estereotipos sexistas, la posible explicación que la etología y la antropología dan a estas diferencias y los resultados obtenidos en diversos experimentos de igualitarismo impuesto.

# CAPÍTULO 5
# CEREBRO MASCULINO Y
# CEREBRO FEMENINO II
## DIFERENCIAS FISIOLÓGICAS Y HORMONALES

*El cerebro no es un vaso por llenar sino una
lámpara por encender*
Plutarco

La experiencia cotidiana señala continuamente una serie de diferencias entre hombres y mujeres de difícil explicación con la teoría de que somos varones o hembras según la forma en que nos han educado. Estas diferencias, muchas de las cuales se encuentran en otras especies animales, que obviamente no son educadas según los estereotipos de género humanos, se dan a nivel de comportamientos y de procesos cognitivos y emocionales.

Entre las más comúnmente experimentadas por todos, se encuentra el hecho de que las mujeres realizan mejor tareas verbales y los hombres actividades espaciales y motoras, y que los hombres tienen tendencia, en el plano emocional, a dar respuestas instrumentales como la agresión física en tanto que las mujeres utilizan respuestas simbólicas verbales. También es de común conocimiento que las mujeres son más emotivas y saben expresar más sus emociones que los hombres y que éstos son más racionales y menos expresivos. Igualmente es de común evidencia que el hombre tiene más capacidad espacial y de orientación que la mujer, pero ésta aprende a leer antes y percibe mejor el talante de sus interlocutores. Es una evidencia que hay más hombres dedicados a las matemáticas y ciencias abstractas, que los juegos masculinos son más agresivos y competitivos y muy diferentes de los femeninos que, a su vez son más tendentes a roles y cooperativos, que los hombres conducen mejor y con más agilidad, pero las mujeres son más cautas y tiene menos accidentes…

Todas estas percepciones cotidianas, que pueden parecer tópicos pero que cualquier lector no sólo ha oído sino que lo ha experimentado en su propia vida, no resulta lógico que puedan explicarse por un proceso educativo o por una identificación con unos roles de género impuestos.

Sería necesario creer en que los presuntos estereotipos educativos que nos inculcan, según la ideología de género, fueran mucho más allá de lo esperable, pues no parece posible que determinadas facilidades comunes entre los hombres o entre las mujeres se establezcan por la educación: eres mujer, tienes que expresarte con más facilidad y aprender a leer antes, eres hombre y te vas a orientar con más facilidad…

Esto nos lleva al tema del cerebro sexuado que la ideología de género niega pese a que, con los más básicos conocimientos de la fisiología humana y un poco de sentido común, surge una duda esencial evidente. Veámosla.

Si nosotros somos neutros al nacer y es la educación la que nos coloca en un lugar, un estereotipo y una identidad sexual, como la ideología de género afirma, se presupone, por tanto, un cerebro asexuado en un cuerpo con un "sexo accidental", es decir, carente de relevancia en nuestro comportamiento y percepciones.

Sin embargo, ese sexo, presuntamente indiferente para nuestra personalidad, y al que se le tacha de irrelevante en cuanto a gustos, deseos, comportamientos, precepciones intereses y capacidades, implica unas diferencias físicas muy relevantes y la generación en grandes cantidades de unas hormonas diferentes en función de los cromosomas XX o XY. Y resulta que esas hormonas tan diferentes, riegan nuestros cerebros también en función del sexo. Porque es innegable que los cerebros masculinos se ven anegados de testosterona y los cerebros femeninos de estrógenos y progesterona. Y que esos cócteles hormonales implican enormes diferencias físicas en la pubertad cuando se generan en grandes cantidades. Aunque mucho antes, desde nuestra concepción como seres humanos vivos y distintos, desde el momento en que por conjunción de un óvulo y un espermatozoide somos hombres o mujeres, las hormonas empiezan a generarse en cantidades muy diferentes según los cromosomas que tengamos.

Las preguntas que surgen son: ¿afectan las hormonas en la formación y la estructuración posterior del cerebro o sólo afectan, de forma poderosísima, al físico y sin embargo no afectan a un órgano al que fluyen de forma permanente?

En caso de que se demuestren diferencias físicas en el cerebro, ¿afectarían a los comportamientos de hombres y mujeres con independencia de la educación, o las diferentes estructuraciones y desarrollos de zonas cerebrales distintas en varones y hembras no implican diferentes comportamientos?

Parece lógico que unas sustancias capaces de generar enormes diferencias físicas y que producen diferentes capacidades corporales, puedan también causar alteraciones en la fisiología del cerebro que se traduzcan en diferentes comportamientos, gustos y aptitudes.

El neurobiólogo alemán Gerald Hüther asegura que existen el cerebro masculino y el femenino y que no es por causa del entorno ni de la disposición genética, sino por una diferente concentración hormonal desde antes del nacimiento en la que prevalece la testosterona en el varón y los estrógenos y la progesterona en la mujer. En una entrevista llegó a afirmar que *si castramos a un niño, cambiará su cuerpo pero no su cerebro, porque está determinado desde lo prenatal* pues considera que el cerebro se conforma en fases muy tempranas de la formación embrionaria y en función de las hormonas que lo irrigan mayoritariamente dependiendo del sexo.

En este mismo sentido se expresa la doctora Natalia López Moratalla, quien afirma que se nace con una estructura cerebral típicamente masculina o femenina según la dotación genética. *No existe un cerebro unisex porque no somos genéticamente iguales y nuestros cuerpos no son iguales. Y como esto no es así, durante el desarrollo embrionario no se construye lo mismo un cerebro que otro. Las grandes aéreas son distintas.*

Sobre las diferencias estructurales evidentes, López Moratalla explica que el cerebro de la mujer es más pequeño respecto al cuerpo, tiene más densidad de conexiones y sus dos hemisferios son muy similares y con una distribución de tareas bastante uniforme. Igualmente, el cerebro femenino comunica muy bien ambos hemisferios y eso es la base que le permite disponer de esa capacidad de empatía y ese conocimiento más directo y menos racionalizado de la realidad así como una forma más intuitiva de percibir las cosas típicamente femenina.

Por el contrario, el cerebro del varón es más asimétrico y con una comunicación menos fluida entre ambos hemisferios. Sobre esa base diferente cada uno va a construir su propio cerebro a lo largo de la vida.

Y al parecer, así es. Para infortunio de los defensores de la ideología de género, diversos estudios de neurofisiología han demostrado que mujeres y hombres tienen desarrolladas de forma diferente distintas áreas del cerebro, y que son áreas cuyas funciones coinciden con actividades cerebrales concretas que resultan diferentes en hombres y mujeres.

Una de las evidencias más relevantes es, como ya se ha señalado, que las mujeres tienen muchos millones más de conexiones entre los dos hemisferios cerebrales que los varones, es decir, entre regiones cerebrales que asumen tareas emocionales y racionales, característica que ningún proceso educativo puede condicionar.

En efecto, el cuerpo calloso (corpus callosum) es el tejido fibroso que conecta los hemisferios derecho e izquierdo, un haz de fibras nerviosas que sirve de vía de comunicación para el trabajo conjunto de ambos hemisferios y que presenta un mayor desarrollo en las mujeres, por lo que se puede inferir un mayor tráfico de información entre ambos. No sólo lo evidencia la fisiología cerebral sino los estudios del cerebro en funcionamiento: los escáneres realizados en cerebros en actividad apoyan la tesis de esa mayor interconexión.

Esa particularidad afecta de forma trascendental a sus actuaciones puesto que, en los hombres, los procesos mentales transcurren muy separados y son capaces de actuar muy racionalmente y sin influencias emocionales o, por el contrario, de forma totalmente emocional, mientras que las mujeres producen sus procesos racionales muy interconectados con la emotividad. En este mismo sentido se manifiesta el etólogo Irenáus Eibl-Eibesfeldt en sus estudios sobre el comportamiento humano.

También se ha constatado que los hombres presentan más desarrollado el hemisferio izquierdo, lo que se denomina el hemisferio racional y las mujeres el área del lenguaje y el hemisferio derecho que es el que controla la vida emocional, lo que podría explicar de nuevo esa evidente mayor emotividad femenina. A nivel práctico se evidencia de forma continua que las mujeres presentan mayores habilidades en la comunicación verbal, mayor empatía o capacidad de ponerse en el lugar de los demás. Se calculan en un 11% las neuronas dedicadas a la memoria emocional. También poseen un mayor número de las denominadas "neuronas espejo", con más capacidad de observar las emociones y por tanto identificar también las emociones ajenas.

En el caso de la comunicación verbal, que en el hombre se realiza en el lado derecho, la mujer presenta un "centro de comunicaciones" (zonas que se activan durante esa actividad cerebral) mucho más grande y extendido entre los dos hemisferios, lo que permite un mayor desarrollo del lenguaje y una mayor capacidad para desarrollar varias tareas o pensar en varias cosas a la vez. Esto se explicaría también por el hecho de que el cerebro femenino tiene mucho más desarrollado ese corpus callosum (puente de fibras nerviosas que enlaza los dos hemisferios) que produce que ambos hemisferios se comuniquen mejor, al contrario que los varones, cuyas funciones cerebrales se expresan más en uno de los hemisferios.

Esta lateralidad hace que presenten una mayor capacidad para concentrarse en una sola tarea y para pensar más intensamente en una sola cosa así como a discriminar entre raciocinio y sentimientos. El hecho de que el hombre mantenga sus emociones en el hemisferio derecho y la capacidad para expresar sus sentimientos en el izquierdo hace que a éste le sea mucho más difícil expresar lo que siente porque la información fluye con menos facilidad al lado verbal.

En las mujeres, por todo ello, está menos definida la división de las funciones cerebrales y ambos hemisferios participan en las habilidades verbales y comunica mejor sus sentimientos con palabras, debido a la facilidad de transferencia de información. Sin embargo, le es más difícil separar la emoción de la razón por ese tipo de funcionamiento cerebral.

La neuroimagen ha venido a facilitar el estudio del cerebro en funcionamiento a través de la impresión en secciones de la actividad cerebral señalada por una mayor metabolización de la glucosa en las zonas activadas por un trabajo. Mientras se visualizan fotografías para generar emociones o se solicita a los sujetos estudiados que resuelvan un problema, las partes utilizadas del cerebro incrementan su gasto de glucosa y eso hace que se detecte en forma de una señal física que diferencia la intensidad de uso. Una de las comprobaciones que se ha de destacar es que, ante los mismos problemas y con parecido éxito en su solución, varones y mujeres utilizan caminos cerebrales distintos y activan zonas diferentes del cerebro.

Es interesante señalar cómo diversos estudios científicos sobre la organización funcional del cerebro para el lenguaje según el sexo que se realizaron a través de neuroimágenes con tomografía de emisión de positrones (PET) y resonancia magnética (RM) constataron, tras una prueba de lenguaje en la que ambos sexos dieron resultados parecidos, que en este tipo de procesos la activación cerebral de hombres y mujeres es muy distinta, pues en el caso de los varones hay lateralización en el hemisferio derecho y en las mujeres se activan ambos hemisferios. También aparecen diferencias en el sistema límbico relacionado con el procesamiento de las emociones. Las diferencias aparecen entre los sexos al margen de otros condicionantes como el grupo social o el nivel de formación académica.

Esto estaría en concordancia con el hecho de que en los casos de accidentes cerebrales, los varones suelen quedar más discapacitados para hablar que las mujeres cuando se daña su hemisferio izquierdo y pierden más funciones no verbales que ellas (capacidad visual y espacial) si el dañado era el derecho. Las mujeres presentan menos discapacidades sea cual sea el hemisferio dañado, posiblemente por esa distribución de la activación cerebral ante las tareas que facilita la sobreutilización de las áreas intactas en caso de lesión de algunas de ellas.

Las diferencias detectadas por los neurofisiólogos entre el cerebro masculino y el cerebro femenino, no sólo se circunscriben a esa diferente cantidad de conexiones, ni al hecho de que el cerebro masculino es más grande, lo que podría responder a una proporción lógica con la mayor envergadura del varón (aunque los científicos últimamente se decantan por la misma cantidad de neuronas pero que, en la mujer, estarían más comprimidas). El cerebro masculino presenta más materia blanca mientras que el cerebro femenino es más compacto, con más circunvoluciones y con la materia gris más gruesa y densa, lo que presupone una predisposición o capacidad cerebral diferente ante diferentes funciones.

Existen otras divergencias que no determinan un grado de superioridad o inferioridad entre hombres y mujeres, sino una evidente diferencia de estructura que afecta a la forma de funcionamiento y no a la obtención de resultados. Como ya se ha dicho, diversas pruebas con escáneres para determinar las partes que se activan en pruebas de carácter intelectual demuestran que es diferente el funcionamiento cerebral para la obtención de conclusiones parecidas.

Estas variaciones en la composición cerebral parecen ser la causa de que el razonamiento masculino sea más deductivo, es decir, que con una información incompleta sean capaces de elaborar una ley general que se aplica a todos los casos y se revisa según se recaba información. Por el contrario, el funcionamiento del cerebro femenino es más inductivo, actúa recopilando el mayor número de datos para hacerse una imagen amplia sin conformar una regla general hasta no tener casi toda la información disponible.

A este respecto, y aplicado a la evidencia práctica, Cecilia Christiansen, nombrada mejor profesora de matemáticas de Suecia en 2011 afirma que chicos y chicas aprenden diferente y por ello se les debe enseñar diferente. *Los chicos no tienen paciencia para oír grandes explicaciones, expone, ellos quieren probar, no les importa equivocarse 500 veces porque así aprenden. Las chicas quieren primero aprender, tener muy claro cuáles son todos los pasos a dar y luego hacer y comprobar lo que han entendido. Si en una clase les dices a las chicas: vosotras probad, van a tardar mucho más en aprender que los chicos. Y al revés, si haces una clase en la que sólo explicas, pierdes a los chicos porque se aburren.*

Todo esto también se traduce en que los varones memorizan mejor la información que sintetiza lo específico en las materias, mientras las chicas recuerdan mejor todo lo que rodea a ese núcleo troncal sin serlo: por ejemplo, en el caso de una lección de historia, mientras los chicos aprenden con más facilidad las fechas de las batallas, el número de efectivos que combatió y el interés estratégico de las mismas, las chicas tienen interés en las circunstancias personales de los gobernantes y generales, y el impacto de las guerra en los países que las sufrieron.

Respecto a la memoria a corto plazo, diversos estudios han demostrado que el hipocampo, involucrado en ese tipo de memoria, es más grande en mujeres que en hombres, lo que les ayuda a memorizar los detalles.

En cuanto a la capacidad espacial, es tan evidente y reconocido que el cerebro masculino dispone de una mayor concepción espacial y del entorno que hasta se hacen chistes al respecto. Y así es, las mujeres presentan una mayor visión periférica y mayor capacidad de apreciar detalles frente a una visión más global y general de los varones.

Respecto a eso, el doctor Hugo Liaño afirma que el modo en el que el cerebro masculino está organizado hace que sea más capaz en las percepciones espaciales, por lo que el hombre confía en su sentido de orientación, en tanto que el cerebro femenino está organizado de forma que la mujer es más capaz en áreas verbales, por lo que su forma de resolver problemas es por medio de la palabra. Esta afirmación se plasmaría en la anécdota común en la que una pareja que se dirige a un lugar y no lo encuentra: la mujer tratará de preguntar a los viandantes en tanto que el hombre querrá seguir buscando y dando vueltas hasta que lo encuentre. El hombre confía en su capacidad de orientación y la mujer en su capacidad de buscar información verbal por empatía a través de otras personas.

Tan diferente es el funcionamiento y la estructura, a causa de las hormonas que lo riegan, como son los procesos químicos que en él se producen. Se ha evidenciado que cerebros masculinos y femeninos procesan de forma diferente el neurotransmisor implicado en los mecanismos de recompensa y de sensación de bienestar y felicidad. De ese modo, en situaciones de estrés, la disminución de la serotonina incrementa la agresividad en los varones, mientras en la mujer se produce una depresión. De hecho, la incidencia de dos enfermedades cuyo origen se ha determinado en el funcionamiento de la química cerebral o la alteración de la producción o recaptación de la serotonina como son la esquizofrenia y la depresión, se ha demostrado mayor respectivamente de la primera en los hombres y de la segunda, en las mujeres.

De la misma forma, la doctora Louann Brizendine, acerca de las diferencias neuropsiquiátricas de los cerebros de ambos sexos, concluye que la testosterona que irriga el cerebro masculino durante la mayor parte de su vida, activa un enorme impulso sexual en el varón que condiciona su comportamiento hasta el punto de afirmar que *la testosterona arrastra al hombre toda su vida y la civilización consiste en encauzar ese impulso*. Esta neuropsiquiatra destaca el hecho de que un gen masculino actúa sobre la vasopresina produciendo una mayor inclinación hacia la infidelidad, según se ha comprobado con animales de laboratorio, lo que avalaría comportamientos diferentes condicionados por factores de interés biológico: es evidente que la supervivencia de la especie se ve favorecida por comportamientos como la infidelidad masculina y la fidelidad femenina, actos que la ideología de género achaca a la educación y que realmente parecen ser determinados por los niveles de vasopresina. Indudablemente, y a diferencia de los animales, el ser humano puede encauzar a través de la voluntad o la moral sus comportamientos biológicos en función de otros valores o compensaciones.

Respecto a esos roles sociales que la ideología de género tiene claro que son fruto de la educación, esta doctora afirma que el aumento de los niveles de testosterona, que se multiplican en los varones 250 veces en la pubertad, condiciona su comportamiento más agresivo, posesivo, territorial y jerárquico que coincide con la inmensa mayoría de especies animales de la escala superior. De hecho, en los comportamientos sociales, según Bricendine, los hombres rivalizan con otros hombres por la jerarquía y las mujeres con otras mujeres por el protagonismo.

Acerca de esa influencia hormonal, el neurobiólogo Gerald Hüther afirma que, desde el momento en que somos concebidos como varones o hembras, las diferentes concentraciones hormonales que se vierten en el proceso de formación del feto, y que son la testosterona en los varones y los estrógenos y la progesterona en las hembras, comienzan a modelar un cerebro diferente.

Esta circunstancia, afirma, hace que los recién nacidos varones sean más impulsivos y excitables emocionalmente y más difíciles de tranquilizar que los bebés hembras. Y que, naturalmente, esas descargas de hormonas diferentes afecten a otras muchas variables del ser humano, varón o hembra.

En su búsqueda de las razones por las que hombres y mujeres tienen cerebros diferentes llega a una sorprendente conclusión: partiendo de una conformación diferente según el sexo, el cerebro continúa modelándose con las experiencias y *el responsable no es tanto el entorno como el entusiasmo con el que el niño se relaciona, percibe, elabora y moldea su entorno interesándose por las cosas. Y las diferencias vendrían determinadas por el interés hacia cosas diferentes*. Hüther constata que cuando se hace o se vive algo con entusiasmo, las vías nerviosas que activan el cerebro se van haciendo más fuertes y más capaces de ser activadas. Lo explica como si fuera el caso de unas vías cuyo tránsito las fuera haciendo mayores hasta convertirlas en "autopistas". Es decir, que la estructura de nuestro cerebro se adapta con especial facilidad a lo que nos resulta interesante y placentero hasta modelarnos un cerebro diferente.

Y ahí deberíamos preguntarnos: ¿Puede la educación modelarnos los gustos y los intereses de tal manera que afecten a nuestra estructura física cerebral y a su funcionamiento? ¿O es nuestra química cerebral, su estructura y funcionamiento los que dirigen nuestros gustos, capacidades y preferencias en función de intereses mucho más profundos y definitorios que la educación?

Para Dale O´Leary, respondemos a nuestra vocación, a realizar nuestra naturaleza o desarrollar nuestros talentos: *La cultura y la tradición ciertamente influyen sobre el modo en que la mujer cumple con las responsabilidades de la maternidad, pero no crea madres.*

En la misma dirección se expresa López Moratalla cuando afirma que *hay una confusión en un sentido muy determinista, y es pensar que los roles sociales son los que han hecho que la mujer tenga, por ejemplo, capacidad de desarrollar un cerebro maternal diverso del paternal. Y no parece que sea así. Por una parte, se nace con un cerebro que está configurado de una manera distinta a nivel estructural, estructura determinada genéticamente porque las células del cerebro, como las de todo el organismo, tienen diferente dotación genética.*

Además de la intervención de las hormonas en el proceso de formación cerebral del feto, diferentes según el sexo, se ha descrito una "pubertad infantil" al haber un momento en la primera infancia en que el cerebro queda inundado en hormonas femeninas o masculinas según los genes. Esto explicaría la tendencia natural de las niñas pequeñas, cuando los roles sociales no han podido establecerse, a jugar de forma diferente que los varones. Y, aunque el ambiente diluya o matice las diferencias mediante imposiciones, estas sobreviven y, desde luego, en ambientes de libertad se evidencian con total claridad.

Evidentemente, todas las nuevas aportaciones de la neuropsiquiatría y la neurofisiología coinciden en afirmar las notables diferencias cerebrales entre los dos sexos producidas por una genética diferente que implica una irrigación hormonal distinta y unos diferentes comportamientos que buscan cumplir necesidades e intereses biológicos primarios, como es la supervivencia, y ajenos a las construcciones sociales humanas. Y todas estas afirmaciones se ven constatadas por las evidencias y por estudios empíricos del funcionamiento cerebral gracias a las nuevas tecnologías. Por ejemplo, para las aseguradoras de vehículos, las evidencias de los distintos comportamientos frente a la conducción en hombres y mujeres es tal que en determinadas edades las pólizas son más gravosas para los varones que para las mujeres. Y es que las estadísticas avalan ese común conocimiento de que las mujeres conducen con más cuidado y cautela, y por ello con menos agilidad, lo que se traduce en que conducen "peor" y los varones, con más agresividad y menos valoración del riesgo, aunque de forma más ágil, lo que se traduce como "mejor". Lo cierto es que para los que pagan los daños, la percepción de "mejor" o "peor" es inversa, pero lo que tiene claro es que hay notables diferencias al margen de lo que diga la ideología de género, y al margen de la educación recibida, muy acorde con los factores antropobiológicos que se explican en este estudio.

Para cualquier persona que tenga interés en conocer la verdad, la ideología de género queda relegada a ese campo importante, pero no tan determinante como se pretende frente a la biología, del comportamiento humano voluntario. Ese comportamiento adquirido hunde sus raíces en una parte determinada por la naturaleza de difícil erradicación.

En la pubertad y adolescencia, cuando la eclosión hormonal va a inundar a los niños para transformar los cuerpos infantiles en hombres y mujeres y, a la vista de lo expuesto, es imposible que no afecte también a sus cerebros y a sus comportamientos, deseos, gustos, percepciones y capacidades.

De hecho, si hay un momento en que la ideología de género es inviable que mantenga sus planteamientos de negación de la naturaleza, de afirmación de la neutralidad sexual de los seres humanos y de culpabilización de la educación como causa de la diferencia entre hombres y mujeres, es en ese punto en que la biología, por encima de cualquier planteamiento humano, se pone en marcha para conseguir sus fines: la reproducción y, con ello, la supervivencia de la especie. Efectivamente, en la adolescencia, cuando las hormonas, ajenas a cualquier proceso educativo, se activan para conseguir seres reproductivamente activos, vale la pena analizar de forma pormenorizada cómo funcionan nuestros cuerpos y nuestras mentes y tratar de determinar dónde termina la educación y comienza la biología.

# CAPÍTULO 6
# DESEOS, GUSTOS, INTERESES, PERCEPCIONES,
## COMPORTAMIENTOS Y CAPACIDADES
## ¿EDUCACIÓN O MANIPULACIÓN?

*La educación ayuda a la persona a aprender a ser lo*
*que es capaz de ser*
Hesíodo

Es cierto, y los conductistas tienen razón al decirlo, que la educación puede modelar a los seres humanos, puliendo sus tendencias naturales, pero cuando la educación se transforma en manipulación, lo que ésta hace sobre las mentes podría compararse a las técnicas orientales que modelan a los árboles cuando son retoños y se les entrelazan los tallos finos que luego van a ser leñosos. Cuando el árbol es adulto han conseguido darle la forma que ellos han querido, pero el siguiente árbol que nazca no va a seguir esa forma artificial sino la que es propia de ese árbol por naturaleza. Podremos dar forma a muchos árboles, pero no a todos, pues siempre seguirán naciendo para crecer enhiestos y sin los troncos formando trenzas. También hemos de tener siempre presente hasta qué punto no perjudicamos a los árboles y qué pretendemos exactamente con la manipulación del vegetal: si es para decorar, es posible que valga la pena, pero si lo que se busca es que crezca sano y longevo, quizá no sea una buena idea darle tan artificiales formas.

Hombres y mujeres no somos iguales, ni tenemos el mismo físico, con lo condicionante que esto puede ser para determinadas actividades y no sentimos, ni pensamos, ni reaccionamos igual, no tenemos los mismos gustos ni deseamos las mismas cosas. Una educación machaconamente represiva de las diferencias, aparte de que es muy difícil que produzca la felicidad de los futuros adultos, puede conseguir una aparente igualación, pero en el momento en que la represión baja su intensidad, los factores realmente condicionantes vuelven a surgir.

La pregunta que se formula en este capítulo sería: ¿qué es más manipulador para el árbol que crece, dejar que crezca libremente y, en todo caso que el jardinero perfeccione su tendencia natural, o darle la forma que el jardinero quiere porque considera que ésta es más bella? ¿Qué es, en definitiva, lo mejor para el árbol?

Los defensores de la ideología de género siempre han denunciado que una educación sexista manipulaba a los niños y jóvenes y los encasillaba contra su voluntad más íntima en roles y estereotipos. ¿Qué podríamos decir, entonces, de una educación que obliga a chicos y chicas a que jueguen a los mismos juegos, a que les guste e interese lo mismo, a que cubran el mismo número de plazas en los mismos trabajos, deportes o centros de ocio, en definitiva, a que disuelvan su identidad en una persona neutra que, al "jardinero" que quiere darles forma, le parece más bella?

Es curioso cómo en Noruega, donde la educación en la igualdad se ha llevado a cabo con verdadero ahínco y se ha invertido mucho dinero público en conseguir las mismas ratios de participación de hombres y mujeres en todos los ámbitos de la vida, en el momento en que se baja el listón de la intensidad educativa igualitaria, varones y hembras diferencian sus gustos, aficiones e intereses. Tras conseguir que haya un cierto número de mujeres en empleos tradicionalmente masculinos y viceversa, en pocos años las ratios volvían a los valores tradicionales siendo mayoritaria la presencia femenina en actividades de relación social, cuidado de enfermos e infancia y la presencia masculina en actividades como la construcción, cuerpos armados, motor... Es lo que ha dado en llamarse "la paradoja noruega de la igualdad de género" según la cual, por más que se incentive la igualdad de hombres y mujeres en los distintos campos, estos se mantienen con una ratio del 90% a favor de los hombres en trabajos "masculinos" y la misma proporción de mujeres en trabajos "femeninos", sin que estas proporciones se alteren sustancialmente salvo en los momentos de mayor presión sobre los ciudadanos a base de campañas e inversión de dinero público.

Las declaraciones de la que fuera Mediadora para la Defensa de la Igualdad Kristin Mile resultan reveladoras: *Las medidas para igualar las ratios de hombres y mujeres obtienen un efecto en uno o dos años pero, al dejar de incentivar esa igualdad, se vuelve a las ratios originales*. Para ella no es discriminación, ni roles de género impuestos. Para ella hay "otra cosa".

Si pese a las inversiones públicas y la presión educativa para conseguir iguales ratios de los distintos ámbitos laborales, a los dos años se pierde totalmente la batalla y todo vuelve a estar igual, podría decirse que invertir recursos públicos y presionar educativamente a las personas en esa forma de igualdad es inútil, un empeño tan caro como vano.

Es reveladora la investigación del antropólogo Melford E. Spiro desarrollada en su estudio "Gender and culture, Kibutz woman revisited" de 1979, en el que cuenta su investigación en un kibutz israelita creado en los años 20. Cuando él estuvo en los años 50 y era un conductista convencido de la absoluta relevancia del factor educativo, encontró una sociedad en la que se había llevado a cabo la emancipación de la mujer mediante la introducción de mujeres en las actividades masculinas y viceversa, una educación colectiva de los niños y la ruptura de la dependencia de la mujer de cara al hombre y la prole. En su segunda visita a finales de los años 70 constató que a la revuelta feminista de la generación de los fundadores siguió una "contrarrevolución femenina" y que la generación de mujeres nacidas en el kibutz y educadas colectivamente en un medio igualitario y favorable a su emancipación abandonaban los sectores profesionales masculinos, la vida pública y política y decidían, por libre elección, cuidar de sus hijos, vestirse de mujeres y contraer matrimonio en una sociedad donde esa forma de relación humana se había postergado como "sospechosamente individualista".

En el estudio, M. E. Spiro determina que hay unos factores que llama "preculturales" y que son determinantes para definir el papel o rol que cada sexo desempeña socialmente. Afirma que en el kibutz, aunque niños y niñas habían sido educados igualmente, se reproducían las imitaciones femeninas de los roles de cuidado de hijos. No aventuraba el término "biológico" para definir esos factores determinantes que marcaban comportamientos "preculturales" por su formación en el campo de la sociología, pero en este libro sí se va a hablar no de factores "preculturales" sino de factores antropobiológicos hereditarios en los que la biología afecta a los comportamientos de los seres humanos para influir favorablemente en el objetivo primordial de la vida: la supervivencia de la especie. Esa biología del comportamiento que estudia la etología y que la ideología de género olvida intencionadamente puesto que echa por tierra todos sus planteamientos.

Otro interesante estudio sobre esta dicotomía entre los gustos, intereses y deseos entre hombres y mujeres que desmiente, nuevamente, las teorías de la ideología de género sobre que las diferencias entre sexos son únicamente por la educación, es el estudio a través de internet realizado por el profesor de Psicología Richard Lippa con ayuda de la BBC. En esta investigación se realizó una encuesta a más de 200.000 personas, hombres y mujeres, provenientes de 53 países de Europa, Asia, África y América en la que se preguntaba, entre otras muchas cosas, acerca de qué trabajo les gustaría desarrollar.

El resultado de la encuesta fue inesperado y sorprendente: en lugar de existir diferencias entre los distintos países con muy diferentes culturas y, naturalmente, con una educación en la igualdad en algunos casos inexistente, en todos ellos las ratios de gustos, intereses y deseos han sido muy semejantes en todos los hombres y en todas las mujeres y por el contrario, muy diferentes entre ambos sexos. Mientras que la gran mayoría de los hombres se decantaba por ocupaciones relacionadas con trabajo físico, la mecánica y las ingenierías, gran mayoría de las mujeres elegía ocupaciones que implicaran relaciones y cercanía interpersonal.

El autor afirma que, aunque en algo pueda afectar la educación recibida, el hecho de que entre estos 53 países haya diferencias culturales tan extremas como el caso de Noruega y Arabia Saudí y que se den ratios semejantes, le hace pensar que hay unas causas biológicas, que existen unas diferencias más "precoces", en el sentido de anteriores o previas, que la educación.

Otro estudio que parece desmentir que las diferencias en deseos y gustos entre hombres y mujeres esté relacionado con la educación recibida y las expectativas que se incentivan socialmente en unos y otras, es el realizado por la Universidad de Oslo, en 20 países diferentes, para confirmar que en los países socialmente más igualitarios y con fuertes políticas de igualdad, las mujeres acercan sus gustos y elecciones a las de los varones. Contra lo esperado, se llegó a la sorprendente conclusión de que en los países socialmente menos igualitarios hay un mayor número de mujeres que quieren estudiar ciencias y tecnologías. Resulta paradójico, porque se esperaba que a mayor intensidad en la política de igualdad, mayor cercanía en intereses y, a mayor cercanía en intereses, proporciones más semejantes de hombres y mujeres en los distintos campos del saber. Sin embargo, en las encuestas nada permite afirmar que así sea, sino que sorprendentemente es al contrario. Pese a esta evidencia, las explicaciones que la ideología de género da a las diferencias de intereses son el influjo de la sociedad y las influencias culturales, lo que parece imposible a tenor de esta investigación.

Acerca de las capacidades y aptitudes de hombres y mujeres, de las que algo ya se ha adelantado al hablar de las diferencias fisiológicas del cerebro de ambos sexos y lo que podría implicar, diversos estudios que se han hecho con niños y niñas coinciden en señalar que no hay variaciones en las capacidades de chicos y chicas en las diferentes materias, aunque sí en las formas de aprendizaje. En algunos estudios se señala que no parece que inicialmente ninguno de los dos sexos sea mejor en áreas del saber específicas. Sin embargo, determinadas razones hacen que el interés de unos y otras por las distintas áreas del conocimiento marquen sus posteriores aptitudes diferentes y potencien determinadas capacidades a base de modelar el cerebro, de hacer "autopistas de conexiones cerebrales" que facilitan la competencia en esas áreas.

Anniken Huitfeldt, ex ministra de Igualdad de Noruega, desmiente que las niñas sean peores en ciencias. Afirma incluso que son mejores en todo menos en deportes, apelando a la evidente superioridad masculina en la mayoría de las cualidades físicas básicas utilizadas en casi todas las actividades deportivas. Sin embargo, la mayoría de las mujeres acaba decantándose por estudios de letras, trabajos de relación con las personas o de ciencias no aplicadas o técnicas (matemáticas o biología). Y la explicación que encuentra a la discrepancia entre capacidades iguales y elecciones diferentes para aplicar esas capacidades (estudios posteriores y trabajos) es que a las mujeres les aburren determinadas actividades, que no les motivan, por lo que voluntariamente eligen lo que más les gusta.

Como ya se dijo y coincidiendo con estos estudios empíricos, para el neurobiólogo Gerald Hüther, que coincide también en afirmar que no hay diferencias en las capacidades intelectuales de hombres y mujeres, la diferencia vendría determinada por la diferente concentración hormonal desde antes del nacimiento. Los cerebros, que serían inicialmente como papeles en blanco, irían conformando de forma diferente su estructura y organización a medida que se hace, aprende o vive algo con entusiasmo. De esa manera, nuestra estructura cerebral se adaptaría a esas vivencias o conocimientos que nos causan placer, de forma que las vías nerviosas que activan estas actividades en el cerebro, inicialmente frágiles, se convertirían en "carreteras" de conexiones cerebrales, cada vez más preparadas para ser "transitadas" y utilizadas. De esa forma, esas conexiones cerebrales se acaban convirtiendo en "autopistas". Es el momento en el que se tiene un cerebro diferente al que se tenía. Concluye que *el responsable no es tanto el entorno, sino el entusiasmo con que el niño se relaciona, percibe y moldea su entorno.*

Así, la causa por la que los varones y las mujeres presentan un cerebro diferente sería que desde pequeños se interesan por cosas diferentes y les importan y les entusiasman materias diferentes.

Aunque esto pudiera parecer un argumento a favor de la ideología de género si se interpreta como que, al enseñarles a chicos y chicas roles diferentes terminan gustándoles cosas diferentes y por tanto sus cerebros acaban siendo diferentes y que, por el contrario, al enseñarles a chicos y chicas unos roles sociales y de comportamientos iguales, les tienen que gustar las mismas cosas, y por tanto sus cerebros terminarán siendo iguales, surgen una serie de preguntas que no favorecen, en absoluto, los postulados de la ideología de género:

¿Son diferentes porque les gustan cosas diferentes, o les gustan cosas diferentes porque son diferentes?

¿Por qué les gustan diferentes cosas, incluso antes de saber que son hombres o mujeres?

¿Es inteligente, beneficioso o lícito manipular los gustos inherentes de los niños para que manifiesten interés por cosas que no les interesaban en principio, con el único fin de conseguir seres idénticos e intercambiables que biológicamente no son ni idénticos ni intercambiables?

¿Se manipula más afianzando tendencias biológicas, o erradicándolas?

Para responder a estas preguntas en los próximos capítulos, en primer lugar se van a resumir las conclusiones de los datos e investigaciones que se han aportado anteriormente:

1º Los gustos, deseos, intereses, percepciones, aptitudes, capacidades y comportamientos diferentes comienzan incluso antes de que los niños sepan si son hombres o mujeres y antes de la imposición de los "estereotipos de género" que, teóricamente, se les están inculcando, así como todo lo que eso implica.

2º Aunque la presión de la imposición de los roles sociales tradicionales se disminuya al máximo, las diferencias entre hombres y mujeres en esos ámbitos se mantienen.

3º Cuando la presión igualitaria consigue cambios relevantes en la estructura de roles sociales es porque se ha ejercido con la máxima potencia: programas sociales, publicidad, orientación de la opinión pública, introducción a través de la educación, gasto de erario público…).

4º Cuando la presión igualitaria llevada a su máxima expresión para conseguir cambio en la estructura social disminuye, las ratios de participación en todos los ámbitos de hombres y mujeres vuelven a los valores iniciales.

5º La diferencia en gustos, deseos, intereses, percepciones, capacidades y comportamientos entre hombres y mujeres se produce por igual en distintas culturas, en diferentes grupos culturales, económicos y sociales, entre personas con muy diferentes influencias en cuanto a roles de género y estereotipos, dando resultados semejantes de forma ajena al ambiente.

6º El cerebro humano se ve inundado de hormonas masculinas y femeninas, según el sexo, produciendo efectos indudables en su estructura y funcionamiento que determinan una serie de capacidades, comportamientos y percepciones diferentes de forma general de hombres y mujeres.

7º Esas capacidades y percepciones hacen que unos y otras se sientan competentes en diferentes campos, lo que les hace desarrollar diferentes gustos, deseos e intereses que se ven reflejados en sus roles sociales y en su forma de sentirse útiles, felices y realizados en la comunidad.

8º El desarrollo y la práctica de esos gustos, deseos e intereses, determinado por las hormonas que producen cambios cerebrales ajenos a la educación y basados en las capacidades, comportamientos y percepciones diferentes crea "autopistas cerebrales" que terminan de determinar un cerebro diferente en hombres y mujeres y que desde el origen ha ayudado a sobrevivir a la especie humana.

9º El hecho de que hombres y mujeres desarrollen deseos, gustos, percepciones, intereses, comportamientos, y capacidades diferentes, produce como resultado una complementariedad que aporta una mayor ventaja en la organización social como antes supuso una mayor ventaja en la supervivencia de la especie.

Parece por tanto, evidente que:

- Las diferencias entre hombres y mujeres son anteriores y mucho más poderosas que el "modelado educativo".

- Este esfuerzo educativo no logra erradicar esas diferencias más que por el plazo breve de imposición ideológica de la igualdad

- Las mujeres que escapan de esos "modelados ideológicos" vuelven a actuar conforme esas diferencias que teóricamente les discriminan y les perjudican, ya sea porque no se encuentran cómodas en esos roles en los que se les quiere hacer presentes en aras de la "igualdad perfecta" o bien porque, demostrada su teórica e indiscutible validez en ámbitos, trabajos y facetas de tradicional dominio masculino, no ven razón de continuar haciendo algo que no les gusta, interesa o motiva.

Da la sensación de que las mujeres de los países más igualitarios, liberadas de la tensión de demostrar obligatoriamente que son como los hombres porque así se les exige para su emancipación, parecen decir: "bueno, ya hemos demostrado que somos iguales, ahora dejadme ser mujer, ser yo misma".

A la vista de estas conclusiones, cabe preguntarse si lo que más manipula a las personas y a la naturaleza humana es esa posible imposición de los roles de género, según terminología de la ideología de género, en los que se empuja a actuar a los hombres como hombres y a las mujeres como mujeres o la imposición de un rol único "nosexo" consistente en erradicar las diferencias y que los hombres no actúen como hombres, ni las mujeres como mujeres.

Es posible que, en un tiempo, se impusiera cultural y educativamente a todos lo que la biología imponía a la inmensa mayoría pero, en este movimiento pendular que nos está llevando hacia una nueva imposición, hubo un momento de equilibrio que estamos perdiendo: el punto en el que, rebajada al máximo la presión social por los roles sociales basados en los biológicos y sin nuevas imposiciones de los roles "nosexo", las personas pudieron ser como deseaban, divertirse con lo que querían y dirigir su futuro profesional hacia donde les gustaba.

Lamentablemente y de inmediato, los impositores del "nosexo" comenzaron a trabajar para erradicar, no la imposición social, puesto que, una vez desaparecida la presión de los roles hombre-mujer o, al menos, disminuida al máximo, continuaban las diferencias entre hombres y mujeres, sino la propia diferencia entre ambos.

Y como erradicar la biología es mucho más difícil que potenciarla, estamos llegando en este momento a medidas que podrían catalogarse como dictatoriales, injustas y carentes del más básico sentido común.

Y, naturalmente, como para poder modelar y alterar la forma original de un árbol hace falta que sea un retoño cuanto más frágil y moldeable mejor, la manipulación y deformación de la ideología de género centra algunas de sus más descabelladas acciones sobre los menores, imponiéndoles patrones de conducta, cursillos y talleres, asignaturas y transversalidades, juegos y cuentos, ajenos a la realidad y a los deseos de los propios menores. En la ideología de género, como en toda doctrina impuesta por manipulación, el abordaje educativo se hace tan deseable como imprescindible. Y es que en este momento, como veremos más adelante, la ideología de género anega toda la educación para empujar a los menores a ser lo que no son y adoctrinarlos en la mayor falacia jamás vista.

Veamos ahora los condicionantes físicos que, pese a su evidente existencia, niegan los ideólogos de género arremetiendo contra la realidad con increíble energía y desparpajo. La mentira siempre ha sido un arma revolucionaria para los seguidores de determinadas ideologías totalitarias. En este caso niegan lo que ven nuestros propios ojos sin una sombra de vergüenza. Y algunos se lo creen.

# CAPÍTULO 7
# DIFERENCIAS CORPORALES
### ...QUE LA IDEOLOGÍA DE GÉNERO
### CONSIDERA IRRELEVANTES

*No pretendas que las cosas ocurran como tú quieras,*
*desea más bien que se produzcan tal como se*
*producen y serás feliz*
Epicteto de Frigia

Ya se había mencionado que uno de los grandes errores de la ideología de género es la equiparación de hombres y mujeres en todos los ámbitos, incluso el físico. Sin embargo, frente a esa igualación imposible, curiosamente se dedica a crear diferencias y discriminaciones en derechos y dignidad con legislaciones injustas, demonizando nuestra herencia biológica cuando no la ignora o la niega.

Hombres y mujeres somos muy diferentes en constitución y en rendimiento físico. Las diferencias de los aparatos sexuales las vamos a dejar al margen pues, de momento, los ideólogos de género no las niegan. Sin embargo, en el afán de equiparar en todo a ambos sexos, se está cayendo en el ridículo de negar el resto de las diferencias físicas y fisiológicas que la alteridad sexual supone. Esto es evidente para cualquiera que vea unas olimpiadas, donde las cualidades físicas de hombres y mujeres, llevadas al máximo de su potencialidad, siempre dejan mejores marcas en los varones que en las hembras. La superioridad física masculina en algunas cualidades físicas básicas es consecuencia de su papel biológico en la supervivencia de la especie y va asociada a determinadas características psicológicas y conductuales.

Sorprendentemente, la ideología de género intenta convencernos de que, en realidad, mujeres y hombres no somos diferentes ni tan siquiera físicamente. Así lo afirman diversos estudios sobre el tema, de esos que reciben subvenciones y ayudas y por ello plegados, naturalmente, a la obligada "perspectiva de género", que básicamente consisten en:

1º, destacar las diferencias de rendimiento o gustos deportivos entre los sexos,

2º, negar y obviar las diferencias constitucionales físicas, fisiológicas y metabólicas

3º, decir que todo es culpa de la educación sexista,

4º, afirmar que toda diferencia puede deberse a que la mujer ha hecho menos ejercicio por imposición social y que si entrena, será como los hombres.

Y eso es imposible, una mentira que genera falsas expectativas y, en muchos casos, complejo de inferioridad en las mujeres, que creen que no son como los hombres por su propia torpeza y negligencia personal.

El entrenamiento tiene unos límites y se ha de partir de unos condicionantes congénitos que hacen que una persona con determinada condición física de inicio pueda mejorar, pero nunca llegar hasta los niveles de rendimiento de otra persona que parte de una base mucho mejor. No todos podemos ser campeones olímpicos, por mucho que entrenemos, sólo los que parten de unas condiciones físicas excepcionales (hombres o mujeres). La mujer media parte de unas condiciones biológicas respecto al ejercicio inferiores al varón medio y su rendimiento siempre será inferior.

Actualmente y contra toda lógica se anima, empuja, e incluso se obliga mediante incentivaciones artificiales, a que las mujeres realicen trabajos tradicionalmente masculinos. En todas aquellas actividades donde se requiere un rendimiento físico, es imposible que las mujeres rindan como los hombres de forma general. Ninguna "mujer tipo" puede acarrear el mismo número de ladrillos en el mismo tiempo que un "hombre tipo", por ejemplo. Por eso en determinadas funciones, tratar de equiparar los sexos es una estupidez más. Si una empresa tiene que contratar a alguien para determinadas labores con componente físico, elegirá al más eficaz, o si se ve obligado, por una legislación igualitaria-totalitaria a contratar a alguien que no es tan eficaz, tenderá a pagarle por trabajo realizado. Y guste o no guste a las feministas de cuota, es lógico. Si a eso se añade que no hay demasiadas candidatas interesadas en levantar ladrillos, desguazar motores o acarrear sacos de cemento, no hay razón para obligar a unas personas de un sexo (mediante incentivos, plazas reservadas…) a hacer trabajos que no les gustan, ni se sienten físicamente competentes, e impedir que otras personas del sexo contrario puedan acceder a esas plazas, que diríase reservadas para hacer la puñeta a la mitad que no quiere a base de hacer la puñeta a la mitad que sí, y conseguir el "fifty-fifty". Hay empleos y ocupaciones que no agradan a las mujeres. Y otras que no agradan a los hombres. Ni les gustan, ni les interesan, ni les motivan, ni se sienten físicamente competentes.

En los que, como policía o fuerzas armadas deben superarse unas pruebas de aptitud física, las marcas han de ser inferiores en las mujeres por motivos obvios: muy pocas mujeres alcanzarían las marcas mínimas exigidas a los varones como sucede en el caso de los bomberos. Suponemos que esos mínimos pedidos a las mujeres policías y militares, que son inferiores a los mínimos solicitados a los varones, les facultan para realizar su trabajo plenamente aunque entonces habría que preguntarse por qué, si con inferiores marcas físicas se puede desempeñar el trabajo, se obliga a los hombres a superarlas. También se apela a la posibilidad de que desempeñen trabajos específicos (cacheo de mujeres, atención a mujeres agredidas…) Nada hay que objetar si, al margen de trabajos como los señalados antes, de desarrollo preferente por parte de mujeres, estas desempeñan el resto de su trabajo con componente físico con la misma eficacia que los hombres.

En el caso de los bomberos, la situación ha llegado al esperpento tras solicitar los colectivos feministas pruebas específicas para mujeres puesto que al ser las mismas para todos los aspirantes es muy difícil que alguna mujer las supere. La última promoción de Madrid, 200 bomberos, no cuenta con ninguna mujer. Las razones son lógicas: los bomberos han de desempeñar un trabajo donde su capacidad y preparación física ha de ser excepcional en tanto que de ella dependen vidas humanas. Sin embargo, el feminismo "de cuota" exije que haya el mismo número de hombres que de mujeres, lo que a efectos prácticos supone dos cosas: que si a un hombre corpulento le toca que le salve una mujer bombero "de cuota", muera porque esta no pueda acarrearle, o bien que se estafe a la sociedad con media plantilla que no puede desempeñar gran parte de su trabajo por motivos físicos. Por su interés, y para entender el sinsentido de negar la biología en el ámbito del rendimiento físico, se aportan las explicaciones de V.

Moreno Mellado, médico de Bomberos de la Comunidad Autónoma de Madrid (CAM):

*Baremación de las pruebas físicas en mujeres*

*En fechas muy recientes se ha planteado en nuestra Comunidad una polémica acerca de la escasa presencia femenina entre los trabajadores del Cuerpo de Bomberos de la CAM. Una recién nacida Asociación de bomberas y Opositoras a Bomberas ha elaborado un escrito en el que critica duramente la, para ellas, política altamente discriminatoria en contra de la mujer que está siguiendo la Administración de la CAM en lo referente a la confección de las Pruebas Físicas para ingreso en el Cuerpo.*

*En la actualidad, a las marcas que obtienen las mujeres en las diferentes pruebas se les bonifica con un 20% adicional a la puntuación obtenida, pero se les exige que alcancen un mínimo exigido en cada una de ellas*

*Uno de los principios básicos que debe regular el acceso a la función pública es el principio de igualdad, es decir, el que todos los aspirantes tengan el mismo examen y el mismo criterio de valoración. En la CAM se establece un mínimo común que tienen que pasar todos los opositores (principio de igualdad) pero, una vez cumplido, el mínimo se bonifica un 20% a las mujeres a la hora de puntuar, a los efectos de cumplir los otros dos principios de los procesos de acceso a la Función Pública: los de mérito y capacidad.*

*Sin entrar a discutir si las marcas mínimas exigidas son o no las adecuadas para realizar de forma eficaz y segura el trabajo de bombero, lo que no se hace es establecer mínimos diferentes para unos y otros, pues se estaría asumiendo que el trabajo o las funciones a realizar serían diferentes. Entendemos que no se pueden establecer unos mínimos diferentes para hombres y mujeres. El trabajo a desarrollar va a ser el mismo, van a usar la misma uniformidad, las mismas herramientas y maquinaria.*

*Algunos ejemplos:*

*Equipo de actuación en interiores (casco, botas, U2, EPR, linterna...) 20 Kg*

*Manguera de 70 mm: 12,6Kg*

*Extintor de $CO_2$: 18 Kg*

*Pinza separadora (tráfico) 22Kg*

*Rescate de un compañero (con equipo): más de 120 Kg*

Este equipo se ha de portar, en parte o en su totalidad, subiendo escalas, por accesos dificultosos o en situaciones complicadas, lo que da idea de la necesidad de unas condiciones físicas óptimas y cuyo mínimo solo está al alcance de algunas personas, al margen de su sexo, pero de forma mayoritaria hombres por las causas ya expuestas.

Las mujeres opositoras a plaza de bombero se quejan de la enorme desproporción que hay en el cuerpo de bomberos entre hombres y mujeres porque se pide un mínimo común de aprobado en las pruebas físicas, si bien, una vez superado ese mínimo, se bonifican las marcas femeninas.

Algunos defensores del *fifty-fifty* a ultranza apelaban a la posibilidad de que, con pruebas físicas adaptadas, hubiera bomberas dedicadas a la ayuda de suicidas, salvamento de gatos y labores administrativas, sin darse cuenta de que pretendían crear una sección de bomberas falsas, que no iban a poder ayudar en las situaciones graves. Esto supone un gasto en ideología y política tan estúpido como innecesario: si se calcula que son necesarios 200 bomberos para cubrir un momento de emergencia excepcional y la mitad de las plazas van a ser para bomberas *de cuota* habrá que duplicar ambas dotaciones y sacar 400 plazas, las verdaderas y las de *simulación de igualdad* para cumplir la cuota de la ideología de género. Saquen ustedes las conclusiones pertinentes. Sobre todo, si son hombres corpulentos y les toca que les salven bomberas *de cuota*. O, simplemente como contribuyentes que ven duplicar la inversión de dinero público en igualar falsamente lo que no es igual.

Parece evidente que somos diferentes. Si no fuera así, no pasarían estas cosas que se han expuesto. La biología hizo esas diferenciaciones y tuvo sus razones que, en forma alguna, pasan por fastidiar y ridiculizar a los ideólogos de género. De hecho, la biología no sabe que existen estos señores. Esto, que es algo evidente para todos excepto para ellos, está causado por los genes y las hormonas, esas enemigas acérrimas de la igualdad. Y no pasaría nada si no hubiera salido un colectivo enloquecido dispuesto a negar lo evidente hasta la irracionalidad.

Pese a todo, la *perspectiva de género* está llevando a la sociedad a nuevos ridículos como la aparición (no sé si impuesta, fomentada con subvenciones, o por pura convicción de los cineastas) de nuevas heroínas paralelas a los héroes varones: si hay héroes, ha de haber heroínas. Pero lejos de actuar como mujeres, han de actuar y destacar por características tradicionalmente masculinas: fuerza, agresividad, audacia... Supongo que a todos resulta evidente que el cine se ha llenado de improbables mujeres guerreras cuya excepcionalidad en la historia y la vida real es más que evidente. Naturalmente que este trabajo no intenta persuadir a las mujeres para que no sean luchadoras de sumo o de artes marciales, si así lo desean, sino denunciar la falsedad de los nuevos estereotipos femeninos y su imposición social con el consiguiente grado de engaño y frustración para las mujeres. No se puede hacer creer a la gente que, si quiere, puede volar como los pájaros, cuando es una evidente mentira y hay demasiadas posibilidades de que el incauto se dé un tortazo contra el suelo si lo intenta.

No sé si en el resto del engañado mundo occidental se reinventa la biología y la historia en el cine mediante fondos públicos pero en España sí existen subvenciones a películas que se amolden al falso mundo de la ideología de género. Hay ayudas estatales y autonómicas a series y actividades cinematográficas que presenten mujeres rompiendo estereotipos de género, al margen de la veracidad y de las falsas expectativas que puedan crear en las mujeres corrientes. También las hay para quienes visibilicen el colectivo LGTBI, razón por la que no debe sorprenderles que todas las películas españolas tengan su "porcentaje homosexual o lesbiano" para cobrar la ayuda.

Para poner las cosas en su sitio real, echemos un vistazo a las diferencias en rendimiento físico: Los hombres son de forma general de un tallaje mayor que las mujeres, lo que determina los resultados en condición física.

Una mayor zancada puede aportar mayor rendimiento en velocidad. Si a esto se le une una mayor masa muscular, que se promedia en un 40% más que en las mujeres, el factor potencia también facilita mejores marcas en esta cualidad física.

Respecto a la resistencia se constata que, por su tamaño, la mujer tiene menos volumen de sangre, menos glóbulos rojos, menos hemoglobina, un corazón más pequeño, lo que supone una frecuencia cardiaca más elevada, un menor volumen sistólico y un menor pulso de oxígeno. Las mujeres tienden a respirar más rápidamente que los hombres en potencia absoluta porque la mujer trabaja a un porcentaje más elevado de su $VO_2$ máximo. Al margen de todo esto, simplemente porque su máquina aeróbica es más pequeña, el rendimiento es menor como sucedería con un motor menos potente. A esto se le une la pérdida de hierro que mensualmente supone la menstruación y que influye en los niveles de volumen de oxígeno en sangre y hematocrito.

Respecto a la fuerza, la mujer tiene menos masa muscular total, alrededor del 40% de forma absoluta y relativa a su tamaño. Esta diferencia es mucho más acentuada en el tren superior que en el inferior en hombres y mujeres sin entrenamientos específicos por el natural mayor desarrollo de la musculatura masculina.

En el caso de la flexibilidad, la mujer presenta unos ligamentos más extensibles, lo que le facilita determinadas actividades y el parto.

Los niveles de estrógeno hacen que la mujer tenga tendencia a la acumulación de grasa, sobre todo en caderas y muslos, en mayor proporción que los varones. También la anchura de las caderas supone un mayor ángulo de la pierna respecto al firme que implica mayor riesgo de lesiones de rodilla.

Es indiscutible que la mujer está hecha para el movimiento pero no está tan claro que esté hecha para el esfuerzo intenso continuado. O al menos, no tanto como el prototipo masculino. Sin embargo, la igualación de sexos exige los mismos comportamientos deportivos, gustos y rendimientos. Las diferencias físicas no sólo afectan al rendimiento en el ejercicio, sino a la respuesta ante la propia práctica y elección de deportes y actividades físicas.

¿Qué opina la mujer media de esto? Para entender la situación a la que ha llevado la ideología de género, se va a resumir un trabajo de investigación que hice hace algún tiempo. En este trabajo se constata la situación, casi esperpéntica, que produce esta ideología al tratar de dar solución a las respuestas evidentemente diferentes ante el rendimiento físico entre hombres y mujeres respetando los parámetros de igualdad del género, y se aportan otras razones para explicarlas.

En los trabajos analizados, como en todos los trabajos de cualquier ámbito en los que se utiliza la ideología de género para explicar la realidad, primero se buscan diferencias entre hombres y mujeres, cosa que en el ámbito deportivo es muy fácil. Después, puesto que se supone que somos iguales y son la educación y la sociedad las que nos hacen diferentes, se afirma que las diferencias provienen de roles y estereotipos sociales que hacen que la mujer haga menos ejercicio porque "no es femenino", porque se le inculca que no haga, se le prohíbe que haga… nunca por razones biológicas.

Este tipo de trabajos en los que la respuesta a la investigación ya está dada de antemano (los estereotipos y los roles sociales), porque la interpretación es la que marca la ideología de género, están muy subvencionados hasta el punto de que llevamos gastados incontables fondos públicos en semejantes bazofias ideológicas en vez de invertir en verdadera investigación. Vayamos al resumen de unos cuantos.

Todos los estudios y encuestas hechas a las mujeres respecto a la respuesta femenina ante el ejercicio, coinciden en varias cosas:

que la mujer no responde con el mismo interés e intensidad que el varón ante el deporte.

que sus gustos son diferentes y practican deportes diferentes al varón.

que, a medida que avanza en la pubertad y adolescencia, se abandona la práctica deportiva en mucho mayor porcentaje que en los varones.

Y como la ideología de género exige una sola respuesta a todos estos hechos, la solución es que la sociedad y la familia impone un tipo de deportes a las mujeres, un comportamiento femenino y que los roles que se asignan a las mujeres les obligan a abandonar la práctica deportiva.

Como resulta indiscutible que el ejercicio físico es saludable y beneficioso, también es digno de destacarse que en las diversas encuestas realizadas a mujeres, tanto las que practican deporte o hacen ejercicio como las que no, aunque conocen los valores positivos de realizar ejercicio físico, muchas abandonan su práctica. Y ello pese a estar preocupadas por su cuerpo y su salud en mayor medida que los varones, como también se refleja en los estudios. Podría parecer que algo muy poderoso debe actuar sobre las mujeres para que su comportamiento resulte tan contradictorio o incoherente respecto a los que les preocupa e interesa.

De todo lo anterior se infiere que es evidente la percepción de las diferencias pero, sin embargo, las causas que la ideología de género afirma que motivan esta situación y las soluciones que propone son, como todas su propuestas, un cúmulo de falsedades. Si las causas fueran sociales, en España, treinta y cinco años después de que el nuevo régimen democrático tuviera como uno de sus fines primordiales erradicar la discriminación de la mujer, incentivar la desaparición de roles sociales impuestos y potenciar la participación de la mujer en todos los ámbitos en igualdad con los hombres, esa "igualdad perfecta" debería haberse producido. Ya no tiene sentido achacarla a las causas que se barajaban hace treinta años, puesto que los esfuerzos sociales e inversión de dinero público en ese sentido han sido enormes y, la percepción general, es que ya no existen los condicionantes que encasillaban a la mujer y al hombre en unos roles sociales preestablecidos.

Ni que decir tiene que en países más precoces en la aplicación de la igualdad impuesta tampoco parece que haya el mismo número de corredoras que de corredores en las carreras populares, ni el mismo número de equipos de fútbol de hombres que de mujeres, ni el mismo número de bailarines de ballet que de bailarinas...

La decreciente y cada vez menos relevante incidencia social de las causas esgrimidas, así como la persistencia de los comportamientos diferentes en hombres y mujeres frente al ejercicio físico y el deporte, nos empuja a replantear nuevamente las causas profundas que los provocan. Como no se consigue el "vuelco social" a nuevos comportamientos porque una detección errónea de las causas lleva indefectiblemente a unas pautas para solucionar el problema igualmente erróneas, los ideólogos de género tratan de cambiar la realidad a base de imposiciones y de dinero público empleado, entre otras cosas, en esas imposiciones.

Trataremos de explicarlo con unos ejemplos sobre ese rendimiento físico, la elección deportiva y el comportamiento ante el deporte de unos y otras en un momento en que las hormonas están en clara actividad: la adolescencia.

Para cualquier profesor de Educación Física, el cambio de comportamiento de sus alumnos en clase y la variación de actitud respecto a su asignatura que desarrollan en el margen que comprende la educación secundaria (de 12 a 17 años) es una evidencia incuestionable.

Los alumnos que entran al centro de secundaria con 11-12 años son, en su mayoría, niños que todavía no han desarrollado o que están comenzando su pubertad. El comportamiento ante el deporte y el ejercicio físico, aunque ya comienza a presentar variaciones claras en función del sexo, es bastante semejante en niños y niñas. En edades posteriores (de 13 a 17 años) la respuesta ante el deporte varía enormemente en varones y mujeres. Los varones disfrutan con el ejercicio físico, en particular con deportes de equipo, competición, lucha y cierto grado de violencia (entendida como encontronazos y contactos bruscos). Si se les deja libertad de elección, practican deportes como el futbol, baloncesto, etc, en su inmensa mayoría. Las mujeres, si les es posible elegir, prefieren no practicar deporte alguno y eligen la charla en grupo o, si se deciden a realizar actividades deportivas, optan por deportes de pala, voleibol (deporte sin contacto ente los equipos adversarios) o juegos sin factor competitivo (comba, pases de balón…). Esta evidencia que he podido constatar durante más de 25 años de docencia de la Educación Física, es la que los profesores de esta materia manifiestan en sus trabajos de estudio sobre este fenómeno.

Para no quedarnos en una percepción propia que podría considerarse subjetiva, se han estudiado los resultados obtenidos en algunos de los muchos trabajos que, enfocados hacia la salud, las motivaciones, los estereotipos, etc, han analizado el comportamiento de las adolescentes o las mujeres adultas ante el deporte frente a los varones de su edad. Si bien los resultados son semejantes, las conclusiones aportadas para explicar esas diferencias son profundamente ideológicas y, por ello, acientíficas y difícilmente aceptables por alguien ajeno a esa doctrina.

Resulta innegable que la actitud ante el ejercicio físico según el sexo, ya diferente durante la infancia aunque mediatizada por el gusto por el juego y la necesidad de movimiento de los niños y niñas, varía enormemente a partir de la edad reproductiva y la eclosión hormonal, cuando pasan de ser niños y niñas a hombres y mujeres fértiles. Podría decirse que a medida que sus cuerpos se van haciendo diferentes al desarrollar sus caracteres sexuales, su relación con el ejercicio físico y el deporte se hace, del mismo modo, cada vez más diferente. Ambas cosas están estrechamente relacionadas: en el momento en que los seres humanos comienzan a desarrollar sus características sexuales y entran en la pubertad, la biología y la herencia genética, en busca de la situación óptima para la supervivencia de la especie, empiezan a hacer su trabajo, tanto respecto a sus capacidades y constitución como a lo que su rol biológico les marca respecto a sus gustos y comportamientos. La biología lleva millones de años perfeccionando, a base de eliminación de prototipos menos funcionales, la forma más idónea de supervivencia.

En el caso de los individuos de sexo femenino, desde el punto en que ya son hembras con viabilidad para tener descendencia, las conductas encaminadas a la preservación de la especie hacen su aparición. Las alumnas (siempre se habla de forma general dando por hecho posibles comportamientos individuales minoritarios) se vuelven mucho más sedentarias y reposadas, de forma mayoritaria no quieren participar en actividades que requieran esfuerzos físicos. Pierden interés por los juegos competitivos y los deportes de contacto. De hecho tienden, tanto en sus ratos de ocio, como en el momento en que les es posible en las clases de Educación Física, a sentarse y charlar. No les gusta participar en actividades en las que detecten algún tipo de riesgo para su integridad física y, en caso de juegos de balón, temen en mucha mayor proporción que sus compañeros los golpes y balonazos, tendiendo a cubrirse o a esquivarlo, no a tratar de hacerse con él o a pararlo con el cuerpo. No suelen utilizar los recreos para hacer ejercicio o deportes competitivos, tendencia que se acrecienta a medida que van teniendo más edad hasta poder afirmar que es excepcional que una alumna de 17 años practique un deporte en los recreos.

Las actitudes y gustos frente al ejercicio físico están claramente determinados por la biología evolutiva que busca el mayor éxito en la preservación y llegada a término de un posible embrión, y la no asunción de riesgos para un ser, la hembra, cuya muerte implicaría la muerte de un posible embrión y de crías lactantes.

En los varones, la aparición de la testosterona supone un incremento en sus capacidades físicas. La fuerza y la velocidad crecen determinadas por las nuevas funciones de defensa y búsqueda de alimentos que la naturaleza les ha encomendado. Los juegos y deportes pasan a ser momentos en los que competir y probar esas nuevas facultades. Esto tiene como consecuencia un mayor deseo de actividad física, un temperamento tendente a la confrontación, agresividad y conductas irreflexivas y de riesgo. La conducta del adolescente varón en Educación Física es, salvo excepciones, entusiasta en tanto se realicen pruebas de capacidad o torneos en los que medirse.

Siguiendo este punto de vista del comportamiento humano basado en nuestros códigos genéticos, que buscan, en último término, la supervivencia como especie, se explican otros rasgos de comportamiento según los sexos que se describen a continuación.

Tanto en esta asignatura, como en las demás, hay mucha más indisciplina y deseos de retar al profesor en los adolescentes varones que en las mujeres. La diferente conformación cerebral unida a la alta irrigación de testosterona en la adolescencia hace que el varón sustituya el razonamiento en los comportamientos por el arrebato, mientras que las mujeres son más receptivas al razonamiento intelectual de los comportamientos. Resulta lógico que si la naturaleza va a pedir a uno de sus seres que sacrifique su vida en aras de la especie, no le dé margen para una reflexión racional que retarde, e incluso frustre, esa acción. Todo esto se haría necesario en el caso de tener que desarrollar sus funciones naturales de defensa del grupo o la prole. Estos comportamientos estarían plasmados de forma fisiológica en la forma diferente de conformación cerebral: los hombres tienen menos relacionadas las partes del cerebro donde se asientan los sentimientos, las emociones y las partes racionales. Eso supone una mayor dificultad de coordinación en las dicotomías del comportamiento, de forma que cuando se activan las emociones hay menos posibilidad de racionalizarlas, lo que facilita comportamientos de riesgo.

No cabe duda de que un grupo social con hembras sedentarias que huyen de los riesgos, y machos agresivos que defiendan al grupo, e intrépidos para la búsqueda de alimentos o lugares nuevos de establecimiento, tendría más posibilidades de sobrevivir como especie que otros grupos sociales que expusieran a las hembras a peligros y con machos no predispuestos a la lucha y la defensa, puesto que esto traería menos éxito en la preservación de su descendencia y por ello en la transmisión y prevalencia de sus genes, objetivo último al que se dirige el esfuerzo de la naturaleza.

De esta manera, nuestros adolescentes ante el deporte y el ejercicio físico, no hacen otra cosa con sus comportamientos que llevar a cabo los dictámenes de esos códigos biológicos que han supuesto parte del éxito de sus genes frente a otros prototipos humanos que no han sabido establecer códigos de conducta tan provechosos para sus fines de supervivencia. A veces se oye decir por parte de profesores de deportes que las chicas no hacen tanto ejercicio porque *son unas vagas* o porque *pasan de todo*, sin conocer que la raíz de sus comportamientos es, sin embargo, mucho más profunda y ajena a sus gustos o deseos individuales, e incluso, a la educación recibida.

Posteriormente, y tras la maduración sexual completa, los comportamientos de hombres y mujeres ante el deporte siguen siendo diferentes aunque, ya adultas, las mujeres priorizan intereses de salud y belleza, practican ejercicio físico realizando deportes o actividades de su gusto ajenas a la competición y la confrontación (aerobic, gimnasia de mantenimiento, yoga, baile, footing o jogging…) si disponen de la fuerza de voluntad suficiente. De hecho, el fenómeno de equipos femeninos senior o veteranos de ocio en deportes como fútbol, baloncesto, balonmano e incluso voleibol, es algo excepcional, al contrario que los numerosos equipos masculinos de categorías senior o veteranos que juegan en las ligas municipales o populares.

Cuando en un Instituto de Educación Secundaria, con alumnos adolescentes, se intenta hacer una liguilla deportiva entre clases para jugar en los recreos, surgen uno e incluso dos equipos masculinos por aula, pero es casi imposible conseguir equipos femeninos, aunque se permita que los equipos lo formen alumnas de varias clases. Y en caso de conseguir uno o dos, siempre en categoría infantil (excepcionalmente cadete o juvenil), se han limitado a jugar entre ellas, puesto que han declinado la posibilidad de jugar en la liga masculina.

Hace pocos años, una compañera profesora de Educación Física, espoleada por el desmesurado interés que se nos ha inculcado para que incentivemos a las chicas a participar o jugar en deportes considerados masculinos ideó, en una liguilla de fútbol, la estrategia de exigir dos jugadoras en cada equipo masculino, tras perder toda esperanza de formar equipos femeninos. Acabó reduciéndolo a una y algunos equipos, ante la imposibilidad de conseguir una jugadora, en su deseo de participar, ficharon amigas para que figuraran en el equipo, y les hicieron el favor con la condición de no jugar. Eso sí, las pocas alumnas que se inscribieron por voluntad propia jugaron muy bien y fueron aplaudidas y respetadas por su equipo, por los contrarios y por los profesores. Atrás quedaron los tiempos en los que las chicas que jugaban al fútbol estaban mal vistas. Yo no los he conocido.

Sin embargo, y respetando la opción personal de las chicas que desean y disfrutan practicando deportes considerados masculinos, la inmensa mayoría no desea realizar ese tipo de ejercicio (a veces no desea realizar ninguno) y, desde luego, no disfruta recibiendo balonazos y encontronazos que pueden lesionarle. No le resulta agradable, ni encuentra compensación alguna en practicarlo.

Si no hay menosprecio social por practicar un deporte considerado masculino, sino al contrario, si ya no se educa en los roles y estereotipos sociales, si se incentiva la práctica deportiva en las chicas…

¿Por qué no están todas jugando esos deportes tan sanos y divertidos?

¿Por qué no utilizan sus recreos para practicarlos?

¿Es vagancia y comodidad? ¿Son vagas y comodonas las adolescentes que sacan buenas notas, que llevan una vida repleta de actividades extraescolares, que salen, se divierten, se comprometen en proyectos sociales…?

Su respuesta antropobiológica unida a la obligación de ser iguales, a la teoría de la ideología de género que identifica la opción personal con la coacción de los roles sociales, ha llevado a que esas jóvenes sean tachadas de "vagas", cuando entre ellas puede haber alumnas de excelentes resultados académicos conseguidos con esfuerzo que contradicen la percepción de que son vagas. El deseo de realizar acciones más sedentarias en sus ratos de ocio se identifica con interiorización de estereotipos cuando, simplemente, la progesterona que ya actúa sobre su cerebro les hace disfrutar con lo que la genética evolutiva considera lo más beneficioso para la supervivencia de la especie.

Todos tenemos en la mente al grupo de chicos adolescentes jugando a algún deporte en los recreos mientras sus compañeras están sentadas charlando o algunas veces, no muchas y desde luego, muchas menos veces que en la infancia, jugando a juegos que no implican golpes, competición o encontronazos bruscos. Esa imagen lleva repitiéndose en mi retina, sin variar un ápice y por encima de proyectos y programas de incentivación deportiva femenina, más de veinticinco años. Ya es hora de encontrar otras explicaciones que las "políticamente correctas".

Por otro lado, no cabe duda de que las mujeres hacen menos ejercicio físico que los hombres y que esta tendencia se acrecienta con la pubertad, y no se puede discutir que el ejercicio físico es saludable, por lo que animar a las mujeres a hacer deportes es bueno, y más en este tipo de sociedad donde la vida es excesivamente sedentaria y las expectativas de vida son prolongadas.

Ahora bien, ¿por qué hay que empujarlas a hacer deportes que no les gustan por su grado de violencia, su competitividad o su excesivo contacto? ¿Por qué no se respeta el gusto, más que manifiesto por parte de las mujeres y adolescentes en todos los estudios, por deportes o actividades deportivas con alto componente rítmico o de coordinación, con poca competitividad o sin contacto físico que dé lugar a golpes y empujones?

¿Por qué se valora la práctica voluntaria de estas actividades como dirigidas por estereotipos sociales y no como meros gustos personales que hace que las mujeres elijan, entre un abanico amplio de posibilidades, esas actividades en las que se sienten más hábiles, más competentes y más seguras? Y ya en el campo de la proyección laboral, ¿por qué hay que empujarlas a realizar trabajos donde no van a ser tan efectivas como los varones salvo con un esfuerzo mucho mayor?

¿Por qué engañan a las mujeres? ¿Por qué desprecian sus gustos y deseos?

Las mujeres que practican deportes más agresivos, peligrosos o competitivos actualmente, no sólo no están mal vistas sino que son aplaudidas y puestas como ejemplo. Y hacen muy bien en practicar lo que les apetece y les gusta. Pero eso no debe llevar a la idea de que, porque seamos iguales en derechos y deberes, debemos serlo en gustos hasta el punto de rozar el desprecio hacia las mujeres que tienen gustos más "propios" de su sexo y su biología.

El afán por igualar comportamientos masculinos y femeninos llega al ridículo cuando, en un estudio *de género* de los mencionados como "políticamente correctos", se expresaban las diferencias entre adolescentes de ambos sexos en el visionado de partidos de fútbol (deporte "estrella" del estereotipo masculino según tales estudios) y se constataba que veían partidos el 61´6% de los encuestados frente al 34% de las encuestadas, achacando estas diferencias a *la incuestionable carga de género que hoy en día tiene dicho deporte* sin tener en cuenta que en la propia encuesta las mujeres afirman tener poco interés por los espectáculos deportivos en general.

La hipotética razón que el estudio deduce, para explicar tal desproporción, es que *esto sucede porque no se difunden esos deportes con participación femenina*: una conclusión tan ridícula que equivaldría a afirmar que a las mujeres sólo les interesarían películas con actrices mujeres y a los hombres películas con hombres. ¿Y si no hubiera más razón para no ver partidos de fútbol que el mero aburrimiento o desinterés por ese tipo de programas?

Es indiscutible que hacer deporte es bueno, pero la preocupación de algunos estudiosos por el hecho de que a las mujeres no les guste ver partidos de fútbol, hace creer que ver un partido de fútbol por la televisión es una forma de ocio más deseable que otras formas de ocio que practican las mujeres que no ven el fútbol. Es presuponer que los ocios de gustos mayoritariamente masculinos son más dignos de fomentar que los femeninos. Y es que la obligación "políticamente correcta" de que las mujeres se comporten como hombres en todos los ámbitos resulta ya excesiva.

La ideología de género, que defiende que los comportamientos de mujeres y hombres son, únicamente, construcciones sociales, no puede sostenerse cuando se da clase día tras día a adolescentes educados en libertad, tratados por igual, libres en sus casas y en sus centros educativos de la inculcación de roles sociales y que eligen el deporte que quieren y les apetece practicar, con independencia de condicionamientos sociales ya obsoletos y denostados.

La Educación Física es un ámbito donde la ideología de género no tiene cabida en ninguna de sus variantes puesto que se evidencian, como en ningún otro lugar, las diferencias antropobiológicas de hombres y mujeres, sus comportamientos, sus gustos, sus capacidades y sus intereses completamente distintos de forma mayoritaria según su sexo.

Tampoco puede ser un argumento que el género es una construcción personal cuando, por ejemplo, un varón transformado en mujer trate de competir en cualquier deporte en categoría femenina. Insisto en que en el deporte, donde el componente físico es preponderante, la ideología de género está especialmente fuera de lugar: si un atleta cuyo cuerpo, sus genes y su condición física obedecen a parámetros masculinos, desea competir con mujeres a nivel físico, la posible construcción social femenina que haya hecho sobre su género, es irrelevante.

Sin embargo, la ideología de género está tan arraigada en nuestra sociedad que hasta en "El manifiesto por la igualdad y la participación de la mujer en el deporte" presentado por el Consejo Superior de

Deportes el 29 de enero de 2009 presenta entre sus "desiderata" los siguientes puntos:

*Incluir la perspectiva de género en las políticas de gestión de la actividad física y el deporte para garantizar la plena igualdad de acceso, participación y representación de las mujeres, de todas las edades y condición, en todos los ámbitos y a todos los niveles.*

*Asegurar la formación con perspectiva de género de los y las profesionales de la actividad física y del deporte de acuerdo con las exigencias que establece la normativa legal vigente para los diferentes niveles: universitario, formación profesional, enseñanzas técnicas y cursos de formación permanente.*

Esta extraña insistencia en la *perspectiva de género* se repite de una forma u otra como coletilla en todo tipo de temarios, documentos, decálogos... de toda clase de áreas o materias sin que la mayoría de los que la redactan, ni la inmensa mayoría de los que se supone lo han de aplicar y padecer, sepan de forma clara lo que implica realmente. *Perspectiva de género* es una forma menos evidente de mencionar la ideología de género, es decir, de obviar la biología e imponer falsas igualdades que siempre perjudican a muchos.

Si lo que queremos y buscamos es la igualdad, nunca podrá ser posible si no partimos de bases reales, de la base que mujeres y hombres no somos iguales físicamente, y que las hormonas que regulan nuestras percepciones y sentimientos no son iguales. De hecho, la primera injusticia de la "igualdad obligatoria" es negar las diferentes cualidades físicas de hombres y mujeres. Y parece evidente que tratar de imponer a las mujeres comportamientos y gustos masculinos no las va a hacer más felices. E imponer ratios según genes o entrepierna no va a hacer más felices a los que estando mejor preparados para una función concreta pero con los genes, la entrepierna o la orientación sexual inadecuada, no accedan a esos lugares.

# CAPÍTULO 8
# EL SER HUMANO BIOLÓGICO: LOS INSTINTOS Y LA SUPERVIVENCIA
## EL LAMENTABLE OLVIDO DE LA IDEOLOGÍA DE GÉNERO

*Lo menos que podemos hacer en servicio de algo es*
*comprenderlo*
J. Ortega y Gasset

El ser humano, con independencia de las teorías filosóficas y religiosas que le dan una transcendencia mayor, es eminentemente un animal y, como tal, está sujeto a todas las características propias de los seres vivos y a todos los instintos y pulsiones que determinan el comportamiento de éstos, independientemente de que posteriormente se tomen en consideración otros factores individuales o colectivos, sociales o culturales, filosóficos o morales, para explicar el comportamiento humano.

Los seres humanos son producto de una herencia biológica que impregna toda su existencia y, como consecuencia, portadores de los signos de su "animalidad". Las características físicas esenciales, los procesos emocionales y mentales así como las características conductuales, se han desarrollado en un proceso gradual de evolución biológica. Ya hemos visto que la base fisiológica de los procesos mentales es un hecho aceptado a través de la moderna neurofisiología cerebral.

Por otro lado, el hecho esencial de la evolución no se cuestiona en la comunidad científica. Existen diferentes teorías que discrepan sobre los posibles mecanismos capaces de regular el proceso evolutivo, pero no en el hecho de que existe un proceso adaptativo a través de cambios más o menos lineales en las especies.

Es verdad que el papel que juega la evolución en la determinación de nuestro comportamiento es un tema abierto al debate, al igual que la difusa línea entre las conductas instintivas y adquiridas. Parece claro que nuestra capacidad cultural es un producto de la evolución biológica y que, en ese sentido, la cultura humana es descendiente directa de nuestra biología. No es menos cierto que existen unos comportamientos comunes a los hombres que son diferentes de los de las mujeres y a la inversa, las mujeres tienen comportamientos comunes entre sí y distintos a los varones. Tras tratar de explicar todos estos hechos por causas culturales o educacionales y tratar de variarlos cambiando esos aprendizajes, continúan apareciendo para desesperación o sorpresa de quienes establecen esos orígenes conductistas y de adquisición cultural para cierto tipo de comportamientos.

La vida, los seres vivos desde su origen, han conseguido desarrollarse por su capacidad para adaptarse a las diversas situaciones en las que ha tenido que establecerse. La evolución de las especies para adaptarse al medio y el triunfo de los individuos de cada especie que han desarrollado medios y características adaptativas sobre otros menos preparados para sobrevivir, es un hecho demostrado en biología. El que hayan transmitido a sus descendientes esas nuevas características, ha facilitado la supervivencia de éstos como individuos y, por ende, la pervivencia de sus genes y la de su especie. La adaptación y la evolución adaptativa han marcado la preeminencia de unas especies sobre otras y de unos individuos o grupos de individuos genéticamente relacionados sobre otros.

La supervivencia como tal no deja de ser una lucha despiadada por prevalecer sobre otros individuos, otras familias, otras especies... y en una lucha tan seria, la vida no invierte medios de forma banal, sino que sus mecanismos de selección y supervivencia emplean métodos de reconocida efectividad.

Entre estos métodos mencionados me refiero en especial al instinto de supervivencia, mediante el cual el individuo utilizará todos los medios a su alcance para preservar su propia vida, y al instinto de conservación de la especie, mucho más poderoso que el anterior, que los genetistas actuales describen como supervivencia de los propios genes y que nos descubren como máquinas programadas para perpetuar la existencia de los genes de nuestras células. Desde ese punto de vista, la lucha por la propia supervivencia no sería sino una consecuencia lógica de ese afán por perpetuar nuestra herencia genética y que con nuestra desaparición no sería posible transmitir, aunque la preservación de la propia vida tiene, para otros estudiosos, una explicación racional sencilla como mero egoísmo individual.

De cualquier forma, la defensa de la prole que hacen las más diversas especies animales, más evidente cuanto más se acercan al estatus evolutivo humano, es incuestionable. Es cierto que algunas especies utilizan para su éxito en la lucha para la supervivencia otro tipo de estrategias que no implican la defensa de la prole, como es el caso de la "fabricación industrial" de embriones, que facilitan el abandono de su cuidado por parte de los progenitores, quienes confían en la supervivencia de algunos de sus vástagos únicamente por la simple probabilidad de éxito a causa del elevado número de individuos que lo intentan. Sin embargo, fuera de estos casos, por lo general propios de otras familias biológicas que consideramos menos evolucionadas que la nuestra, la defensa de los seres que nos deben sobrevivir, aún a costa de la propia vida, es una pulsión prioritaria que desde un punto de vista del razonamiento individual egoísta no tiene explicación.

Dejando aparte casos individuales que contradicen esa pulsión instintiva por un extremo y por el otro (la búsqueda de la pervivencia individual frente a la descendencia, y la defensa de seres de la misma especie genéticamente no relacionados) parece indiscutible que la naturaleza ha establecido una serie de mecanismos que facilitan la supervivencia de la especie y la preservación de la reproducción y que en el caso humano nos hace tener una serie de comportamientos que sólo son explicables desde ese punto de vista y que están inextricablemente unidos a nuestra genética, nuestra anatomía, nuestra fisiología y nuestras adaptaciones evolutivas.

Los animales a los que solemos referirnos como superiores en la cadena evolutiva han desarrollado una serie de estrategias para sobrevivir como especie que, hasta el momento, les han funcionado razonablemente bien.

Las consideraciones que a partir de ahora se van a realizar acerca del papel del hombre y la mujer en la defensa de la supervivencia de la especie y que derivará en comportamientos sociales, se enfocarán desde un punto de vista puramente biológico, sin condicionamientos éticos, filosóficos, morales, de estereotipos sociales o de *roles de género*.

Así mismo, el hecho de tomar como motor principal del comportamiento animal la supervivencia de los genes propios y de la especie por encima de otras variables, supone cuantificar la procreación como fin fundamental de la vida animal en tanto que es la forma de preservar la especie y los propios genes. Este enfoque viene determinado por un punto de vista científico, basado en las teorías genéticas y evolutivas actuales.

La naturaleza, y entiéndase como naturaleza el desarrollo evolutivo genético-adaptativo a fin de alcanzar mayor eficiencia en la supervivencia, generó una división de funciones en los individuos de una especie. La existencia de seres con diferentes funciones en una misma especie no es algo extraño en los seres vivos y parece dar buenos resultados en especies con sociedades organizadas (hormigas, abejas…). De hecho, el paso a organismos más complejos desde los primeros seres vivos unicelulares se desarrolló por especialización de diversas células y asunción de funciones específicas para el funcionamiento y supervivencia común.

En el caso del ser humano, al igual que en otras especies cercanas evolutivamente, la división de funciones se desarrolló en torno a la diferenciación sexual. Esta estrategia reproductiva suponía una serie de ventajas respecto a otras: el hecho de que hubiera una mezcla genética de individuos diferentes facilitaba la generación de individuos distintos con una carga cromosómica nueva o se posibilitaba la aparición de mutaciones, con lo que se enriquecían los rasgos genéticos y se facilitaba la aparición de mejoras adaptativas. La diferenciación sexual, con sus ventajas, salió adelante y dio paso a la probabilidad de que, por selección natural, fueran sobreviviendo los mejores de todas esas mezclas.

Por otro lado, el hecho de que hubiera dos individuos de una especie implicados en el desarrollo y cuidado de una prole, también facilitaba la supervivencia de ésta respecto a la implicación de uno solo. Esto no significa que otras formas de reproducción no hayan podido ser efectivas y exitosas desde el punto de vista de la supervivencia. Hay especies asexuadas y nada nos impide pensar que si los caminos de la evolución hubieran ido por otro lado no hubieran aparecido formas de vida con tres sexos. Lo cierto es que la implicación de dos seres en la reproducción parece lo más efectivo en tanto que resulta suficiente para conseguir variedad genética y facilita los contactos reproductivos respecto a la hipótesis de tres o más seres implicados.

En un punto evolutivo concreto, la existencia de una diferenciación en el papel de los dos individuos implicados en la reproducción, sobrevivió a otras formas hasta llegar al desarrollo de especies animales en las que uno de los seres mezclaba sus genes con el otro y era este segundo el encargado de desarrollar a ese nuevo ser con carga genética diferente. El hecho de portar en el interior durante su desarrollo al nuevo individuo, resultó más efectivo en aras de su supervivencia como especie para un determinado grupo evolutivo por preservarse más fácilmente la supervivencia individual de la cría. Los mamíferos triunfaban en su lucha por la adaptación con ese tipo de estrategia reproductiva que implicaba diferentes roles para machos y hembras al asignarles distintos papeles, si bien esto implicaba otra serie de aspectos que podían perfeccionar esa forma de reproducción facilitando la supervivencia como especie. Vayamos a ellas.

El medio al que los animales superiores debían adaptarse presentaba diversos peligros surgidos de la necesidad de sobrevivir frente a las agresiones de otras especies o de otros grupos de la propia especie. Es evidente que, en tales circunstancias, resulta positiva la figura del guerrero defensor del grupo, individuos con mayor fuerza y envergadura, lo que posibilita la defensa de los nuevos miembros que deben perpetuar los genes de los progenitores. El hecho de que uno de los individuos porte en su interior a la cría, perpetuación genética de la especie, lo hace más valioso desde un punto de vista biológico (siempre en referencia al objetivo último de supervivencia genética), y su vida más preservable que la del otro individuo que solamente ha colaborado genéticamente en la reproducción. Por ello, por la posibilidad de que en la defensa de la prole se pueda perder la propia vida, es más efectivo que ese papel lo realice el individuo que no porta otras vidas en su interior y cuya desaparición no comprometería la pervivencia como especie. De esta forma, el macho de la mayoría de las especies es físicamente más fuerte y poderoso que la hembra puesto que ese diseño facilita las labores defensivas que se le asignan.

No sólo está diseñado físicamente para la defensa del grupo y la búsqueda de alimentos que pueden implicar competencia o lucha. Su mente también está diseñada para ello. La testosterona se encarga de que, desde sus primeras descargas, el macho tenga más propensión a conductas temerarias e irreflexivas que facilitan esa labor. La ya mencionada menor relación entre el cerebro racional y el emotivo le hace que en sus comportamientos haya siempre un alto componente racional, salvo cuando las circunstancias le despiertan sentimientos muy poderosos y prevalece la parte emotiva del cerebro. Entonces, el grado de racionalización es menor que en la hembra, lo que le permite asumir conductas de riesgo personal. Esto es muy efectivo para luchar y defender.

Desde su pubertad, el macho humano tiende a conductas competitivas, de lucha… que le preparan para la función que a su especie le resulta más eficaz desde el punto de vista de la supervivencia. De hecho, la naturaleza, ante la posibilidad de una reducción de machos por esta causa antes de ejercitar su función reproductiva, sobreproduce embriones macho para reforzar su población. Tampoco la desaparición de una gran mayoría de machos compromete la supervivencia genética en tanto que, con la existencia de escasos individuos de sexo masculino, se puede producir la necesaria reproducción sustitutiva, siempre y cuando haya hembras.

La curiosa mayor capacidad masculina para la orientación, que muchos estudios ligan a la testosterona hasta el punto de determinar su disminución asociada a la pérdida de hormonas en la edad anciana, estaría determinada por su ancestral función de vigilancia del territorio y la búsqueda de alimentos y caza. Millones de años dedicados a esa importante función social acabaron favoreciendo a los machos con mayor capacidad de orientación. Y fueron sus genes los que se transmitieron con mayor éxito.

La hembra, por el contrario, está diseñada para su función de reservorio de la prole. De tamaño menor al del macho humano, sus capacidades físicas son también inferiores. Su organismo tiene tendencia a la acumulación de reservas alimentarias que facilitarían su supervivencia y la del embrión en caso de hambrunas y, además, suponen un colchón defensivo para éste en caso de golpes o caídas.

Sus articulaciones son más laxas, lo que le hace ser más flexible para facilitar el paso del embrión a través del canal pelviano pero presenta más facilidad para sufrir esguinces, luxaciones y subluxaciones así como una mayor propensión a recidivas. Su mayor grado de lordosis le hace tener más sobrecarga en la espalda.

Su físico está menos adaptado a los recorridos de largas distancias puesto que la mayor anchura de las caderas, a fin de permitir la salida del feto, da como resultado que sus extremidades inferiores presenten un ángulo más pronunciado en su prolongación hacia la rodilla, lo que supone una mayor incidencia en dolores pelvianos, de espalda, bursitis del trocanter mayor y problemas en las rodillas. Sus hombros, al ser más débil el manguito de los rotadores, sufren más probabilidades de lesión puesto que también presenta una media del 40% menos de masa muscular respecto al macho, lo que además supone una menor fuerza y potencia.

Su conducta, al igual que la del macho, se guía por el instinto primordial de pervivencia de la especie. Desde su pubertad, la hembra reserva su integridad física evitando confrontaciones y situaciones de peligro. Y no lo hace por interiorización de estereotipos, como ya se ha demostrado, ni por pereza o vagancia, ni por imposición de unos roles sociales: lo hace porque quiere, porque se lo pide cada una de sus neuronas irrigadas con progesterona y encargadas de dictar las conductas que llevarán a sus genes y a su especie a tener las mejores estadísticas y probabilidades de perpetuarse.

Su permanencia en los poblados, ya sean trashumantes o estables, le hace menos necesaria la orientación en tanto que sí le resulta imprescindible la comunicación con sus congéneres, así como la empatía. La facilidad verbal de las hembras y su mayor facilidad para aprender a hablar pueden tener como fundamento esta función social de sedentarismo dedicado al cuidado de la prole y la relación social. Posiblemente la creación de alianzas con otras hembras era beneficioso y facilitaba sus funciones. Eso explicaría la mayor propensión a la verbalización y el trabajo cooperativo. Igualmente, la mayor relación entre sentimientos, racionalidad y capacidad verbal que le proporciona un cerebro con un cuerpo calloso más desarrollado, le permite una mayor empatía, capacidad de comprensión de otros seres y una mayor posibilidad de comunicación de sentimientos y vivencias.

Todos estos comportamientos biológicos e instintivos dan lugar, en relación con la práctica deportiva, a una falta de interés por medirse y confrontarse propia de los varones a causa de la testosterona, que le evita riesgos improductivos y le induce a no tener excesivo interés por los deportes de contacto. Tampoco le son propias las actitudes de violencia ni se siente empujada a la lucha y el enfrentamiento. No por ellos son sumisas, sino que no encuentran ventaja en actitudes más agresivas, que para el varón son consustanciales para defenderse, defender al grupo, o luchar por la supervivencia. La lucha por la supervivencia femenina es otra, no mejor ni peor, simplemente es más exitosa para su función antropobiológica y su constitución.

La constatación y la aceptación de que la función biológica de la mujer, su rol vital en la evolución, para la que está perfectamente acondicionada tanto en su anatomía, su fisiología, sus procesos cerebrales y sus comportamientos instintivos es la maternidad, es algo inasumible por algunos. Sin embargo, así es y así se demuestra en este estudio.

De ninguna forma se afirma que sea una obligación personal para las mujeres actuales el ser madres, pero entender esto puede ayudar a la verdadera mujer, no a la construida socialmente, a situarse en el mundo, a comprenderse, a ser comprendida, y a elegir libremente, entendiendo su origen, su función y sus deseos.

Acerca de la elección de trabajos y estudios, es evidente que la mayor empatía de la mujer con sus congéneres y su innata capacidad de cuidado de las crías, así como su mayor capacidad verbal y relacional a efectos de transmitir sentimientos y percepciones le empuja a sentirse más competente y más cómoda en actividades de cuidado de personas, de trato humano, de enseñanza y trabajos cooperativos.

Muchas mujeres eligen el cuidado de sus hijos frente a una carrera profesional que consideran menos atrayente y demasiado competitiva. No ceden ni transigen frente al varón sino que, en su fuero interno, sienten que la felicidad no siempre está donde les han dicho. La biología tiene poderosas estrategias que han hecho que las necesidades para la supervivencia de la especie tengan compensaciones emocionales poderosas que garanticen que determinados comportamientos se van a realizar. Actualmente no parece haber riesgo de extinción, pero nuestra biología es la misma que cuando todas las catástrofes diezmaban la población humana y su supervivencia dependía de la conjunción de diversos factores, entre ellos los comportamientos instintivos y los roles biológicos. No se trata de imponer ahora roles biológicos, sino que sepamos de dónde nos vienen muchos de nuestros gustos, deseos comportamientos, habilidades, intereses, percepciones y capacidades, y aceptarlas o tratar de variarlas sin que se nos engañe con teorías sin base científica alguna. Esta destrucción de los roles biológicos que garantizan la supervivencia y que es, en último extremo, la esencia de la ideología de género coincide plenamente con la estrecha asociación que siempre se ha hecho entre los lobbies malthusianos, multinacionales abortistas y los defensores de esta falacia.

También es importante que los varones, tan cuestionados y demonizados por sus comportamientos más competitivos entiendan, al igual que la sociedad, que es parte de su biología. Y conociéndose en su esencia, puedan comprenderse y actuar sobre ello. Los varones son más agresivos y responden más comúnmente con actos físicos porque la biología les encomendó durante millones de años unas funciones nada envidiables en las que se dejaban la vida. Pueden, y durante toda la existencia de la humanidad lo han hecho, ser sensibles y respetuosos con los débiles a los que protegen. La especie humana no hubiera sobrevivido en caso contrario. La actual deriva de la ideología de género que los considera maltratadores congénitos por su naturaleza masculina, no solo es injusta, sino arbitraria y solo obedecería a una elaborada destrucción de la masculinidad y de su imprescindible rol biológico de protección.

Respecto a la elección de trabajos y estudios, los varones eligen por gusto actividades donde también haya fuerza física, más competitivas y más arriesgadas, y no se sienten tan atraídos por algunos empleos típicamente femeninos. Ni los unos ni las otras están incapacitados para realizar actividades tradicionalmente del otro sexo pero, en general, no les atraen. Manipularles es injusto y no tiene ninguna razón sólida.

No cabe duda de que las diferentes cualidades de unos y otras pueden enriquecer los distintos ámbitos humanos con la participación en ellos de ambos sexos. Siempre y cuando se elija libremente. Y si no se igualan ratios no pasa nada. Lo que es inadmisible es la manipulación de esa elección de estudios y empleos frente a los gustos personales en aras de una igualdad externa, impostada, falsa y regada con fondos públicos.

Pasemos de los pies sujetos a esa tortuga que es la evolución biológica a la cabeza de la liebre: el ser humano cultural.

# CAPÍTULO 9
# EL SER HUMANO CULTURAL:
## BUSCANDO EL EQUILIBRIO Y LA FELICIDAD

*Dios tomó al hombre como criatura de naturaleza
indeterminada y, asignándole un lugar en medio
del mundo, le dijo así: "Adán, no te he dado
un cuerpo concreto ni una forma que te sea
característica, con el fin de que puedas asumir la
forma y las funciones que desees de acuerdo a tu
propio juicio. La naturaleza de todos los demás seres
está limitada y constreñida por los límites de las
leyes que he prescrito. Tú, que no estás constreñido
por límites... establecerás por ti mismo los límites
de tu naturaleza... como hacedor y modelador
de ti mismo en la forma que prefieras, tendrás
la capacidad de degenerar hacia formas de vida
inferiores, que son bestiales, pero también tendrás la
capacidad, por tu espíritu y por tu juicio, de renacer
en formas superiores, que son divinas"*
Giovanni Pico de la Mirandola
*De dignitatis hominis*

No hay duda de que nuestra herencia biológica lo impregna todo y que nuestro cuerpo y nuestra mente se han desarrollado en un proceso gradual de evolución biológica. Es evidente, también, que nuestra capacidad cultural es producto de nuestra evolución biológica.

Según nos explican los estudios de paleontología, basándose en los cráneos fosilizados de los que disponen, el cerebro humano evolucionó durante 3 millones de años triplicando su peso y la cantidad de neuronas y luego, durante los cien mil años posteriores, no se ha podido demostrar ninguna evolución cerebral. Esto significaría que es muy posible que un antepasado de hace cien mil años tuviera el mismo cerebro que nosotros, que un mono bípedo que alcanzó la capacidad de crear infinitas sinapsis entre sus quince mil millones de neuronas, nos la haya transmitido. Y con ello, toda la capacidad de creación cultural.

Sin embargo, constatar, como se ha hecho en anteriores capítulos, que la cultura humana es descendiente directa de nuestra biología y que la herencia genética tiene un peso específico en el comportamiento humano, no supone dejar de valorar, en su justa medida, el otro puntal que conforma al ser humano: la cultura, que ha desarrollado su propia iniciativa siguiendo un camino bastante independiente del proceso natural que inicialmente la había generado. Y esto es debido a que, al contrario que la evolución biológica, la evolución cultural tiene la capacidad de desarrollarse por sí misma, reproducirse y mutar mucho más rápida y eficazmente que cualquier sistema natural. Nuestra naturaleza biológica avanza lentamente, pero nuestra cultura corre a toda velocidad.

Por ello, como decía Pascal: *somos animales, sí, pero somos mucho más que eso.* Somos producto de la evolución biológica que es un proceso lento y natural, pero también somos producto de ese otro tipo de evolución, nuestra propia evolución cultural, que es un proceso mucho más rápido y "antinatural". De hecho, la evolución biológica desde los hombres-mono y hasta el hombre actual ha durado cuatro millones de años, mientras que en los últimos 200 años hemos conseguido unos logros científicos que hacen que el hecho de tener que vivir anclados a nuestra biología, tan semejante a los neardenthales, con un modo de vida tan diferente y con necesidades tan ajenas a ellos, nos produzca una serie de contradicciones de compleja solución.

Y esa dicotomía entre la cultura y la biología, produce un conflicto en los humanos que nos hace sentirnos seres con un pie atascado en el pasado biológico y otro en el presente cultural.

Según el antropólogo Edward B. Taylor, la cultura sería *esa unidad compleja en la que se incluye el saber, las creencias, el arte, la moral, las costumbres y cualquier otra capacidad o hábito adquirido por el hombre como miembro de una sociedad.* Gracias a esa capacidad cultural hemos creado una serie de "extensiones culturales" sin las cuales seríamos incapaces de vivir y que van desde las herramientas a las leyes, desde el lenguaje a la penicilina… Curiosamente, esta evolución cultural es independiente de la evolución biológica y puede darse en un solo individuo, como sería el caso de la adaptación al mundo actual de un aborigen de una tribu ignota, o en un grupo humano, capaz de heredar y aprender la evolución cultural de cientos de años de otros grupos humanos, como fue el caso de los japoneses que, de ser una sociedad medieval, pasaron en pocos años a superpotencia industrial.

Esta capacidad es así porque utiliza un mecanismo de transmisión diferente al de la biología: un individuo puede adquirir características que otros obtuvieron. Digamos que, mientras la evolución biológica es *darwiniana*, la evolución cultural es *lamarckiana:* por herencia de caracteres adquiridos por otros.

Por otro lado, la evolución cultural podría subdividirse en dos componentes principales: la evolución social y la evolución tecnológica. La evolución social puede tardar en desarrollarse décadas, siglos o incluso milenios y abarcaría leyes y gobierno, economía, estructuras sociales, arte, religión… La evolución tecnológica, que abarca todos los descubrimientos y avances científicos y tecnológicos es mucho más rápida, y en las últimas décadas parece haber alcanzado la velocidad de un bólido cuesta abajo. Desde los primeros útiles que fabricó el hombre, esta evolución ha ido cogiendo velocidad uniformemente acelerada y cada nuevo descubrimiento o aportación, acelera su desarrollo.

Sin embargo, ambas no sólo presentan diferencias en su velocidad, sino también en su trayectoria: lo mismo que la evolución tecnológica resulta evidente que sigue una línea recta hacia adelante, la evolución cultural parece dar vueltas, o seguir una trayectoria pendular en la que, llegado a un límite, el desarrollo vuelve a su eje y se desvía hacia el lado contrario.

Ni filósofos de la talla de Platón pueden considerarse inferiores a los actuales, ni la democracia o los totalitarismos son algo nuevo, sino que se retrotraen a miles de años atrás, ni las estructuras sociales han cambiado tanto de hace 200 o 2.000 años a esta parte. Tampoco podemos afirmar que el arte actual sea mejor que el de la Grecia clásica o el del Renacimiento. El avance es pendular, de un extremo a otro, con algunas variantes y sin que, por el momento, hayamos conseguido parar el péndulo.

Por caracterizar con una imagen esta evolución cultural, podríamos decir que estamos montados en un bólido en continua aceleración (tecnología) mientras quien lo dirige trata de controlarlo a través de movimientos pendulares (sociedad, filosofía, política). Supongo que cuando el bólido comenzaba su trayectoria, la mala conducción que implica el que se alcanzaran movimientos extremos no presentaba tantos riesgos. Sin embargo, ahora, el riesgo parece, por lógica, mucho mayor puesto que cualquier error a gran velocidad implica mayores consecuencias. Por ejemplo, un régimen totalitario en la época en la que el bólido tecnológico empezaba, lentamente, su andadura, podía exterminar algunos miles de personas. Todos tenemos en la mente la segunda guerra mundial que no deja de ser, en su enorme horror, algo menor comparado con lo que puede suceder actualmente. Y montados en el bólido, los conductores seguimos extremándonos en las posiciones de nuestra evolución cultural.

Supongo que no resulta muy alentadora la imagen del animal con los pies atados en una tortuga y la cabeza de liebre montada en un bólido que conduce a gran velocidad a la vez que trata de sacar el hocico ora por la ventanilla derecha, ora por la izquierda, si se me permite desarrollar la imagen anterior. Es muy posible que sea bastante certera por lo que debemos tratar de mantener el equilibrio para no darnos un batacazo en todos los ámbitos.

Esta comparación es válida para todas las cuestiones ético-morales nuevas que la velocidad de los avances tecnológicos y médicos nos están presentando y que provocan una preocupante inestabilidad a esa evolución cíclica o pendular de los valores culturales. Inestabilidad que, precisamente se ve agravada por la ideología de la que estamos hablando y que nos separa los pies de la tortuga biológica dejándonos definitivamente sin sustrato estable en este viaje vertiginoso.

Volviendo al argumento central, lo cierto es que la evolución biológica y la cultural han estado íntimamente conectadas, se han apoyado mutuamente y son inextricables hasta cierto punto. De hecho, no tienen por qué estar siempre en oposición. Incluso es posible que la mayoría de las prácticas culturales sean adaptaciones de nuestra biología: el vínculo familiar, y marital, por ejemplo, es indudablemente una creación cultural que trabaja a favor de la preservación de las crías. Pero podría tener una profunda base biológica. Una reflexión sobre el hecho de que existan aspectos del comportamiento humano que tengan fundamento genético nos puede hacer constatar que hay una serie de ellos que se dan en todas las culturas casi de forma universal, que no han variado a lo largo de la historia conocida y que nos han reportado enormes ventajas desde un punto de vista puramente biológico.

Esos comportamientos humanos universales, que se repiten en lugares y culturas diferentes y que son estudiados por la etología podrían, en algunos casos, estar integrados en ese grupo amplio de respuestas adaptativas heredadas genéticamente que llamamos instintos. Instintos de distintas categorías pero todos ellos parte de nuestro ser biológico y que los roles biológicos sexuales han podido determinar de forma diferente en ambos sexos.

No parece descabellada la posibilidad de que el cerebro presente comportamientos no adquiridos integrados en su configuración que parecen necesitar aprendizaje pero que, sin embargo, es evidente que no ha existido tal proceso educativo, por lo que pudieran tener un fundamento biológico. Sobre esto, puede dar una idea el hecho de que, por ejemplo, haya aves criadas en cautividad y que, sin haber podido aprender determinadas pautas de conducta de sus progenitores, sean capaces de fabricar sus nidos y cuidar de sus crías. A estas mismas aves, si se les eliminan los hemisferios cerebrales y se les deja la parte posterior, pueden sobrevivir y son capaces de volar, correr y comer, pero son incapaces de aparearse, construir su nido o cuidar de sus crías. En algún lugar de sus hemisferios cerebrales hay introducidas genéticamente una serie de comportamientos instintivos, que no reflejos, que exigían cierto aprendizaje que no ha existido, y que facilitan la supervivencia como especie.

Como puede suponerse, es precisamente en estos aspectos de nuestro comportamiento que parecen provenir de aprendizajes y por tanto se puede interpretar que son moldeables con la educación, donde más probablemente surjan conflictos entre las tendencias biológicas y las realidades que derivan de nuestra cultura.

En el caso de las diferencias evidentes entre los comportamientos entre hombres y mujeres, la cultura ha tomado esas características debidas a influencias biológicas y las ha "hiperextendido" de forma no biológica dentro de la propia esfera cultural.

Este fenómeno consistente en extender las inclinaciones innatas más allá de donde tales inclinaciones llegan, superando a la naturaleza, es conocido en antropología como *hiperextensiones culturales* que tienen una base biológica de forma que, en vez de enfrentarse a las inclinaciones innatas del ser humano, la cultura trata de imitar y extender tales inclinaciones hasta superar a la naturaleza. Por ejemplo, en algunas sociedades, se espera que el hombre sea agresivo, no sólo más que la mujer sino con una agresividad *hiperextendida* más allá que lo que la supervivencia de la especie exige, con unas costumbres sociales para la aceptación de sus miembros del tipo "traer una cabeza humana" (tribus de Nueva Guinea) o "matar un león" (guerreros masai). En el caso de las mujeres sería la costumbre social establecida en algunos países de no poder salir de casa, por ejemplo, pues las mujeres son más tranquilas y sedentarias que los hombres por las causas ya analizadas pero, sin embargo, el encierro es algo excesivo, incluso para las más hogareñas...

Tampoco, aunque la inercia mayoritaria sean esos comportamientos, todos o todas obedecen a estos modelos. Por ello y por otras causas, esas *hiperextensiones socioculturales* son indudablemente negativas como imposición, pero se basan en realidades antropobiológicas de difícil discusión. Además, una vez eliminadas, surge la base biológica que las había inspirado. Digamos que son un afianzamiento exagerado de un hecho preexistente, pero con una base real.

Los denostados *roles sociales*, por tanto, tienen una base antropobiológica que se consolida de forma paralela a la capacidad de reproducción sexual y a la división de funciones en la consecución del éxito evolutivo.

Pero esa trayectoria pendular que caracteriza a la evolución cultural humana, una vez llegó a su punto máximo de extensión de las inclinaciones biológicas, comenzó su trayectoria inversa y está llegando al punto contrario en el que las hiperextensiones culturales desprecian o incluso obvian las bases biológicas de los comportamientos y tratan de crear unos seres ajenos a sus anatomías, capaces de crear pautas de conducta lejos de añejos condicionantes físicos. Y aquí nos encontramos con la ideología de género y su descabellada arquitectura intelectual.

Puesto que la evolución cultural tiene como objetivo la búsqueda de la estabilidad y la felicidad de ese *animal complejo capaz de llorar y reír porque las cosas no son como debieran*, capaz, también, de cambiarlas o de adaptarse a ellas, habría que plantearse si la felicidad está en los extremos del péndulo o en el punto de equilibrio. Sobre todo, sabiendo que las tensiones entre nuestro ser biológico y nuestro ser cultural son la raíz de muchos de los problemas del ser humano.

Las nuevas *hiperextensiones* que propone la ideología de género, por ejemplo, que se puede adquirir un género como creación cultural independientemente del sexo, no presentan, en absoluto, una base biológica, sino que son creaciones culturales llevadas al límite. Por ello deberían llamarse "hiperextensiones hiperculturales".

Las mujeres, una vez *liberadas* en las sociedades occidentales de las *hiperextensiones culturales*, que nos ataban de forma obligada a lo que por tendencia biológica tiende a gustarnos de forma voluntaria, tenemos derecho a no ser víctimas de las nuevas *hiperextensiones hiperculturales* surgidas de la ideología de género que, siendo igual de perniciosas, ni tan siquiera se fundamentan en bases biológicas. Insisto en que son "arquitecturas de exageración cultural" basadas en planteamientos puramente culturales, sin base real; fundamentadas en deseos de cómo debería ser un mundo ideal al margen de condicionantes biológicos y por ello difícilmente idóneo.

De la misma forma, estos planteamientos, en su negación de la realidad biológica consustancial al ser humano en sus dos variantes, hombre y mujer, nos convierten a las mujeres en hombrecillos incompletos e imperfectos y convierte a los hombres en maltratadores innatos, en seres agresivos y peligrosos que deben tratar de feminizarse por el bien de esta sociedad igualitaria. Trataremos de analizar estas afirmaciones.

La moderna ideología de género elimina de forma absoluta todas las raíces biológicas de nuestro comportamiento. Como ya se ha explicado en anteriores capítulos, que los hombres sean más agresivos, audaces, irreflexivos y racionales, violentos, competitivos… y que las mujeres sean más sedentarias, menos competitivas y más cooperativas, más cariñosas, más emotivas… que se presenta como comportamientos inculcados, roles y estereotipos sociales creados por cada cultura, no es en absoluto una *hiperextensión cultural* sino el fruto de millones de años de evolución y de reproducción sexual con roles biológicos, que no sociales, establecidos para el éxito (entiéndase "éxito" como supervivencia) de la especie humana. Estos roles biológicos también se comparten con la gran mayoría de los animales superiores, desde el león a las vacas, por ser los roles que la naturaleza ha decidido son los más *funcionales*. El que en escasísimas especies, los roles biológicos se intercambien con éxito, sólo es la excepción que confirma la regla general.

Hablando desde un punto de vista puramente evolutivo y de supervivencia de la especie humana, el macho es menos valioso que la hembra: un macho puede fecundar a muchas hembras salvando del riesgo de extinción a la especie, mientras que muchos machos y una sola hembra, por motivos obvios, no podrían evitar la extinción. O al menos lo tendrían tremendamente difícil por dos razones: la capacidad limitada de la hembra para gestar y parir, y la posibilidad de que varios de sus vástagos pudieran ser del mismo padre, lo que haría que sus genes semejantes reduplicaran taras genéticas en una posterior reproducción. En el caso inverso, un macho puede fecundar muchas hembras y los hijos de cada una conocen, a ciencia cierta, qué genes portan para evitar posteriores apareamientos con hermanos cuya genética coincida en ambos progenitores.

Naturalmente, por varias razones, la naturaleza especializó al "menos valioso macho" para la defensa de la prole dotándolo de un físico más fuerte y de mayor agresividad y a la "más valiosa hembra", con menos agresividad y mayor sedentarismo en sus comportamientos, para preservar su vida de forma más efectiva, puesto que con la pérdida de una hembra en las luchas, se podía perder una cría en gestación y crías lactantes, si las hubiera, lo que resultaba especialmente gravoso para la supervivencia. Y la naturaleza no suele despilfarrar recursos.

Pues, pese a las evidencias, ahora se exige que, "como somos iguales, o debemos serlo", las mujeres abandonen sus conductas instintivas y se comporten como hombres: deben realizar ejercicio físico como los hombres, gustarles los deportes que les gustan a los hombres, ser audaces, valientes y agresivas como los hombres, y denostar las características que han definido a la mujer por ser "encasilladoras y fomentadoras de roles sociales". Y como cumbre del encasillamiento social, aparece la maternidad, lacra femenina de hay que erradicar en aras de esa creación cultural de la nueva mujer.

Por otro lado, los hombres deben dejar de ser agresivos, audaces... y deben abrazar los conceptos que definían a las mujeres: sentimentales, cariñosos, emotivos, serviciales... si bien la presión social no es tan agobiante como la ejercida sobre las mujeres. E incluso, podríamos afirmar que se fomenta en aras de una concepción "metrosexual" del varón, creación cultural de un hombre que presenta como éxito la pérdida de algunas o muchas de las características que siempre han definido al individuo humano masculino.

Lo que se busca con la indefinición de los sexos y la pérdida de referentes para hombres y mujeres merece desarrollarse posteriormente, pero lo cierto es que llevados al extremo, estos refuerzos de los comportamientos que definen al sexo contrario han llevado a que la mujer acabe siendo un hombre incompleto y defectuoso. El hecho de que no se comporten, en una gran mayoría, como los varones ante el ejercicio físico, ha llevado a que las mujeres sean vistas como "unas vagas" (tal y como se las define en muchos estudios). Incluso las propias mujeres afirman, de sí mismas, ser vagas, pese a que muchas de esas "vagas" ante el deporte, son personas cumplidoras y trabajadoras en los demás ámbitos de sus vidas.

Por otra parte, la coeducación (educación conjunta de chicos y chicas), mezclada con la machacona cantinela de que *somos iguales,* sin querer afrontar con claridad en qué ámbitos somos iguales y en cuales, evidentemente, no lo somos, ha terminado provocando un sentimiento de inferioridad en las mujeres respecto a sus propias capacidades físicas al compararse continuamente con los hombres.

Como ejemplo de esta afirmación existen muchas anécdotas surgidas en las clases, pero hay una muy objetiva: durante muchos años, un colega y yo, introdujimos los datos obtenidos en las diferentes pruebas de condición física, por edades, en una base de datos informática. El objetivo era conseguir las medias reales de resultados por edad y baremar las notas según estos datos. En la prueba de salto horizontal con pies juntos, para medir la potencia del tren inferior, las marcas femeninas a partir de 2º de ESO se estabilizaban en 165 cm de media. Prácticamente todas las chicas habían desarrollado a lo largo de 2º y ya no había mejoras globales. En los varones, que en 1º de ESO también tenían como media 160 cm, como las chicas, en 2º de ESO la media ascendía a 170 cm y comenzaban su desarrollo, en 3º la media era 180 cm, en 4º 195 cm y en 1º de bachillerato 210 cm. Las chicas ven, año tras año, el asombroso incremento en las marcas de sus compañeros, y sacan la conclusión lógica de que, puesto que *somos iguales,* son unas incapaces, y pierden su autoestima en cuanto a resultados físicos. Como profesora me he pasado los años animando a las chicas, explicándoles que sus marcas eran estupendas y que como mujeres eran perfectas, pero que como varones eran bastante imperfectas.

Este incremento en las medias de los baremos masculinos, se produce en todas las pruebas de condición física y en gran parte de las actividades deportivas, aunque se ejemplifique en la prueba de potencia de piernas. Por ello, en las pruebas físicas que se realizan en Educación Física para valorar el estado de las capacidades de los alumnos, los baremos, obviamente, tienen que ser diferentes, puesto que, desde que comienza el desarrollo masculino, sus marcas se disparan.

Por esta misma causa, la igualdad a ultranza y sin matices, muchos varones ven como un "favoritismo" hacia la mujer el trato diferente en la baremación de las pruebas físicas, con marcas inferiores para las chicas. Y esta percepción de injusticia se desplaza a otros ámbitos en los que el trato a la mujer por cuestiones físicas debe ser diferente por motivos obvios.

De igual forma, los varones no pueden ser demonizados y tratados como presuntos culpables de violencia, porque su naturaleza les empuja a conductas más agresivas e irreflexivas. No se trata de justificar actos delictivos, sino de reflexionar sobre los resultados de hacerles creer, al igual que sucede con las mujeres, que todos somos iguales y que la culpa de ser como son, es decir, diferentes, proviene de factores completamente exógenos que hace mucho tiempo dejaron de ser determinantes (machismo, discriminación…) y que si no lucha contra ellos, convirtiéndose en un "osito de peluche" y renunciando a los atributos de su virilidad, es culpable.

Somos capaces de vivir como bestias porque nuestro cuerpo es animal, pero somos también capaces de crear lo sublime y vivir por encima de nuestra animalidad. Asumamos y no olvidemos lo que somos. Desde ese punto, desde nuestra naturaleza y no por encima de ella ni olvidándola, seamos capaces de crear formas de vida *superiores, que son divinas.*

# CAPÍTULO 10
## CHIMPANCÉS Y BONOBOS...
### DOS MILLONES DE AÑOS DE EVOLUCIÓN DIFERENTE

*El hombre es la única criatura que rechaza ser lo*
*que es*
Albert Camus

En un capítulo anterior ya se mencionó a un tipo de monos, los bonobos, que han supuesto, por sus comportamientos, un argumento y un ejemplo para la ideología de género. Y ciertamente el asunto es tan interesante que vale la pena hablar de ello.

El bonobo o chimpancé pigmeo (Pan Paniscus) se ha confundido con su pariente más cercano, el chimpancé (Pan Troglodytes) hasta hace poco tiempo. Aunque ambos son de tamaño parecido y el nombre común de "pigmeo" no se refiere a su tamaño sino a la zona en la que habita, presentan algunas diferencias físicas: el bonobo es más esbelto, con las piernas algo más largas y la cara más oscura. Camina de forma bípeda por más tiempo que los otros primates y la hembra tiene más volumen mamario. En cambio, el chimpancé, más fuerte y musculoso presenta, frente al bonobo, la capacidad de utilizar herramientas diferentes y una *capacidad anticipatoria* que se demuestra en la obtención de esas herramientas antes de necesitarlas pero sabiendo que cuando llegue, por ejemplo, al hormiguero, le van a ser útiles para sacar las hormigas.

Chimpancés y bonobos se distribuyen por zonas distintas a uno y otro lado del río Congo. En alguno de los textos consultados se da por cierta la posibilidad de que esa separación física fuera la razón por la que unos y otros evolucionaran de forma diferente. Esta evolución diferente se calcula que se inició entre 2,5 y 1,5 millones de años atrás. Los humanos compartimos con ellos el 98% de material genético, algo más que con los gorilas.

Presentados los protagonistas vamos a sus comportamientos.

El chimpancé se comporta como la inmensa mayoría de los mamíferos: territorialidad, agresividad, lucha de los machos por copular con las hembras, infanticidio ocasional para que las hembras entren en nuevo celo, defensa de las hembras y la prole. El organigrama sería patriarcal. Aunque vive en sociedad, los grupos son muy variables y no se mantienen fijos: es lo que se llama sociedad de fisión-fusión. Los machos estarían en el centro de la estructura social con la función de patrullar, cuidar de los miembros del grupo y la búsqueda de alimentos y entre ellos habría una jerarquía de dominancia. La testosterona les produce la agresividad para defenderse y atacar.

Los bonobos, por el contrario, presentan organigrama matriarcal. Los machos permanecen siempre bajo la tutela de sus madres. Y son estas las que los defienden de otros machos. No hay territorialidad porque los machos copulan con todas las hembras y también entre ellos. No hay competencia. De hecho los machos copulan entre sí antes de copular con una hembra en celo. Se calcula que solo el 25% de los encuentros sexuales son para procrear. La promiscuidad sexual genera lo que los estudiosos llaman la *incertidumbre de la paternidad* de forma que ningún macho puede excluir la posibilidad de que la cría sea suya, por lo que se promueve la protección de toda la tribu hacia las crías. El hecho de que los machos más audaces de la tribu copulen antes con la hembra no implica que las crías lleven sus genes, sino que es habitual que las crías pertenezcan a los que han copulado más tarde, posiblemente por un retraso en la ovulación de las hembras. Esto llevaría a una selección de la descendencia de los machos más conformistas frente a los más audaces.

Cuando hay conflictos, se resuelven manteniendo relaciones sexuales entre los contendientes sea cual sea su sexo. En el caso de que el conflicto sea entre tribus, la resolución es la misma y esa promiscuidad sexual facilita nuevos lazos de parentesco que eliminan la posibilidad de nuevos conflictos.

Las hembras jóvenes abandonan el grupo para unirse a nuevos grupos. La forma de ser admitida en el nuevo grupo es obtener el beneplácito de la hembra dominante manteniendo relaciones sexuales con ella. Con este sistema de intercambio de hembras se resuelve el alto grado de consanguineidad que podría derivarse de la reproducción endogámica y sin control alguno sobre el parentesco de los miembros de la tribu.

Las hembras forman una alianza frente a los machos, más fuertes y grandes que ellas, y estos jamás se enfrentan al grupo organizado de hembras de su tribu. El comportamiento de agresión durante un conflicto no está influenciado ni marcado por un aumento de los niveles de testosterona en los machos. El bonobo macho es totalmente pacífico y nada le altera. En sus orgías sexuales practican todo tipo de posturas, incluso la frontal y no rehuyen el encuentro sexual con otros animales o el hombre.

Por alguna razón, la evolución favoreció, mediante la selección de individuos, este tipo de comportamientos y el organigrama funcionó para la supervivencia del bonobo en ese territorio, al contrario que sucedió en el territorio de los chimpancés, donde la supervivencia se aseguró con territorialidad, la agresividad, defensa de la prole propia y el patriarcado, entendido como prepotencia del macho, por su fuerza física, y como la respuesta biológica a la escasez de machos, posiblemente sacrificados en luchas, contrarrestada con harenes de hembras bajo la tutela del macho dominante.

Sin saber nada acerca de la situación en una y otra orilla de Congo, cualquiera podría suponer que los antecesores de los bonobos se encontraron con pocos depredadores y la respuesta agresiva del macho resultó innecesaria y, a la larga, contraproducente. El hecho de que sean capaces de mayor tiempo de bipedestación, tengan las piernas más largas y menos musculatura que los chimpancés, puede hacer suponer también la supervivencia en un ambiente menos peligroso al tener la posibilidad de abandonar los árboles por más tiempo y menos necesidad de defender al grupo.

Los machos agresivos se fueron extinguiendo por su propia agresividad puesto que la testosterona nada favorecía para la supervivencia de su prole mientras que los machos más pacíficos encontraban en los senos de sus madres una mayor seguridad y posibilidades de supervivencia. Ante la inoperancia de los comportamientos fruto de la testosterona, la faceta cooperativa de las hembras les dio preponderancia y la fuerza grupal que el varón no conseguía. Dos millones de años modelaron, por selección genética, estos comportamientos priorizando la supervivencia de los que más se adaptaban a la situación concreta.

En el caso de los chimpancés, la existencia de depredadores hizo necesaria la defensa de la prole y la fuerza del macho. Las hembras que querían que su descendencia sobreviviera habían de aparease con los machos más fuertes e involucrarlos en la defensa de las crías por la *certidumbre de la paternidad*. Lo que en un territorio fue determinante para sobrevivir, en el otro era un hándicap. Naturalmente, los machos más agresivos y con más testosterona conseguían más descendencia a la que transmitían sus características. Las hembras que más consiguieran involucrar al macho en la paternidad también tenían un plus, y en el caso de haber varias hembras, la cooperación entre ellas ayudaba a salir adelante al grupo bajo la cobertura defensiva de los machos y la figura de macho dominante. En dos millones de años, este prototipo, perfecto para una situación concreta, ha dado lugar al actual chimpancé.

Parece evidente que el homo sapiens ha evolucionado de forma parecida al chimpancé y no al bonobo. Es más, la organización sociobiológica más repetida en las sociedades humanas es, con variantes, la expresada por todos los grupos de primates a excepción del bonobo.

En ninguno de los dos casos, ni el bonobo ni el chimpancé han decidido voluntaria y racionalmente que les convenía uno u otro tipo de organización para su supervivencia. Simplemente, han ido sobreviviendo los comportamientos más aptos, los que más se adaptaban a una situación que, posiblemente, no fue la misma. La relación con la genética de este tipo de comportamientos parece clara pero es que, además, estudios actuales vinculan directamente algunos comportamientos con genes específicos.

A esta capacidad para establecer vínculos de cooperación y crear comunidades pacíficas e implicadas en el bien común y no individual, parece habérsele encontrado un lugar físico: esa base molecular del comportamiento social altruista o egoísta en las sociedades de primates que residiría en el gen ubicado en el brazo corto del cromosoma X denominado Gen Darwin. Parece estar demostrado que este gen está sobreexpresado en los individuos con Síndrome del Hiper-altruísmo y está subexpresado en los individuos con Síndrome del Hiper-egoísmo. Humanos y chimpancés presentamos una copia única localizada en un dominio genómico estable. Los bonobos, por el contrario tie-

136

nen varias copias localizadas en regiones variables. Cuando se hizo un experimento con 203 humanos a los que se les hizo jugar a un juego de donación de dinero, tras tomar muestras de ADN, las personas que respondieron al juego de forma más generosa presentaban una mayor longitud del componente RS3 del citado gen (327-343 pares de bases) mientras que los que mostraron respuestas poco generosas tenían una menor longitud de ese mismo componente (308-325 pares de bases, alrededor de 20 pares de bases menos).

Respecto a la forma de transmisión de comportamientos, resulta fácil explicar cómo se transmite el comportamiento egoísta o el llamado comportamiento mutualista en el que se crea un beneficio mutuo con otro ser: su beneficio facilita la supervivencia del portador y puede transmitirlo a sus descendientes. Sin embargo, en el caso del altruismo, como en el caso de la conducta maliciosa, en las que no existe un beneficio directo para el individuo, la teoría de la evolución de Darwin tiene serios problemas para explicar su transmisión y selección natural. En este caso entra en juego la regla de Hamilton o "selección de parentesco" en la que la selección actúa sobre grupos de parentesco: es decir, que aunque el individuo pierda la vida, sus genes se preservan en los parientes. En el caso del altruismo, si un individuo en vez de huir ante un depredador y salvarse, da la alarma al resto del grupo, puede morir, pero sus parientes directos, portadores de ese gen, sobrevivirían gracias al aviso y transmitirían el gen a sus descendientes. En el caso del gen del egoísmo, la supervivencia sería individual, asegurada pero quizá menos efectiva evolutivamente. Como el altruismo se muestra útil para la supervivencia, se transmite. También el egoísmo se muestra útil y por ello sobrevive.

Después de exponer estas informaciones y reconocer nuestra semejanza con el organigrama sociobiológico del chimpancé, una vez admitida la posibilidad de que los comportamientos tengan una clara base filogenética y que, aunque la educación puede modular y moderar sus expresiones, las raíces biológicas son imposibles de erradicar salvo con millones de años de evolución, la sorpresa viene al descubrir que la ideología de género nos quiere convertir, contra la naturaleza evolutiva de nuestros comportamientos, en bonobos. Veamos algunas de las frases que parecen demostrarlo:

*El fin de la familia biológica será el fin de la represión sexual. La homosexualidad masculina, el lesbianismo y las relaciones sexuales extramarita-*

*les no será visto, al modo liberal, como una elección alternativa.(...) La humanidad podrá revertir finalmente a una sexualidad polimorfamente perversa natural.* Alison Jagger.

*El fin del tabú del incesto y la abolición de la familia tendrá como efectos la liberación sexual y la liberación consecuente de la cultura.* Shulamith Firestone.

*Está comprobado que los contactos humanos con animales de otras especies han sido conocidos desde los albores de la historia y no son infrecuentes en nuestra propia cultura, por lo que hay que considerarlos como naturales.* Informe Kinsey.

*La forma en la que se propaga la especie es determinada socialmente. Si biológicamente la gente es sexualmente polimorfa y la sociedad estuviera organizada de modo que se permitiera por igual toda forma de expresión sexual, la reproducción sería resultado sólo de algunos encuentros sexuales: los heterosexuales.* Heidi Hartmann.

No cabe duda de que la sociedad de los bonobos presenta ventajas evidentes como la no existencia de agresiones en los conflictos y la paz social que eso produce. Incluso, a lo mejor, a algún lector, la permanente orgía en la que viven estos monos le puede resultar atractiva. Sin embargo, ha de tener presente que un gran número de contactos no son heterosexuales y que la disponibilidad es absoluta, total y entusiasta: es parte del "buen rollo" de los bonobos. Hablando en serio, el problema es si una educación como "bonobos" puede ahogar los fenotipos de "chimpancés" que la inmensa mayoría portamos, nos guste o no.

Y nos guste o no, al contrario que la hembra bonobo, cuya genética le impulsa a aumentar la incertidumbre de paternidad con relaciones sexuales promiscuas para proporcionar protección a sus crías, el itinerario humano ha sido el opuesto: tratamos de crear certidumbre de la paternidad, creamos familias con fuertes lazos afectivos en las que el hombre se siente impulsado a cuidar de las crías.

Nos guste o no, el varón humano ha cumplido su función biológica de conseguir la pervivencia de la especie movido por una testosterona que invade su cerebro y determina sus comportamientos.

Nos guste o no, la biología no buscaba ni la corrección política, ni caer simpática al feminismo actual, no conocía la lucha de clases, ni la presunta opresión del varón sobre la hembra. Buscaba el éxito evolutivo expresado en la supervivencia de la especie humana.

Por un lado, no está nada claro, pese a la opinión de las feministas, que la sexualidad humana sea polimorfa y polisexual. No, de forma mayoritaria. En el caso de la mujer, tampoco está probado que sea promiscua. Se habla de la generalidad, de la mayoría y, naturalmente, se admiten casos individuales que contradicen la inercia mayoritaria.

En nuestros lejanos antepasados, la supervivencia de la prole venía muy determinada por la defensa y ayuda de los machos a los que, en principio, nada habría de empujarles a semejante preocupación. Involucrar al macho en esa ayuda provenía esencialmente de la certeza de la filiación genética de las crías. Nuestro antepasado, homínido, pre-humano pero ya más que primate, perdía mucho, incluso la vida, si se hacía cargo de la defensa y la manutención de una prole. Necesitaba la certeza de que eran su descendencia y se fundamentaba en una fidelidad sexual de la hembra a la que ese comportamiento facilitaba la vida al contar con la ayuda del varón para sacar adelante a las crías y defenderlas. Naturalmente, en este tipo de situación la hembra había de ser muy selectiva en sus relaciones sexuales: a la fidelización de un macho por razones genéticas se unía que la "inversión" de la mujer en una relación reproductiva es mucho mayor que la del varón: nueve meses de embarazo, un parto y una crianza. Eso hacía imprescindible elegir un macho fuerte y agresivo que defendiera y obtuviera comida por estar sentimental y biológicamente unido a las crías. Concretamente, un padre.

Por el contrario, la propensión genética del macho pre-humano, como en sus parientes primates, es de suponer que sería la de conseguir tantos encuentros sexuales como pudiera a fin de asegurar la supervivencia de sus genes. Sin embargo, la fidelización a una hembra y su prole facilitaba la supervivencia de las crías y, por tanto, de la especie. En algún punto de la evolución la relación de pareja se consolidó con la existencia de esos afectos que fidelizan a los machos y que aparecen en algunas especies de primates. Puesto que esos comportamientos daban un plus de supervivencia a las crías de los adultos que los ejecutaban, por biológicamente exitosos, es normal que pervivieran. En el caso humano lo llamamos amor.

Efectivamente, existen una serie de reacciones químicas a nivel cerebral que involucran a dos seres humanos mediante una sensación de gratificación y recompensa que llamamos enamoramiento. La biología facilita las relaciones estables y los lazos de afecto entre ambos sexos de forma que unos cócteles hormonales provocan una atracción y otros cócteles la facilitan y la mantienen. La existencia de factores biológicos que empujan al enamoramiento de dos seres hace muy difícil la imposición del "universo bonobo" porque la tendencia natural humana, al menos en relación a su bioquímica, es a tener relaciones con una persona, la que desencadena el cóctel químico del enamoramiento y la que produce una gratificación especial.

La ideología de género trata de convertir a la hembra humana en una bonoba, con una sexualidad promiscua, homosexual y sin compromiso para la que biogenéticamente no está programada. Las mujeres podemos llevar una vida promiscua y, además, la ideología nos puede modelar, una por una, con formas retorcidas al margen de nuestra tendencia natural convenciéndonos que de que somos más libres y más felices con relaciones esporádicas sin compromiso, sin maternidad y sin implicaciones emocionales. La pregunta es si realmente somos más felices. Porque el problema es que la hembra humana, alentada por la ideología de género a practicar una sexualidad promiscua, que podríamos determinar como biológicamente "masculina" por las muy diferentes implicaciones que la sexualidad acarrea a uno y otro sexo, es decir, sin consecuencias indeseadas directas como el embarazo, es un chimpancé que se mueve en una sociedad de chimpancés. Y, contra los parámetros de la ideología de género, no es la sociedad patriarcal la que ha creado a los chimpancés sino al revés: son estos los que, con sus comportamientos biogenéticos, han creado las formas de relación que existen en nuestra sociedad. La diferencia entre chimpancés y bonobos no proviene de sus organigramas sociales sino al revés: los organigramas sociales provienen de sus diferencias.

La ideología de género está empujando a las mujeres a ser bonobas en una sociedad que, aunque adopte costumbres bonobas, está formada por humanos "chimpancés" macho con su testosterona, y humanas "chimpancés" hembra, ambos con su instinto de posesión y pertenencia, sus pulsiones y comportamientos filogenéticos que subyacen bajo la nueva "sociedad bonoba". Y que son muy difíciles de erradicar.

Igualmente está intentando hacer del macho humano, tan chimpancé después de millones de años de evolución y de su éxito evolutivo en proteger su descendencia y su tribu, en un bonobo dócil y enmadrado, atemorizado por los grupos de bonobas feministas.

La hembra bonoba en una sociedad de chimpancés estaría condenada al fracaso evolutivo al no hacerse cargo ningún macho de sus crías de indeterminada paternidad. En el caso humano, no sucedería esto exactamente: la sociedad, mucho más compleja, garantizaría la supervivencia de su descendencia o le facilitaría (como ya hace) el masivo uso de métodos anticonceptivos, o bien el aborto le evitaría el "problema" de la maternidad. En caso de que la hembra humana bonoba desee ser madre, se le facilita la *maternidad sin macho* mediante técnicas de reproducción asistida. Porque lo cierto es que ese timbre que las mujeres llamamos "reloj biológico" inevitablemente suena, en muchos más casos de los que los grupos de feministas bonobas quisieran, avisando de que los últimos cartuchos de la época fértil se están quemando… y no hay relación estable a la vista. Y ese reloj, que en la sociedad moderna, tan proclive a dificultar la maternidad y a hacer que se retrase, no tiene origen social, ni de roles y estereotipos sino que es puramente biológico. Se puede poner sordina a la biología, se la puede amordazar, pero cada mujer debería preguntarse si la opresión y la manipulación proviene del deseo de tener hijos o de la imposición social de acallar ese deseo y, sobre todo, si hay compensación a esa imposición social y si vale la pena obviar la biología.

Porque la situación de esta nueva mujer que nos venden y que ya han comprado muchas incautas, es una mujer con los pies anclados en una sexualidad chimpancé y una cabeza a la que han convencido de que puede ser bonoba. Una mujer a la que se le vende que los contactos sexuales múltiples y esporádicos con varones le van a gratificar como si fuera un varón y no le van a causar "imprevistos". Y para ello se le vende en el mismo paquete la "salud sexual y reproductiva" a cambio de la salud. Atiborrada de sustancias químicas potentes y en absoluto inocuas (no hay más que ver los prospectos de contraindicaciones y de efectos secundarios), va solventando los riesgos de embarazo, o incluso los embarazos mediante abortos, y encadenando relaciones breves autoconvenciéndose de que es mejor no tener parejas estables mientras en el fondo, porque aunque se vista de bonoba es una mujer humana, desea una relación afectiva intensa, y duradera. Y mientras, deteriora su salud "a secas", a cambio de una presunta *salud sexual y reproductiva*. Y sin salud, no hay salud sexual y reproductiva.

Y es que la psicología de la mujer, desde los más lejanos estudios y datos, ha asociado siempre el sexo y la afectividad en su realización personal, entre otras razones por su propia configuración cerebral y esas áreas de la empatía, la afectividad y la emotividad tan extensas y conectadas con todo, que afectan a todas las funciones cerebrales.

El problema, en todo caso, acaba derivando en psicosocial: pese a que los hombres chimpancé agradecen mucho la existencia de mujeres bonobas, lejos de aplaudir su comportamiento, simplemente desde lo más profundo de sus instintos no la ven interesante para lo que llamaríamos biológicamente una "relación de descendencia" y lo que llamaríamos socialmente una relación seria, estable y con visión de futuro. Es decir, para el hombre es una mujer con la que desfogar su instinto sexual y nada más. Esto es exactamente lo que buscan las feministas: que no haya ni la menor intención de una relación que dé lugar a familia y procreación, mujeres que sean felices desfogado a los varones sin sentirse prostitutas, pues no cobran, que también saquen placer sexual, y fin. ¿Hace esto feliz a la mujer chimpancé en el fondo, fondo de su ser, allí dónde por debajo de lo cultural se esconden los instintos?

Curiosamente, los adolescentes actuales, enseñados en la libertad sexual y empujados desde diversas clases de educación sexual a las relaciones tempranas, diversas y promiscuas (lo que se denomina "el todo vale") tienen muy claro, porque la eclosión hormonal les hace aflorar los instintos primigenios por encima de todo lo cultural, que las chicas promiscuas son "para lo que son". Y lo curioso es que las mujeres adolescentes, después de afirmar que su cuerpo es suyo y que tienen derecho a hacer con él lo que quieren en el plano sexual, también lo reprueban cuando se lo ven hacer a sus congéneres. Es decir, entre lo aprendido y lo instintivo hay una curiosa dicotomía que es precisamente lo que este libro quiere hacer saber a la sociedad a fin de que si alguien elige ser de determinada manera, al menos sepa por qué no le encajan algunas cosas.

También en el caso de los hombres, la ideología de género intenta hacer bonobos. El macho humano está inundado de testosterona, la hormona que, para bien y para mal, determina y marca sus comportamientos. Por las buenas, ese grupo de hembras bonobas dominante y organizado que son los colectivos feministas trata de ensalzar los valores tradicionalmente femeninos en el hombre: la dulzura, la sensibilidad, la emotividad, la concordia. Sin miles y miles de años de evolución y selección de individuos, trata de que los hombres chimpancés dejen de serlo y se abandonen en las manos de sus madres perdiendo toda su competitividad, racionalidad fría, audacia, valentía, capacidad de iniciativa… todos esos valores que sin dejar de estar presentes en hombres y mujeres, eran representados por los hombres tras millones de años de dejarse la piel en ello luchando y muriendo para defender a su familia, para obtener alimento, para encontrar un mejor asentamiento… Para los cuales, poseer esas características es parte importante de su propia autoestima, además de ser parte de su comportamiento de origen biogenético.

Por las buenas, ya digo, se les invita a su autodestrucción. Naturalmente, gran parte de los hombres no quieren, ni pueden, ser y actuar como machos bonobos. Tampoco deberían planteárselo, aunque algunos han entrado en el juego con estúpida y entusiasta inconsciencia.

Como el objetivo final es la destrucción de la masculinidad por las malas, los grupos de feministas bonobas dominantes, se dedican a su exterminación social por la vía legislativa, creando leyes de discriminación positiva que vulneran el derecho de igualdad y mediante la demonización de los comportamientos masculinos e incluso del propio varón, al que se le acusa del delito de serlo. También se les discrimina por la ausencia de fondos y ayudas para las situaciones en las que los varones aparecen perjudicados (p. ej. VIH, más del 90% varones, sólo existen planes específicos para las mujeres; accidentes laborales, más del 90% varones; abandono de estudios primarios y secundarios que afecta mayoritariamente a los varones y sólo hay planes específicos para ayuda a las mujeres; frente a la inmensa movilización social y de fondos públicos para campañas del cáncer de mama, el cáncer de próstata con mayor número de casos, aún espera un trato semejante…)

El hombre actual está desubicado, sin referentes de valor positivo afines a su naturaleza. Sus comportamientos biogenéticos pueden ser tachados de machistas, opresores y autoritarios por la sacrosanta asamblea de bonobas, las feministas antihombres, hasta en las más inocentes acciones. Y eso les desconcierta profundamente.

La sociedad que hasta ahora nos hemos dado, más que probablemente por causas biológicas, tiene sus errores y nuestros comportamientos biológicos quizá han quedado, en algunos casos, obsoletos en el mundo actual. Sin embargo, la canalización de los instintos y su aplicación respetando la naturaleza humana es mucha menos manipulación que tratar de erradicarla. El hombre tiene un componente de agresividad y competitividad perfectamente canalizable en los deportes y otras actividades de confrontación y competición. Y un gran número de cualidades perfectamente utilizables en la mejora de la sociedad. Al igual que la mujer, sin necesidad de que se masculinice para ser "mejor".

En esta nueva sociedad bonoba que se *propicia*, de varones desubicados y perseguidos por su testosterona y mujeres forzadamente agresivas y promiscuas que ahogan de mil maneras su pulsión biológica, la maternidad, ¿de verdad no se nos están imponiendo estereotipos, y además unos estereotipos falsos?

Esta nueva sociedad bonoba en la que se intentan imponer unas asambleas femeninas de bonobas intransigentes organizadas en asociaciones feministas que persiguen a los machos que no se pliegan a sus designios, dicen hablar en nombre de todas las mujeres y se les escucha como si eso fuera cierto, pese a que es falso... ¿de verdad es más libre y más justa?

¿Somos más felices? ¿De verdad somos más felices?

Hay varias objeciones que hacer a esta sociedad bonoba de reingeniería social que la invalida como el mundo feliz que se nos trata de vender:

1º La imposición, la manipulación, el engaño, la vulneración de libertades individuales y el alto grado de violencia psíquica e incluso física que implica su establecimiento.

2º La posible dificultad de que los seres humanos seamos felices actuando permanentemente contra nuestros comportamientos biogenéticamente heredados. Existen muchas posibilidades de que la naturaleza, además de empujarnos a determinados comportamientos favorecedores de nuestra supervivencia, nos haya creado unas respuestas de satisfacción que nos gratifiquen y nos empujen a actuar así nuevamente. De igual forma, los comportamientos menos biológicamente afines, fomentados forzadamente por razones ideológicas, pueden resultar excesivamente agotadores o frustrantes al no formar parte de nuestra naturaleza biológica.

En este ensayo no se trata de imponer o desanimar a nadie, sea hombre o mujer, a que busque su realización personal en los comportamientos que quiera, en las ramas laborales que le apetezcan, con las funciones sociales que desee. Lo que se invita es a la reflexión y a la búsqueda del verdadero hombre y la verdadera mujer que cada uno somos, sin engaños ni ideologías. Es posible que la inmensa mayoría seamos chimpancés, y hay que aceptarlo y sacarle rendimiento. Puede que haya entre nosotros algunos bonobos. ¿Son realmente bonobos o simplemente creen, o nos hacen creer que lo son? ¿Por qué los simpáticos y pacíficos bonobos se comportan como depredadores para imponer su idílica sociedad?

Lo que debe quedar claro es que, una sociedad que no tiene en cuenta las bases biológicas en las que las relaciones humanas se sustentan de forma mayoritaria, no puede ser viable salvo por la imposición de los comportamientos. Y las imposiciones no hacen felices a las víctimas. Nuestro organigrama sociobiológico no es el de los bonobos. Algunos podrán adaptarse sin problemas; otros, mediante el adoctrinamiento y la manipulación, también. Una gran mayoría, es muy posible que estemos incapacitados para adaptarnos, salvo con una gran dosis de infelicidad personal por la mera razón de que, permítanme que siga con la comparación, somos chimpancés y no bonobos. Y no podemos obviar la tortuga evolutiva que lastra nuestros pies, para bien o para mal, y de la que no puede desligarse nuestra cabeza cultural de liebre.

¿Qué se busca en realidad?

Cuando se investiga, al final todo este puzle va cuadrando y se evidencia una perfecta ingeniería social de destrucción del varón y la mujer en su esencia, de destrucción de la familia como preservación de la independencia individual y protección de los menores. Y la transformación de los menores en bonobos, al margen de su naturaleza, mediante ideología institucional.

Por todo ello, en los capítulos posteriores se desarrollará y mostrará cómo aborto y contracepción, técnicas de reproducción asistida, vientres de alquiler, leyes de discriminación positiva para homosexuales y mujeres en detrimento del varón heterosexual (tan duro de pelar en esta guerra que se lleva los peores proyectiles) acusado, por su sexo, de maltratador y violador, son partes de ese puzle siniestro. Cómo el divorcio facilitado hasta la promoción y ni un solo esfuerzo público para tratar de evitarlo pese al problema social que supone, el envilecimiento de la mujer sacando lo peor de sí misma en legislaciones revanchistas y animándola a despreciar la maternidad y a considerar un derecho la eliminación de sus hijos, la creación mediante leyes injustas de hombres heridos que utilizan a la mujer y la desprecian a la vez que huyen, escaldados, de cualquier compromiso, son partes de ese puzle siniestro. Cómo las clases de educación afectivo-sexual que sólo hablan de contracepción y técnicas para la búsqueda del placer personal a toda costa y en nada explican las diferencias fundamentales entre los sexos que pueden facilitar la convivencia y crear parejas estables, y la utilización del sexo como droga, son partes de ese puzle siniestro. Cómo la normalización de la medicación de la mujer con sustancias nocivas para que ejerza una sexualidad ajena a su ser, vacía, sin compromiso y sin crecimiento personal, la promoción de las diversidades sexuales como opción normal y razonable, la intromisión de los lobbies de género en la educación de los menores facilitada por los poderes públicos... son piezas de ese puzle siniestro, de un mecano infernal, la ideología de género, que ataca a mujeres, hombres y menores. Son cabezas de un monstruo que nos destruye en lo más noble y valioso que tenemos: nuestra humanidad. Y para ello ha de destruir la célula que nos protege y nos fortalece: la familia.

# CAPÍTULO 11
## TÉCNICAS DE MANIPULACIÓN I:
### LA PARADOJA DEL TRAJE NUEVO DEL EMPERADOR Y LA PRESIÓN SOCIAL

*Cuanto más se desvíe una sociedad de la verdad,*
*más odiará a aquellos que la proclaman*
George Orwell

Ya sabemos que la ideología de género afirma que hombres y mujeres somos exactamente iguales en todo, no sólo en dignidad y derechos, sino que, en varias vueltas de tuerca consecutivas, afirma que tenemos las mismas percepciones, capacidades, gustos, deseos, comportamientos e intereses y que somos intercambiables, como dos ladrillos en una pared, si se nos educa de igual forma.

Puesto que es la educación, y no la biología, la que nos hace hombres o mujeres, la "culpa" de que una mujer sea tal cosa es de los vestidos, las muñecas, el color rosa y el ejemplo nefasto de su madre. De esa misma forma, los balones, los juegos competitivos, el color azul y el referente paterno es lo que hace varón al hombre. Igualmente sería de esperar que una educación idéntica nos hiciera ser idénticos.

Sin embargo, no está resultando tan fácil que los hombres dejen de comportarse como hombres y las mujeres como mujeres, pese a lo sencillo de la fórmula transformadora. Hay que conseguir que todos se lo crean y, una vez se lo crean, traten de adaptarse a las nuevas exigencias. Si el ser humano no fuera tan asombrosamente adaptable y su naturaleza no tuviera un componente cultural tan poderoso como ya hemos desarrollado anteriormente, es decir, si fuéramos como cualquier animal mamífero superior, sería imposible trascender de nuestros comportamientos biológicos. Debido a esa naturaleza cultural, intelectual y espiritual que nos eleva de lo animal, somos capaces de adaptarnos, si nos lo proponemos, a situaciones extremas y dominar nuestra propia naturaleza biológica a través de los dictados de la mente. El peligro de esta ideología, como el de todas las demás, procede de esa posibilidad de adaptación, en la medida de lo posible, de nuestros objetivos e ideales a sus descabellados planteamientos. Si se consigue hacer creer a las personas que sus ideales son los que marca la ideología de género al margen de la realidad, muchos se adaptarán al artificio inculcado creyendo que es lo que desean. Naturalmente, cuanto más ajeno a la otra parte de la naturaleza humana, la biológica, sea el artificio, más resistencia y más fracasos va a haber en la adaptación. Y cuando se habla de resistencia y fracasos se está hablando de dolor, infelicidad y fiasco vital.

Por tanto, hay que conseguir que el mayor número posible de personas se crean la falacia, que muchos se adapten a ella, ocultar los dramas vitales de los que fracasan en la adaptación y que, los que no se lo crean, al menos no se atrevan a decirlo para que no se descubra el decorado teatral, la falsedad de la ideología.

Para ello se han utilizado y se utilizan todas las técnicas de manipulación de masas conocidas, probadas y perfeccionadas en regímenes políticos totalitarios de triste recuerdo. No hay que olvidar que sus fundamentos parten de unas teorías en las que la mentira es una forma admisible de conseguir un fin. Y en los casos que no funcionan, se aplica la coacción y el castigo. A la aceptación mediante engaños de la idea, vendida mediante gente convencida, convenientemente ideologizada o bien comprada con dinero, se unen las subvenciones públicas a los "aceptadores" o entusiastas de la ideología de género y la ayuda inestimable de creadores de opinión. En el caso de los adultos que no respondan adhiriéndose, de forma entusiasta o a regañadientes, al adoctrinamiento de medios de comunicación y organismos públicos varios, se les aplica la presión social, la persecución del disidente, tanto más agresiva cuanto más resistencia oponga, la calumnia, el castigo económico o penal y la muerte social. Para todo esto último, así como para la eliminación de referentes morales y el adoctrinamiento educativo de jóvenes y niños, se utiliza la vía legislativa, última de las fases del proceso y en la que nos encontramos muchos países. Vamos, por ello, a empezar a desgranar los distintos sistemas de manipulación, coacción y adoctrinamiento que hemos sufrido y estamos sufriendo como sociedad para conseguir que todos veamos y creamos lo que no vemos, ni creemos, ni existe.

Para muchas personas, es evidente que la falacia de la igualdad entre hombres y mujeres en determinados aspectos es eso, una falacia, una mentira, una quimera. Sin embargo, muy pocas personas se atreven a manifestarlo, porque nada funciona mejor que la autocensura. La PRESIÓN SOCIAL es una de las armas más poderosas de autocensura y manipulación como se evidencia en el experimento que dio nombre al síndrome de conformidad con la mayoría, uno de muchos con resultados semejantes ante la presión social.

Solomon Asch, psicólogo estadounidense, realizó un experimento en el que siete voluntarios en coordinación con el investigador contestaban erróneamente, pero todos coincidentes, sobre la longitud de unas líneas. El octavo, ajeno a la trampa, era preguntado tras oír la opinión equivocada de los anteriores. Sólo un 25% de los no implicados con el investigador mantenía su percepción y su opinión sobre la longitud de las líneas al margen de lo que dijeran los demás. Un 36% respondían incorrectamente siempre y, tras conocer el experimento, afirmaban que, a pesar de que reconocían la respuesta correcta, no la habían dicho por miedo a equivocarse, al ridículo, o a ser el elemento discordante. Un porcentaje menor solo decía lo que realmente veía si había tres cómplices o menos, por considerarlo una "presión social asumible". Los que mantenían su opinión frente al resto mostraban un malestar evidente por la tensión de oponerse al grupo.

A este proceso de conformidad mediante el cual, los miembros de un colectivo cambian sus pensamientos, decisiones y comportamientos para encajar con la mayoría, se le ha llamado *Síndrome de Solomon*. Esto hizo pensar al psicólogo que no somos tan libres como creemos ser y que hay unas condiciones que inducen a los individuos a someterse a las presiones del grupo, aunque sean contrarias a sus percepciones u opiniones.

El miedo a llevar la contraria, la necesidad de no sentirse excluido, el afán de encajar, hacen que la presión social funcione muy bien con un alto porcentaje de la población para silenciar las evidencias e incluso, en el caso de algunas personas especialmente influenciables, produce una autoconvicción de la mentira. Pero la inmensa mayoría mantiene su criterio a escondidas.

Por ello, hay que introducir condicionantes que recrudezcan el efecto, que impidan una *presión social asumible*, que consigan cómplices de la mentira ya sea por interés o por verdadera convicción.

Para que la autocensura funcione mejor, sólo hay que conseguir que la verdad sea "políticamente incorrecta" asociando el reconocimiento de esa "verdad incorrecta" con la traición al bien común y con la posterior "muerte social" del transgresor. Esto explica que se produzca la extraña circunstancia de que socialmente aparezca como cierto algo que nadie ve, y es lo que podemos denominar la "Paradoja del Traje Nuevo del Emperador", ya mencionada de pasada en otro capítulo y que aquí desarrollaremos. Se basa en el cuento popular que narro brevemente, por si algún lector no lo conoce:

*Unos pillos, llegados a la corte del Emperador, convencieron a éste de que le iban a hacer un traje con una asombrosa característica: sólo podían ver la tela las buenas personas. Por el contrario, las malas personas no podían ver nada, por lo que el traje le serviría a su propietario para conocer mejor a sus súbditos y actuar en consecuencia con los que no lo vieran y, por tanto, fueran malvados. Naturalmente, el precio de tal tela era muy elevado pero sus extraordinarias cualidades lo valían.*

*De esa forma, tal y como estaba organizado el engaño, ningún noble se atrevía a afirmar que no veía traje alguno y que eso era falso, puesto que todos los demás afirmaban verlo y describían maravillas de la bella tela.*

*El Emperador, que tampoco veía el traje pero no estaba dispuesto a reconocerlo, decidió pasearse por las calles de su reino para que todos admiraran el extraordinario tejido y, de paso, tomar medidas contra los que no lo vieran puesto que eran la hez de sus vasallos, ya que evidentemente eran unos malvados.*

*Cuando todo el mundo vitoreaba el espléndido tejido, un niño dijo que no veía nada. Al punto, los más interesados en que la falacia continuara, los dos pillos que se estaban enriqueciendo a costa del engaño, se apresuraron a callar al chiquillo. Muchos aprovecharon para señalarle como malvado, mofarse de él y así dejar claro que ellos sí veían el tejido y eran "de los buenos". Otros le insultaron por no ser tan bueno como para ver la tela. Sin embargo, poco a poco, la gente comenzó a reconocer que allí no había traje ni nada que se le pareciera.*

La ideología de género es una falacia estructurada de la misma forma que los pillos presentan el engaño del traje. A ver quién es el valiente que dice lo que ven sus propios ojos, que el emperador está desnudo, y no lo que les dicen que han de ver.

En la historia se dan varios mecanismos de manipulación que veremos de forma más pormenorizada y cómo se han aplicado en situaciones concretas de la ideología de género. Una de ellas es el ya visto mecanismo de la PRESIÓN SOCIAL. Si todos dicen que ven un traje, muy pocas personas se atreverán a negarlo frente a la mayoría, por miedo, por temor a equivocarse y al ridículo o simplemente para no ser el elemento discordante. En la mayoría de las personas, la presión social simple funciona bastante bien, pero si se utiliza "el sistema del palo y la zanahoria", forma tradicional de referirse al sistema del premio y el castigo con el que se conseguía que los animales obedecieran, los resultados son mucho mejores. La zanahoria consiste en dar beneficios a los que se adhieren a la mentira, ya sean económicos o morales: son "los buenos". El palo, por el contrario, consiste en que al disidente su actitud sólo le provoque problemas. Ese miedo ya natural a ser "el diferente", se ve acrecentado si la presión social se amplía mediante mensajes agresivos, el insulto y la descalificación personal, las sanciones económicas, las sanciones penales y la MUERTE CIVIL DEL DISIDENTE. Porque, cuando se asocia el reconocimiento de esa "verdad incorrecta" con el desprecio general y los insultos más vejatorios, casi nadie está dispuesto a afrontar semejantes consecuencias. La presión social de los que han aceptado esta mentira y, en muchos casos, sacado ventajas de ella, ha de ser tanto más fuerte cuanto más peligroso resulte el disidente para su supervivencia. Lo expresa con exactitud George Orwell al comienzo del capítulo.

Si vamos a los premios y castigos morales, observaremos que la manipulación utiliza un proceso totalitario que se describe en la obra "Transbordo ideológico inadvertido" de Plinio Correa de Oliveira. A través de esa inferencia (transbordo) de ideas positivas y buenas en una realidad ajena a toda bondad, se consigue que el negar la maligna o falsa realidad principal suponga negar las ideas reconocidamente buenas y nobles que se han asociado a ella. La afirmación de que vemos el traje nuevo del emperador, una evidente mentira, supone un plus de decencia y honradez al que es difícil renunciar aunque veamos claramente el engaño, mientras que reconocer que no lo vemos, nos convierte de inmediato en parias, en malas personas, en seres de nula credibilidad y respeto.

Como ya dijimos, la ideología de género oficializó su transbordo ideológico inadvertido en la intervención de Bella Azbug en Pekín, en la que se asociaba la objeción al término género y su reemplazo por sexo como *una tentativa insultante y degradante de revocar los logros de las mujeres, de intimidarnos y de bloquear el progreso futuro*. Si denostar la palabra "género" supone algo tan malvado como ir contra la mujer y su progreso, es porque se infiere que la idea de "género" es algo positivo que libera a la mujer y le garantiza su progreso.

Este sistema del TRANSBORDO IDEOLÓGICO INADVERTIDO es una técnica publicitaria muy común consistente en asociar al producto una cualidad altamente deseada. Pongamos un ejemplo: en el caso de una crema para la piel de la mujer con la finalidad de que se mantenga joven, la técnica comercial no diría "vendemos una crema", sino que, asociando la crema con algo que todos deseamos, diría "vendemos juventud". La identificación o transbordo ideológico de algo tan deseado como la juventud, la belleza o la felicidad con el producto, crea en el consumidor un interés en conseguirlo porque quiere juventud, belleza o felicidad, no exactamente la crema. La identificación del producto con algo ideal funciona del mismo modo que *género es futuro (igualdad, libertad…) para la mujer*. Sin embargo, a diferencia de la publicidad, en cuyo contexto todos sabemos que trata de venderte un producto con trucos y seducciones de todo tipo, en el caso de la ideología de género el uso de técnicas de manipulación para su difusión fuera de un contexto claro, explícito y marcado como sería un espacio publicitario, imposibilita en muchos casos una acción crítica de defensa.

Desde el momento en que "comprar" el concepto de género era "comprar la felicidad" de las mujeres, es decir, que ratificar la palabra "género" te garantizaba ser un defensor de los derechos de la mujer y negarlo suponía ir contra todas las mujeres del mundo, sus logros, su futuro y sus derechos, los posibles objetores del término picaban el anzuelo como pececillos y caían en la trampa de la falacia del traje nuevo del emperador con la facilidad con la que caen los personajes del cuento infantil. Muchos de los compromisarios que participaron en aquella cumbre decidieron dar por bueno el "traje de género" en Pekín porque, aunque no veían por ningún lado esa tela maravillosa, no les pareció que ello pudiera causar excesivo perjuicio mientras que, en modo alguno, deseaban ser tachados de "ofensores", "degradadores", "intimidadores" de mujeres y "bloqueadores" de su futuro: es decir, de anticuados, patriarcales, machistas y opresores de la mujer. Si aceptar la existencia del "género" podía ser beneficioso para la mujer y procuraba una imagen de progresismo, bienvenida fuera, puesto que tampoco parecía ser prejudicial y además no se encontraba uno enfrentado a ese movimiento social tan beligerante: el feminismo.

Aunque ya desde el principio del armazón ideológico de esta falacia del traje nuevo del emperador, que es en definitiva el género, se dejó claro que lo que se buscaba no era el beneficio de la mujer y que había quedado atrás la lucha por las mejoras en la vida de estas *(La cuestión de la mujer nunca ha sido la cuestión feminista* decía Heidi Hartmann), se ha seguido utilizando esa coartada de cara a exigencia y establecimiento de las políticas que únicamente benefician a un tipo de mujer que, además, tiene muy claro que debe obligar al resto, la mayoría, imponiendo sus parámetros de perfección social *(No debería autorizarse a ninguna mujer a quedarse en casa para cuidar de sus hijos,* C. Hoff Sommers; *Las mujeres no deben tener esa opción, porque si esa opción existe, demasiadas mujeres la elegirán,* Simone de Beauvoir).

Sin embargo esto, lejos de comprenderse como una indefendible imposición, se ha traducido como que existen mujeres a las que hay que salvar de sí mismas. Demasiadas mujeres deben ser salvadas de sus propios deseos e instintos como para no preguntarse si realmente eso que se impone por "el bien de todas" es realmente "el bien".

Para que esta inversión de intenciones -*no aceptas el género, vas contra las mujeres*- funcione, hay que utilizar la FALSA DICOTOMÍA, es decir, que no haya términos medios entre una posición y otra: naturalmente que negar la ideología de género no significa que vas contra la felicidad y la libertad de las mujeres, y que eres un machista misógino o una mujer alienada por el patriarcado. Sin embargo, esta percepción de "todo o nada", además de ser sencilla de asumir, facilita la precepción del disidente como enemigo y sirve como manera sencilla de atacar a cualquiera que se enfrente a la corriente dominante. Hasta el adepto de la ideología de género más incapacitado intelectualmente y torpe en el debate o la discusión tiene argumentos para increpar y razones para odiar. De esa forma, ser disidente es muy incómodo, porque uno no debe defender sus ideas sino defenderse de las acusaciones implícitas a su disidencia. El castigo al disidente no sólo aparece como una forma de coacción, sino como reafirmación de ser "el bueno" que ha asumido los principios y como una forma de poder de éste sobre "el malo" al que puede vilipendiar (y si es necesario, llegar a su deshumanización) y del que no se puede esperar un dato o un argumento válido por aplicación de la FALACIA *AD HOMINEM*: nada de lo que semejante individuo despreciable diga puede ser tenido en cuenta.

Cuando es una persona particular, también suele suceder que se le adscriba a un grupo social o de pensamiento al que ya, previamente, de una forma deliberada y con un proceso sostenido y organizado, se le ha destruido la credibilidad y la reputación: es el CONTAGIO DEL ESTIGMA. De esta manera, es muy fácil el rechazo y el desprecio de la persona en tanto le afecta inmediatamente la campaña de acusaciones falsas, manipulación de informaciones y rumores que se ha ejercido de forma continuada con el grupo con el que se le identifica. El funcionamiento es parecido al contagio de una enfermedad: se adscribe al disidente al grupo y se contagia inmediatamente de todos los pecados y culpas que se hayan achacado a ese grupo.

De esa forma en el disidente confluyen dos motivos de desprecio: sus evidentes pecados sociales (machista, misógino, homófobo…) y su pertenencia a un grupo social o de pensamiento que tiene esos pecados y otros muchos pecados más (normalmente creados expresamente para la ocasión mediante bulos y manipulaciones) de los que se ha contagiado inmediatamente, al margen de que realmente pertenezca al grupo, o incluso de que ese grupo exista realmente como tal.

El acusado de los "pecados sociales" de machismo, feminifobia, homofobia, heteronormatividad y LGTBfobia, en realidad no odia a estos colectivos, solamente tiene que opinar diferente, no gustarle la homosexualidad como puede no gustarle la pornografía o las revistas del corazón sin que eso signifique odio o animadversión. Incluso sólo pensar que la ideología de género es falsa implica caer en estos pecados que, ya veremos, se están convirtiendo en delitos. Y la redención es imposible, salvo que abrace la causa y afirme "ver la tela" convirtiéndose en un adepto al género que se destaque por la presión social que ejerce sobre otros disidentes para demostrar la intensidad de su conversión. Porque las legítimas objeciones a los lobbies son violencia contra ellos, en tanto estos pueden utilizar la violencia real apelando a la reciprocidad y la defensa frente a alguien que les agrede con su pensamiento y su opinión. La violencia mental que ejerce el disidente pensando diferente es tan terrible que se justifica la violencia incluso física. El disidente puede ser tan violentado, insultado y relegado que, las personas del entorno que tampoco "veían la tela" y estaban de acuerdo con los planteamientos del "culpable" terminan guardando silencio por miedo al "contagio del estigma" en su versión entre particulares, que se inicia con la simple defensa del disidente quien, de esa forma, sirve como ACCIÓN EJEMPLIFICADORA. Esa diferente valoración de la violencia ejercida en la que el presunto agresor hace una objeción y el presunto agredido puede utilizar medios desproporcionados de defensa, es una vulgar versión de la "ley del embudo" y, como en otras situaciones, viene acompañada de una masa social que efectivamente confirma el "delito inadmisible" del disidente que ha opinado y justifica su desproporcionado castigo colaborando al LINCHAMIENTO SOCIAL.

Estos sistemas de coacción social, de criminalización del disidente, son típicos de los regímenes totalitarios y de momento, porque existe un régimen de derecho y democrático, no han derivado en la desaparición física del molesto aunque ya se han establecido leyes para que, si no desaparecer físicamente, sí carezca de derechos fundamentales como la igualdad, la libertad de pensamiento y opinión, el derecho a educar a sus hijos y la presunción de inocencia. Y es que la injuria y el ataque argumental parece poco a los lobbies vividores de toda esta mentira, por lo que hay que reducir al disidente a la nada. Frente a los perjuicios del que discrepa, el adepto sólo obtiene ventajas.

Los abultados beneficios económicos de abrazar la causa del género ya se verán más adelante pero los "anímicos y espirituales" son inmediatos. La "mercancía averiada" del género ofrece a sus seguidores dos premios: la posibilidad de ser LOS BUENOS, y a algunos incluso ser LAS VÍCTIMAS. Veamos el beneficio anímico de la posibilidad de victimizarse. Mujeres y LGTB que cuenten historias de discriminación y opresión social, verdaderas o figuradas, son aplaudidos y admirados. Son *las víctimas*, los que demuestran que *los malos* existen, que el heteropatriarcado sigue siendo el peligroso enemigo a batir, que la lucha tiene sentido. Porque el malo en este cuento, ante la imposibilidad de culpar a la biología, es un supraorganigrama, un ente, una cosa pegajosa que siempre aparece aunque todos estemos contra ella: el heteropatriarcado. Comenzó siendo solo el patriarcado, ese organigrama social de base biológica donde el *pater* se responsabilizaba de esposa y prole, y en muchas ocasiones del pasado suponía una distribución de tareas entre hombres y mujeres que llevaba aparejada una diferencia de derechos. Se luchó por la igualdad de derechos. Luego por la igualdad de funciones con una equivocada idea de lo trascendental de la igualdad entre sexos. Más tarde y ante la imposibilidad de que el hombre dejara de ser hombre y la mujer, mujer con todo lo que ya vimos llevaba aparejado, se decidió que el odioso heteropatriarcado era, en realidad, todo hombre heterosexual y toda mujer heterosexual que no abracen la lucha contra el heteropatriarcado.

Al margen de los casos de discriminación o agresión real, escasos pero existentes, y donde personas de los colectivos a los que utilizan los lobbies son víctimas de personas particulares sin escrúpulos y no del heteropatriarcado, de toda una sociedad completa, libre, respetuosa y regida, por propia decisión, por los derechos humanos, el victimizado es un personaje falsamente víctima cuyo éxito proviene de las ganas que tienen los demás de encontrar héroes. Es el caso de dos homosexuales que ocuparon portada y página interior completa de un periódico porque habían sido "víctimas" de una discriminación incalificable que los había disgustado profundamente, hasta casi el soponcio: eran *matrimonio gay* y, al viajar a un país dónde esta figura jurídica no existía, en los impresos a rellenar ponía marido y mujer. Adhesiones diversas, pésames por su drama y portada, apenas podían frenar la desolación sentida. Es el caso de la mujer ofendida, hasta la somatización del dolor, por un piropo.

Además de este enfoque de la victimización, está la posibilidad de achacar todos los errores, mala suerte, o incapacidades propias al enemigo: *si no me contratan es porque soy mujer o LGTB, si me echan del empleo es por culpa del heteropatriarcado, si no triunfo como creo que merezco es porque soy una víctima de la sociedad...* la victimización tiene el encanto de la irresponsabilidad de las propias culpas o errores y el gratificante sabor del resentimiento que justifica el odio.

El beneficio espiritual es ser de *los buenos*, los que luchan valientemente contra una disidencia retrógrada y malvada, adecuadamente denigrada, a favor de causas intrínsecamente buenas y, además, contra el poder establecido. En el caso de los lobbies clásicos del género, feministas y LGTB, da risa pensar que los adeptos de unas asociaciones ayudadas por la ONU y todos sus organismos, la Unión Europea y sus órganos de participación ciudadana y política, que reciben fondos públicos y de organizaciones y fundaciones privadas puedan creer que son el valiente y débil David contra el malvado y poderoso Goliat, pero así es.

Todos los medios de manipulación les han hecho creer que hay unas injusticias creadas por ese ente supraestatal de inmenso poder, ese heteropatriarcado contra el que están entablando una lucha de video-juego, donde imaginan jugarse la vida y no se exponen ni a la rotura de una uña. Es la "rebeldía visa oro", la disidencia dentro del sistema, financiada, ultra-apoyada por los medios de comunicación y regada con subvenciones públicas.

Ninguno de estos lobbies que juegan a la guerra contra la nada se han atrevido hasta el momento, y espero poder retractarme, a jugarse la vida por sus ideas donde la situación de homosexuales o mujeres es realmente preocupante. Por ello, el abrazo de la causa es de lo más beneficioso. Y en este juego de mesa sin peligro se les premia con los valores de la rebeldía: el valor, la bondad y la defensa de lo noble... a la vez que les llega dinero en cantidades extraordinarias. Lo raro es que aún quedemos disidentes de los de verdad.

Es sorprendente que los lobbies del género, controlando, como controlan, todas las organizaciones influyentes, no hagan nada por los que sufren en países sin derechos humanos. Mujeres y homosexuales mueren ajusticiados por su condición sin que ningún activista anti-heteropatriarcal mueva un dedo. Pero quizá es porque, lo mismo que en el caso de la mujer la causa feminista no tiene el menor interés en mejorar su situación, en el caso de los lobbies LGTB, tampoco les preocupa el homosexual individual, salvo que pueda ser utilizado para la causa... la causa de obtener dinero y poder y la posibilidad de llevar a cabo una reingeniería social tan descabellada como letal.

A esta idea de ser *los buenos* ayuda la asociación de ideas atroces con conceptos buenistas y de fácil asimilación y digestión. El género lucha por los discriminados diferentes, por las maltratadas y discriminadas mujeres, por las infelices violadas que abortan en condiciones insalubres y mueren, por la salvación de los niños quitándolos de las manos de sus intolerantes padres y educándolos en valores del género, por la paz y la no violencia, por el derecho a elegir la muerte...

La convicción de estar en el *bando bueno* implica hacer desaparecer las dudas que pudieran cortocircuitar los sencillos mantras: no hay otros discriminados, ni otros maltratados, ni niños troceados vivos en los vientres de sus madres, ni éticas aceptables al margen de las suyas, ni más ley que el derecho de cada uno a hacer lo que le parece *si no se hace daño*… El "daño" es para el género y la ética del relativismo un concepto indefinido que en algunos casos, aunque leve (el piropo), es insoportable y en otros, aunque atroz (el despiece vivo de niños abortados, el síndrome post aborto…), se niega como daño.

Para seguir en la comparación con el cuento, la estrategia sería unir el aplauso por la belleza de la tela con la ayuda a los "pobres del reino": Los que digan "*me gusta la tela*" están a favor de las mujeres que sufren; los que aplaudan *la tela*, se preocupan por el homosexual discriminado; los que elogien a las personas con *trajes de la tela mágica* colaboran a la detección de malvados y la erradicación de la maldad; los que participen en la manifestación por *la tela*, son los campeones de la bondad. En realidad, en ningún momento ha supuesto un esfuerzo económico de dar dinero, o un paso personal arriesgado. Sin embargo, el plus de prestigio social es evidente, y los que entran en el juego se ven jaleados por otros "valientes guerrilleros" y, naturalmente, por los que se enriquecen con la implantación de la estafa. Cuanta más gente haciendo presión social, mejor.

Los que no vemos *la tela del género*, ni la aplaudimos, ni participamos en la exaltación de la estafa no significa que no queramos erradicar la maldad, defender a los que sufren… pero es evidente que la falsa dicotomía, la descalificación *ad hominem* y la negación de más realidades que las que ellos defienden, nos criminaliza.

De esta forma tan llena de manipulación se ha llegado a la "corrección política" que hace que todos tengamos que ver una tela y un traje que no existen. Sin embargo, la pregunta lógica, si seguimos comparando cuento y realidad es: ¿quién hace el papel de pillos que impiden, mediante todo tipo de coacciones e insultos, que se diga la verdad de la tela y qué razones les mueven a ello? Cui prodest?

Aunque el final del cuento es positivo y se termina desenmascarando a los pillos, en la realidad de la ideología de género, la falacia ha funcionado tan bien que nadie está dispuesto a afirmar que no ve el traje para no ser tachado de mala persona y para no perder el plus de bondad y valentía, el poder de atacar al disidente o, sobre todo, las ayudas económicas. No sólo se ha denigrado a cuantos colectivos o individuos han levantado la voz contra el engaño, sino que, de forma inexplicable, desde las arcas públicas se han asignado fondos para los pillos (asociaciones feministas y lobbies homosexualistas), prebendas y cargos para premiar a los que más ensalcen la tela (políticos y figuras públicas en todo tipo de puestos relacionados con *el género*), han empezado a hacer fábricas de tela mágica donde algunos ciudadanos se hacen artesanos y expertos (universidades que imparten titulaciones de "especialistas en género" y creación de empleos públicos para esos titulados), y se reparten ayudas para estudios que narren las cualidades del famoso tejido (estudios de posgrado y tesis doctorales sobre el género). Naturalmente, si entre la gente que ve al emperador desnudo nadie levanta la voz para decirlo, menos lo van a hacer quienes se benefician mediante fondos, ayudas y empleos de la venta de la tela inexistente. La mentira se va extendiendo mientras el emperador se pasea, ridículamente, en paños menores.

Sí, en torno a la ideología de género se ha montado una amplísima e increíble red de receptores de dinero público que crece día a día, incrementando el número de personas que están dispuestas a afirmar y elogiar *el traje* de la ideología de género, a denostar y reducir al ostracismo a quien no lo vea, a crear nuevos mecanismos de afianzamiento y a luchar, como fieras, por no perder una forma de vida lucrativa y sustanciosa. Del cuento se benefician los siguientes grupos:

1º Las organizaciones internacionales (ONU, CEDAW, organismos europeos…) con todo lo que supone de derivación de fondos públicos de los países donantes para proyectos asignados a asociaciones y fundaciones afines a la ideología de género, de los que no tenemos datos reales acerca de su éxito o fracaso salvo la certeza de que los gobiernos quedan bien con dinero ajeno.

2º Las organizaciones feministas, con todas sus redes de asociaciones y federaciones, delegadas y representantes en diversos observatorios y comisiones que, además de tener infiltrados diversos organismos de ayuda y promoción de la mujer con sus correspondientes empleos en la administración, cobran asombrosas subvenciones de dinero público.

3º Los lobbies homosexuales, lesbianas, trans… que reciben ayudas, prebendas y cuantiosas subvenciones, además de legislaciones de discriminación positiva que les dan un trato de preferencia en todos los ámbitos.

4º Los partidos políticos y los sindicatos, con estructuras paralelas de asociaciones de mujeres y de LGTB como receptores presuntamente independientes de fondos públicos.

5º Las empresas abortistas y de control de natalidad que se encargan de garantizar una sexualidad "sin consecuencias" bajo el eufemismo de "salud sexual y reproductiva" donde se atenta contra la salud integral de la mujer y se niega el derecho básico de la vida al nonato. A la ayuda de fondos públicos se une el negocio privado. Las empresas y negocios de fabricación artificial de niños para parejas imposibilitadas de ser reproductivas por su esencia y las empresas de eutanasia, en proceso de implantación inminente (la eutanasia no sale gratis), podrían incluirse en breve en este apartado.

6º Los empleos paralelos y relacionados con la implantación de la ideología de género (observadores, asesores, expertos, comisarios…). Puestos de trabajo de dudosa necesidad que se pretenden cubrir con unas titulaciones de grado en *género* que han empezado a aparecer en algunas universidades españolas.

Evidentemente, en este momento hay tanta gente vendiendo *tela mágica* que nadie ve, que hay muchos que ya empiezan a creer que existe. Lo peor es que los beneficiarios sobrevenidos y nuevos *pillos de la historia*, no sólo nos están haciendo pagar a precio de oro los invisibles trajes del emperador, sino que están aprobando legislaciones que obligan a comprar la inexistente tela a los ciudadanos contra los deseos que quienes no ven el color ni las maravillosas cualidades del "género", como tela y como constructo social. Y el coste está resultando altísimo, tanto en el aspecto económico como en el ético-moral, en el social y en la vida individual y la felicidad de millones de personas. Vamos ahora a ver la silueta de todo este montaje del género que, como una hidra de infinitas cabezas, se alimenta de la infelicidad y la vida de muchos, y de fondos públicos y subvenciones en cifras incontables. Cifras con las que el perverso heteropatriarcado riega, paradójicamente, a las organizaciones que van contra él. Analizaremos otras técnicas de manipulación a fin de comprender y detectar las estrategias de la hidra, la maraña de legislaciones que instauran neoderechos y sus implicaciones en hombres, mujeres, menores y familia.

# CAPÍTULO 12
# EL MAPA IDEOLÓGICO-
# EVOLUTIVO DEL GÉNERO:
## LA HIDRA DE LAS MIL CABEZAS

*A lo largo de toda mi lucha me mantuve predicando
que la vida familiar era y siempre será los cimientos
de cualquier civilización. Destruya la familia y
usted destruirá el país*
Erin Pizzey

La Hidra de Lerna era un despiadado monstruo marino de la mitología griega con aspecto de serpiente y numerosas cabezas. Resultaba imposible matarla porque cuando se le cortaba una de sus cabezas le surgían otras dos. Hércules consiguió vencerla por el procedimiento de cauterizar sus muñones e impedir que le crecieran cabezas nuevas. La ideología de género es comparable a esa hidra de insaciables cabezas que se reproducen. En este momento sus muchas bocas exigen incontables ofrendas de dinero y de víctimas para seguir alimentándose y ha llegado a ser tan poderosa que va a resultar muy difícil eliminarla. Uno de los problemas más evidentes es que las víctimas de unas y otras cabezas, no se dan cuenta de que el animal que les ataca es el mismo en todos los casos y pierden sus energías en la lucha contra la cabeza que les muerde sin tratar de matar al monstruo.

La silueta de la bestia, el mapa evolutivo del género es tan complicado que, como ya hemos dicho, no sólo las diversas víctimas del género no se ayudan entre sí porque no se reconocen como aliados. Muchas veces, incluso, se ven como enemigos. Valga este capítulo para que cada uno de los grupos entienda que la derrota de los que luchan contra una de las diversas cabezas, fortalece al monstruo.

Es muy posible que la Iglesia Católica sea la única que se ha dado cuenta de la silueta real de la hidra del género y reconozca a ciencia cierta que cada una de las cabezas que van saliendo son parte de un mismo monstruo, por la sencilla razón de que todos ellas atentan de una forma u otra contra una doctrina humanista trabajada durante muchos siglos de debates y conclusiones y que ha dado lugar a la sociedad más justa e igualitaria de la historia de la humanidad con fundamento en unos derechos humanos emanados en última instancia de esos debates ético-morales. Es fácil "colar" a una sociedad carente de conceptos filosóficos, sin costumbre de análisis y síntesis, de causas y consecuencias, cualquier argumento a favor de acciones éticas reprobables, pero no es fácil a personas con un bagaje intelectual y ético-moral elevado. Y en general, la iglesia tiene muchos doctores en ese campo. Por esa razón los siervos del género se esfuerzan en denigrarla y destruirla de una forma tan especial.

El mapa del género no se inició en los primeros movimientos feministas que buscaban la igualdad de la mujer en derechos y dignidad, sino en un proceso posterior de liberación de su biología. Esa lucha irracional ha ido derivando en neoderechos y situaciones que ya nada tienen que ver con la mujer, y sí con una extraña lucha del ser humano contra sí mismo. Esta batalla ha desembocado en una pendiente de consecuencias éticas que choca permanentemente con los derechos humanos, con la dignidad de la persona y con su valor intrínseco originado en conceptos religiosos pero expresado en una sociedad que hasta ahora consideraba a la persona, en cualquier situación, raza, sexo, condición y etapa del proceso vital poseedora siempre de los mismos derechos inviolables… El viaje de la humanidad iba en esa dirección hasta la aparición del género.

Por motivos puramente biológicos, las diversas sociedades humanas, como ya vimos, se han organizado, casi unánimemente, de forma similar al darse condicionantes lo suficientemente fuertes como para facilitar un tipo de estructura: los hombres, más fuertes y menos valiosos biológicamente, defendían, protegían, buscaban alimento, y las mujeres y sus crías eran protegidas, guardadas de los peligros en los lugares más seguros. Por ser, en los grupos humanos, los que debían actuar ante situaciones conflictivas, ya fueran guerras u hambrunas, en la inmensa mayoría de las sociedades el varón manejaba la *res pública* y la mujer el ámbito privado.

Los proporcionalmente ínfimos casos en los que la mujer luchaba, estaban relacionados con situaciones de alta necesidad de defensa, pueblos belicosos o estados totalitarios. La historia conoce también algunas mujeres en los tronos y gobiernos, por motivos políticos o dinásticos, tan brutales en sus funciones como los hombres, que desmienten la relegación completa de la mujer y su esencia bondadosa de bonoba pacifista.

Ese organigrama biológico general y común, dio diversas variantes que podrían ir del paternalismo a la opresión, de la deificación de la mujer a su relegación social extrema. La inmensa mayoría de las variantes respondía a la dicotomía de libertad versus seguridad: el afán de dar seguridad, llevaba a quitar libertad a la mujer, que en una gran parte de los casos no echaba de menos debido a su situación de madre con hijos menores y lactantes y con un trabajo ímprobo dentro del hogar familiar para dar calidad de vida en una sociedad sin tecnologías a esos seres que, siempre se olvida, eran sus seres queridos.

Las sociedades tradicionales, por ello, facilitaban la permanencia en el hogar a las mujeres como protección y forma lógica de afrontar la situación de la reproducción. El matrimonio se establecía socialmente como relación estable, como forma de dar seguridad a la mujer y su prole, para crear un vínculo y una responsabilidad en el varón, esposo y padre. Las variantes más o menos extremas u opresivas de este modelo no impiden que, en esencia, el planteamiento sea el mismo, que se repita de forma continua en todas las sociedades y civilizaciones y que buscara principalmente el bien de la hembra y las crías. El bien de la hembra en unas épocas tan diferentes a la actualidad que juzgarlas con los condicionantes actuales es, no solo injusto, sino pura nesciencia. El papel del varón como protector, tan denostado y envidiado por los colectivos feministas, no era mucho mejor: responsable del grupo familiar, había de buscar sustento y defender con su vida el bienestar de todos. Sin un prototipo perfecto de varón protector, la raza humana jamás hubiera llegado hasta aquí. Hay que valorar que, en los casos de mayor calidad de vida o nivel económico y cultural, la pareja humana mejoraba su situación de forma equilibrada para ambos. Sin embargo, el exceso de protección convirtió a la mujer en una "menor de edad". El feminismo de equidad luchó por esa igualdad en derechos y deberes, en dignidad y libertad.

Los movimientos feministas de equidad nada tienen que ver con estos nuevos movimientos que se llaman de tercera generación, que luchan contra la naturaleza humana del varón y la hembra. Y mucho menos con los que se podrían llamar de cuarta generación, un feminismo desquiciado en el que la lucha es ya una guerra de eliminación física del hombre, de odio hacia cualquier lazo heterosexual y de exaltación del victimismo y de la genitalidad femenina a la que se priva de su utilidad fundamental.

¿Cómo se evolucionó a esto? Ya se vio anteriormente el planteamiento de que la causa de las desigualdades entre sexos es fruto de una sociedad que crea clases en función del sexo biológico: la odiada sociedad patriarcal donde la mujer es la "clase oprimida" sin reconocer en ningún momento que el sexo es biológico y que las diferencias en el plano sexual son consecuencia de las diferencias biológicas. Y que, nos guste o no, la sociedad en esencia se ha configurado respecto a la relación entre sexos conforme a los roles biológicos que nos vienen determinados, estemos de acuerdo o no, en nuestra propia naturaleza.

Como el sexo y sus diferencias son insoslayables, la batalla ha de librarse contra la biología y contra todos los organigramas sociobiológicos que, determinados por la biología, han ayudado a la supervivencia de la especie: el hombre, la mujer, la familia y la sociedad tal y como las conocemos. La ideología de género, por tanto, niega la biología en un erróneo intento de pensar que las realidades a las que se les niega la existencia acaban dejando de existir. Y, en cierto modo, como veremos con las técnicas de manipulación, está a punto de hacernos creer que lo que no vemos es cierto, que lo que vemos es mentira y que, por tanto, existe esa tela mágica al margen de nuestras percepciones. Groucho Marx podría perfectamente estar pensando en el invento del género cuando dijo: ¿A quién va usted a cr*eer, a mí o a sus propios ojos?*

Por tanto, **género es la defensa de la igualdad biológica de hombres y mujeres negando las diferencias**. Para lograrlo se prioriza la hegemonía de esa creación sociocultural llamado "género" sobre cualquier otro condicionante. Lo importante es el género o construcción social de la sexualidad, que significa exactamente "construcción social de la biología". Como naturalmente uno no puede "construir" su biología, porque le viene "construida de fábrica", la construcción del género no evita todos los condicionantes femeninos, en especial la maternidad. Hombres y mujeres no somos iguales, salvo en dignidad y derechos. La imposición de la igualdad de hombres y mujeres en todos los ámbitos y aspectos, es género. La obligatoriedad de ratios y la valoración del sexo frente al mérito en trabajos, cargos, estudios y actividades, es género.

Eludiendo la realidad, el género inventa el patriarcado para explicar esos condicionantes biológicos que se empeñan en existir. El patriarcado es un ente malvado suprasocial y poderosísimo que mantiene a las mujeres relegadas, pese a tener los mismos derechos, esclavizadas, pese a trabajar en lo que quieren y que las mata de vez en cuando, pese a morir en manos de personas particulares. La lucha contra el patriarcado tiene tres ventajas fundamentales: Primero, se le puede echar la culpa de todo, segundo, como no existe, no es peligroso, y tercero, como son condicionantes biológicos, la lucha puede durar eternamente. El patriarcado tiene la culpa de cualquier cosa que incomode, moleste o no guste, desde un fracaso laboral personal (no me contratan por ser mujer), hasta un crimen (la mató el patriarcado). La lucha contra el patriarcado es muy divertida porque no se defiende, en tanto que no existe, y como diferencias entre hombres y mujeres las va a haber siempre porque somos diferentes, es la gallina de los huevos de oro de los colectivos que viven de esto. **La invención del patriarcado, es género**.

Como el patriarcado, en este momento, permite a las mujeres hacer todo lo que son capaces al igual que los hombres (votar, estudiar, trabajar…) hay que buscar para luchar, los ámbitos donde las mujeres no estén en el mismo número que los hombres y que normalmente es por razones de gustos (empleos que manchan o incómodos) o físicas (bomberos, ferrallistas) y acciones menores que las feministas llaman micromachismos, y que ni se ven ni se notan, pero se pueden detectar con un evidente esfuerzo. Esfuerzo que hacen gustosas las vendedoras de la tela invisible y para lo cual ofrecen "entrenamiento" al resto. Sin entrenamiento pasan desapercibidos, tal es la "gravedad" de los micromachismos.

Puesto que un análisis sencillo demuestra que el mayor condicionante para que la mujer no pueda vivir como un hombre es la maternidad, el ataque ha de ir hacia la maternidad. Las mujeres se ven condicionadas por el embarazo, la lactancia, el cuidado de los niños… y eso les impide acceder al mundo laboral a tiempo completo. Por otro lado, las consecuencias diferentes en los resultados de la sexualidad también les hace enfocar y plantearse las relaciones sexuales de una forma totalmente distinta al varón.

Por tanto, se hacía evidente que, entre otras cosas, **la mujer, para dejar de ser oprimida, debía abandonar su condición de mujer** y abrir el paso al sexo sin consecuencias directas para ser igual que la casta dominante, los varones. Y la mujer, no sólo ha de tener una sexualidad sin maternidad, sino con un deseo sexual propio en biología del prototipo que ha de esparcir su semilla y no del que ha de invertir esfuerzos y recursos en el desarrollo de la prole, por lógica más selectivo. El deseo sexual de las mujeres ha de potenciarse de forma que se comporten como hombres. La maternidad es la lacra que impide la igualdad. No importa que sea algo biológico: hay que acabar con ella. **El rechazo de la mujer biológica y la maternidad, es género.**

Los métodos anticonceptivos palian, en parte, ese "problema" para el género y esa dificultad de que la mujer tenga sexualidad sin consecuencias reproductivas. Sin embargo, no deja de ser algo artificial, y también fallido en muchas ocasiones puesto que, a la menor ocasión, la naturaleza sigue su curso desconociendo que existe la ideología de género desligando sexo de procreación. Es evidente que la biología se resiste a desaparecer, la muy obstinada. No estamos hablando de que no haya procreación responsable sino de la independencia de dos conceptos unidos hasta este momento: **la separación entre sexo y procreación es género.**

La solución es ingerir dosis altas de levonorgestrel (píldoras del día después), algo claramente perjudicial para la salud. Esta medicación, que se expide sin cortapisas, en tanto que a compuestos menos perjudiciales se les exige receta médica, no obedece sino a motivos ideológicos: solucionar los problemas de las mentiras del género que ignora la biología. La tela no existe pero hay que hacer que parezca que existe. **La expedición libre de medicamentos peligrosos, incluso a menores, por motivos puramente ideológicos y políticos y al margen de los médicos, es género.**

El aborto aparece como solución definitiva para las ocasiones en que se producen embarazos, que no pueden ser imprevistos salvo para las personas que están convencidas de que sexo y procreación no tienen relación alguna y han comprado la "falsa tela" de que la mujer es biológicamente como el hombre. Sería mejor hablar de *solución final.*

Para una sociedad tradicional y racionalmente respetuosa con la vida humana y los niños, la aceptación del aborto ha necesitado un proceso de manipulación extremo y, una vez se ha tomado el control de los organismos mundiales, un proceso de imposición política al margen de la opinión de la sociedad, representada por políticos votados en muchas ocasiones por otras partes del programa con el que se presentaron a las elecciones que en este aspecto traiciona el sentir de sus votantes en aras de extraños neoderechos. Una vez instaurado como ley, viene la transformación en un nuevo derecho y la enorme dificultad de eliminar esas legislaciones exigidas por los colectivos que han comprado la tela y no se pueden permitir el lujo de descubrirse desnudos. **La cosificación del nasciturus y el aborto sin cortapisas** es la forma de seguir haciendo que funcione la mentira de la igualdad fabricada artificialmente al margen de la biología, por tanto, es una consecuencia de la aplicación de la ideología de género. **El aborto es género**.

La negativa a reconocer el daño y la violencia extrema que se ejerce contra la mujer abocándola a un aborto, es imprescindible para seguir vendiendo la tela. Pese a la documentación al respecto, los grandes lobbies feministas y abortistas fuerzan a las asociaciones médicas de influencia mundial (APA, AMA) a que no reconozcan de forma oficial este problema. Por ello, **la negación de un síndrome post aborto (SPA) que produce desde depresión a tendencias autodestructivas, es género.**

La otra forma de solucionar el problema de la procreación a la vez que se mantenía la sexualización bonoba no selectiva de la mujer y se evitaba su relación estable con un varón era el lesbianismo. En este contexto, las relaciones homosexuales eran una solución lógica, máxime afirmando como se afirmaba, que los hombres y las mujeres son una construcción social y que el hecho de que sientan atracción por el otro sexo es causado por su proceso educativo en los roles sociales. Naturalmente, siendo así, la persona puede construirse su atracción sexual, puesto que está completamente desligada de la biología. Por todo ello, las relaciones sexuales entre mujeres son algo positivo y aceptable, sin consecuencias indeseables y sin los roles de superioridad atribuidos a los varones. Y esas relaciones sexuales perfectas son algo a lo que toda mujer puede acceder puesto que la elección sexual se construye y es variable, de forma que cualquier prevención o rechazo es fruto de la educación heteronormativa o de prejuicios inculcados. Si a esto sumamos que, en no pocos casos, las lesbianas tienen rasgos varoniles en sus comportamientos, la lesbiana es el ejemplo a seguir por la nueva mujer. **El lesbianismo como opción sexual preferente es género.**

De la misma forma, el hombre homosexual es visto como el varón que ya no intenta dominar sexualmente a una mujer y comprometerla al "penoso y esclavizador" papel de esposa y madre. Y naturalmente, el hombre homosexual es el otro ejemplo a seguir en la deconstrucción de los estereotipos de género. Porque la deconstrucción de los estereotipos de género no es posible sin la deconstrucción biológica de la alteridad sexual de hombres y de mujeres. **La homosexualidad como opción preferente, es género.**

Ya se había desligado el sexo de la procreación. Ahora se desliga del amor convirtiéndolo en algo mecánico que facilita los contactos homosexuales: no necesitas sentirte enamorado para obtener placer sexual con cualquier compañero sexual al margen de su sexo. Los procesos bioquímicos cerebrales del enamoramiento, que mayoritariamente se desencadenan en relación al otro sexo y que ya mencionamos, deben ser erradicados. **La separación entre sexo y amor, es género**.

Como el amor tiene base biológica, hay que reforzar las conductas racionales frente a las instintivas, para lo que se ha unido el amor romántico a la violencia contra la mujer. El amor romántico, loco, desinteresado, es la causa del maltrato a la mujer en una pirueta lógica tan demencial como perfectamente ideada que veremos en otro apartado. Hay que conseguir que se creen barreras lógicas y racionales al instinto surgido de procesos bioquímicos y que se domine éste por miedo a consecuencias negativas e imprevisibles, en tanto se anima a no dominar en absoluto el instinto sexual porque es represión. **La desconfianza de la mujer hacia el varón y los sentimientos que le produce, es género.**

A su vez, el transexual servía como ejemplo de la posibilidad de ser hombre y sentirse mujer o viceversa, lo que demostraba la inexistencia de una biología determinante: era el género, y no el sexo, ni la biología, lo que determinaba la posibilidad de ser hombre o mujer. La transexualidad es el ariete de la ideología de género contra la biología pese a que los casos son escasísimos y obedecen muy probablemente a factores ajenos (en algunos casos congénitos y en otros psicológicos, pero siempre médicos o científicos, no sociales) a la creación social, cultural y personal del propio sexo. La transexualidad, situación conocida por la medicina en la que el sexo cerebral no coincide con el genital y exige una equiparación de uno en otro, pasa a ser una opción como el color de la chaqueta. **La aceptación social de la transexualidad como una creación personal y al margen de dictámenes médicos, es género.**

Para incluir en la lucha contra el ente opresor a los lobbies LGTB, el patriarcado se transforma en heteropatriarcado y aparece el "pecado", a punto de pasar a delito, de heteronormatividad, el atrevimiento infundado de muchas personas a pensar y suponer que el mundo es heterosexual. La negación de la biología y la aceptación de la *tela invisible* exige ya reconocer lo manifiestamente falso. El mundo evolucionado en una naturaleza heterosexual, millones de especies exitosas en la supervivencia alterosexual se reducen a algunas especies animales que tienen presuntos casos de homosexualidad y a alguna tribu que la promociona, sucesos que cuentan los defensores del género como prueba de sus teorías y no como lo que realmente es: la excepción que confirma la regla. **El heteropatriarcado y el pecado de heteronormatividad es género.** Género desquiciado, desligado ya por completo de la realidad.

Naturalmente, la promoción de los comportamientos sexuales homosexuales es una necesidad vital para los vendedores de la tela cada vez más falsa: los compradores han de ver un mundo más homosexual que heterosexual. Las cifras tradicionales, basadas en no sabemos qué encuestas, de una población homosexual del 10% han pasado a ser del 20% y van creciendo, eso nos dicen. De dónde se sacan los datos es un misterio, pero es de temer que adolezcan de veracidad y que pequen de manipulación, como todas las encuestas, datos y trabajos sobre género que he tenido la posibilidad de analizar. Sin embargo, es innegable que la promoción de la homosexualidad se hace desde todos los ámbitos: ser lesbiana u homosexual tiene todo tipo de prebendas, ventajas y ayudas. Las legislaciones priorizan el empleo de estos colectivos, hay subvenciones a sus asociaciones, a series y películas que los promocionen, y lo peor es que tienen acceso libre a los menores a través de unos capítulos educativos de las leyes de desigualdad que consagran una clase privilegiada por sus gustos sexuales. Sorprendentemente, el heteropatriarcado opresor ha impuesto a la población presuntamente heteropatriarcal, los heterosexuales con familia natural o ecológica, unas leyes que los convierten en ciudadanos de segunda. Hace pocos días se publicaba una encuesta, ridículamente acientífica y sesgada, como todas, en la que se comprobaba que no existe la mujer heterosexual, que todas tenemos un mayor o menor grado de lesbianismo. El 13 de enero es el *día de las lesbianas conversas*. **La promoción de la homosexualidad y el lesbianismo es género.**

La entrada de los colectivos homosexualistas y sus lobbies en la venta de la tela del género trae como consecuencia nuevas cabezas de la hidra, tan descabelladas, éticamente discutibles y gravosas económica y moralmente para la sociedad como los planteamientos que las han originado. Veamos por encima esas nuevas cabezas.

Las parejas homosexuales de ambos sexos exigen los mismos derechos que las biológicamente reproductivas. El matrimonio como unión biológica natural que da como consecuencia nuevos seres con caracteres de ambos progenitores y merecedora de especial protección por las consecuencias socioeconómicas de su capacidad procreadora, es equiparada a otras uniones. La disgregación de amor, sexo y procreación hace que con una o dos de las variables se equiparen uniones. **Las distintas uniones entre personas equiparadas al matrimonio, es género.**

Una vez las parejas homosexuales son *matrimonios*, tienen el "derecho" a tener hijos. Y si la biología se los niega, la ciencia se los consigue. El menor se convierte en un objeto de posesión de los adultos al margen de ese "interés superior del menor" que queda supeditado al "derecho a tener hijos" de uniones naturalmente infértiles por la igualdad de lo que no lo es. Como hombres y mujeres son iguales completamente, es indiferente que a los menores los críen dos hombres o dos mujeres. El amor es ensalzado como razón última, el amor y el derecho a ser fértiles de las parejas estériles por naturaleza. Porque la biología siempre está fastidiando la igualdad. Adopciones, inseminación artificial de lesbianas sanas a costa del contribuyente y finalmente el alquiler de mujeres en situaciones de pobreza para ser utilizadas como vasijas de fabricación de niños a la carta son las consecuencias de un derecho inexistente: el derecho a la paternidad y la maternidad. **Las implicaciones éticas de convertir a los niños en**

**un producto de consumo de colectivos privilegiados, del alquiler de mujeres desfavorecidas, de la manipulación y congelación de seres humanos con su código genético único, es género.**

El colectivo discriminado por un heteropatriarcado que lo cubre de dinero y de privilegios, se salta los derechos y los valores éticos, compra personas y voluntades. Todo vale "si no se hace daño", todo vale "si se desea", todo vale "si hace feliz" al colectivo "aplastado y discriminado" por el heteropatricado. El amor, que en el caso heterosexual solo es causa de violencia, es ensalzado como razón última de todo tipo de acciones discutibles moralmente. La ratificación legal con castigos para el que ose criticarlo es la última barrera de la imposición del pensamiento único y la eliminación de la disidencia. **El relativismo moral y la incoherencia en los juicios éticos, es género.**

Vayamos a los menores, ese oscuro objeto de deseo. El adoctrinamiento ha de comenzar cuanto antes para que carezcan de conceptos morales y de barreras éticas, para que estén inermes ante la ideología y sean manipulables y tiernos como el tallo de un árbol joven. Siempre desde el buenismo de la igualdad, el respeto al diferente y la no violencia, el niño es adiestrado en un mundo neutro, sin hombres y mujeres, sin referentes ni identidad sexual. Su identidad ha de ser el género. Se prohíben juegos considerados sexistas o se obliga a jugar a lo que no se quiere para eliminar diferencias bioconductuales por el método de la opresión. Se eliminan modelos heterosexuales pero se promocionan los homosexuales en cuentos y libros. **La imposición en los ocios de los menores es género.**

En ese mundo sin sexos, el niño, paradójicamente es hipersexualizado porque *sólo hay suciedad en los que ven sucio el sexo*, dicen. Se les presupone un derecho a la sexualidad que, afirman, *les hará más libres y sanos*. Las guías sobre sexualidad basadas en la guía de la UNESCO recomiendan que el niño sea iniciado en la masturbación desde los cinco años, pero se le enseñe a no practicarla en público, no sea que lo vean sus horrorizados padres. A partir de los nueve años, recomiendan que sean informados de los afrodisíacos y, a partir de los doce, de los pros y los contras del aborto. **El adoctrinamiento de los menores en la disolución de la heterosexualidad y el sexo prematuro así como la pérdida de referentes e inocencia, es género.**

La disolución de la identidad sexual se ve ayudada por la existencia de personas que no sólo construyen socialmente su sexo, pues tal cosa es el género, sino que también construyen su sexo físico al dictado de su voluntad. **La separación de la "disforia de género" y la medicina** hasta ahora aunados en un conocido y estudiado síndrome de Harry-Benjamin, la prohibición acientífica, mediante leyes puramente ideológicas, de la intervención psicológica, psiquiátrica y médica en los casos de personas que afirman que su sexo biológico no coincide con el percibido por su mente, es género. **La ocultación de datos de reconciliación de sexo biológico y mental tras la pubertad, la administración a menores de bloqueadores de esa pubertad y** la administración **de hormonas** al margen de la opinión de los padres, es género. **La ocultación de los datos estadísticos de suicidios tras las operaciones de cambio de sexo**, es género. **La ocultaci**ón de afectados d**e síndrome de Harry-Benjamin, que exigen diagnóstico médico** y reconocimiento de su situación de pacientes, y **la transformación de un síndrome médico en una circunstancia normal y fruto de un acto de voluntad del interesado para aumentar las ratios de transexualidad, es género.**

La hipersexualización y el hedonismo junto con la disgregación de sexo, amor y procreación, generan relaciones sexuales prematuras e inestables cuyas necesidades (medios anticonceptivos, píldora, abortos…) surgidas de la extrema juventud, la inestabilidad sentimental y la ausencia de un proyecto vital, dan como consecuencia un negocio que mueve una gran cantidad de dinero. Se llama *ampliación de la cartera de clientes*. Es muy recomendable que los posibles clientes se incorporen al mercado cuanto antes. Por ello, los púberes y adolescentes reciben unas clases de educación sexual perfectamente ideadas para que generen una presión social que los empuja a un sexo temprano. Sexo prematuro que, para muchos, supone abortos y enfermedades de transmisión sexual (ETS) por su irresponsabilidad, fruto de la edad y la sensación de impunidad y ausencia de riesgo que implica la idea de que siempre haya solución: sea la que sea incluido el aborto. No pasa nada, todo vale. **Las clases de educación sexual ideológicas basadas en el ejercicio del sexo sin responsabilidad ni madurez, al margen del amor, el compromiso y el proyecto vital, es género.**

Cuando no consiguen acceder a las aulas de niños y adolescentes mediante la educación sexual ideológica vendida como sexo saludable y feliz todo lo que quisieran, los lobbies del género lo hacen con un truco tan antiguo y conocido como el *caballo de Troya*. El *caballo de Troya* feminista es la "prevención de la violencia de género" en un país con una de las tasas más bajas del mundo en esa lacra. Esa prevención de un único tipo de violencia negando la existencia de otras, en el caso de los adolescentes se ha asociado de forma especial a otro concepto ya mencionado: el amor romántico. Ese amor romántico, cantado desde los albores de la humanidad, es la causa última de que los hombres maltraten a las mujeres. El objetivo es claro: crear la desconfianza de las adolescentes respecto a sus compañeros varones, que los vean como embaucadores, maltratadores genéticos, que interpreten cualquier cosa como violencia y que anide en ellas el pernicioso germen del victimismo. Por parte de los varones, la sensación de injusticia al verse acusados, sin merecerlo y sin posibilidad de inocencia, de ser maltratadores, les hace albergar la venganza de despreciar y utilizar a las mujeres que le culpan de algo que no ha cometido, ni pensaba cometer. **El fomento de la incomprensión de ambos sexos y la presentación del amor romántico como origen de la violencia contra las mujeres, es género.**

En un nuevo paso hacia la incomprensión de los sexos y obtención de un caladero de nuevos fondos, se han empezado a hacer campañas sobre la violencia de género en la pareja adolescente eliminado todos los datos incuestionables sobre la bidireccionalidad, y transformando en violencia los problemas habituales de un aprendizaje relacional. Se busca la judicialización y criminalización de comportamientos no delictivos que implicarán destruir en proceso madurativo, generar injusticias y erradicar la familia antes incluso de que se geste por exacerbación de los comportamientos anteriormente descritos. **La magnificación de la violencia de género en parejas sin lazos estables y de corta duración como las adolescentes y la judicialización de sus relaciones, es género.**

La tergiversación de las relaciones heterosexuales que supone semejante enfoque y exageración de la violencia, se ve reforzada con los lobbies homosexualistas que acceden a los menores a través del otro *caballo de Troya* del género: el acoso homofóbico y los presuntamente bienintencionados cursillos de respeto al diferente y a la diversidad sexual. Para estos lobbies hay que respetar sólo a un tipo de diferentes, los sexuales, y la mejor forma de entenderlos y empatizar con ellos es probando ese mundo de sexualidad diferente para confirmar que no es malo ni reprobable. **La promoción de la homosexualidad en las aulas, es género.**

173

Hay que señalar que, en ambos casos, violencia de género y acoso homofóbico o bullying al diferente sexual, el fenómeno se ha hipertrofiado para generar alarma social y la adhesión y preocupación de la población en general a través de falsear encuestas, descontextualizar datos e inventar la realidad. De esa forma tienen garantizado el acceso a los centros de menores. **La manipulación de datos, falseado de encuestas y tergiversación de titulares de noticias, en esto y en el resto de los apartados mencionados, es género.**

El desamparo del menor es la mejor garantía de manipulación; los colectivos del género tratan, por todos los medios, de eliminar el derecho de los padres a educar a sus hijos según sus convicciones que, obviamente, son malas. Las "convicciones buenas" son las suyas propias y para promocionarlas, además de entrar en las aulas a través de asignaturas diversas, de profesores adoctrinados, de cursillos y tutoriales, abogan por materias claramente ideologizadas. En ellas, el género es puesto a la altura de conceptos éticos como democracia, justicia o libertad, y las valoraciones y opiniones políticas y morales se imparten como verdades incuestionables. **La Educación para la Ciudadanía y asignaturas de claro sesgo ideológico, son género.**

Para obtener un menor de edad desamparado, sin referentes ni mecanismos de defensa, hay que destruir el cobijo moral y de valores que supone la familia. El divorcio se debe promocionar para que carezcan de la estabilidad familiar y la certeza de afecto que producen personalidades estables y sólidas que se defienden de manipulaciones. Las facilidades legislativas para el divorcio y el nulo intento político por evitar rupturas evitables sorprenden cuando en todas partes la estabilidad familiar se considera un bien para el menor y la sociedad. **La destrucción de la familia con facilidades hasta parecer promoción, las legislaciones de rupturas de pareja sin pedir reflexión y sin un solo esfuerzo por evitar las separaciones evitables, es género.**

El menor inestable y sin confianza en sí mismo es mucho más manipulable, por lo que se facilita y promociona su uso como arma arrojadiza en procesos de divorcio complicados, se le exige que tome partido por un progenitor en asuntos que implican a sus mayores, se le alteran sus sentimientos con el fomento del desafecto y el odio a uno de sus padres, se le destruye la autoestima con la sensación de ser molesto, no querido, utilizado... Conjunto de síntomas que pese a ser un evidente síndrome de alienación, se oculta. **La negación de la existencia de un conjunto de síntomas de alteración de la personalidad del menor (Síndrome de Alienación Parental), es género**.

La negativa de los lobbies feministas a que la custodia del menor sea compartida pese que la corresponsabilidad parental es una de sus reivindicaciones tradicionales obedece, entre otros factores, a esa destrucción o alteración de la personalidad del menor. Se busca la ausencia de la figura paterna, así como de su familia extensa y la imposibilidad de que se genere una relación más cordial entre los progenitores unidos por el proyecto común de la educación y crianza del menor, indudables factores de estabilidad para éste. **La destrucción de los vínculos familiares primarios y la negativa a la custodia compartida contra el bien superior del menor, es género.** En la oposición de los lobbies a la custodia compartida también hay causas relacionadas con los intereses económicos de numerosos colectivos que se desarrollarán más adelante y que demuestran que la lucha de estos grupos no es por la mujer y por la igualdad, sino por razones ajenas a todo ello.

La destrucción de la estabilidad del menor, de su personalidad, de su autoestima, de su inocencia y de sus referentes reforzada por la destrucción de la familia como garante de su protección y formación culmina con la destrucción del varón, del padre, del esposo, del protector, de todo lo que compone la masculinidad psicobiológica expresada en una sociedad de origen natural.

Los hombres heterosexuales se convierten, para la ideología de género, en el enemigo a batir. Al varón se le hace responsable último de los condicionantes de su propia biología: ser más fuerte, más competitivo, más agresivo, más libre en las consecuencias de sus sexualidad… y culpable de los condicionantes de la biología femenina: la maternidad. El hombre es machista por su forma de sentir, de moverse, de sentarse, de actuar y de pensar, por sus gustos, deseos y percepciones… por su papel biológico para la supervivencia de la especie. **La criminalización del varón heterosexual por su naturaleza, es género.**

Contra los más básicos argumentos de derechos humanos, el hombre es demonizado por ser lo que es con una de las mentiras más exitosas del género: la violencia de género… El hombre maltrata a la mujer por ser mujer, no se admite otra razón, ni otras violencias contra otros colectivos. El hombre es culpable genético del maltrato contra cualquier razonamiento ético, sin presunción de inocencia porque está en su naturaleza, último reducto de ese heteropatriarcado que no deja vivir en paz, según dicen, a los privilegiados vendedores de la tela del género y cuya "existencia inexistente" garantiza el éxito y la pervivencia de una guerra sin enemigos. **La invención de la violencia de género y las leyes que promocionan la persecución del varón heterosexual con la disculpa de erradicarla, es género.**

Los hombres, desorientados y perseguidos, criminalizados por leyes de culpabilidad genética rechazan las relaciones estables y la paternidad por los numerosos problemas que acarrean y buscan relaciones esporádicas cosificando y utilizando a la mujer. Los jóvenes huyen de la creación de familias, entretenidos con "bonobas" de sexualidad no selectiva a las que desprecian e instrumentalizan. Exactamente lo que, visto el mapa del género, parecía perseguirse. **La propiciación del caldo de cultivo de un nuevo neomachismo, es género.**

La eugenesia es consecuencia directa de la cosificación del ser humano y su valoración utilitaria: el ser humano imperfecto despojado de su dignidad aparece como una carga que nadie quiere acarrear. La concepción de la vida con base en el egoísmo y el individualismo implantada por el género, ese afán de obtener la felicidad, el placer y lo que se desea por encima de cualquier consideración, hacen el resto.

La eutanasia aparece como la única forma de mantener un sistema basado en la sostenibilidad del anciano improductivo gracias a una población joven amplia y dinámica que el aborto y la anticoncepción ha reducido hasta cotas impensables. Sólo reduciendo la población improductiva, y que además genera gastos sociales adicionales, puede mantenerse la sociedad del bienestar. Al camelo de la elección de la propia muerte y el "derecho a decidir", le sigue la presión social de terminar con una situación que causa molestias a otros y, finalmente, la aceptación de que ese tipo de situaciones deben ser finalizadas "de oficio" por el bien de todos. De la elección, a la "ejecución benéfica", como está sucediendo en los países que ya llevan años con leyes de eutanasia en vigencia. **Por ello, eugenesia y eutanasia son consecuencias directas del género.**

**Finalmente, la pederastia basada en el presunto derecho sexual del niño y el infanticidio como forma de deshumanizar definitivamente a la mujer y al ser humano indefenso, aparecen en el ho-**

**rizonte como el siguiente tramo de la pendiente ética del género** iniciada en el derecho a la sexualidad y en la cosificación del menor, últimas aberraciones que van a dar definitivamente al traste con las barreras ético-morales de una sociedad basada en el humanismo cristiano, el derecho natural, el respeto por la vida y la naturaleza. Por estar en proceso de aceptación ética los veremos más pormenorizadamente como ejemplo en las técnicas de manipulación.

Una vez vislumbrada la silueta, temible y espantosa, de la hidra, si se mira en torno a su territorio y se calibran las consecuencias de su existencia, la devastación es absoluta, el panorama no puede ser más desolador:

Los HOMBRES, tan duros de pelar, se llevan los peores proyectiles…

• desorientados por el desprecio a su naturaleza,

• criminalizados legalmente por su sexo,

• convertidos en ciudadanos de segunda clase,

• acusados de maltratadores y violadores intrínsecos,

• heridos por ser injustamente tratados y valorados,

• huyendo, escaldados, de las relaciones estables y los compromisos,

• utilizando y despreciando a unas mujeres que sienten enemigas,

• acosados hasta en lo más nimio (micromachismos, piropos…) y acusados de los más rastrero (pederastia con sus propios hijos si luchan por la custodia),

• empujados a la desesperación y el suicidio.

Las MUJERES, un sexo sensible y generoso, degradado…

• envilecidas, sacando lo peor de sí mismas a través de legislaciones revanchistas,

• manipuladas para odiar su biología, su físico, su comportamiento, sus gustos y su ser ontológico,

• animadas a despreciar la maternidad y a matar a sus hijos de forma despiadada,

• víctimas del síndrome post aborto y de las depresiones,

- incentivadas a utilizar a sus hijos como armas en la "guerra de sexos",
- atiborradas con sustancias nocivas para garantizarles la "salud sexual y reproductiva" mientras deterioran su salud "a secas",
- víctimas de la soledad, exigiéndose ser "supermujeres" y de frustración en frustración por no llegar a todo.

Los MENORES. Sin derechos, sin sexo que les defina aunque, de forma paradójica, hipersexualizados...

- troceados en el vientre de sus libres y emancipadas madres,
- sin dignidad humana y convertidos en unas "células no humanas y sin vida",
- cosificados, mercancía objeto del capricho de los adultos (vientres de alquiler, niños a la carta...),
- privados de su infancia y de su inocencia,
- prematuros clientes del negocio sexual y la futura carne que nutrirá la industria del género,
- apartados de uno de sus progenitores y utilizados por el otro,
- privados de núcleos familiares sólidos para hacerlos más inseguros y manipulables,
- expuestos a las teorías "diversosexuales" de lobbies con intereses espurios, "por decreto" y en sus centros educativos,
- ideologizados con una "educación sexual" que:
  - les desvincula de las relaciones estables,
  - les cosifica con comportamientos amorales, egoístas y serviles a un sexo adictivo,
  - les convierte en consumidores de contraceptivos, "píldoras del día después" (PDD) y abortos,
  - les aboca al resentimiento y a la "lucha de sexos", sin explicarles sus diferencias y sin ayudarles a conocerse y comprenderse para crear uniones estables.

La Hidra busca destruirnos en lo más noble que tenemos: nuestra dignidad humana, nuestra parte espiritual y cultural que nos diferencia de los no humanos. Y asombrosamente lo hace a través de la destrucción y la negación de nuestra biología, tan intrincada es la unión de nuestras dos naturalezas. Pero lo que acaba resultando evidente cuando, tras dibujar la imagen de la bestia cabeza por cabeza, se mira el contorno completo es que el objetivo final de la destrucción de la dignidad del ser humano implica ineludiblemente eliminar sus barreras últimas de protección: la familia. Si vuelven al inicio del capítulo y hacen una lectura rápida de los epígrafes que dibujan el mapa ideológico del género verán que prácticamente todas las evoluciones perversamente lógicas de la negación de la biología acaban en un ataque frontal al organigrama biológico básico, el que nos ha protegido físicamente como especie y el que en un entramado psicológico de equilibrio perfecto nos forma la personalidad, el que nos da seguridad material y anímica: LA FAMILIA.

La FAMILIA aparece en el horizonte de la ideología de género como ese enemigo a batir que protege a la "carne de cañón" (hombres, mujeres y niños) de la industria del género:

- Destruida por un divorcio facilitado hasta la incentivación, y sin un solo esfuerzo o fondo público en evitarlo pese al problema social que supone.

- Desvirtuada por la promoción de relaciones "alternativas" y valoración de éstas como familia para diluir un concepto sociobiológico único.

- Corrompida en su esencia hasta aparecer como un elemento de opresión para la mujer y una trampa económico-afectiva para el hombre de forma que huyan y busquen relaciones alternativas.

- Sufriendo una manipulación social en todos los ámbitos y en todas las edades para provocar los fracasos de hogares estables y beneficiosos para los menores.

Vamos a tratar de entender cómo un animal mitológico, un monstruo de ficción al fin y al cabo, puesto que la ideología de género es pura ficción, ha podido llegar a tener tanta fuerza y crear tanta desolación. Cómo se ha ido introduciendo en la sociedad y cómo se establece definitivamente mediante la manipulación comunicativa, el falseamiento de datos y estadísticas para crear una realidad "adecuada", la presión social a la disidencia, las legislaciones y las acciones punitivas legales y el adoctrinamiento de los menores: exactamente igual que lo hacen los gobiernos totalitarios de los que ha copiado técnicas, estrategias y medios. Y todo ello engrasado y regado con el dinero público que aportan las propias víctimas.

# CAPÍTULO 13
## TÉCNICAS DE MANIPULACIÓN II
### VENDIENDO LA MULA CIEGA

*El hombre se precipita en el error con más rapidez*
*que los ríos corren hacia el mar*
Voltaire

Los medios de información y manipulación de masas han conseguido que acabemos viendo la tela que no existe, e incluso, que los más incautos rivalicen en elogiar los colores y demostrar que ellos también llevan un traje de esos tan bonitos. En definitiva, que asumamos lo que nunca hubiéramos creído posible ni aceptable. Vamos a tratar de analizar la forma por la cual nos han convencido, contra nuestros principios y más profundas percepciones, de que es válida una ideología falsa y nefasta y que son buenas unas legislaciones y unos derechos que, en el mejor de los casos, se podían tachar de injustos y, en el peor de los casos, de brutales. Aplicado al caso de España, lo cierto es que estas técnicas se repiten de forma idéntica en los diversos países según van entrando en "la agenda del género". Por ello, además de explicar cómo se ha manipulado a la población española, puede ser útil describir esas técnicas y que sirva de denuncia en otros lugares cuando empiecen a sucederse.

Desde luego, la primera de las manipulaciones es la creación de ciudadanos cada vez más desconocedores de las materias que no son prácticas y no generan trabajadores eficientes en actividades tecnológicas, pero alumbran ciudadanos libres, es decir, la introducción de materias técnicas en los estudios escolares en detrimento de las que "hacen pensar". Esta estrategia busca MANTENER A LOS CIUDADANOS EN LA IGNORANCIA, LA MEDIOCRIDAD Y EL INFANTILISMO para que sean fácilmente dirigidos y terreno abonado para el resto de las estrategias que iremos desarrollando a continuación.

Pese a los numerosos cambios de leyes educativas que han sumido a la educación española en el caos, la reducción de las asignaturas humanísticas ha seguido una línea continua y progresiva. En ningún momento, fuera cual fuera el color del gobierno de turno, se frenó su caída. La filosofía y la ética son algo ya residual, con un número de horas semanales tan ridículo (una o dos) que no es posible crear el hábito del análisis. Pensar cuesta trabajo, como aprender a andar, pero una vez se aprende, se disfruta ejercitándose y nunca se olvida. En este momento, y lo digo con conocimiento de causa, los adolescentes ni saben, ni quieren pensar sobre cualquier tema que les produzca desazón. La libertad y la madurez van parejas con la creación de criterios propios, la valentía de actuar y elegir las acciones según estos criterios y la responsabilidad de afrontar las consecuencias de esa elección. Las nuevas generaciones temen elegir o no saben, prefieren que otros les marquen el camino y, cuando lo hacen, son incapaces de afrontar las consecuencias de su elección. De esta manera, se mantiene a los ciudadanos en una infancia prolongada que los hace pastueños y débiles. A nadie nos gusta afrontar las consecuencias, a veces difíciles, de nuestros actos y esa es una de las bazas por las que la cruel práctica del aborto tiene tanta aceptación: Tras las clases de incitación al sexo temprano vendido como un derecho, a los menores (y a los mayores también) se les da la posibilidad de no tener que afrontar las consecuencias de una irresponsabilidad. La negativa por egoísmo, para eludir la realidad por ser desagradable o por pura incapacidad para asumirla, a pensar lo que significa sacar a un ser humano vivo y en formación del útero materno, unida a la posibilidad de no afrontar las consecuencias de sus actos, hacen el trabajo final comenzado por la "venta de la tela" y las técnicas de manipulación que ahora veremos.

La ideología de género necesita ciudadanos infantilizados… y los tiene. Ciudadanos incapaces de afrontar las consecuencias de sus actos… y los tiene. Ciudadanos que relativicen el daño ejercido, siempre poco y el que ellos puedan recibir, siempre mucho. Ciudadanos con miedo a la libertad y la adversidad que, como un conocido mío, pidan ante el diagnóstico de una enfermedad mortal, no se les diga nada y se les mate… como a los perros.

Debates y análisis de temas moralmente discutibles son eliminados de las programaciones o, más habitualmente, obviados por el mecanismo de introducir en los textos la solución "adecuada" a esos temas controvertidos como dogmas establecidos según la corrección política. Los poderes públicos, contra el derecho a la libertad de pensamiento y opinión de las sociedades libres, han tomado partido por una ideología y se transmite en las escuelas al margen de la imparcialidad exigible. Pero nadie hace nada porque la inmensa mayoría de padres y docentes han asumido como buena la ideología de género, la tela invisible, y no les espanta que se instruya en ella a los menores haciéndoles ir desnudos y vulnerables, como animales de matadero. Porque ellos van igualmente desnudos y vulnerables como animales de matadero, víctimas también de todas las técnicas de manipulación, más poderosas aún con el dinero y los medios, casi infinitos, con que se cuenta y la desinteresada ayuda de los millones de personas pusilánimes o ya abducidas.

Y esta ideologización, no sólo sucede en las asignaturas evidentemente sectarias como la famosa "Educación para la Ciudadanía", bastión adoctrinador del socialismo del PSOE que ha perdido las pautas fundacionales, la ética y el norte. Para más daño, en los libros de texto aparecen como ciertas muchas de las falsedades de la ideología de género por obra del axioma de que "una mentira repetida mil veces se convierte en una verdad". Y muchas de las falsedades del género se han instaurado como ciertas por ser repetidas y amplificadas por vendedores del género y por biempensantes que colaboran inconscientemente.

Los programas de Ciencias Sociales se presentan manipulados y ya interpretados para evitar las conclusiones divergentes al pensamiento que interesa. Por ejemplo, en los textos de sociales se habla, como algo plenamente aceptado, de la emancipación de las mujeres gracias al "derecho a la salud sexual y reproductiva", como si tener "buena salud" en algunos ámbitos emancipara legalmente. Naturalmente se refieren al aborto, por lo que para las personas avisadas, la equiparación es evidente, en tanto que en otros textos más agresivos van directos al grano y ponen "emancipación mediante el derecho al aborto". Sin embargo, como no se puede decir que una lucha tan económicamente rentable ha terminado, siempre se añade que las mujeres aún seguimos discriminadas y que en España cobramos menos salario que los hombres, falsedad exitosa por repetición y fruto de la manipulación de estadísticas. No hay un solo caso en el que la mujer gane menos que un hombre en la misma situación: sería un delito fácilmente denunciable y además llevaría, si eso fuera posible, a que ninguna empresa contratara hombres por x euros pudiendo contratar mujeres por x-10 si estas hacen el mismo trabajo. Tan repetido ha sido, que aparece en libros de texto sin que nadie explique, porque en realidad nadie lo sabe, que esas cifras son fruto de "cocinados y adobados" de las estadísticas: la existencia de más *minijobs* en las mujeres (no menos pagados pero sí con menos horas y por ello con menos sueldo total) que les facilita una voluntaria conciliación de familia y empleo y el hecho de que haya más hombres con salarios altos, ya sea por cargo o por asumir trabajos de riesgo (mayoritariamente ejercidos por hombres) que suponen un plus económico, hace que una mani-pulada "media de sueldos" al margen de estos condicionantes, asigne sueldos más bajos a las mujeres. Esto se vende con la frase "las mu-jeres ganan un 25% menos que los hombres" para que se interprete como que se les paga menos ante el mismo trabajo, lo que sería delito punible si alguien pudiera aportar un solo caso a los tribunales. He constatado en varias ocasiones que las mujeres feministas de cierto nivel en el organigrama de poder son perfectamente conscientes de la mentira. Pese a ello, la utilizan, sin complejo ninguno, hasta que se les evidencia el conocimiento del engaño por parte de interlocutores o audiencia. De todas formas, se verán posteriormente algunos casos sobre la manipulación de encuestas y datos, sólo una pequeña mues-tra de la infinita cantidad existente.

En el caso de Lengua Castellana, se ha de enseñar que el lenguaje no sexista debe utilizarse al margen de las normas lingüísticas, etimoló-gicas y gramaticales. Por ejemplo, en un libro de texto ideológica-mente neutro aparece como ejercicio que los alumnos han de seña-lar la *incorrección sexista* (sic) en la frase "Las señoras de la limpieza comenzaron su trabajo" (personal de limpieza) y "La jefe de servicio comenzó el trabajo" (la jefa) o "La juez ordenó medidas cautelares" (jueza), al mismo nivel que deben detectar los errores gramaticales u ortográficos. También se exige el uso del antiespañol doblete "ciuda-danos y ciudadanas", en tanto en español existe el plural común y el malsonante "juez-jueza" existiendo el epiceno, palabra de doble uso en ambos sexos, transformación artificial y alingüística que, natural-mente, no se exige si la palabra en cuestión tiene "aspecto femenino" como es el caso de electricista y "electricisto", pediatra y "pediatro". Los dislates de algunas políticas feministas a las que hemos oído decir "miembras", "jóvenas" o "quijotas caballeras andantas" son parte de esta demencial estrategia de amoldar el idioma a la ideología y no obedecía a ninguna casualidad, sino a un plan establecido que también incluye la desaparición de términos y la aceptación, o no, de otros en función de los intereses de la agenda del género forzando a la RAE y dictando los manuales de estilo de los medios informativos afines. Ningún profesor culto y no ideologizado puede enseñar este tipo de cosas sin sonrojo. De hecho, el miembro de la RAE D. Ignacio Bosque hizo público un estudio ratificado por toda la Academia sobre estos asuntos criticando el uso ideológico del lenguaje al margen de su etimología y sus normas. Sin embargo, los seguidores de la ideología de género son acientíficos hasta en la lingüística y han hecho oídos sordos pese a que una de las firmantes, Margarita Casas, es una reconocida feminista.

Por otra parte, la utilización de las estrategias de manipulación, tan conocidas y antiguas como efectivas, funcionan perfectamente en una sociedad ignorante e infantilizada que, infortunadamente, las desconoce. O simplemente es incapaz de reconocerlas por la falta de espíritu crítico y por la indefensión que produce estar desprevenido por creerse en una sociedad libre.

Un clásico de la manipulación de masas es la llamada ESTRATEGIA DE LA DISTRACCIÓN, que consiste en inundar de información irrelevante de forma que se desvía la atención del público de los temas importantes que más le pueden afectar. Esta técnica funciona como diluvio de distracciones e informaciones sin trascendencia consiguiendo que el ciudadano permanezca ocupado y con su atención en tonterías. También se juega con la imposibilidad de leer todo y de discernir, en una cantidad elevada de información, lo importante de lo accesorio. Es la TÉCNICA DE LA SATURACIÓN INFORMATIVA. En el mundo actual se genera una enorme cantidad de noticias, por lo que no es complicado llevar a cabo esa saturación. Una persona medianamente informada puede recibir una media de 300 noticias diarias. Ante la imposibilidad de conservar toda esa información, el cerebro humano actúa olvidando todo lo que considera accesorio, o pasado, para dejar sitio a nuevas informaciones. Eso significa que, a mayor información, mayor olvido. Y en ese borrado del disco temporal de datos irrelevantes también se borran cosas importantes. De hecho, se relaciona el fracaso escolar de niños víctimas de esa sobresaturación informativa y la consiguiente necesidad de borrado de datos con la posibilidad de que, además de la información de videojuegos y programas televisivos, se eliminen los datos del aprendizaje escolar. Por otra parte, esa sobresaturación resta tiempo para reflexionar y sacar conclusiones. El continuo bombardeo de noticias, por tanto, impide el seguimiento de acontecimientos relacionados, de forma que no se puedan llegar a inferir consecuencias al respecto por falta de datos ya borrados y de tiempo para organizarlos. Y no hay que olvidar que la información sólo es útil en la medida en que somos capaces de relacionarla con otros conocimientos y extraer de ella unas consecuencias.

Consecuencia también de la sobresaturación informativa se pone en marcha un mecanismo cerebral consistente en la activación de una "selección automática" que colabora a facilitar la manipulación del ciudadano. Ese mecanismo por el cual no asimilamos información por acciones inconscientes (si no nos gusta el locutor, si lo creemos publicidad…) permite que, quien tenga la técnica de eludir o manejar esa selección automática en los cerebros pueda hacer llegar su información por encima del resto. Como una de las formas de eludir esa selección es la repetición continua de un mensaje, los informadores con dinero, que puedan traspasar esa barrera inconsciente bombardeando continuamente con datos fáciles de repetir, tienen una ventaja sobre los demás. De hecho, lo repetido se recuerda más y se implanta en la memoria de tal forma que termina pasando a ser considerado como opinión propia.

Otra forma de seleccionar el aluvión informativo es leer sólo los titulares de las noticias, el texto grande, sin ampliar información en el cuerpo de la misma lo que facilita LA CONTRADICCIÓN ENTRE TITULARES E INTERIOR. El conocimiento y aprovechamiento de este mecanismo de reducir información lleva a que muchas veces, en temas de importancia, los titulares contradigan el resto de la noticia con total desvergüenza y la seguridad de que apenas nadie lo va a descubrir aportando en el cuerpo de la noticia un desarrollo farragoso de ese titular a sabiendas de que se desanima a su lectura y que camufla el dato real contradictorio.

Si a esto se añaden noticias creadas específicamente para sobresaturar la atención, lo que interesa que pase desapercibido por su trascendencia social se diluye en el torrente sin que el medio de comunicación pueda ser acusado de no haberse hecho eco de la noticia, importante pero camuflada. Para ayudar al despiste entre esencial y prescindible y la incapacidad de diferenciar en el aluvión, esa diferenciación se hace desde los medios de comunicación instalando en lugares relevantes las "noticias cebo" y convirtiéndolas en motivo de charla popular, en tanto lo importante aparece en lugar menor y nadie lo ve.

Estas técnicas, que al menos tratan de guardar las formas de la ética periodística informando, aunque lo mínimo posible, de lo realmente relevante, en algunos casos de perfecta desvergüenza e indignidad se convierte en simplemente la desaparición de la noticia que molesta. Es la técnica basada en el axioma que dice que *lo que no sale en los medios, no existe* o HURTAR INFORMACIÓN CONTRAPRODUCENTE para el fin buscado.

Como ejemplo paradigmático, pero en absoluto extraordinario pues se repite a menudo, se puede estudiar el caso de la cobertura de un medio gratuito a una multitudinaria manifestación pro-vida en Madrid el 17 de Noviembre de 2013.

El indigno periódico no consideró relevante que en Madrid se hubiera celebrado una macro-manifestación contra el aborto con 486 entidades convocantes y con autobuses llegados desde 46 ciudades llenos de manifestantes. Su portada fue para un cómico-presentador y para una miniprotesta contra la política sanitaria madrileña de *alrededor de 500 personas* según el diario.

Durante el trayecto de la macro-manifestación pro-vida, cinco mujeres semidesnudas del colectivo FEMEN se abalanzaron contra la cabecera llena de niños y fueron detenidas por la policía. Como el panfleto informativo tiene órdenes de dar eco a todo activismo *de género* a la vez que se autocensura para publicar noticias que puedan mostrar que mucha gente no quiere comprar "la tela del género", acuciados por el dilema de sacar información prohibida del "suceso tabú" o no poder informar del exhibicionismo FEMEN (línea editorial) optan por publicarlo en la página 8 en un apartado llamado *20 segundos*. Así se justificaba la escasez de datos sobre las razones de la detención, a la vez que la foto publicitaba a las exhibicionistas. Lo asombroso es el intento de explicar la noticia y las razones del "acto

FEMEN" sin mencionar, en lo posible, la manifestación pro-vida que lo había causado, a la vez que el diario se ahogaba en el ridículo y la inmoralidad informativa. Si los medios con más difusión deciden no mencionar la noticia, el hecho no ha sucedido para la gran masa de ciudadanos, por muy relevante que sea.

A la desaparición de hechos relevantes que no interesan, se une el hiper-seguimiento de hechos menores para amplificarlos, como aquí se puede ver en la cobertura de una marcha de 500 personas (posiblemente menos), acto minoritario en una población madrileña de millones de habitantes.

Acerca de este asunto se apunta otra de las terribles acciones manipulativas, ésta novedosa y de cara a un futuro ya ideologizado por completo que no debe conocer la verdad de ningún modo buceando en el pasado. Novedosa y, por ello, poco conocida: la nueva reescritura de nuestra memoria virtual, LA ALTERACIÓN ARTIFICIAL DE LA MEMORIA VIRTUAL COLECTIVA. Si ustedes buscan información en internet sobre la macro-manifestación y teclean "18 noviembre Madrid manifestación pro-vida" (día en que salen los periódicos que informan sobre el día 17) las primeras entradas son todas acerca de las cinco FEMEN que aparecieron a provocar y su detención. La marcha de cientos de miles de personas desaparece bajo la presencia de 5 totalitarias sin respeto y sin principios. Existe una forma, como saben, de primar unas entradas sobre otras para que, al usuario, cuando se teclean unos datos para buscar información, le salgan por delante las que interesan al que realiza el "retoque". Y, evidentemente, se está llevando a cabo y destacando hechos al margen de su importancia y a favor de la nueva historia que está construyendo el género. Se está alterando, mediante vías informáticas, la memoria colectiva de los medios electrónicos, la hemeroteca virtual que utilizamos todos cada vez más. Esta falsificación de los hechos sucedidos, técnica de la que son expertos los regímenes totalitarios y que reflejó claramente Orwell en su distopía "1984", curiosamente se está utilizando en las democracias respecto al tema del género en los datos, sucesos, acontecimientos e incluso, historia. Una parte de los ingentísimos fondos que se dedican al género sirven para, además de ocultar informaciones, crear y publicar datos, encuestas artículos, estudios falsos que anegan las vías de información y grados, programas asignaturas, investigaciones... que reescriben la historia y que gracias a la ayuda económica y el fácil acceso son las que consume el público.

En el caso de la Wikipedia, los colectivos feministas han asegurado, sin dar ningún dato concreto y apelando a una estadística mundial desconocida y que, obviamente, no se basa en estudios serios, que las entradas de esta enciclopedia virtual son mayoritariamente introducidas por hombres. Por ello, consideran que hay una inadmisible "brecha de género" y se han coordinado, fondos públicos mediante, organizando grupos de mujeres asalariadas para introducir "perspectiva de género" en esa enciclopedia. Como la famosa "perspectiva" es simplemente manipular con ideología de género cualquier información, su trabajo consiste en reescribir la historia y corromper el lenguaje.

Afirman que, si algo lo escribe una mujer metiendo su "perspectiva de género", es diferente. Por ello han surgido coordinadoras como Editatona de México que alecciona y paga a mujeres para que escriban artículos sobre mujeres y para mujeres y se les enseña mediante cursillos a publicar en Wikipedia. Su función es cambiar el final de las palabras con intención de feminizarlas, hacer categorías especiales de mujeres en diversos campos de la cultura y el saber (introducir, por ejemplo, un apartado especial de escritoras donde antes había uno general al margen del sexo) e introducir mujeres en la historia, a veces sin datos fidedignos sobre su existencia, o con unas valías no excesivamente reseñables, lo que a la larga deja a las mujeres respecto a sus contemporáneos varones como poco valiosas y creativas, salvo que empiece la fase de reasignar obras de grandes genios a sus correspondientes mujeres o parientes femeninos a las cuales, supuestamente, hubieran despojado de esas creaciones.

En todo este montaje se impide la participación de hombres, aunque sean "feministos", se desprecia el enfoque, aunque sea ecuánime, de un varón por el hecho de serlo y se discrimina a hombres y mujeres en grupos separados además de atentar contra la etimología, la gramática y el sentido común.

El organizado engaño, que va a ser consultado por millones de personas de todo el mundo que van a basar sus conocimientos en información deformada por la ideología de género, es analizado en sus resultados desde un organismo llamado Wikimedia Foundation. No se sorprendan de nada que encuentren en esa enciclopedia.

Si volvemos a este "callejón del gato" deformante de la realidad que son los medios ideológicos en su función de alterar la importancia de los hechos para ocultar datos y crear opinión sobre falsas premisas, encontramos otra forma de manipulación, la TÉCNICA de la LLUVIA FINA. Los medios de comunicación que quieren crear un vuelco de la opinión pública sobre un tema concreto se dedican, de forma sistemática, a incluir siempre, o con regularidad, una noticia sobre el asunto, que parece casual pero que está perfectamente buscada y narrada para ir calando en el subconsciente y creando una percepción subliminal en el lector habitual. Existe una conocida leyenda urbana que todo el mundo cree y utiliza como ejemplo de la maldad y la subrepticia forma de acción de la manipulación que quizá conozcan: la historia cuenta un experimento consistente en la introducción, en los fotogramas de una película, de imágenes brevísimas de una conocida bebida que los ojos no detectan, pero sí lo hace el cerebro, con el resultado de desear esa bebida al final de la película. La gente piensa que está a salvo de esa forma de programación mental porque conoce la historieta de los fotogramas y, sin embargo, es víctima de la misma estrategia de forma habitual, sin consciencia ni defensa.

Lo mismo que, posiblemente, la persona avisada del experimento pudiera detectar los fotogramas, al contrario que quien lo ignora, si se conoce y se vigila esta estrategia en el tema del género, el truco queda a la luz como cuando se ve al mago desde el ángulo adecuado.

Este sistema va regulando el tema de las noticias, siempre de *género*, según se van sacando adelante los objetivos de la agenda del género. Desde el año 2014-2015 en España se está llevando a cabo, a espaldas de la población, un proyecto organizado de legislaciones lesivas para la libertad y la igualdad de los ciudadanos: las mal llamadas leyes de igualdad LGTB y las de derechos de las personas transexuales que generan "neoderechos" para estos colectivos restringiendo derechos fundamentales en el resto de la ciudadanía, como ya veremos. En el caso de las legislaciones de personas transexuales, la ideología se pone por delante de la ciencia e impide la opinión de médicos y psiquiatras sobre las causas últimas de esa discrepancia entre cuerpo y mente que es, en esencia, la transexualidad. El objetivo es que algo inhabitual y que implica complicaciones de todo tipo, especialmente médicas, se acepte como algo normal y al margen de la medicina. En una ocasión el padre de un transexual, perfectamente adoctrinado en la "normalidad" de la transexualidad, me exigió pedir perdón por hablar del "problema de la transexualidad" alegando que su hijo no tenía ningún problema. Trataba de convencerme de que tener un cuerpo masculino y una mente que se reconocía como mujer y las consecuencias de equiparar quirúrgicamente uno y otra (operaciones peligrosas y mutiladoras y tratamientos hormonales para toda la vida) no era motivo de preocupación y, por ello, un problema. En ningún momento se cuestionó por mi parte la dignidad y el respeto a la persona transexual, que es lo que presuntamente trataba de defender aquel padre equiparando "problema" con "desprecio". Porque el adoctrinamiento sufrido por ese padre daba como resultado que asociar la transexualidad a "un problema" se equiparaba con negar la dignidad y el respeto al transexual... La ceguera ante la realidad llega a este punto.

La técnica de la LLUVIA FINA engloba cualquier noticia relacionada con el tema para ir macerando en el cerebro de la población la importancia de un colectivo minoritario y privilegiado, para que consideren normal conocer la menor nimiedad sobre éste e incluso tengan la necesidad de saber cuanto les acontezca por parecerles muy importante cuando en realidad no lo es. En este chaparrón de noticias las hay de varios tipos definidos: todas valen para que "el terreno" vaya permeabilizándose, si bien ejercen funciones diferentes de manipulación.

A fin de que la población admita y considere necesarias, cuando no lo son en absoluto, las leyes de la desigualdad entre LGTB y heterosexuales, hay que crear la sensación de indefensión, como colectivo, de uno de los grupos de presión más privilegiados del mundo occidental en este momento. Entonces entra en escena la técnica de manipulación consistente en DIRIGIRSE AL ASPECTO EMOCIONAL Y NO A LA REFLEXIÓN. La manipulación de los sentimientos es una técnica clásica para causar un cortocircuito en el análisis racional y en el sentido crítico. La utilización del registro emocional abre una vía al subconsciente que permite dirigir comportamientos y miedos, dejando la mente inerme por irracional empatía propia de *hooligan* de fútbol… De esa forma, en el momento de actividad de la campaña, aparece cada varios días la historia personal de un gay acosado en su infancia o adolescencia, un transexual que pensó en suicidarse o una lesbiana de la que se reían sus compañeros de clase, casos lamentables pero en absoluto categorías, no más graves que el acoso a cualquier otro ciudadano y de ninguna manera como para aprobar leyes que vulneren derechos fundamentales de todos.

Estos publirreportajes aparecen mezclados con noticias verdaderas para impregnarlas del grado de importancia e imparcialidad que estas tienen aunque tan siquiera presentan la menor importancia como información al ser un conjunto de sentimientos y vivencias, más propio del reportaje intimista que de la noticia pura. Sin embargo, van calando en la mente y creando la sensación de que diez casos de acoso son la generalidad, que si es noticia es porque sucede continuamente, que se está realizando sobre ese colectivo, y no sobre esas personas, una discriminación terrible y sistemática, y que hay que hacer algo para frenar esa injusticia. Nada hay más lejos de la realidad que esa discriminación sistemática y unánime en tanto España es, en diversas encuestas, el país más *gayfriendly* del mundo y uno de los primeros en derechos de LGTB y en aceptación de todas sus exigencias.

El siempre lamentable suicidio de un menor transexual, o de un menor al que se le presupone, rápidamente y sin fundamento, una orientación sexual no heterosexual, suele ser manipulado hasta el infinito a fin de incidir en el aspecto emotivo de la sociedad, y hacer creer que realmente hay un problema de acoso continuado y general sobre el transexual que termina en suicidio. Es terrible, ante una noticia tan dolorosa, ver dos extraños comportamientos de los medios que son completamente diferentes al tratamiento de otros sucesos semejantes y que no se explican salvo por la utilización del drama ajeno. El primero que, contra la ética periodística de no informar sobre suicidios para evitar un posible efecto imitación, en estos casos la información se multiplica, al parecer sin miedo a comportamientos imitatorios de otros menores. El segundo, que siempre se presupone la causa, un acoso escolar que conviene magnificar porque, como veremos, es el caballo de Troya utilizado por los lobbies para entrar en las aulas a hablar de homosexualidad, transexualidad y la normalidad de tales comportamientos. Porque hablan de normalidad como norma, como cosa habitual y de normalización de tales comportamientos. No del respeto a las personas al margen de cualquier elección, condicionante o situación.

A estas noticias sentimentales de lluvia fina se unen las de *falsa ciencia*, MENTIRAS QUE APROVECHAN EL DESCONOCIMIENTO DE LA POBLACIÓN SOBRE TEMAS ESPECÍFICOS, algunas tan ridículas como la titulada "Había sexismo laboral en el Paleolítico", informando de que los neandertales dividían algunas de sus tareas por sexos (las mujeres curtían las pieles y los hombres cazaban) para apuntar la antigüedad de la opresión femenina y la discriminación sexual. Otras son acientíficas, como la información sobre un caso de criptorquidismo extremo y relacionado con la genética, que acontece en una zona de República Dominicana y en una isla de Papúa Nueva Guinea. El alto grado de consanguineidad hace que muchos niños (2%) nazcan con los testículos y la bolsa escrotal en el interior del cuerpo. Hacia los 12 años, con la pubertad y la descarga hormonal, los testículos descienden. Pese a que son varones antes y después de la pubertad, se tergiversa la información con este título: "Los güevedoces: las niñas que se convierten en niños. Los expertos aseguran que el sexo y el género no tienen definiciones fijas desde un punto de vista científico". ¿Expertos? Se pregunta uno si serán expertos en decir tonterías porque, desde luego, no lo son en biología, ni en genética, ni en medicina.

Y efectivamente, en el interior del artículo aparece un tal doctor E. Vilain, director del centro de Biología del Género de la Universidad de California, que es como ser director del Centro de Biología de la Metafísica, Genética de la Filosofía o de Fisiopatología de la Hermenéutica. Este señor afirma que *aunque la sociedad tiene opiniones categóricas sobre lo que debe definir el sexo y el género, la realidad es que no existen evidencias biológicas que lo justifiquen y que nos encontramos que hay muchas realidades intermedias.* Este "vendedor de la tela del género" está dispuesto a la afirmación más acientífica con tal de justificar su innecesario empleo. Sobre el género, como invento interesado que es de una construcción social de la sexualidad, no sé si hay evidencias biológicas claras aunque no creo, pero sobre el sexo la naturaleza es clarísima. El artículo termina quejándose de las verificaciones de sexo a las mujeres deportistas, *puesto que el sexo y el género son imprecisos.* Este ejemplo es una de las muchas aportaciones acientíficas de una ideología sin bases biológicas que intenta creárselas como sea. Parece normal, a la vista de todo esto, la desorientación y el desconcierto de la sociedad sobre este tema.

Este desconcierto trata de dirigirse, en este caso y a través de una noticia en nada relacionada con el género sino sólo con la biología, a crear una identificación interesada entre el sexo y el invento del género para aplicarlo a los transexuales y la injusticia de que se les verifique el sexo cuando lo importante es lo que ellos se sienten, y hay mucho "término medio". Sin embargo, en estos casos no lo hay:

los güevedoces son genéticamente varones. El que la deficiencia en una enzima produzca la ocultación de los genitales hasta las descargas hormonales de la pubertad, no varía su sexo y al parecer su género tampoco, pues se sienten varones. En el caso de los transexuales a mujer, sucede lo mismo: por muy mujer que se sientan, sus genes, su constitución y sus cualidades físicas son de hombre. La última noticia producida por esto de que "sexo y género son imprecisos", ha sido la rotura de mandíbula de una campeona de taekwondo, al primer golpe, por parte de una deportista transexual que se siente muy mujer pero que, lógica y evidentemente, tiene la fuerza y la constitución de un hombre.

Si esta tontería del género sigue así, en unos años, todas las marcas, podios y trofeos de las categorías femeninas de los deportes en los que la principal cualidad física no sea la flexibilidad, van a estar en manos de transexuales a mujer. No valdrá la pena ni presentarse a las competiciones. Tanto promocionar el deporte femenino para esto...

Otro de los sistemas de conseguir que la población dé por buenas legislaciones absolutamente ilegales es manipular la información para CREAR UN PROBLEMA Y OFRECER LA SOLUCIÓN. Consiste en hacer creer que hay una situación lo suficientemente lamentable como para que sea la propia sociedad la que demande medidas que nunca demandaría si no fuera por ese falso problema que se ha creado. Esas medidas, normalmente legislaciones, son lesivas para la libertad, pero se justifican porque se venden como solución a un falso problema.

Este sistema fue el utilizado con la violencia de género y los feminicidios, asunto lamentable pero menor que muchos otros por los que nada se hace y que ya explicaremos en el capítulo dedicado a la destrucción de la masculinidad. Para crear una alarma social se hiper-informó de los casos de muertes de mujeres por el procedimiento de seguir la noticia desde su suceso hasta las condenas de diversos colectivos pasando por entrevistas a familiares y amigos. Cuando la noticia se enfriaba, se sacaban cifras y estadísticas si no directamente falsas, sí alteradas a favor de la alarma social. La sobresaturación informativa hacía sentir que, en vez de una asesinada, el problema era una lacra social de amplias dimensiones. Naturalmente, ante esa percepción inoculada, el gobierno se apresuró a aprobar una ley que, teóricamente, la sociedad demandaba. Lo cierto es que, pese al esfuerzo por crear el problema, la demanda social no existió, o no tanto como para justificar nada: en las estadísticas oficiales sobre preocupación social de los problemas, la cifra máxima alcanzada fue de un 2,4% en el momento álgido de manipulación, mientras paro, terrorismo o corrupción han llegado al 30%. En los años posteriores, en muchos casos no ha llegado ni al 0,1% si no se hacía un esfuerzo de sobreinformación, sólo posible para lobbies muy poderosos y con muchos apoyos mediáticos.

No existió alarma real pero los políticos, que querían introducir la ley, se afanaron en apelar a esa demanda inexistente para justificar una legislación perfectamente ilegal. Otra de las cosas que sucede siempre con estos falsos problemas es que, contra la manida frase de los políticos de que *no hay que legislar en caliente,* es decir, inmediatamente y como respuesta a una situación concreta, se legisla no solo "en caliente" sino "en ebullición". No se legisla "en caliente" cuando realmente hay un clamor social que no coincide con el interés de las agendas de los políticos. Entonces sí es muy malo legislar "en caliente". Pero, cuando se ha llevado a cabo una campaña de alarma social, hay que aprovechar el momento álgido. Por ello, si ven que los políticos se afanan en legislar inmediatamente después de una serie de sucesos lamentables sospechosamente exagerados e hipertrofiados en su tratamiento mediático, no duden de que les están "vendiendo la mula ciega". La sociedad admitirá la merma de sus derechos alarmada por el drama impostado.

Al contrario que en el caso de la vergonzante Ley Integral contra la Violencia de Género, misil en la línea de flotación de las relaciones heterosexuales estables, la familia, la masculinidad, la feminidad y los menores, que veremos con más detenimiento, y en la que el clima de alarma les salió bien, este sistema se ha intentado, sin éxito, con las leyes LGTB pero ha sido prácticamente imposible publicitar las suficientes agresiones por lo que el sistema ha sido otra de las técnicas de manipulación más utilizadas y efectivas: LA FALSIFICACIÓN DE ESTADÍSTICAS, INFORMES Y DATOS, normalmente con el fin de crear un problema y luego exigir y aplaudir "la solución". Se hace una encuesta con diversas trampas y manipulaciones para obtener la conclusión predeterminada y se publica en todos los medios ese resultado previamente ideado. En caso de que, pese a las trampas que buscan el titular alarmante, no se consiguieran datos dignos de publicitar por su preocupante información, estos se falsean. Se cuenta con que nadie va a ir a ver la encuesta y con que, en caso de que alguien lo haga, el torbellino mediático de los resultados falsos y alarmantes va a acallar las denuncias.

Esta falsificación de los datos que se aportan para obtener algún tipo de prebenda, ya sea legislativa o económica, tiene su ejemplo más elocuente en la famosa encuesta realizada en 2012 por la ILGA, la superfinanciada y poderosísima Federación Internacional de LGTB y que fue esgrimida como razón para presentar un informe, llamado Lunacek por el apellido de la eurodiputada lesbiana que lo presentó, proponiendo privilegios para las personas LGTB.

Para realizar la encuesta la citada entidad recibió 370.000 euros de fondos europeos. El resultado fue terrible: el 47% de los LGTB se sentían discriminados en la liberal Europa y un 26% habían sido físicamente agredidos o amenazados en los últimos 5 años.

Lo primero que resulta sorprendente es que se encargue de hacer la encuesta y el informe el colectivo al que le beneficia demostrar una situación de discriminación y agresiones. Es igual que encargar una investigación sobre las bondades de los pimientos en la dieta humana los vendedores de pimientos. ¿A que se imaginan el resultado?

Esta falta evidente de imparcialidad se demostró cuando se descubrieron las técnicas acientíficas (como todo lo relacionado con el género) con las que se había realizado la encuesta. Los encuestados eran anónimos y hacían la encuesta voluntariamente desde las redes o el teléfono. No había forma, por ello, de determinar si había activistas que la repetían. Se accedía a la encuesta sólo con la afirmación de que se era LGTB y sin forma de identificar esa afirmación. A esta muestra indeterminada de encuestados, que podían repetir manipulando los resultados, se unía lo que ya he detectado en otras investigaciones de este tipo: las categorías son confusas y se suman por interés: es decir, que en el bloque de preguntas sobre *discriminación* aparecen hechos verdaderamente discriminatorios y circunstancias menores que no llegan a serlo pero se viven como tal, y que *agresión* engloba agresiones verdaderas con sucesos menores. En el momento en que un encuestado responde afirmativamente en una de las respuestas del bloque de *discriminación* o *agresión* (aunque sea en uno de los hechos menores) se le incluye en la categoría de víctima y a ese porcentaje se le pone el título más extremo: agresión, discriminación. Así pasa a ser incluida ante el titular alarmista de *un 40% denuncia haber sido agredido*. Luego resulta que casi todas las agresiones no son físicas, sino verbales o, simplemente, la percepción subjetiva de ser discriminado. Porque a esto se suma que, en todas las encuestas del género, frente a la discriminación real, cuantifican lo que la "víctima" ha sentido como discriminación, por lo que el factor subjetivo incrementa los datos.

La hiperinflación de LGTB "agredidos" dio como resultado que esos datos no coincidieran en absoluto con los datos policiales, por lo que se terminó desmontando esa carísima encuesta manipulada a favor de la victimización de los LGTB, si bien no sirvió para evitar la aprobación de la iniciativa legislativa que se sustentaba en la mentira de la investigación y sus estadísticas, el informe Lunacek, que sin ser vinculante sirve de guía a las posteriores leyes de privilegios para LGTB que se han empezado a promulgar con el truco de la encuesta falsa y del informe *no vinculante, pero orientativo.*

Lo asombroso es que absolutamente siempre, las encuestas que demuestran la necesidad que crear leyes con neoderechos e invertir fondos por situaciones de alarmante discriminación de algunos colectivos, las realizan los lobbies de esos colectivos que son, concretamente, los que salen beneficiados de los resultados alarmantes de tales encuestas. De esa forma vemos que, tras bastantes años de invertir dinero y con legislaciones cada vez más liberticidas y restrictivas, la población sigue siendo machista, homófoba y discriminadora con unos colectivos privilegiados en todos los ámbitos y a los que enriquecen con dinero de sus bolsillos. Es algo parecido a que se acusara de racistas y discriminadores con sus amos blancos a los negros que trabajaban en las plantaciones como esclavos.

Si se analiza, es todo tan raro que sólo las enormes cantidades de dinero en juego explican todo este entramado.

Acerca del lobby LGTB tuve ocasión de ver personalmente cómo falsificaban la información sobre unas estadísticas de *bullying* a fin de demostrar que el acoso escolar afecta principalmente a los menores LGTB. En un cursillo acerca de ese asunto en el que asistíamos, entre otros, profesores de secundaria, ante las estadísticas del defensor del menor en las que, según nos dijeron, aparecía que un 60% de los casos de acoso se habían producido sobre menores LGTB por su orientación sexual, reconocieron que las cifras reales eran un 20%

pero ellos añadían el 40% de los casos en los que no figuraba la causa. Esgrimían, para ello, la peregrina razón de que la causa del acoso de ese porcentaje sin determinar era, con toda seguridad, a niños LGTB porque el oscurantismo que afecta a esa situación hacía que no se dijera explícitamente.

Con tan sorprendente razonamiento triplicaban las cifras de acoso a LGTB pese a que en muchos de los informes de acoso no se pone la razón por irrelevante, no existir una causa concreta o por no mencionar una característica del menor que puede sonar ofensiva, que lo hace vulnerable y que no es, ni mucho menos, su opción sexual. Naturalmente esa falsificación del acoso al niño LGTB exigía una legislación de campañas escolares de respeto a la diversidad sexual y la entrada de estos colectivos en los centros para acceder a los menores con el argumento del acoso homofóbico y la realidad de explicar diversidad sexual e ideología de género. En ello estamos en estos momentos.

En las estadísticas estadounidenses que, al parecer, son algo más serias y las realizan colectivos no implicados en intereses sobre los datos que afectan al estudio, la obesidad aparece como la primera causa de acoso y maltrato entre menores. Obviamente, ni ustedes ni yo conocemos asociaciones de obesos exigiendo campañas escolares que descriminalicen al pobre gordito. Y aunque las hubiera no sería razonable reivindicar el respeto por el gordito y no por otros menores que, de una forma u otra, sean acosados.

Y es que, el acoso escolar ha de abordase de forma global, sin crear acosados de primera y de segunda categoría, porque el niño LGTB ha de sentirse respetado y querido, al igual que cualquier otro niño cuyas características puedan ser causa de maltrato o señalamiento. Y desde luego, no se debe caer en la magnificación de un fenómeno que en absoluto es generalizado, riesgo al que se nos va a abocar con seguridad. Y como el corolario de esta maniobra va a ser "dar la solución al problema creado" hay que impedir la judicialización de las relaciones de los menores y que ningún colectivo con intereses ajenos a solucionar el acoso, como es el caso de los "vendedores de la tela" del género, acceda a los menores pues es sabido lo que se pretende con esta manipulación continua de estadísticas: acceder a los menores y obtener fondos.

También las estadísticas y datos sobre violencia de género presentan serias manipulaciones, tergiversaciones y falsedades. Las veremos en el capítulo dedicado a la destrucción de la masculinidad.

Otro caso de evidente creación del problema, manipulación de estadísticas y falseamiento de datos informativos ha sido la reciente campaña de presunto maltrato a chicas jóvenes y adolescentes por parte de sus parejas masculinas. Es la utilización, de nuevo, de la violencia *de género* para obtener tres beneficios: la apertura de nuevos caladeros de víctimas del género (no de la violencia *de género* sino de las leyes y manipulaciones del género), dinero público en cantidades elevadas y accesos a los menores para "resolver" tan horrible lacra. Por ser un ejemplo paradigmático y por su importancia para entender el funcionamiento de este negocio, se va a desarrollar cuando se trate la manipulación a menores.

# CAPÍTULO 14
## TÉCNICAS DE MANIPULACIÓN III
### COCINANDO RANAS Y BAJANDO TOBOGANES

*Puedes engañar a todo el mundo algún tiempo,*
*puedes engañar a algunos todo el tiempo, pero no*
*puedes engañar a todo el mundo todo el tiempo*
Abraham Lincoln

La estrategia de manipulación llamada de LA GRADUALIDAD consiste en que, para hacer que una sociedad acepte lo inaceptable hay que aplicarlo de forma gradual de manera que no cause rechazo. Es el mismo principio que hace que una dosis de droga la cual, al comenzar a administrarla hubiera matado al usuario, tras una dosificación paulatina y gradualmente aumentada ya no es letal porque el organismo se ha acostumbrado y ha creado tolerancia a ese compuesto.

También se explica con la comparación de cómo cocer una rana viva. Naturalmente, si introducimos a la rana en una cazuela de agua hirviendo, la rana, al contacto con el agua, saltará y no podremos cocerla. Si, en cambio, introducimos a la rana con el agua a temperatura ambiente y vamos calentándola gradualmente, la rana no notará dolor y se irá adormeciendo hasta que, cuando descubra lo que sucede, no tendrá ni fuerza, ni capacidad para poder escapar.

Esta técnica de la graduación fue perfectamente desarrollada en fases como teoría política de aplicación de medidas impopulares. Su nombre, VENTANA OVERTON, proviene del político Joseph P. Overton, experto en implantación de políticas públicas. Las ideas que la opinión pública puede encontrar aceptables aparecen como una ventana que en cada momento incluye una serie de políticas que pueden aplicarse sin riesgo de provocar un rechazo.

Cuando se proponen políticas que quedan fuera de la ventana, se ha de "persuadir y educar" al público para que la ventana de aceptación se amplíe o se mueva, obviamente mediante técnicas de manipulación (que incluso pueden incluir medidas más radicales que las que se quieren implantar para que las realmente buscadas resulten aceptables por contraste).

En la actual sociedad de la tolerancia y el relativismo moral, sin ideales fijos, ni una clara división entre el bien y el mal, con una falta preocupante de referentes ético-morales acrecentada por la ignorancia y la ausencia de espíritu crítico, esta técnica permite cambiar con bastante garantía de éxito la actitud popular hacia conceptos considerados totalmente inaceptables.

Su funcionamiento incluye una secuencia concreta de acciones dirigidas a conseguir el resultado deseado. Y reconocerán algunas de las anteriores estrategias básicas de la manipulación, además de falacias argumentales clásicas. Para tratar de explicar las fases de esta técnica que ya se ha utilizado con el aborto, y está en las últimas fases de la aceptación de la eutanasia, por ejemplo, se va a explicar con la pederastia, práctica actualmente todavía inaceptable en las capas de la sociedad civil menos ideologizadas por el género. También podría explicarse con el infanticidio, que se halla en etapas algo más iniciales. Porque ambas, pederastia e infanticidio, están empezando a utilizar las técnicas de la ventana Overton y, aunque en fases tempranas, si se sigue la información que va apareciendo, se cumplen las etapas. Veamos esa gradación.

## 1º DE LO IMPENSABLE A SIMPLEMENTE EXTREMISTA

La primera etapa ha de conseguir pasar el tema de impensable a simplemente radical. Vamos a tratar de explicarlo.

Actualmente, la pederastia y el infanticidio se encuentran en niveles muy bajos de aceptación en la ventana de posibilidades de Overton, ya que todavía hay una gran parte de la sociedad que lo considera repulsivo. No toda, como veremos. Lo primero que hay que hacer es tratar de que se hable de ello y se pase de innombrable a debatible.

Para cambiar esa percepción general de que es un tema repulsivo y moralmente inaceptable, **se traslada la cuestión a la esfera científica y universitaria**, donde no hay temas tabú y donde se apela a la libertad de expresión y de cátedra. Estudiosos, filósofos o científicos hacen declaraciones amparándose en su prestigio y preparación. Es la *falacia "ad verecundiam"* en la que personas de renombre o reconocida cultura, dan opiniones sobre temas morales en los que no tienen mayor autoridad que el resto de la ciudadanía. Sin embargo, por su importancia en ambientes universitarios, por ejemplo, alcanzan un peso desproporcionado a efectos reales respecto a su veracidad. Hay que tener en cuenta que al contrario que en las investigaciones científicas con datos objetivos, lo que piensen personas relevantes sobre asuntos éticos y morales tiene el mismo valor que la opinión del resto.

Con la opinión positiva de estos "expertos", se garantiza la transición de la actitud negativa e intransigente de la sociedad a una actitud más positiva. No gusta, pero ya se habla y debate sobre ello y siempre hay un pequeño grupo de personas que se adhieren a esa opinión.

En el caso del infanticidio ya se ha empezado a producir este paso. Expertos de ética médica de la Universidad de Oxford (Guiublini y Minerva) han puesto la primera piedra: el aborto post-natal, es decir, el infanticidio, es perfectamente aceptable basándose en que el bebé neonato no tiene condición de persona y no hay nada que lo diferencie de cuando estaba en el interior de la madre. Y desgraciadamente llevan razón. Puesto que a los nonatos se les mata, despojados ya de su condición de personas por la imposibilidad de valerse por sí mismos, carecer de consciencia y no ser deseados, no hay razón para permitir la vida de bebés ya nacidos que presenten esas características: no se valgan por sí mismos, carezcan de consciencia y no sean deseados. En realidad la transición ética del que justifica un aborto tardío al infanticidio es sólo cuestión de tiempo en tanto que, si se han eliminado las barreras morales para una aberración extrema, y sólo se contempla el derecho de la mujer, la diferencia de salir del útero materno sin ayuda y vivo, o a la fuerza y asesinado, es algo menor.

En el caso de la pederastia, hace tiempo que se ha pasado esta fase de comenzar a aceptarlo: en muchos lugares se habla de los derechos sexuales de los niños. La propia OMS considera, en sus documentos, la masturbación desde la más tierna infancia un derecho sexual del niño. Naturalmente, una vez admitido que el niño tiene deseos sexuales y derecho a tenerlos, la aceptación de que puede desear ejercer ese derecho con otra persona, también es cuestión de tiempo.

Igualmente, se ha conseguido dar el siguiente paso: la creación de algún grupo defensor o practicante. Según la estrategia Overton, **hay** que crear algún grupo radical de defensores del tema que se trata de "normalizar", algún grupo radical de pederastas o infanticidas, por ejemplo, aunque exista solo en Internet, que seguramente será advertido y citado por numerosos medios de comunicación. En el caso de la pederastia existen grupos de reconocidos pederastas con personas procesadas por ello a la cabeza, y con bastante actividad en redes, que saltaron a la fama a raíz de una maniobra amparada por lobbies afines. La APA (Asociación Psiquiátrica Americana, organización privada de gran prestigio en su ámbito y que marca las líneas de innovación y seguimiento de la psiquiatría mundial) incorporó en su Manual de Diagnóstico y Estadística de Desórdenes Mentales la *orientación sexual pedofílica* desligándola del *desorden pedofílico* que aparecía hasta el momento. Esa *orientación sexual pedofílica* era la de los pedófilos que nunca habían actuado conforme a sus impulsos. Esta decisión supuso un fortalecimiento de los grupos pedófilicos y su visibilización en medios. Un movimiento activista pedófilo de Holanda (Partido de la Caridad, la Libertad y la Diversidad) persigue la derogación de las leyes de edad de consentimiento como criterio válido para identificar el abuso sexual y la eliminación de la pedófila como parafilia. El B4U-ACT, un grupo que se define como "personas atraídas por menores", se felicitaban de que pudieran abrir sus preferencias sexuales *en una atmósfera de apoyo y comprensión*. Un agresor sexual condenado que dirige otra de estas asociaciones afirmaba que *las actitudes negativas de la sociedad hacia personas atraídas por menores no podían afectar a la elaboración de políticas y la salud mental*. Para tranquilidad del lector, la APA ha dado marcha atrás, de momento, en su clasificación de la pedofilia como orientación sexual a la vista del escándalo que se produjo. Por lo visto, aún no estaba la sociedad suficientemente manipulada para que se admitiera esta opción. Sin embargo, se evidencia que este tipo de aberraciones pasan de enfermedad a opción dependiendo de las presiones sociales que recibe el organismo citado. Es decir, que no hay nada que frene la pederastia salvo la opinión pública... que ya hemos visto lo fácil que es de manipular y a la que habrá que "convencer" convenientemente.

En el caso del infanticidio ya hay documentos en internet que muestran pancartas en la ser puede leer: *el único niño bueno, es el niño muerto* y hay grupos feministas en las redes que exigen la eliminación del "problema" hasta el noveno mes de embarazo e incluso, con el bebé ya nacido.

El resultado de la primera etapa de Overton es, simplemente, que el tabú desaparezca y el tema inaceptable empiece a discutirse. Y les aseguro que hay muchos foros de debate sobre estas dos monstruosidades. Y mucha gente que lo acepta. Por eso hay debate.

## 2º DE LO EXTREMISTA A LO ACEPTABLE

En esta etapa hay que seguir citando a los científicos, argumentando que uno no puede blindarse a tener conocimientos sobre la existencia de la pederastia (o el infanticidio), ya que, si alguna persona se niega a hablar de ello, será considerado un hipócrita intolerante.

Al condenar la intolerancia, también es necesario **crear un eufemismo** para el propio fenómeno con la finalidad de disociar la esencia de la cuestión y su denominación, separar la palabra de su significado. Así, la corrupción de menores, por ejemplo, se convierte en *amor a los niños* y *ejercicio de su derecho al placer*. Los pederastas son *personas atraídas por los niños*. En el caso del infanticidio podría hablarse de *aborto posnatal* o *interrupción voluntaria de la maternidad*, o incluso *maternidad responsable* aludiendo a que si no se puede garantizar al niño las mejores condiciones, es mejor esperar otra ocasión.

Supongo que este neolenguaje empieza a resultarles conocido: Por la misma técnica nos hemos encontrado con un *derecho a elegir una muerte digna*, una *interrupción voluntaria del embarazo*, una *diversidad sexual*, unos *derechos sexuales y reproductivos* y una *maternidad subrogada* donde teníamos eutanasia, aborto, eugenesia, sodomía, homosexualismo, promiscuidad, corrupción de menores y vientres de alquiler.

Esta técnica no es nueva y proviene del sofismo griego, demostración de que cualquier idea o situación puede, dando la vuelta a los argumentos e inventando otros, ser defendida. Es el fundamento del relativismo moral, que lleva a aceptar cualquier cosa porque todo es defendible y por tanto, válido. Sin embargo, fueron los regímenes comunistas los que pulieron e hicieron letal este sistema de manipulación aplicándola al término y a la consigna, mucho más fácil de interiorizar. Lenin ya afirmaba que era posible cambiar los conceptos y los sentimientos originales sobre una idea introduciendo nuevos términos, similares pero eliminando la parte negativa que llevan asociados los originales. Es ese trasbordo ideológico inadvertido que ya se ha mencionado anteriormente. Una posterior campaña, su repetición e imposición social acaban por hacer desaparecer el término primitivo a la vez que se diluyen los conceptos y sentimientos negativos que llevaba asociados.

Es importante visibilizar al colectivo y que personas de ese colectivo le pongan "cara y corazón" al grupo apareciendo como bondadosas, normales, no monstruos, denunciando que sufren la incomprensión social pese a ser gente encantadora. De hecho, recientemente (23-10-2015) aparecía en The Independent, reputado periódico de Reino Unido, un reportaje con el título *Los pedófilos no somos mala gente, seamos ecuánimes.* En el artículo se afirma que miembros de reconocida tendencia de atracción sexual hacia los niños la habían transformado en beneficio social. *Pedófilo pero no monstruo* pone en el pie de foto de un hombre de espaldas.

Paralelamente, y siguiendo con la ventana Overton, se puede crear un precedente de referencia, histórico, mitológico, contemporáneo o simplemente inventado, pero lo más importante es que sea legitimable, para que pueda ser utilizado como prueba de que el amor a los niños es lógico y, en principio, puede ser legalizado. La mejor forma de entrar en ese tipo de modelo es buscar casos muy cercanos a la pubertad (en un primer momento niños muy pequeños es más complicado de admitir, si bien todo es cuestión de tiempo y de ir moviendo la ventana). Se utiliza como ejemplo el mundo griego, donde nos cuentan que había mucha homosexualidad y donde también nos cuentan que gustaban mucho los efebos y existía la pederastia con niños pequeños, como en otras culturas antiguas. Curiosamente, ese mundo que nos muestran de ejemplo tenía como pequeña objeción que en esas sociedades había esclavos y que se compraban niños por pocos dracmas. Lo que se supone es una lacra social, la esclavitud sexual de niños, nos la colocan ante los ojos como prueba de una sociedad que aceptaba la sexualidad con menores. Y no es cierto: lo que aceptaba era la propiedad de seres humanos y a partir de ahí, todo lo demás. La incoherencia es absoluta, pero es posible que la opinión pública no la detecte.

3º DE LO ACEPTABLE A LO SENSATO.

Para esa etapa, es importante promover ideas como las siguientes:

*Los niños tienen derecho a su sexualidad.*

*Sólo la gente de mente sucia ve sucio el placer.*

*El consentimiento del menor y su libertad es lo que importa.*

Se introducen **casos extremos** que induzcan a la duda (niñas de 10 u 11 años que ya son mujeres y que quieren casarse) que generen el debate con el intolerante que no comprende que en esos casos extremos hay que ser flexible. Novelas de **casos emotivos** en los que se pueda justificar la pederastia (amor "puro y auténtico" de un hombre por un niño que le corresponde, con suicidio posterior, de uno de ellos o de ambos, por la incomprensión social), películas con situaciones dramáticas por la negativa a aceptar ese amor. La conclusión que se ha de sacar es que por un inexplicable prejuicio, puesto que el amor no hace daño a nadie, se empuja a la muerte a personas inocentes. Y que, además, el niño o la niña lo desean, por lo que no somos nadie para oponernos debido a que "no respetamos el derecho sexual de los niños" y además "no hacen daño a nadie". En aras de la libertad individual y de la presunta inocuidad de actos claramente inmorales respecto a la sensibilidad de la sociedad occidental, se hiere de muerte el músculo ético de una sociedad incapaz de defenderse. La **técnica de manipulación sentimental** comienza a hacer estragos en el razonamiento lógico, y el relativismo moral de una sociedad sin valores estables se encarga del resto.

El argumento del relativismo moral es que **"todo vale, si no se hace daño a nadie y si las partes lo desean"**. Es decir, la pederastia no será mala si el menor tiene posibilidad de consentimiento y está de acuerdo. Nunca se reconocerá el daño hecho al niño, como nunca se reconocerá el daño hecho a un ser humano en gestación que se elimina y a muchas madres que sufren posteriormente las consecuencias del acto porque ha habido consentimiento, estaban de acuerdo y eso las descalifica como víctimas. Otra cosa sería, supongo, si hubiera un tercero damnificado. Según esa premisa, en el caso del caníbal alemán que concertó con un pobre enfermo mental su asesinato y posterior deglución, en tanto había acuerdo y consentimiento y no se hizo daños a terceros, la acción no es digna de reprobación.

La gente corriente que se niega a aceptar estos conceptos se transforma intencionadamente de cara a la opinión pública en enemigos radicales, gente intransigente y psicópata enloquecida, seres agresivos que tratan de imponer sus prejuicios a los demás mediante la violencia y las palizas y fomentan el odio hacia los grupos minoritarios que defienden esas prácticas y tienen ese derecho. Con esa difamación es fácil aplicar la *falacia "ad hominem"*. Las personas que ya han asumido que tienen la postura "buena", la verdad, la razón de que la libertad individual de hacer algo que se desea y que no hace daño es lo democrático, en tanto que la oposición a ello carece de argumentos y además sí produce daños, no están dispuestas a escuchar las razones de elementos que creen extremistas, llenos de prejuicios y violentos en sus prácticas. Comienza la **eliminación de la reputación del disidente.**

Además, se ven amparados en su intolerancia y desprecio hacia esos grupos de "disidentes" por diversos medios de comunicación y creadores de opinión pública. A la vez, la presión social empieza a hacer callar a la disidencia.

Expertos y periodistas en esta etapa demuestran que, durante la historia de la humanidad, siempre hubo pederastia (o en su caso infanticidios) y no es cosa tan ajena a la civilización.

## 4º DE LO SENSATO A LO POPULAR

En esta fase ya se habla con naturalidad del asunto en medios de comunicación y personas conocidas cuentan abiertamente casos de prácticas de "amor a los niños". El fenómeno aparece en **películas, letras de canciones y vídeos.** Se muestra de forma positiva y las personas que lo defienden son adalides del progreso, la justicia y rebeldes de la opresión de la moral trasnochada.

También comienzan a utilizar la técnica de **dar a conocer muchas personas célebres**, ya fallecidas, y personajes históricos que practicaban la pederastia. El que sea verdad o no, es irrelevante porque no pueden desmentirlo. La reescritura de la historia es un sistema de manipulación de las generaciones futuras bastante antiguo, si bien nunca se había utilizado de forma tan intensa y desprejuiciada como en la actualidad. Ahora, ya sea por la impunidad que supone hacerlo o por la facilidad de que las mentiras, por ser muy repetidas y populares gracias a los medios de masas, se hagan verdaderas arrinconando la realidad, estamos viviendo una manipulación histórica sin precedentes.

Para justificar a los partidarios de la legalización del fenómeno se puede recurrir a la humanización de los criminales mediante la creación de una imagen positiva de ellos diciendo, por ejemplo, que ellos son las víctimas, ya que la vida les hizo enamorarse de los niños y se les persigue por amar. Es el momento en que el pederasta empieza a ser héroe y la asesina de sus hijos neonatos, mujer valiente para cada vez más amplias capas de la sociedad, como ya hemos visto con terroristas asesinos confesos de asesinato, por ejemplo. Se abre el paso a los comportamientos imitativos: todos queremos ser héroes sin ponernos en riesgo.

## 5º DE LO POPULAR A LO POLÍTICO

Esta categoría supone empezar a preparar la legislación necesaria para que **el fenómeno ya se acepte por la vía de la regulación legal**. Este paso **no sólo supone una coacción legislativa, sino que es sabido que las leyes tiene un alto valor pedagógico**: si una ley ampara una acción, la lección que saca el ciudadano es que eso está bien y es positivo. Nunca se supone que una ley va a regular injusticias. Los grupos de presión se consolidan en el poder y publican encuestas que supuestamente confirman un alto porcentaje de partidarios de la legalización de la pederastia en la sociedad. En la conciencia pública se establece un nuevo dogma: "La prohibición del amor entre cualquier persona está prohibida".

Naturalmente, este desarrollo gradual se puede explicar con cualquier acción humana, incluso las más abyectas, porque la estrategia que se utiliza es la de **la tolerancia con los tabúes de las sociedades occidentales: cualquier cosa puede ser tolerada si "no hace daño" y si la persona "lo desea".** Y todos podemos recordar aberraciones morales que han sido ya aceptadas y se encuentran en la fase final de la pendiente ética resbaladiza que vamos a analizar ahora, o están siendo aceptadas, y van cumpliendo algunas de las fases antes descritas.

En el caso concreto de la pederastia, como es un argumento muy recurrente para el asesinato de la reputación del disidente, hay que seguir utilizándolo como arma de degradación del enemigo a batir a la vez que se regulariza. Por ello, el proceso que se ha explicado, y que ya ha comenzado a desarrollarse, presenta la variante de la ambivalencia: va a ser odiosa y repugnante en unos casos y respetable en otros. Y la diferencia no va a ser el hecho en sí porque todo es relativo, sino la aceptación del menor o no. Si el menor es forzado, el hecho va a ser reprobable, pero si el menor da consentimiento, no existe objeción moral alguna.

Obviamente, la capacidad de dar por válido el consentimiento del menor, incapaz de discernir y manipulable en extremo, va a terminar siendo aceptado sin provocar más escándalo que el de algunos coherentes éticos que analizan que ese "derecho sexual" del menor lo deja definitivamente indefenso en manos de adultos abyectos y sin la gran mayoría de sus derechos humanos fundamentales, como el respeto a su formación, a su inocencia, a su integridad física, ética y moral, a la formación de su personalidad... Si el menor consiente, se presupone que no se le hace daño. Si no consiente, sí se le hace daño. El daño, el dolor y el querer o la voluntad: los dos parámetros del relativismo moral que se van a reinterpretar al gusto de la ideología de género que dirá lo que es dolor y lo que se permite como deseo o voluntad.

Por ello y tras ser aceptada, la figura odiosa del pederasta seguirá siendo utilizada para destruir reputaciones, en los casos que sea necesario, en un nuevo ejemplo de hipocresía extrema de la nueva moral social. Hay reconocidos pederastas pertenecientes a lobbies de poder a los que su perversión no les causa desprecio social porque la maquinaria de la destrucción del disidente y el asesinato de su reputación no se dirige contra ellos, en tanto todos conocemos otros casos en los que jamás habrá olvido ni perdón.

Si volvemos a la graduación de la aceptación, en un primer momento, la aberración moral de la pederastia se verá con repugnancia o prevención y sólo se admitirá de forma restringida en casos de niños mayores. Cuando ya se haya aceptado el derecho sexual del menor a ser pervertido (siempre con el consentimiento como prueba de que su práctica es legal y respetable) comenzará la PENDIENTE ÉTICA RESBALADIZA que la hará pasar de aceptación de mínimos, a aceptación de máximos. La ruptura de normas que ha supuesto la aceptación de algo considerado aberrante deja a la sociedad completamente inerme a la ampliación progresiva del grado de la aberración: lo que comenzaría con la aceptación de pederastia con menores púberes terminaría con la aceptación de sexo con niños de corta edad. Se apelará a la libertad de acción y expresión y a los neoderechos que se crean con estas nuevas aceptaciones de conductas. Estos destruirán las últimas defensas de las sociedades para caer en la deshumanización y la autodestrucción una vez eliminados los "diques éticos" fundamentales que las salvaguardaban.

La pendiente ética resbaladiza es una estrategia de debate consistente en defender que una acción iniciará una serie de sucesos posteriores inevitables que culminarán en un indeseable evento final al modo de la caída de las fichas de dominó. En muchos casos se tacha este argumento de falacia por el hecho de que se presuponen concatenaciones de sucesos que pueden no ser necesariamente sucesivos, o que no implican irremediablemente el resultado final al que se apela. La comparación con una pendiente es porque se infieren consecuencias negativas que hacen deslizarse hacia catástrofes finales en un movimiento descendente y con un frenado casi imposible una vez comience el proceso.

En este deslizamiento por la pendiente, a veces difícil de percibir por la adecuada dosificación de la inclinación, se va produciendo una pérdida de valores sólidos y una sustitución de estos por sensibilidades primarias a través de la manipulación de los sentimientos, proceso ya mencionado en el que, por medio de dramas sensibleros que apelan al sentimentalismo, se cortocircuita la racionalidad actuando de la forma en la que un forofo del fútbol defiende a su equipo, al margen completamente de la argumentación lógica e incapaz de ver, o de aceptar, los puntos en contra.

Si a las feministas de la primera y segunda generación se les dijera que sus reivindicaciones iban a derivar en el derecho a matar a los hijos en el vientre de las madres, que los movimientos posteriores que enarbolaran sus banderas iban a criminalizar al varón por su biología como lo están haciendo, a despreciar la biología y el ser femenino, a lanzarse a una lucha de sexos sin fundamento, a promocionar el lesbianismo como sexualidad ideal y a utilizar a las mujeres como vasijas gestatorias de grupos privilegiados…

Si a los homosexuales que pedían el respeto a su intimidad y sus afectos, se les dijera que sus sucesores iban a exigir prioridad en los empleos, cuestionar, e incluso negar, la heterosexualidad preponderante en los seres vivos, y exigir que la sociedad les facilite, si no subvencione, técnicas reproductivas para remedar a la familia tradicional…

Si a los padres de hace cincuenta años se les dijera que iban a entrar lobbies feministas y homosexualistas en clase a recomendarles a sus hijos un sexo libre de compromisos, la práctica de la masturbación, el sexo oral, el aborto y la diversidad sexual con personas de su mismo sexo…

Si a los antiguos defensores de la legalización del divorcio en los casos de convivencia imposible se les dijera que, en la actualidad, es más fácil divorciarse que casarse, que la banalización de las relaciones de pareja ha llevado a que la fundación de un hogar estable por una pareja casada sea excepcional, que los hijos extramatrimoniales llevan camino de superar a los nacidos en familias con vínculos legales y que hay más divorcios que matrimonios…

Si a los tradicionales defensores de la igualdad legal de hombres y mujeres se les dijera que se ha llegado a unas leyes en las que el hombre carece de presunción de inocencia, se le criminaliza por ser varón, se le culpa de un tipo de violencia que lleva en los genes, la machista, y se le imponen penas mayores por un mismo delito respecto a las mujeres…

Si a los abnegados hijos que cuidaron a sus padres en la ancianidad hasta la despedida final se les dice que morir con dignidad en un futuro va a ser que te maten, para evitarte hipotéticos sufrimientos, como a un caballo herido…

Si a los defensores de los derechos de los niños de hace cincuenta años se les dijera que se les trocea si la madre no los quiere, se les elimina si no son perfectos, se les utiliza como objeto, se les encarga como un bien material, se les anima a probar la homosexualidad, se les usa de arma arrojadiza en las guerras de pareja, se les imponen situaciones que comprometen el desarrollo de su personalidad y tras la pérdida, en la práctica, de sus derechos fundamentales se les otorga, como único derecho a respetar, el derecho al disfrute de la sexualidad…

Si a los ciudadanos de hace cincuenta años de los países arrasados por la ideología de género se les mostrara esa sociedad que acabo de exponer y se les asegurara que la sociedad se dirige a su plena humanización, a su máximo respeto por la vida y la naturaleza, a su máxima expresión de sensibilidad ante el dolor y el sufrimiento porque se empieza a generalizar el vegetarianismo y se lucha por otorgar derechos humanos a los animales…

Si a los defensores del aborto en supuestos extremos en los que presuntamente se contraponen los intereses de la madre y del hijo (violación, peligro para la vida de la madre y malformación incompatible con la vida) se les dijera que hay asociaciones luchando porque a los niños viables que salen vivos de un aborto, no se les remate o se les deje morir en la bandeja de restos biológicos y se les permita sobrevivir en incubadora. Y que tienen graves dificultades para que se les escuche por intransigentes y enemigos de los derechos de la mujer…

…es muy probable que nos llamaran falaces éticos y catastrofistas. Simplemente no se creerían que una sociedad pudiera vivir entre tales contradicciones, con una carencia tal de principios y con una relativización del bien y el mal tan alarmante.

Hay que reconocer que, aunque la llamada pendiente ética es una tendencia habitual en las perversiones éticas, además es que nos han empujado "cuesta abajo" con todas las técnicas de manipulación al alcance de grupos de presión poderosísimos. Es decir, con todas las existentes y conocidas hasta el momento y regadas con incontable dinero público proveniente de gobiernos, fundaciones y organismos varios, nacionales e internacionales.

Volviendo al terrible caso del aborto para explicar la RELATIVIZACIÓN DEL DOLOR Y EL DAÑO. Cuando se implantó, alegando unas situaciones de posible conflicto de intereses entre madre e hijo, la ley que contemplaba los supuestos de violación, malformaciones y peligro para la vida de la madre, y la sociedad aceptó la regulación de la eliminación prenatal del nasciturus, algunas voces se alzaron alegando que se caería irremisiblemente por la pendiente ética resbaladiza. Afirmaban que, una vez abierta la puerta a la deshumanización del nonato por la vía de despojarle del derecho humano fundamental de la vida, su eliminación por cualquier causa era solo cuestión de tiempo. Naturalmente, se les tachó de falaces éticos y de catastrofistas en tanto estaban afirmando que se le mataría por simple deseo de la madre, sin ninguna razón percibida como sólida o un presumible conflicto de intereses.

Como ya estamos en los últimos metros de caída por la pendiente ética, no cabe afirmar que eso era una falacia: al embrión humano, despojado de su humanidad ontológica se le mata porque *no viene bien tenerlo ahora*, porque *no se le esperaba*, porque *quiero seguir divirtiéndome sin responsabilidades*… Las razones más banales son válidas porque, sencillamente, ya no es un ser humano. No hay conflicto moral para las personas sensibles porque "eso", el nasciturus, no existe. No vive, no es humano y no siente. Dejar claro que no siente y no padece es una de las dianas en las que hay que incidir para convencer a una sociedad relativista de que no hay ningún mal en el aborto. Como ya vimos en la manipulación del sentimiento, el sufrimiento y el dolor es uno de los argumentos estrella del género junto con el deseo. Como las fotos de lo que es un aborto no dejan duda de que es algo cruento y desagradable, los lobbies proaborto denuncian como pornografía y hacen desparecer de las redes sociales las fotos que detectan a fin de que no se descubra, por la inequívoca vía visual, la situación exacta de "la otra parte" en lo que se vendió como conflicto de intereses entre madre e hijo. Dicen que una imagen vale más que mil palabras.

Todo vale si no se produce dolor…, todo vale si la persona implicada consiente. Si analizamos estos dos parámetros del relativismo moral, vemos que, a fin de que sus propuestas coincidan con ellos, se oculta toda la parte que no cuadra. Para que no haya más dolor que el miedo de la futura madre a serlo, a los nonatos también se les ha despojado de su capacidad de sufrimiento, tan ponderado, por ejemplo, en los animales: No sufren cuando se les desmiembra vivos. No sufren cuando se les abrasa con sustancias venenosas. No sufren cuando, a los niños abortados por nacimiento parcial que salen vivos del proceso, se les deja agonizar y morir en las bandejas de recogida de restos orgánicos o se les clava en la base del cráneo una tijera. Fuera fotos de las redes sociales, no sea que alguien saque conclusiones indeseables.

La magnificación del dolor que interesa evitar, el sufrimiento de la madre obligada a tener un bebé que no quiere, contrasta con la banalización del dolor de millones de mujeres a las que, una vez se les ha vendido que el aborto no es nada, presentan una serie de síntomas que engloban, desde la depresión a las tendencias autodestructivas, de la somatización del dolor, al recuerdo permanente del hijo que no tienen. Este conjunto de síntomas que la medicina llama síndrome post aborto y del que existe bibliografía y estudios suficientes como para aceptarlo en los organismos médicos competentes (APA, AMA), no se admite por motivos puramente políticos: sería admitir que la solución mágica del aborto tiene contraindicaciones. Y graves. A esto se añade la presión social a la mujer que ha abortado, a la que no le permite exteriorizar el dolor porque no se admite socialmente tal duelo y es tachada de "rara", o de exagerada. Eso hace que efectivamente se crea rara, en tanto piensa que no le sucede a nadie aunque, sin embargo, hay multitud de casos, silenciados, de mujeres que denuncian el tema y de mujeres que reprimen su dolor para no ser "disidentes".

Parece que el argumento de que "no causa dolor" no es una premisa muy cumplida en el caso del aborto. Si analizamos la segunda, LA RELATIVIZACION DEL CONSENTIMIENTO Y EL DESEO, nos encontramos con algo parecido. No creo que sea necesario hablar sobre el consentimiento del niño a ser eliminado si se le preguntara. En el caso de la madre nos encontramos a gran cantidad de mujeres arrastradas contra su voluntad a los abortorios por maridos, amantes, padres o familiares, convencidos de que matar a la criatura que está formándose es la mejor solución y no causa problema ninguno en una mujer tonta que se ha empeñado, irreflexivamente, en seguir adelante con el embarazo y afrontar las consecuencias de su decisión. Nos encontramos también con la situación de que muchas mujeres se ven en la necesidad de no tenerlo, contra su voluntad, por la falta de ayudas y las dificultades que se les ponen en tanto se les facilita el aborto hasta la promoción. Los lobbies proabortistas ponen especial empeño en que no se implementen leyes con ayudas a la mujer embarazada en situación de desamparo, riesgo o exclusión social.

Pese a que el discurso va a ser favorable a esas ayudas, en la práctica se apelará al más nimio resquicio de objeción a la propuesta legal para echarla abajo. Incluso a que las ayudas quitan libertad a la mujer para elegir. O simplemente no se pondrán en marcha medidas, ni se dedicarán fondos de forma que las leyes sean absolutamente ineficaces. Y las razones son fáciles de entender: la primera, simple, que las mujeres que decidan acogerse a las ayudas y no abortar son clientela perdida en los abortorios. La segunda es que, a mayor generalización del aborto, más fácil es su aceptación y la presión social consiguiente: una mujer que ha abortado es mucho más difícil que asuma el horror de su decisión y luchará por evitar esa duda en otras mujeres para alejarla de sí misma y afianzar lo aceptable de su decisión (*mal de muchos, consuelo de tontos*, dice el refrán) y reprimirá las consecuencias del aborto en sus compañeras para reprimir las suyas propias. Es algo parecido a la obligación de los cómplices a hacer callar al resto sobre un suceso que, saben, les arrastraría también si se descubriera. Lobbies y empresas del aborto tienen intereses comunes y actúan al unísono porque, en realidad, los lobbies que alardean de defender a la mujer no buscan su beneficio sino la implantación de una reingeniería social y moral en que la naturaleza es relegada, y la vida humana es definitivamente circunscrita a los momentos de "utilidad social". Una sociedad manipulada en la que tienen dinero y poder. Finalmente, la tercera razón es que se necesitan muchos usuarios para justificar la norma: si muchas mujeres utilizan ese sistema de evitación de niños, el sistema es útil y necesario. La utilidad justifica la norma creada para ser justificada por su uso. Esto está relacionado con el llamado efecto pedagógico de la ley.

Lo cierto es que la pendiente ética nos ha llevado, en el caso del aborto, más allá de las predicciones de los acusados de catastrofistas: en la actualidad se dejan morir fetos viables porque la madre no los quiere y se plantea el infanticidio como forma de "aborto postnatal". Es el resultado de una gradación de aberraciones que insensibiliza y deja sin resortes morales.

El mismo camino lleva la gradación de la eutanasia: lo que nos venden como un derecho a decidir nuestra muerte y a morir dignamente presenta la pendiente ética que ya vemos en los países que nos preceden en esta nueva aberración moral y que, como hecho que se está produciendo, no cabe apelar a la falacia ética catastrofista: otros acaban decidiendo por ti, puesto que las vidas poco útiles empiezan a seguir la misma deriva de deshumanización que los fetos humanos. Lo esperable. A lo que claramente nos abocan las manipulaciones perfectamente dosificadas y graduadas que nos llevan a que, cuando nos demos cuenta de lo que nos sucede seamos ranas semicocidas incapaces de saltar hacia arriba para escapar.

# CAPÍTULO 15
# LA INDUSTRIA DEL GÉNERO...
## ...Y EL INAGOTABLE DINERO DEL HETEROPATRIARCADO

*La humanidad corre el peligro de destruirse por la excesiva importancia de las cosas no importantes como el dinero o el poder*
Arthur Schopenhauer

*El dinero a veces resulta demasiado caro*
Ralph Waldo Emerson

Vayamos a las cifras. Muchas personas creen que la ideología de género no existe, que es un invento de biempensantes, integristas religiosos y pacatos. Otros piensan que es una forma educada de decir sexo. Sin embargo, si bien el género no existe salvo como construcción teórica, la estructura que se ha generado a su alrededor y la cantidad exorbitante de dinero que se ha invertido y se invierte en dar de comer a la bestia es como para pensar que existe, aunque sólo sea por lo caro que nos sale en cuanto a fondos públicos y subvenciones, y la cantidad de extraños organismos y empleos que propicia. Esta capacidad de crear empleos y absorber fondos, si bien todos provenientes de los impuestos de los ciudadanos o incluso de las propias víctimas directas de la ideología de género, ha dado lugar a que se hable de LA INDUSTRIA DEL GÉNERO. Es cierto que no genera riqueza a la sociedad, aunque sí a algunos de forma individual, y que lo único que fabrica es desconcierto, dolor y degradación, pero indudablemente, es una industria, un negocio muy lucrativo y con muchos "empleados".

En un capítulo anterior se han mencionado algunos beneficiarios del cuento de la ideología de género. Son las bocas hambrientas de esa

217

hidra insaciable. Trataremos de dar algunos datos de todos ellos a fin de que, con unas pinceladas generales se dibuje el mapa de beneficiarios al igual que se ha dibujado la silueta ideológica de la bestia.

De forma general se han nombrado como receptoras de fondos a las ORGANIZACIONES INTERNACIONALES (ONU, CEDAW…) que, como se explicó, son las que han irradiado esta ideología al mundo entero a través de documentos y recomendaciones que los Estados que las refrendan se comprometen a cumplir. También se benefician las ASOCIACIONES FEMINISTAS que conciben la sociedad como una lucha de clases aplicada al sexo, corpus ideológico en el que se inició esta locura; los COLECTIVOS LGTB adheridos a este movimiento por medio de la deconstrucción de la alteridad sexual y el sexo homosexual como forma óptima de placer sin consecuencias; los PARTIDOS POLÍTICOS Y SINDICATOS que, al ver que hay dinero en juego, crean asociaciones *de género*, presuntamente independientes pero cuyos miembros son sus afiliados e incluso dirigentes, receptoras de excepción de dinero público que se financian con ayudas para todo tipo de acciones sobre *el género* de dudoso resultado y gravoso precio; las EMPRESAS ABORTISTAS dedicadas a eliminar las consecuencias previsibles pero indeseadas de un sexo irresponsable vendido como felicidad e igualdad y, finalmente, las TITULACIONES SOBRE EL GÉNERO, CÁTEDRAS, EMPLEOS DE NUEVA CREACIÓN, EXPERTOS, OBSERVATORIOS Y ESTRUCTURAS DE GÉNERO.

Para que los lectores se hagan una idea sobre las estructuras sociopolíticas y culturales que se están desarrollando con dinero público y con la única finalidad de justificar una ideología que se autogenera con esas mismas estructuras, vamos a estudiar un informe del Gobierno Español presentado a finales de 2013 a la ONU, concretamente a un organismo de claro sesgo feminista llamado CEDAW (Convención para la Eliminación de toda forma de Discriminación contra la Mujer).

CEDAW surgió como Convención para hacer cumplir una serie de artículos y normas gestados en la Conferencia de Pekín, ya mencionada como el punto de inflexión donde la ideología de género toma las riendas de la política social mundial a través de los objetivos de la ONU. Muchos de estos objetivos para erradicar la discriminación femenina son razonables cuando se aplican en países donde las leyes aún discriminan a la mujer y le hacen ser un sujeto sin plenos derechos (ablaciones, matrimonios concertados, legislaciones que le impiden contratar, tener bienes o heredar, discriminación en educación o sanidad…). En el caso de países donde las legislaciones son igualitarias, la aplicación de esas recomendaciones supone un dislate puesto que para demostrar que hay discriminación y poder aplicar políticas *de género,* las personas y organismos que se benefician han de buscar con lupa y exigir acciones igualitarias descabelladas que justifiquen su labor, sus puestos de trabajo y sus elevadas subvenciones. Por ejemplo, en países donde la mujer no recibe educación básica, los fondos se destinan a la incorporación de las niñas a la escuela.

En países con educación generalizada, como es el caso de España, la aplicación supone invertir fondos en que haya el mismo número de hombres y de mujeres en todas las ramas de estudios, que los colegios traten de tener el mismo número de profesores que de profesoras, que en los libros de historia se mencionen el mismo número de hombres que mujeres, con independencia de los hechos históricos y que se aconseje la elección de estudios con *perspectiva de género,* es decir, tratando de subir de forma artificial las ratios de mujeres en carreras de elección mayoritaria masculina, despreciando la libertad de elección. El despropósito es tal que, pese a que por ejemplo, en España el abandono temprano de los estudios y el fracaso escolar afecta a los varones hasta 13 puntos por encima del sexo femenino, los colectivos feministas exigen inversiones en la erradicación del abandono y el fracaso escolar femeninos, despreciando a los varones y convirtiendo un problema social en un problema feminista porque en realidad no les preocupa el fracaso escolar, ni el beneficio social, ni tan siquiera las mujeres, sino la posibilidad de obtener más fondos para esas superestructuras fundamentadas en el género de las que vive mucha gente.

España, como país que ratificó los planteamientos de CEDAW con el gobierno González, se ve en la "obligación moral" de aplicarlos, pues no hay legislación o norma que le obligue realmente, y de enviar, cada cuatro años, un informe sobre las medidas tomadas para la erradicación de la discriminación de la mujer según propone el articulado de este organismo visceralmente feminista. En el año 2015 correspondía hacerle una inspección a España y el gobierno Rajoy ha mandado un informe de sus actuaciones, muchas de ellas en época del gobierno Zapatero en tanto el informe abarca los años 2008-

2012. Se van a entresacar algunos párrafos del citado informe oficial, que aparecerán en cursiva, donde se exponen diversos datos que pueden dar una idea de lo que significa económicamente a nivel institucional la aceptación de la ideología de género (VII y VIII Informes de España. Convención para la Eliminación de todas las formas de Discriminación Contra la Mujer. Septiembre 2013).

En primer lugar, y para comprender el beneficio económico de los organismos internacionales, se aportan unos párrafos del citado informe de España a CEDAW en el que España aparece como principal donante de fondos a nivel mundial en un ámbito, la promoción de la ideología de género, mientras la crisis sacudía a los ciudadanos españoles de una forma brutal, entre otras causas por la descapitalización que supone la utilización de fondos públicos en actividades innecesarias como estas. Sin embargo, en estos momentos tenemos a varios personajes políticos españoles copando puestos de responsabilidad en la *"industria mundial del género"* sin que sepamos hasta qué punto hemos pagado esas nóminas *a priori*.

*Se han financiado importantes fondos globales como el Fondo Fiduciario de la ONU para Eliminar la Violencia contra la Mujer, la Ventanilla de Género del Fondo ODM y el Fondo Multidonante para la Igualdad de Género, del que España ha sido impulsor y principal donante. El día 10 de noviembre de 2010, el ECOSOC eligió a España como miembro de su primera Junta Ejecutiva, en calidad de primer donante, pues a lo largo de los últimos años España se convirtió en el principal contribuyente mundial a los organismos específicos de género del Sistema de Desarrollo de NNUU y concretamente de ONU-Mujeres.* Estos párrafos no necesitan comentario: la ingente cantidad de dinero que ha donado España a las políticas de género la ponen en primer lugar como donante, por encima de países económicamente mucho más poderosos. Para asuntos *de género* el Gobierno Español no se anda con racanerías.

*…El II Plan Nacional para la Alianza de Civilizaciones 2010-2014 introduce la transversalidad del género en sus cuatro ámbitos de acción prioritaria: juventud, educación, migración y medios de comunicación.* Aparte de sospechar que la "transversalidad de género" en estos ámbitos va a consistir en imponer de forma semejante la ideología de género en los cuatro y que se apoyen entre ellos para incrementar el arraigo social, cabe preguntar qué beneficios supone y para quién; y

valdría la pena saber cuánto dinero público se ha llevado ese II Plan Nacional y cuánto esa aplicación de la "transversalidad".

*…Por último, la Cooperación Española promueve actividades de sensibilización sobre el cambio social en cuanto a la modificación de patrones socioculturales y educativos, a través de proyectos de educación con enfoque de género.*

Esta bolsa enorme de dinero público, cuya cifra no aparece, supongo que porque ya disponen de ella en la ONU y los que no la sabemos no interesa que la sepamos, fue aportada en los años en los que la crisis golpeaba duramente a España, posiblemente y entre otras cosas, por los ingentes capitales ya donados y malgastados en los años anteriores en género y en otros embudos de derivación a los partidos. Y es más que probable el pago *a priori* de los cargos que en estos organismos disfrutan personas del gobierno Zapatero, cuya capacidad y preparación hace imposible pensar otra causa para su elección en el puesto que "los servicios prestados a la causa".

Da la impresión de que estos organismos funcionan al modo del timo piramidal de la siguiente forma: España pagó durante años los ingentes sueldos de personajes políticos innecesarios e incapaces, retirados de la política de otros países y ahora, otros futuros candidatos a los puestos pagan, a través del dinero público de sus países, los sueldos de nuestros grandes ineptos para heredar sus puestos cuando tengan que dejar la política. Pero eso sí, todo el "timo piramidal" con el dinero público que, como *no es de nadie* según dijo una ministra, no duele regalarlo.

A todas estas inversiones en Fondos de Cooperación que parecen haber propiciado el ascenso al cielo del organigrama supranacional a los que las favorecieron, hay que unir las subvenciones a asociaciones de corte feminista (también homosexualista, si bien en este informe de España a CEDAW no tienen cabida más que de forma indirecta, en tanto el feminismo es un movimiento copado por lesbianas, por su temática "en favor de la mujer") defensoras de esta ideología a la que nadie se atreve a plantar cara por dos razones: la manipulación psíquica que se explica con la paradoja de "El traje nuevo del Emperador" y el hecho de que se trata de unos colectivos de inmensa fuerza mediática y económica. Estos lobbies, que exigen sus nuevas subvenciones que les hacen más fuertes y con más adeptos, ya sea para enriquecerse o con el objetivo de realizar nuevas campañas de adoctrinamiento, funcionan como el monstruo al que para apaciguar hay que dar alimento, pese a que mediante ese mismo alimento económico que se le da, se hace cada vez más fuerte y exigente.

Veamos algunas muestras de cuánto, cómo y a quiénes se les da dinero para mover la industria del género. Ese mismo documento oficial dirigido a CEDAW menciona diversas aportaciones económicas a actividades de ideología feminista sin indicar cifras:

*El Instituto de la Mujer colabora en el fortalecimiento del movimiento asociativo de mujeres a través de las ayudas de la convocatoria del Régimen General. En el conjunto del período 2008-2012 se han concedido ayudas económicas a 687 programas de 467 entidades.*

Unos cuantos datos sobre qué significa este párrafo únicamente para el año 2012, año en el que la crisis era evidente y estaba en el poder el nuevo gobierno de Mariano Rajoy ayudarán a hacerse una idea de qué es exactamente esto del "negocio del género" y el feminismo.

Por ejemplo, el año 2012 el Instituto de la Mujer, organismo heredero del innecesario Ministerio de Igualdad, con una España sumida en la crisis, con subidas de impuestos y recortes brutales en servicios sociales, con un paro creciente y más de un millón de familias sin ningún ingreso, repartió en un solo día para estudios y políticas de género 3'4 millones de euros de la siguiente forma:

1º Para las asociaciones del lobby feminista y otras ONG que desarrollan políticas sociales de ideología de género se reparten 2,2 millones de euros.

Si algún esforzado lector se molesta en leer en el enlace del BOE los nombres de las asociaciones beneficiarias se va a encontrar con unos detalles muy curiosos que me gustaría comentar. El primero es que aparecen asociaciones con extraño y pintoresco nombre que, investigadas en realidad no son tales, sino minigrupos de presión, prácticamente sin socias, creados para "hacer bulto" en las reivindicaciones y para recibir subvenciones.

El segundo es que "la parte del león" de las subvenciones se la llevan asociaciones presuntamente independientes pero cuya pertenencia a partidos políticos muy conocidos es *vox populi* (Mujeres Progresistas, Asociación de Mujeres Juristas Themis…)

El tercero no es tan evidente pero demuestra la endogamia de este "negocio" cuando se explica: A ese informe que el Estado Español tiene que enviar al organismo feminista de la ONU, la CEDAW, del que ya hemos aportado algunos párrafos, se puede añadir, por parte de la sociedad civil, un informe paralelo independiente (*shadow report*) opinando sobre las políticas aplicadas por el Estado. Muchas de las asociaciones beneficiarias de estos fondos son las que han presentado el informe paralelo a la ONU. No es ninguna sorpresa decir que este informe paralelo de la sociedad civil, únicamente representada por asociaciones feministas radicales de género y colectivos de lesbianas, se queja amargamente de la discriminación en la que vive la mujer española, se lamenta de la reducción de fondos destinados a la emancipación de las infortunadas españolas, lo que se traducirá en un empeoramiento de sus miserables condiciones de vida y pide más políticas *de género*. Para más escarnio, es el propio Instituto de la Mujer quien facilita y coordina la realización de este informe paralelo de la sociedad civil cuya característica fundamental, se supone, es la independencia de criterio. Asombrosa independencia de criterio la de ONG´s que reciben sustanciosos fondos de un organismo estatal que vive de que se sigan exigiendo políticas de género y que coordina el informe en el que se piden más fondos.

2º Para investigaciones y postgrados de género 600.000 euros

3º Para estudios particulares sobre el género 597.208 euros

Por una parte se constata que las empresas contratadas para los estudios tienen una amistad, casi filiación, con el gobierno de turno.

Por otra, al margen de algunos estudios sobre las aportaciones de mujeres a diversas áreas del saber, en muchos casos sobredimensionadas como las subvenciones que las amparan, como ya hemos explicado en el caso de las investigaciones en el ámbito deportivo, estas investigaciones y estudios de posgrado son, básicamente,

- un estudio de datos en un campo en el que no hay igual número de hombres y de mujeres, o no existen los mismos comportamientos,
- una constatación del porcentaje desigual respecto al 50% ideal,
- un diagnóstico del problema, que siempre es la imposición de roles sociales, los estereotipos de género y la presión social.

Fácil y rentable. Nunca se pregunta a las personas implicadas su opinión porque los estudiosos dan por seguro que están alienadas por sus prejuicios. Por ejemplo: hay muchos más ingenieros que ingenieras. Y eso sólo puede ser porque a las mujeres se les desanima para ese tipo de ocupaciones y se les empuja a otro tipo de trabajos. La familia y la sociedad las dirige y obliga. Y ellas se dejan porque no se dan cuenta de su alienación. No se estudian ni analizan las razones de las decisiones individuales que pueden ser muy ajenas a una influencia socio-familiar y responder a gustos y deseos personales. Por descontado que, para el feminismo, la mujer es tonta y una menor intelectual. Menos mal que estos grupos feministas subvencionadísimos van a venir a salvarnos incluso contra nuestra voluntad.

Obviamente, se consigue un nuevo frente de trabajo y de inversión de fondos, en este caso dinero para campañas que empujen a las chicas a elegir ingenierías, promoción de estas carreras entre las jóvenes durante el bachillerato... Habría que preguntarse dónde está la verdadera manipulación: en la elección primera o en la resultante de campañas moldeadoras o focalizadoras de elección.

Por compararlos con algo, estos beneficiarios de las subvenciones son los rastreadores de "nuevos caladeros de fondos": encuentran ámbitos de presunta desigualdad y dan paso a nuevas subvenciones. De todas formas, este punto de los estudios e investigaciones *de género* lo veremos un poco más adelante.

Analizada, por encima, la parte de aportación de fondos a organismos internacionales y a asociaciones feministas en general, en un solo día de noviembre de 2012, y desde un único organismo, el Instituto de la Mujer, veamos lo que recibe en un año una asociación independiente pero dependiente de un partido político, pues ya se ha dicho que partidos y sindicatos colaboran en la venta de la "tela mágica" y por ello en la expansión de la ideología de género con el entusiasmo que sus pródigos fondos les producen... Su sistema es crear nuevas cabezas de monstruo de corte feminista u homosexualista para colocar personas afines (militantes y amigos) en puestos "de género" bien remunerados pero, lógicamente, con poco e innecesario trabajo. De hecho, en este momento, son los partidos políticos y algunos sindicatos que todos sabemos que, lejos de ser independientes son un apartado de los mismos, los que han abrazado la causa de la ideología de género y están utilizando todo su poder para implantarla de la forma más radical.

Si tomamos como botón de muestra a Mujeres Progresistas, que pertenece a ese entramado, presuntamente independiente del Partido Socialista compuesto por Federación de Mujeres, Fundación Mujeres, Mujeres Jóvenes… y de las que surgieron ministras de irrepetible recuerdo, en 2013 recibe 120.125 euros del Instituto de la Mujer, tal y como se indica anteriormente, en 2012 ya había recibido la misma cantidad del mismo organismo, 120.125 euros en otro reparto de subvenciones idéntico al de 2013, lo que debe suponer una cierta tranquilidad, un sueldo fijo base al que añadir 915.568 euros del Ministerio de Sanidad, Servicios Sociales e Igualdad y otros 430.000 euros a través del Ministerio de Empleo y Seguridad Social en tres apartados de 20.000, 115.000 y 250.000 euros. En el año 2012, en un rastreo no exhaustivo, se ha podido confirmar que recibieron 1.465.693 euros de dinero público.

A esto se ha de añadir lo que las distintas federaciones regionales reciben. En el caso de la Federación de Mujeres Progresistas de Andalucía, por ejemplo, en 2012 recibió 101.800 euros del Ministerio de Sanidad, Servicios Sociales e Igualdad, 72.752 euros de la Consejería de Empleo, 85.289 euros de la Consejería para la Igualdad y el Bienestar Social, de la Consejería de Empleo 207.830 euros y finalmente 4.978 euros (qué poco, ¿verdad?) de la Consejería de Economía, Innovación, Ciencia y Empleo. En total, 472.654 euros.

Hay que imaginar esto multiplicado por las diversas autonomías, más lo que no se ha reflejado en este informe puesto que el seguimiento no ha sido exhaustivo y la maraña de Boletines Oficiales, organismos repartidores de dinero y causas por las que se les subvenciona, casi ilimitadas, dificulta su rastreo. Y unir a esto los fondos percibidos por las demás asociaciones y federaciones feministas dependientes de partidos o no… que también son un número bastante abultado hasta el punto de que hay más de 2.000 solo en la Junta de Andalucía según se vanaglorian en su propia página web.

Como dato sobre las subvenciones de las Comunidades Autónomas a las políticas de género se aportan las cifras presentadas en ese mencionado informe alternativo (*shadow*) al informe oficial español ante CEDAW. En el citado informe, las asociaciones feministas se quejan de la reducción de fondos desde el año 2008, en el que se invirtieron 216.000 euros, al 2012 donde afirman que solo fueron 146.000. Sorprende la enorme diferencia respeto a los datos de los boletines oficiales en los que, solo una asociación, se lleva mucho más dinero para teóricamente aplicarlo en políticas de género. Evidentemente aportan datos falsos y a la baja para "dar más pena" a CEDAW y que este organismo "anime" a España a aflojarse el bolsillo.

Veamos otra de las cabezas de esta insaciable hidra del género: los nuevos organismos, las nuevas profesiones y las necesarias nuevas titulaciones para facultar a los neoimprescindibles "expertos en género".

En algunos de los apartados de políticas de género que presenta el Informe CEDAW aparecen esas figuras que, de repente, se hacen necesarias para velar y asesorar acerca del cumplimiento de la "perspectiva de género", "transversalidad del género" y otras "telas invisibles". Se necesitan esos artesanos y comerciantes que elaboren y vendan las nuevas telas con las que hacer trajes inexistentes, y por ello innecesarios, salvo que te obliguen a comprarlos y nadie diga nada por miedo a descubrirse como incapaz de verlos. Por ello se hace imprescindible crear titulaciones para cubrir esas necesarias plazas de Expertos en Género.

*Las Comunidades Autónomas han desarrollado sus propias estructuras institucionales de género y algunas se han dotado de Comisiones Interdepartamentales…* Hay que preguntarse qué es una "estructura de género" y destacar que en este punto se habla de dos tipos de organismos para supervisar el género.

*….Con el objetivo de mantener la coordinación entre Estado y Comunidades Autónomas, existe una conferencia sectorial de Igualdad para la coordinación de actuaciones entre ambos entes.* Aparece un tercer organismo para coordinar.

*Destaca la Red de Responsables de Género de las Oficinas Técnicas de Cooperación como buena práctica para una mayor calidad de la ayuda y una mayor coordinación e institucionalización del enfoque de género en AECID.* Otra "estructura funcionarial" para el género. Estos Responsables de Género, al parecer, se encargan del "enfoque de género" en la Cooperación Internacional, si bien las funciones de ese "enfoque de género" no resultan claras.

*De manera específica, Andalucía reguló por Decreto 20/2010, de 2 de febrero, la Comisión de Impacto de Género en los Presupuestos de la Comunidad Autónoma de Andalucía, con representación en todas las Consejerías de la Junta de Andalucía.* Otro organismo más que pronto se reproducirá, si no ha hecho ya metástasis, en las diversas CCAA.

*Las Comunidades Autónomas han desarrollado instrumentos y programas propios para la eliminación de estos estereotipos.* Más dinero en programas de dudoso fundamento.

*También se han ejecutado acciones de formación de profesionales con enfoque de género, así como de investigación, difusión y sensibilización.* Esto significa que se han creado titulaciones universitarias de "expertos en género" y que se están invirtiendo fondos en estudios de género y en difusión de esta ideología, con los consiguientes departamentos dedicados a todo ello. En los anteriores puntos del informe se evidencia en qué van a trabajar tales titulados, a los que se les están creando plazas en todo tipo de organismos e instituciones y haciendo obligatoria su figura. Sobre los estudios hablaremos en breve.

También este apartado pertenece al interesante informe, del que ya hemos hablado, que España presenta ante ese organismo de la ONU dedicado, teóricamente, a erradicar la discriminación de la mujer, pero en la práctica a implantar la ideología de género:

*Además se convocaron subvenciones públicas destinadas a fomentar el principio de igualdad de oportunidades de las mujeres en el ámbito universitario, financiando actividades, seminarios y títulos oficiales de Estudios de postgrado en Universidades públicas y privadas, asociaciones, entidades y fundaciones de ámbito universitario. Este hecho supone un respaldo explícito a la formalización de los Estudios Feministas, del Género y de las Mujeres en dicho ámbito. Del año 2008 al 2012 se han concedido ayudas a un total de 858 programas.*

Esos estudios de postgrado presuponen la creación y existencia de titulaciones de grado. Como muestra se aportan algunos datos. Al igual que en otros apartados, la investigación tampoco ha sido completa porque la intención de este libro no es el seguimiento de todo el entramado de forma exhaustiva (se necesitarían años para un buen informe) sino dar una idea aproximada de la "silueta del monstruo".

La Universidad Rey Juan Carlos puso en marcha, por motivos puramente políticos pues no había demanda, dos titulaciones de grado:

"Género y salud" y "Estudios interdisciplinares de género" con asignaturas tan pintorescas como "Análisis de la perspectiva de género en salud", "Metodología de investigación social con perspectiva de género", "Feminismo y construcción de la identidad de género", a la par que otras científicas como "Ginecología, oncología y patología mamaria" o "Reproducción humana". Estas titulaciones, establecidas con fuertes subvenciones y por motivos políticos que no por demanda social, a la fecha de este informe se han suprimido por parte del Consejo de gobierno de la URJC a causa de la falta de alumnado y la poca rentabilidad, que impide que sean viables. Sin embargo, con cifras de 43 alumnos en la suma total de los cuatro cursos, los ideólogos de género se atreven a asegurar que hay en la supresión motivos ideológicos y no económicos. Los citados títulos contaban con 6 profesores, todos doctores y catedráticos. La nota de corte para acceder era de 5 pero el nivel de superación de los créditos era del 94,5%. Esto significa que tienen acceso hasta los estudiantes más mediocres y que estos aprueban con absoluta facilidad. Es evidente que sucede lo mismo que en los estudios de Medicina o Ingeniería, y espero que entiendan la ironía.

También hay otras titulaciones de género en la Universidad Autónoma de Madrid: el "Máster en estudios multidisciplinares de género". En esta titulación encontramos materias como "El género como principio de organización social", "Una historia no androcéntrica", "Violencia de género y sociedad patriarcal" y "Feminismo. Teoría y práctica". Todo muy imparcial, aséptico, desideologizado y científico.

La Universidad de Sevilla presenta en su grado de "Género y salud" perteneciente a Enfermería estos temas: "Construcción cultural y desigualdad", "El amor romántico y su influencia en la desigualdad", "Los estereotipos y la socialización asimétrica", "Sexualidad y el mito de la maternidad". Imaginen qué enfermeras más interesantes para el debate *de género*, aunque no sé si eficientes con sus dolencias, les pueden atender en Andalucía.

Los Grados de Género de otras Universidades españolas presentan asignaturas tales como: "Historia de las ideas políticas y económicas desde la perspectiva de género", "Desigualdad económica y feminización de la pobreza", "Historia y feminismo y construcción de la identidad de género", "Teoría feminista contemporánea" y "Distancia de género y técnicas de medición de la igualdad". La pobreza es femenina y las "mediciones de la igualdad" se hacen desde el género, así que ya se pueden imaginar con ese baremo, qué resultados se obtienen. Lo mínimo que se puede decir de todas esas asignaturas y temarios, así como de los anteriores, es que no parecen ni ecuánimes, ni imparciales, ni científicos.

También da la impresión de que, al contrario que los grados de estudios serios, en todos estos grados "de género", la inventiva de sus "catedráticos" y profesores, son de gran importancia en la creación y contenidos del citado grado. En el caso de la Universidad de Valladolid, existe una Cátedra de Género con 25 profesores titulares aunque en la página sólo aparece que se ha dado clase "de grado de género" un año y no he conseguido encontrar las asignaturas. También figura que han realizado actividades (una o dos al año, como mucho). Y eso sí, algunos de los catedráticos han publicado gran cantidad de libros sobre el género. Y algunos se quejan de que la Universidad española no investiga, con cátedras como ésta, volcada en el trabajo científico y la creación cultural…

Si se atiende a una de las reivindicaciones del Informe Sombra CEDAW de las asociaciones feministas (supuestamente la sociedad civil) en la que denuncian la eliminación de algunas de las subvenciones con las que se podían mantener estos estudios y que, por ello, corrían riesgo de desaparecer, se advierte la realidad de todo este entramado. Dinero público para *el género* puesto que, carentes de demanda social, resultaban absolutamente imposibles de mantener de la forma habitual en una titulación, es decir, por el interés de la verdadera sociedad civil.

Como ejemplo de lo que supone un año de gastos en *género* se adjunta, con permiso de su autora Marisa Culebras, el seguimiento del BOE durante el año 2010, con un total en gastos de género de 104.811.473,21€ (solo es el BOE, los fondos aportados por las CCAA aparecen en sus respectivos boletines y no están contabilizados) que detecta fehacientemente la enorme cantidad de dinero público invertido en la ideología de género. En este seguimiento se incluyen las aportaciones a no solo al lobby feminista y asociaciones de partidos y sindicatos, sino al lobby LGTB, a estudios diversos y a extrañas asociaciones y empresas que realizan campañas y trabajos. Recuerden la lamentable situación económica en España durante ese año y piensen que no todos tenían esa percepción de crisis, pobreza y mala gestión de fondos. Los vendedores de la tela mágica del Traje nuevo del Emperador nadaban en la abundancia y la gestión de los fondos públicos les parecía estupenda.

En un seguimiento más pormenorizado, la autora enumera los beneficiarios de fondos para el género en esas fechas y resultan sorprendentes varios datos. Uno de ellos es la irrupción de las asociaciones rurales de mujeres en el reparto. La verdad es que nadie sospechaba que las mujeres rurales eran tantas, necesitaban tanta ayuda y se habían organizado con tanto empeño. Efectivamente, en el famoso informe CEDAW había un apartado específico para la mujer rural -triplemente discriminada- y se exigía una mejora en sus horribles condiciones sociales y laborales... en ayudas económicas, claro. Si se investiga sobre los grupos beneficiarios privilegiados de fondos públicos, se descubre que hay detrás unos colectivos poderosos de mujeres jóvenes, que han elegido el campo para establecerse, preparadas, con estudios, que se autodenominan progresistas y presumiblemente militantes de algunos partidos políticos. No piensen en la pobre abuela trabajando en el campo de sol a sol, víctima de un marido brutal y con unas condiciones denigrantes de vida. Esto es otro entramado, como los mencionados antes, de conocida filiación a partidos políticos que han encontrado en las redes de mujeres una forma de derivar dinero en una causa: el género, que ya hemos visto en qué consiste, de qué forma se implanta y qué resultados produce. Pronto veremos qué estrategias para obtener fondos, dinero y privilegios utiliza. De hecho, si se analiza el programa del PSOE para las últimas elecciones, su casi única propuesta era avanzar en la implantación de la ideología de género. Pero no piensen sólo en el PSOE, este es un pastel que se reparte entre varios.

Para dar una idea, en ese mismo año 2010 la Federación de Asociaciones de Mujeres Rurales FADEMUR recibió 1.243.950,92€, la Federación de la Mujer Rural 619.737€, la Federación de Mujeres y Familias del ámbito Rural AMFAR 1.092.980,45€, la Federación Mujer Rural 263.250€, la Asociación de Familias y Mujeres del Medio Rural AFAMMER, 939.752,23€.

Otros grandes beneficiados del BOE de ese año son: Federación Estatal de Lesbianas, Gays, Bisexuales y Transexuales, FELGTB 935.690€, Federación de Mujeres Progresistas, 1.695.089€ y Fundación Mujeres 1.301.340€.

Estudiando las redes clientelares y de subvenciones llega a dar miedo el terrible entramado del poderosísimo lobby feminista, en este caso al encontrar fondos para grupos tales como: Coordinadora del Lobby Europeo de Mujeres 109.890€, Plataforma Andaluza de Apoyo al Lobby Europeo de Mujeres 30.790€, Federación de Organizaciones Feministas 36.790€.

También mujeres de variadas profesiones, si se asocian, reciben fondos para promocionar el género: plataforma de mujeres cantantes, escritoras y artistas contra la violencia de género, mujeres en medios de comunicación, empresarias, juristas, abogadas, economistas… siempre mujeres. Destaca como curiosidad una asociación de Madres y Padres de Gays y Lesbianas que en este caso se llevan el ridículo mordisco comparado con otros, de 34.878€.

Desde luego, la "industria del género" iba, como siempre en los últimos años y si no lo remediamos, de viento en popa.

Las clínicas abortistas han convertido al aborto en un negocio muy rentable que no debe verse reducido por una sexualidad responsable y unas mujeres conscientes de su fisiología y de las consecuencias de sus actos. Por el contrario, el empoderamiento sexual de la mujer reivindicando una sexualidad "masculina" es decir, sin consecuencias, y con una visión relativista de sus actos es su mejor aliada y su más efectivo departamento comercial.

Respecto al negocio del aborto, las cifras de precios que aparecen en las clínicas privadas son, aproximadamente, las siguientes:

- Hasta 12 semanas con anestesia local: 345 €
- Hasta 12 semanas con anestesia general: 440 €
- Intervención de 13 a 14 semanas: 475 €
- Intervención de 15 a 16 semanas: 595 €
- Intervención de 17 semanas: 625 €
- Intervención de 18 semanas: 840 €
- Intervención de 19 semanas: 990 €
- Intervención de 20 semanas: 1.470 €
- Intervención de 21 a 22 semanas: 1.665 €
- Intervención de 23 semanas: 2.205 €

- Intervención de 24 semanas: 2.415 €
- Píldora RU486: 380 €

Si ponemos una cifra media por aborto de 500 euros y atendemos al dato del Ministerio de Sanidad de 1.805.381 abortos en España entre 1985 y 2012 sale la increíble cifra de 902.690.500€. No creo que haya que decir más.

Yo sólo les he aportado unas muestras para tener una visión global y general del negocio, una ridícula parte de las inversiones, de los programas de respaldo explícito a las mujeres, a los estudios feministas, a colectivos agraviados, para que se hagan una idea del resto. A todo este entramado hay que sumar empleos directos e indirectos del género, tanto los entramados judiciales de la violencia de género como los de cursillos de género para profesores y menores, observatorios, expertos, etc en los diversos ministerios, consejerías y concejalías...

Las mejoras para las mujeres oprimidas y maltratadas no se perciben y el heteropatriarcado, aunque algo menguado en sus infinitos fondos, a decir de las feministas, sigue igual de poderoso o más pese a que hay contratados con dinero público miles de luchadores contra él. Sin embargo, las mejoras de los beneficiarios del dinero de estos programas, seguro que son evidentes. La máquina de picar carne humana del género arroja muy buenos dividendos. Por ello hay que seguir creando agravios y agraviados, discriminaciones y discriminados, cátedras acientíficas, causas nobles que permitan acceder a las aulas de los menores y leyes que garanticen todo esto.

Visto que el dinero fluye generosamente, analicemos los privilegios, otro de los objetivos del género.

# CAPÍTULO 16
# LOS NEODERECHOS, LAS PSEUDODISCRIMINACIONES...
## Y LAS LEGISLACIONES DISCRIMINATORIAS DE NOMBRE ORWELLIANO

> *Pensar contra la corriente del tiempo es heroico,*
> *decirlo, una locura*
> Eugene Ionesco

Cuando se creó la carta de Derechos Humanos, se establecieron una serie de conceptos necesarios para garantizar la libertad, la igualdad y la dignidad de todas las personas. En ellos se englobaba el derecho a la vida, a la libertad de pensamiento y expresión, a la igualdad de derechos, a la no discriminación por causa alguna... un análisis detallado de esa normativa muestra que se amparaba a todos y que nadie quedaba fuera de ese paraguas legislativo. Esos derechos eran universales porque fuera cual fuera el origen, raza, religión, ideología, sexo... correspondían a todos los seres humanos, que los poseían por su naturaleza de persona. Para llegar a esas conclusiones se necesitaron siglos de evolución del pensamiento. La posesión y ejercicio de esos derechos fue variando y fundamentándose de forma selectiva en el origen, pertenencia a un pueblo, clase social, sexo... hasta llegar a todos y cada uno de los seres humanos. Finalmente la persona se hizo ontológicamente, por su esencia como tal, poseedora y beneficiaria de todos esos derechos que formaban parte de su dignidad y de su búsqueda de la felicidad. Era obligación de los organismos nacionales y supranacionales procurar el disfrute de todos ellos a las poblaciones bajo su tutela. El que en algunas zonas del mundo se incumplieran uno o muchos de esos artículos, no significaba que esa carta magna universal no estuviera completa y bien planteada.

Sin embargo, en los últimos años se han venido creando unos NEO-DERECHOS que están dando al traste con la aplicación práctica de los Derechos Humanos Fundamentales y que vienen, curiosamente, avalados, amparados y promocionados por los organismos supranacionales que deberían ser garantes de esos Derechos Humanos Fundamentales que los *neoderechos* vulneran. Junto a esos *neoderechos* surgen las PSEUDODISCRIMINACIONES en un doble juego donde unas veces el *neoderecho* hace surgir la *pseudodiscriminación,* puesto que simplemente no es posible garantizarlo porque va contra la realidad y, otras veces, es esa discriminación falsa la que crea un nuevo *neoderecho* para tratar de eliminar esa presunta discriminación. Parece un complicado juego de palabras pero con unos ejemplos se entiende perfectamente.

Alguien podría pensar que, lo mismo que nos llevó siglos de evolución del pensamiento llegar a los artículos que se firmaron en la ONU en 1948, aún quedara camino por andar en el campo de los derechos humanos. En caso de que quedara camino en la adición de nuevos derechos, lo que parece seguro es la imposibilidad de que sea por esa vía, ya que estos derechos de nueva generación presentan algunas características que los hace discutibles e incluso contraproducentes, al contrario que los derechos humanos fundamentales. Si analizamos estos *neoderechos,* vemos que presentan varias aspectos que los hacen, cuando menos, dudosos, si no directamente cercenadores de otros derechos. De forma general se puede decir que:

1º Los *neoderechos* son artificiales y se oponen a la biología, la antropología, la neurofisiología, la genética y al sentido común.

2º Los *neoderechos* se enfrentan, e incluso vulneran, Derechos Humanos Fundamentales (libertad religiosa, igualdad de derechos, libertad de pensamiento y opinión, derecho a la vida, derecho a la educación de los hijos…)

3º Los *neoderechos* muchas veces chocan frontalmente con los valores éticos en los que se fundamenta la sociedad occidental. En estos casos se busca, sobre todo, la destrucción del tejido moral de esa sociedad cuestionando todas las raíces éticas en beneficio de colectivos minoritarios.

4º Los *neoderechos* equiparan realidades diferentes y exigen igualdad entre esas realidades que obligan a asumir como semejantes, aun siendo naturalmente inviable tal equiparación, implicando a la ciencia y creando las *pseudodiscriminaciones,* imposibles de erradicar porque son biológicas. Eso hace que supongan un eterno saco de subvenciones y dinero.

5º Los *neoderechos* eliminan la igualdad entre las personas restando a unos los derechos que, como *neoderechos,* se reconocen en otros. No es el caso de la libertad versus la seguridad, en el que las restricciones de libertad afectan a todos en la búsqueda de más seguridad, por ejemplo. Aquí sencillamente unos sacrifican derechos para que otros tengan derecho a disfrutar de más derechos, o mejor dicho, de privilegios.

Estas características se encuentran en toda esa nueva generación de derechos humanos que no son derechos, tienen poco de humanos y nada de naturales, en tanto que todos necesitan de técnicas artificiales para llevarse a cabo. Por ello, si se analizan, resulta fácil detectarlos y no dejarse vender lo que comúnmente se llama "mercancía averiada".

Además, un análisis no demasiado exhaustivo nos lleva a constatar que todos los *neoderechos* tienen su origen en la ideología de género, su reingeniería social, su absurda negación de la biología y su utilización de la ciencia para remedar a la naturaleza, y en la reducción del valor del ser humano frente a los Derechos Humanos Fundamentales que le dan un valor ontológico absoluto.

El origen de estos *neoderechos* parte de unas premisas falsas: una es la negación biológica de la reproducción, y otra es la negación de la heterosexualidad natural de las especies por supervivencia. Son *neoderechos* contrarios a la biología surgidos de la posibilidad científica actual de obviar la naturaleza, manipulándola. Derechos artificiales frente al derecho natural por el sistema de reinventarse la biología, hacerla acorde a sus ideas y negar la realidad.

El originado en la negación biológica de la reproducción y basado en la emancipación sexual de la mujer, el presunto "derecho sexual y reproductivo", consiste en negar el hecho biológico de que una relación sexual, para la mujer, supone la probabilidad de un embarazo. La mujer ha de tener el derecho a la libre sexualidad y disfrute de su propio cuerpo sin consecuencias indeseadas contra las evidencias biológicas. Este *neoderecho* es tan realista como el derecho a volar. Al igual que el presunto derecho a volar, y puesto que es biológicamente imposible, su consecución implica medios externos para disfrutarlo y alterar la naturaleza humana, que no permite semejante opción:

medicamentos que impidan el hecho biológico de la reproducción o motores que eleven al ejerciente del derecho a volar. Se pasa de facilitar las condiciones para que la naturaleza humana alcance su plenitud en dignidad a alterarlas para alcanzar una libertad atada a sustancias químicas o a operaciones de esterilización y una igualdad biológicamente imposible. En realidad es tratar de convencer a la mujer de que puede liberarse de su naturaleza, de que negarse le hará más feliz, más digna, más libre. Eso implica afirmar que la mujer biológica es errónea y mejorable y que es un derecho negarse como tal mujer. En todo caso, puede ser una opción personal, una posibilidad, si se actúa con precaución y conocimiento, no un derecho.

Como era de esperar, ese derecho artificial cuyo ejercicio, al contrario que los de primera generación, implica tanta complicación y servidumbre, acaba dando lugar al hecho biológico negado, la maternidad, por lo que se hace necesaria la eliminación de los nuevos seres que se empeñan en gestarse contra el *neoderecho* a tener sexualidad sin consecuencias reproductivas. Es lógico, porque a las mujeres se les ha vendido un *neoderecho* y las compradoras están experimentando su falsedad. El "derecho a la gestión del propio cuerpo" viene a enfrentarse a un Derecho Humano Fundamental: el derecho a la vida.

El derecho a la vida del ser humano en gestación había sido hasta el momento algo inalienable y equiparable a un crimen en caso de realizarse un aborto: nadie tenía duda en afirmar que el embrión era un ser humano en una fase de su desarrollo y que estaba vivo. Había que quitarle su dignidad humana para poder vender su eliminación como *neoderecho*: pese a las evidencias científicas, al feto humano se le quitó su condición humana y la aceptación de que estaba vivo, pese a que su corazón latía en las ecografías y dejaba de latir si se le troceaba o envenenaba. Y se hizo mediante un proceso muy estudiado en el que se comenzaba con un posible conflicto de intereses: la vida de la madre o la del hijo, la violada que ha de ver toda su vida la consecuencia humana de tan reprobable acto... y la creación de una "necesidad" por la triste historia de la mujer, repudiada por su preñez que, para salvar su honor y el de su familia, se exponía a un aborto clandestino y peligroso que le costaba la vida. Este proceso implica una manipulación de los sentimientos, la creación de un falso problema dando categoría al caso concreto y, una vez aportada la solución, ampliarla a todos los casos pese a que todo comenzó con un conflicto de intereses, para terminar en un derecho universal.

Con tales planteamientos, a este "derecho sexual y reproductivo" se le añadió, como en muchas otras ocasiones, una palabra talismán, la salud, que impregnaba de decencia y buenas intenciones lo que era un fructífero negocio de venta de anticonceptivos, operaciones de esterilización y eliminación de seres humanos en gestación. Así, apareció el "derecho a la salud sexual y reproductiva", derecho que no existe en los hombres y sí en las mujeres, con lo que se crea una extraña situación en la que la igualdad de todos los seres humanos se bifurca en los que tienen X derechos y los que tienen X+1. Y en los que no tienen derecho alguno, X-1 una vez se les niega el fundamental derecho a la vida, por negación previa de su condición humana, a fin de poder añadir el derecho +1 al colectivo "mujeres".

Frente al derecho a la "salud" sexual y reproductiva de las mujeres nadie podía objetar nada, en tanto eso implicaba desear la mala salud de las mismas, su muerte incluso. Sin embargo, si se analiza este "derecho a la salud", se evidencia que no puede ser tal: nadie tiene "derecho a la salud" como nadie tiene "derecho a tener dos piernas". O se tiene salud, o dos piernas, o no se tiene salud, o dos piernas. Se puede tener derecho a la asistencia sanitaria, pero eso no garantiza la salud. Si alguien no tiene salud, o dos piernas, no existe forma de facilitarles su disfrute. La salud, como el tener dos piernas, es una situación habitual y deseable que puede perderse. Un hecho, no un derecho. En todo caso, un deseo bienintencionado. Si a esto se une que el ejercicio de tal derecho es muy probable que no sea inocuo para la salud sin adjetivos y que es posible que esta se pierda en el ejercicio del *neoderecho* a base de atiborrarse de sustancias químicas, el tal *neoderecho* es un timo manifiesto. Sin embargo, a base de fondos públicos y manipulación, goza de mucho predicamento.

Al mismo tiempo que se trataba de cerrar la "vía de agua" al *neoderecho* sexual y reproductivo que eran los embarazos imprevistos, pero no inesperados, después de un acto sexual, se fomentaba la sexualidad perfecta para las mujeres: el lesbianismo, donde se unía la desaparición del hombre como compañero sexual y la eliminación del problema de la procreación. Estamos ante la negación de la heterosexualidad humana por simple estrategia biológica de supervivencia de la especie. Esta posibilidad de relaciones sexuales con el mismo sexo ya viene garantizada en el derecho a la libertad, donde está incluida la sexual. Sin embargo, no era el libre ejercicio de la sexualidad homosexual lo que se vendía. Ese *neoderecho* "a la diversidad sexual" implicaba la equiparación de cualquier forma de sexualidad a la mayoritaria sexualidad heterosexual, y eso supone que las relaciones sexuales de cualquier tipo tuvieran el mismo tratamiento a todos los efectos que la relación heterosexual. De esta forma, una unión afectivo-sexual de dos seres heterosexuales, con voluntariedad de pervivencia, con un proyecto común y el resultado sexual de seres donde se combinan los genes de ambos dando lugar a un ser nuevo con lazos biológicos y afectivos con ambos, se equipara a una relación afectivo-sexual de dos seres sin posibilidad de procrear.

Naturalmente el siguiente *neoderecho* viene solo: el derecho a la procreación de las uniones estériles por naturaleza. El *neoderecho* a tener un hijo se sobrepone al derecho del menor a un padre y una madre, a una situación lo más semejante a lo natural que en realidad es, o debería ser, un hecho y no un derecho. Las siguientes consecuencias de un *neoderecho* o un derecho artificial a ser lo que no se es y remedar, imitando con ayuda de la tecnología, lo que se quiere ser pero no se es, lleva a todo lo demás.

Tanto en el caso de la cosificación del ser humano en gestación como del derecho del menor a una familia natural, no hubo quejas por parte del que perdía derechos en función de los *neoderechos* de los privilegiados, por lo que no hubo problemas excesivos para implantarlo. ¿Qué van a decir los fetos muertos y los niños?

En efecto, pronto las parejas sin posibilidad absoluta de procrear se encontraron con que necesitaban ese otro *neoderecho*: el de tener hijos biológicos sin sexualidad heterosexual. Y para eso necesitaban alquilar un útero o utilizar la reproducción asistida.

A medida que crecen los *neoderechos* se recortan los beneficiarios de los derechos fundamentales. Con los *neoderechos,* la situación de igualdad de todos los seres humanos queda un tanto alterada: mientras unos quedan con menos derechos, otros adquieren derechos que no son tales, sino hechos naturales a los que quieren acceder (maternidad y paternidad) o evitar (maternidad) mediante métodos artificiales que debe pagar la sociedad al completo para garantizar que realidades distintas parezcan iguales. De ahí la necesidad de hacerlos exigibles por sus ejercientes. De que sean *neoderechos.*

Por otra parte, el hecho de que no seamos biológicamente iguales produce un reflejo en el organigrama social que es interpretado por el género y sus vendedores como desigualdad. Y se crea la *pseudodiscriminación* de las mujeres por no aparecer en igual número que los varones en todos los empleos, ocupaciones, cargos y actividades. Esta situación se resuelve con una discriminación positiva que siempre implica discriminación negativa del colectivo perjudicado (y que ahora se trata de simular llamándolo "acciones positivas" para enmascarar esa evidente diferencia discriminatoria de trato) en las que la mujer se antepone al varón en cualquier ámbito, no por sus valías sino por su sexo. De igual forma ya hay legislaciones que priorizan a las lesbianas sobre las mujeres heterosexuales. La otra forma de resolverlo es la destrucción del causante de esta *pseudodiscriminación*: el hombre. Y la forma de realizarlo es mediante las tradicionales técnicas de destrucción del enemigo de los regímenes totalitarios: su dignidad, su fama, su memoria y si es posible su persona, han de ser destruidas. Y para ello se van a utilizar los sistemas de manipulación social de los regímenes totalitarios del asesinato de la reputación personal y de la colectiva del grupo señalado. Por el desconocimiento existente en una gran parte de la sociedad de este tema, la especial malignidad de la destrucción del hombre y su repercusión en la familia y los menores, esa parte legislativa se expondrá en capítulo aparte.

Para conseguir que la sociedad admita estas vulneraciones de derechos humanos y, en el caso de España, vaya pasando por el aro en el progresivo pago de los carísimos *neoderechos* a fin de evitar la *pseudodiscriminación* que surge de querer igualar situaciones diferentes, biológicamente diferentes, los vendedores de la tela del género y cuantos se enriquecen con esta estafa, políticos incluidos, llevan a cabo cinco actuaciones:

1º La promulgación de leyes que afiancen los *neoderechos* y eviten las *pseudodiscriminaciones* creando castas privilegiadas y víctimas a nivel legislativo, de derechos e incluso, judicial.

2º La inversión, muchas veces desaforada, de fondos públicos para evitar esas *pseudodiscriminaciones*, normalmente sin resultado respecto a lo que se dice pretender, a fin de seguir aportando fondos. O bien para pagar con dinero público todas las acciones necesarias para que situaciones diferentes sean iguales porque es un *neoderecho*.

3º El despiadado ataque a los que se oponen, racionalmente, a esos *neoderechos*. Este ataque violento se produce contra las personas que demuestran que los *neoderechos* vulneran uno o varios artículos de los Derechos Humanos Fundamentales y exigen que éstos se respeten. Los medios, ya lo hemos visto, van a ser la muerte de la reputación y el uso de la presión social, y la coacción económica o penal a través de las legislaciones.

4º La manipulación por medio de poderosas organizaciones y medios de comunicación que dictan lo que la opinión pública debe pensar.

5º La planificación del adoctrinamiento de los menores en la bondad de tales *neoderechos* a través de ideologías socialmente controvertidas como es la ideología de género.

Vamos a hablar brevemente y de forma general de esas leyes que afianzan y regulan el ejercicio de tales *neoderechos* para evitar *pseudo-discriminaciones,* creando desigualdades evidentes e injusticias mayores y más graves que todos esos conflictos que vienen a resolver.

Estas leyes presentan una o ambas de estas curiosas características:

• que su nombre siempre obedece a lo contrario de lo que en realidad consigue en un orwelliano juego de contrasignificados,

• que actúan de tal forma que, lejos de reducir el problema, este se haga mayor para autojustificar la propia ley, ya sea por la propia promoción de su ejercicio y utilización (en el caso del divorcio como ley destructora de la familia no se intenta nada para evitar rupturas sino que se ofrece la ruptura como única solución facilitándola al máximo, al igual que en el caso del aborto no se ofrecen alternativas e incluso se paga con dinero público) o por mecanismos internos de corrupción como es el caso del aumento impostado y real de la violencia *de género* a raíz de la implantación de la Ley Integral de Violencia de Género (LIVG).

Como corresponde a la manipulación del lenguaje de las ideologías totalitarias se llaman, irónicamente, de forma contraria a lo que pretenden de la misma forma que políticos de corte dictatorial y con sueldo y capacidad económica propia de la más alta clase social se refieren a sí mismos como "nosotros los demócratas" y "nosotros el pueblo". Y curiosamente funciona. Orwell lo sabía.

Ya hemos mencionado la Ley de Salud Sexual y Reproductiva y de Interrupción Voluntaria del Embarazo. Su orwelliano nombre se refiere únicamente a un sujeto de derechos, la madre, porque obviamente el menor no disfruta de ninguna salud tras ser "interrumpido". Por ello, dejando al margen el evidente crimen que supone, si nos centramos en la "afortunada" ejerciente de sus derechos, se evidencia que el *derecho a la salud* proviene de la poca salud que supone tomar medicamentos perniciosos o recurrir a abortos que siempre tienen riesgos físicos para la madre y consecuencias psicosomáticas graves en muchos casos: El SPA (síndrome post aborto), conjunto de síntomas recurrentes en muchas mujeres que se niega en los organismos médicos de influencia mundial por motivos ideológicos y presiones externas pero del que hay bibliografía más que suficiente para admitirlo. Los lobbies del género tienen brazos muy largos.

La segunda parte del nombre …*Interrupción VOLUNTARIA del Embarazo* es otro homenaje al autor de 1984 en tanto muchas mujeres optan de "forma voluntaria" arrastradas por un hombre que no quiere hacerse cargo del niño en camino, obligadas por unos padres a quienes han convencido que matar a su nieto es garantía de bienestar para su hija, empujadas por unas condiciones económicas difíciles para las que no hay ayuda ninguna. Mientras no se detecten los casos de violencia y coacción a la embarazada para que aborte y no se faciliten vías alternativas al aborto para mujeres que desearían otra solución, la voluntariedad de la ley es una burla a la verdad y el sentido común. Y su promoción al presentarse como la única solución, es evidente.

En otro apartado de las legislaciones de nombre orwelliano aparecen las que llevan la palabra *IGUALDAD*. Muchas personas no saben que en España existe una maraña de legislaciones *de género* de ámbito nacional y autonómico que se superponen de tal forma que no dejan resquicios para escapar de sus imposiciones. Gobiernos de distinta ideología han colaborado a su promulgación llevados por el engaño, el buenismo y por desconocimiento de las consecuencias o precisamente porque conocían perfectamente esas consecuencias y les movían intereses económicos o de poder social. Por unas causas u otras, todos los grupos políticos han colaborado en esta vulneración de derechos fundamentales de la ciudadanía.

Como esta igualdad es precisamente eliminar la igualdad legal de los ciudadanos por su sexo u opción sexual, su implantación produce inmediatamente numerosas situaciones de injusticia individual, en tanto que la "discriminación positiva", ahora llamada "acción positiva" que suponen los *neoderechos* es fundamentalmente una diferencia en favor de unos ciudadanos respecto a otros. Hay dos tipos de "leyes de la desigualdad": las que afectan a hombres frente a mujeres, y las que afectan a personas heterosexuales frente a lesbianas, gays, transexuales, bisexuales e intersexuales (LGTBI).

Las leyes de "Igualdad entre Mujeres y Hombres", que las hay de ámbito nacional y autonómico, se centran en crear desigualdades legales entre hombres y mujeres para conseguir una igualdad obligatoria en aspectos en los que hombres y mujeres no son iguales. Volvemos a encontrarnos un nombre que supone lo contrario de lo que expresa. La igualdad incuestionable en dignidad y derechos que caracteriza a las sociedades libres y plurales se vulnera con leyes que imponen porcentajes de participación, actitudes, formas de ocio y tratamientos jurídicos diferentes dando por cierto que hombres y mujeres pertenecemos a dos grupos antagónicos según nuestro sexo: opresores y maltratadores y oprimidas y víctimas respectivamente.

En el caso de las leyes de "Igualdad y no Discriminación de personas LGTBI" fundamentalmente consisten en discriminar al resto por el procedimiento de que ser LGTBI suponga unas ventajas de muy diversa índole frente a las personas heterosexuales. En estas no hay una ley de ámbito nacional de momento pues la estrategia de implantación, que ha seguido un plan perfectamente establecido, ha sido ir aprobándolas en muchas Comunidades Autónomas de la mano de gobiernos de distinto color e ideología. Al margen de esa ideología del gobierno autonómico de turno, las más tardías se han ido radicalizando con "mejoras" que siempre eran un paso más en la desigualdad y la discriminación del resto de los ciudadanos. Se contemplan ayudas al asociacionismo LGTBI, que ya presenta poderosísimas asociaciones, auténticos lobbies internacionales ayudados con dinero público y privado. Establece planes especiales de salud y sistemas de salud específicos para un colectivo que ya disfruta de todo ello como ciudadanos de pleno derecho. Instaura organismos especiales y observatorios con presupuestos diferenciados y relación privilegiada con los poderes públicos. Obliga a medidas y convenios especiales y colaboración de todos los sectores laborales con los colectivos LGTBI además de dar subvenciones a empresas que los visibilicen. De igual forma se establecen penas de diversa índole para las personas que sean acusadas de homofobia, transfobia, lesbofobia... quienes han de demostrar su inocencia invirtiendo la carga de la prueba, al margen que la subjetividad de los conceptos de la acusación y la arbitrariedad de lo que es delito genera inseguridad jurídica. Finalmente se castiga con multas elevadas a las personas que, con el consentimiento del afectado, traten de revertir las tendencias homosexuales en lo que parecería querer evitar la disminución del número de homosexuales.

Por último, en las leyes de "Igualdad y no Discriminación de las Personas Transexuales", se elimina progresivamente la intervención médica presentándose como coacción y se impone como determinante el sexo que el afectado diga querer tener al margen de su fisiología y su genética, al transformar una situación médica en una elección personal *de género*. En este caso, al igual que en el anterior, parece buscarse el aumento de porcentaje de personas transexuales, impidiéndoles cualquier otra solución a su situación y al margen de su bienestar, su beneficio o sus necesidades.

La Ley Orgánica Integral contra Violencia de Género, por sus nefastas consecuencias sociales y personales, se presentará aparte aunque también entra en el juego de nombre inverso orwelliano al no haber disminuido, sino aumentado, el número de mujeres muertas y aunque de forma artificial e interesada, también el número de denuncias por violencia. Es decir lo contrario, como siempre, de lo que dice pretender.

De forma general y al margen del fundamental derecho a la vida que vulnera la legislación sobre el aborto, el resto de estas legislaciones de nombre orwelliano legalizan, instauran e imponen la vulneración de uno o varios de los siguientes derechos:

- El derecho de igualdad en todos los ámbitos entre las personas por la discriminación que suponen las diversas "acciones positivas" que aparecen de forma expresa o tácita.

- El derecho a la libre opinión y expresión al legislar sobre las nuevas infracciones de pensamiento, opinión y expresión: *machismo, homofobia, lesbofobia, transfobia...*

- El derecho a la presunción de inocencia puesto que, en algunas de estas leyes, los culpables de las infracciones antes mencionadas han de demostrar su inocencia frente a la acusación, provocando una inversión de la carga de la prueba.

- El derecho a la libertad religiosa, al impedir que las diferentes confesiones puedan enseñar y difundir su postura y valoración moral respecto de determinadas conductas.

- El principio de tipicidad, al utilizar conceptos genéricos e indeterminados a la hora de describir las conductas que pretende prohibir o que pueden dar lugar a la imposición de una sanción. Todo ello genera inseguridad jurídica, al poder aplicarse arbitrariamente tales leyes.

- El derecho a la igualdad de oportunidades al permitir y fomentar la participación, representatividad y visibilización de las personas LGTB por medio de "acciones positivas" discriminatorias del resto y a igualar en todos los ámbitos la participación de hombres y mujeres con una ratio máxima de diferencia del 40% - 60% por ese mismo sistema de discriminación positiva. De esa forma se valora el sexo de las personas por encima de su capacitación, preparación, intereses personales o valía, creando "el/la miembro de cuota".

- El derecho de los padres a educar a sus hijos según sus convicciones.

Lo curioso es que todas las leyes denominadas "de igualdad" reconocen que los derechos a los que se refieren están reflejados en la Constitución y son reconocidos en España y en la ONU, lo que da a entender que sólo con la aplicación de la ley común se pueden proteger esos casos de discriminación que pretenden resolver, por lo que no es aceptable esta vulneración de derechos de todos para afianzar presuntamente derechos ya existentes, crear *neoderechos* o resolver *pseudodiscriminaciones*.

También hay que señalar que son profundamente totalitarias y fiscalizan todas las áreas de la vida social, tanto del ámbito público como privado: afectan a la política, sociedad, economía, policía, justicia, salud, familia, educación, cultura, ocio, deporte, juventud y comunicación. Su espectro de acción incluye a todos los habitantes del área de implantación, nacionales o extranjeros, e infiltran todos los grupos sociales regulando todos los aspectos de la vida de los ciudadanos. Así lo expresan, sin disimulos, en sus artículos de ámbitos de influencia. Y la fiscalizan imponiendo conductas, obligando a aceptar la ideología de género, coaccionando a través del reparto de subvenciones públicas y penalizando a través de multas y castigos. En muchas de ellas se establecen, además de observatorios, la figura del "comisario de género" que debe vigilar el cumplimento de conductas y actitudes, y denunciar o castigar al disidente.

El problema de todas estas legislaciones es que, para promulgarlas, se ha manipulado a la sociedad desde los medios de comunicación y que por ello, la sociedad aplaude engañada esta reducción de derechos, ajenos a sus verdaderas consecuencias e implicaciones en la vida cotidiana. El otro problema es que afianzan definitivamente esa manipulación por imposición de los comportamientos y opiniones, y establecen nuevos sistemas de manipulación. Uno de ellos es la subvención directa de programas televisivos, producciones de cine y diversas actividades culturales en los fundamentos de la ideología de género y sus pautas de comportamiento. Esto, si bien afecta a todos tiene especial gravedad en la parte dedicada a los menores: los niños y los jóvenes. En este caso, se utiliza la manipulación sentimental y emotiva: los personajes a los que deben imitar se presentan como muy simpáticos, valientes, llenos de virtudes… de forma que busquen la identificación con éstos. Esa admiración les lleva a imitar comportamientos, gestos, ropa, actitudes, etc. ¿Quién no le ha comprado a su hijo el traje del héroe de moda y ha visto cómo trataba de imitarlo en todo lo que le resultaba identificativo?

De hecho y puesto que la implantación del género actúa como una ideología totalitaria, los menores son uno de sus objetivos. Por esa razón, todas ellas presentan un capítulo educativo (incluidas la relacionada con el aborto y la LIVG) que abre las puertas de los centros de menores a la ideología de género por dos vías directas: el adoctrinamiento del profesorado o la entrada de lobbies y grupos vendedores de la tela del género en tutorías y cursillos. Saben que es la forma más segura de perpetuar el *status quo* cuya implantación están a punto de conseguir.

# CAPÍTULO 17
# LA DESTRUCCIÓN DE
# LA MASCULINIDAD:
## LA CREACIÓN DE LA VIOLENCIA "DE GÉNERO"

*Es más fácil engañar a la gente que convencerla de*
*que ha sido engañada*
Mark Twain

El hombre heterosexual es uno de los "objetivos a batir" de la ideología de género y del feminismo extremo predominante en la actualidad. Una vez determinado que la maternidad es la mayor lacra para que la mujer sea, actúe y viva como un hombre, resulta que el hombre es el culpable genético, biológico y natural de la maternidad de la mujer. Y sus instintos sexuales, muy poderosos porque de ellos depende la supervivencia de la especie y la naturaleza busca el éxito por todos los medios, resultan odiosos y peligrosos. El hombre, por ello, y sin culpa personal ninguna, aparece como el enemigo a destruir y, en el fondo, como el original al que hay que imitar. El hombre biológico, el hombre psiconeurológico, el hombre ontológico, en definitiva, debe ser eliminado. Las maneras van a ser varias, unas persuasivas y mediante la manipulación, otras más agresivas mediante la opresión, las legislaciones discriminatorias, la destrucción de su reputación y, si surge, mediante la destrucción física: el palo y la zanahoria.

La estrategia de feminizar al varón y masculinizar a la mujer resulta comprensible a la vista del objetivo de destruir al varón heterosexual con todas sus características y por ende la alteridad sexual biosociológica.

El hombre es "invitado" a renunciar a su masculinidad y todo lo que eso conlleva. Invitado por las buenas, o empujado por las malas, porque no debe perder de vista nunca que si no renuncia a su ser, es el enemigo a batir. El hombre competitivo, valiente, resolutivo y racional, con autoestima, agresivo en su función tradicional defensiva de la tribu, fuerte física y psicológicamente, independiente, poco expresivo en sus sentimientos, activo en la conquista amorosa y dominante en la conducta sexual, en definitiva, el hombre prototipo en el que, con variantes individuales, pueden verse reflejados la inmensa mayoría de varones, debe renunciar a todo ello para deconstruirse en un ser femenino. Todos esos atributos, que se incentivan en la mujer, deben ser erradicados del comportamiento filogenético masculino. El nuevo hombre debe ser cooperativo y no competitivo, cauto, emotivo, expresivo en sus sentimientos, pasivo en la conquista amorosa, suave y delicado como un osito de peluche. Algunos lo interiorizan y tratan de parecerse en lo posible a ese hombre ideal que "saca su lado femenino" reprimiendo, para alcanzar la perfección, los comportamientos "problemáticos y sospechosos" propios de su vergonzante masculinidad. Como ya se ha mencionado, el varón homosexual, con comportamientos en muchos casos más femeninos y sin deseo alguno por las mujeres, de forma que no pretende enamorarlas y ni mucho menos pretende una relación que puede terminar en embarazo de la mujer con todo el "sometimiento al varón" que eso significa para la ideología de género, es el ideal masculino.

Puesto que el varón tradicional es algo "duro de pelar", en tanto concibe su masculinidad como un orgullo y, además, en muchos casos no sólo no quiere, sino que no puede renunciar a ella, toda esta criminalización de su ser ontológico le produce una desorientación absoluta. Sin referentes de valor positivo afines a su naturaleza, sus comportamientos biogenéticos pueden ser tachados de machistas, opresores y autoritarios por la sacrosanta asamblea de bonobas, las feministas antihombres, hasta en las más inocentes acciones. Y eso le desconcierta profundamente. Se encuentra perseguido y desubicado en esta sociedad heteropatriarcal que, curiosamente y con todo lo heteropatriarcal que es, se está esforzando por destruir al varón heterosexual, rey incuestionable de ese malvado heteropatriarcado.

Para ayudar al varón heteropatriarcal en su inexplicable autodestrucción, todas las políticas administrativas y culturales están destinadas a la mujer, todos los medios de comunicación van a demonizar la masculinidad y todas las legislaciones van a ir en su contra, vulnerando los derechos del varón y reduciéndolo a un ciudadano discriminado y de segunda. Y puesto que los niños y menores son más permeables, los lobbies del género se introducen en las escuelas para ayudarles a deconstruirse y denostar el referente masculino (y el femenino), para ensalzar el referente homosexual, para criminalizar los comportamientos varoniles y acusarlos de violentos patológicos y para demonizar el "amor romántico" con los dos caballos de Troya de la ideología de género en las aulas: la violencia y el acoso que veremos posteriormente. Caballos de Troya que ya se encuentran atravesando las puertas de todos los centros educativos y por ello, casi imposibles de frenar, salvo que muchas personas lean este libro, detecten los disfraces bajo los que se esconden las armas adoctrinadoras de la ideología de género, comprendan su verdadero objetivo y se opongan con todas sus fuerzas.

Si, por las buenas, el hombre masculino no se adapta a su nueva vida bonoba vienen las formas de convencerlo por las malas, o eliminarlo. Hablamos de la presión social, de la perdida de la reputación y de la muerte social, si bien existen casos de muerte física consecuencia de esa presión insoportable. Hablamos, en definitiva, de la violencia *de género*, otra de las formas de tergiversar y manipular el concepto de "violencia", tan laxo pero estricto, extensible pero específico y relativo pero absoluto, según convenga, a los ideólogos del género.

La violencia *de género* es una creación de la ideología de género verdaderamente exitosa, puesto que sin existir realmente tal cual se explica que es, como la tela del traje nuevo del emperador, sirve para criminalizar al varón, entrar en las aulas de menores, victimizar a la mujer, promulgar legislaciones demenciales, obtener dinero público en grandes cantidades y generar nuevas vías de conseguir más dinero y más poder. Son tantos los beneficios que es lógico que no se haga nada realmente para erradicar esa gallina de los huevos de oro.

Como algunos lectores de este libro no conocerán el proceso completo de manipulación en este caso y corro peligro de ser acusada de banalizar la muerte de mujeres (de hecho, hay muchas mujeres bienintencionadas engañadas) se va a tratar de exponer toda la falacia montada en torno a esta pretendida "lacra social española". La frase del encabezamiento se refiere a ese engaño y la dificultad que supone que los que viven en él, lo asuman antes de despertar de golpe con algún caso en la familia de víctima de la falacia de la violencia de género.

Hablar de violencia *de género* consiste en afirmar que existe una violencia estructural del hombre contra la mujer por el hecho de serlo.

De todos los hombres contra todas las mujeres, creando un colectivo al que culpar de algo que realizan personas individuales. Al igual que los derechos no los tienen los territorios, ni las lenguas, sino las personas, y la inversión del sujeto de derecho seguramente les resultará familiar respecto a los separatismos, en este caso, los delitos de violencia no los realizan colectivos, sino personas particulares. Sin embargo, la violencia *de género* presupone que esa violencia la ejerce un colectivo concreto: los hombres, unidos en una supraentidad de dominio de la mujer. De esta forma, el hecho de ser hombre implica inmediatamente ser un "violento de género potencial" en tanto pertenece al colectivo, le guste o no. Y toda mujer que hable de la violencia *de género*, ha de saber que en ese grupo de violentos de género está incluyendo a sus hombres más queridos (padre, hermanos, marido e hijos). El error consiste en pensar que los hombres cercanos no son violentos *de género,* pero sí los otros que "andan por ahí sueltos" y no se les conoce, por lo que se contribuye a la criminalización del colectivo. Como el resto de las mujeres caen en el error de pensar eso mismo de nuestros seres queridos de sexo masculino a los que, obviamente, no conocen, la generalización queda hecha y no se libra ninguno de la estigmatización.

Si las personas pertenecen ya al colectivo demonizado, la percepción subjetiva del propio varón sobre sí mismo, o de las personas que le quieren, de que no son violentos *de género*, no afecta en absoluto. Sólo por ellos, es imprescindible dejar de hablar de violencia *de género* y hablar de violencia intrafamiliar, doméstica o de convivencia.

Esta generalización de la culpa para un colectivo no es por casualidad, y aunque es indefendible, resulta muy útil.

Indefendible porque supone crear un prejuicio sobre personas determinadas y culparlas apriorísticamente de un delito que no han cometido por un hecho que no pueden evitar: su sexo, sus genes, su raza… Es el mismo sistema de pensamiento que defendía que los negros eran inferiores por su raza y los judíos, malos y no humanos por sus genes… este tipo de razonamientos tiran por tierra los derechos humanos individuales y nos retrotraen a las culpas colectivas de civilizaciones pasadas y a las injusticias horribles de épocas no muy lejanas. Después de un lento viaje a los derechos humanos individuales, fundamentales y universales, la ideología de género nos devuelve al punto de partida.

Útil porque sirve para criminalizar a un grupo y que funcionen los conocidos mecanismos de muerte civil y de la reputación de un individuo por mera pertenencia al grupo calumniado e injuriado.

Este reconocimiento de que existe una violencia estructural del hombre contra la mujer en España especialmente grave por su característica esencial de confabulación del heteropatriarcado contra las féminas (a las que, asombrosamente, la sociedad heteropatriarcal concede los mismos derechos que a los hombres, protege de forma espectacular y dona para sus organizaciones millones de euros) también implica la consecuencia lógica pero falaz de que existen otras "violencias *de no-género*", que no alcanzan el nivel de importancia de ésta, e incluso que no existen y que, a nivel legislativo y de inversión de fondos, no son merecedoras de una lucha social contra ellas porque esas sí, las realizan personas concretas para las que el código penal es suficiente.

En el momento en que se admite la violencia *de género*, y la de *no-género* como menor, se está admitiendo que la importancia de la violencia no está en el daño que produce sino en la presunta intencionalidad del agresor y sus características. Y por ello, la pena asociada no va a ser decidida por el daño realizado sobre la víctima y el delito en sí mismo, sino por el sexo del agresor y su móvil, que en el caso del varón es el machismo, imponiendo una causa única de los delitos, por lo que cuando un hombre mata a una mujer o la agrede no hace falta investigar, porque la causa viene implícita, lo que no sucede en ninguna otra situación. Igualmente se instaura un "delito de autor" que sólo pueden llevar a cabo hombres, figura legal inexistente y por encima de todo razonamiento judicial.

Igualmente, la concatenación de argumentos lógicos, una vez admitida la importancia absoluta (no como agravante) de la intencionalidad sobre el propio delito, también implica que si una persona mata por hacer un favor es menos delito que si mata por maldad, al margen de lo que opine el asesinado, al que puede no haberle hecho gracia el "favor", abriendo paso a la eutanasia compasiva "por el bien del paciente" y al margen de su opinión. Pero esto es otra deriva de la relativización de la moral, el delito y el daño que no está relacionado con lo tratado ahora, si bien señala el camino coincidente de una relativización y otra.

Volviendo a la consecución de razonamientos, si se admite que matar por creerse superior a la mujer es mucho más grave que si se mata por odio, por maldad, por obtener ventajas económicas o por locura, es evidente que surgen dos tipos de asesinatos: los "graves" y los "leves" aunque la víctima esté igual de muerta en todos los casos. Igualmente puede suceder que un hecho de violencia de género sin resultado de muerte sea más punible que uno de violencia no-género con muerte, es decir, lo que denominamos asesinato "leve": que un hombre pegue a una mujer puede conllevar más pena que si una mujer mata a un hombre.

El grado de criminalización del varón y de manipulación de los sentimientos a los que se ha sometido a la sociedad ha llegado a tal extremo, que el juicio social ante la noticia de que una mujer ha matado a su pareja será el siguiente: "Pobre mujer, lo que habrá tenido que aguantar para llegar a eso. Seguro que el hombre se lo merecía". Conozco a muchas personas que hacen este razonamiento.

El "cortocircuito" lógico que suponen estas afirmaciones surgidas de la continua manipulación del sentimentalismo, impide darse cuenta de cuatro errores éticos: que se culpa al muerto de su propia muerte en vez de culpar al asesino, que se justifica el peor de los delitos, que se le arrebata a la víctima incluso su presunción de inocencia por pertenecer al colectivo criminalizado, y que se admite y justifica la pena de muerte sin juicio en un país que la prohíbe incluso para los asesinos confesos y múltiples. Lo asombroso de la manipulación de los sentimientos es que la persona que hace el razonamiento es, con casi total probabilidad, contraria a la pena capital. La justificación de un crimen por los posibles delitos *de género* cometidos por la víctima es una forma de admitir la condena de muerte sin juicio y posiblemente, sin culpa, o con delitos mucho menores que los realizados por delincuentes a los que se les exime de la pena capital por los fundamentos éticos de la sociedad occidental.

La concatenación lógica de admitir la violencia *de género,* supone aberraciones legales tales como asumir que el varón, único que puede llevar a cabo esa violencia, es un culpable genético, en tanto la mujer es inocente genética, y que la criminalización de los genes masculinos lleve a que no pueda escapar, ni renunciar, a esta culpabilidad. Esa imposibilidad de escapar de la culpabilidad le supone la pérdida del derecho de presunción de inocencia: es un maltratador o asesino potencial del peor de los crímenes, pese a que los resultados sean semejantes a los de cualquier otro crimen o delito. Aparece la figura de culpable por genes que, implicado en un conflicto frente a la inocente genética, carece del derecho legal de ser presumiblemente inocente. La culpabilidad genética le lleva a tener que demostrar su inocencia en los casos de inculpación, invirtiéndose la carga de la prueba. El hombre debe demostrar que no ha hecho algo de lo que se le acusa, al contrario que en el resto de las situaciones legales en las que sí hay que demostrar la culpabilidad del acusado.

Lo más asombroso de esta creación artificial de una violencia *de género* diferente y peor por su causa (machismo) y por su causante (hombre) y no por sus consecuencias y que criminaliza al varón hasta un punto que veremos en el próximo capítulo, es que tenga seguidores masculinos. Que haya hombres tan incautos o ideologizados que compren la "mercancía del género" y se postulen como adalides de la salvación de las mujeres españolas, "oprimidas" pese a ser sujetos y ejercientes de todos los derechos constitucionales, a costa de su propia conversión en parias sociales, es expresión de lo que puede engañar la maquinaria del género.

El síndrome de Estocolmo se evidenció en la última manipulada y violenta manifestación feminista organizada en España contra solamente la violencia *de género*. En ella sucedió algo bastante habitual en las actividades feministas, cada vez con más concomitancias con movimientos de corte neonazi, le duela a quién le duela: los hombres no tenían acceso a una zona de la manifestación. Era una especie de gineceo donde se discriminaba al hombre por serlo, por sus genes, por ser un maltratador y asesino ontológico al margen de su individualidad.

Los varones que trataban de acceder, quienes precisamente al margen de sus genitales eran afines a la lucha contra la opresión de la mujer occidental, se lo tomaban de dos maneras: enfadándose, en una pueril exigencia de que los colectivos de bonobas no les juzgaran por algo ajeno a su elección y a lo que era imposible renunciar, del mismo modo que se hizo con los negros en una triste época de la historia; o alejándose con el rabo entre las piernas, cual perrillo pillado en falta, asimilando su culpa intrínseca, su pecado original de ser hombre y el hecho de que, por su sola presencia en el mundo, colaboraban a la opresión del colectivo que luchaba valientemente contra el heteropatriarcado, cubierto de subvenciones y prebendas del propio heteropatriarcado discriminador.

Algunos incluso defendieron su propia discriminación y expulsión de esas zonas alegando, en algo parecido a la autocrítica comunista, que el hombre era tan heteropatriarcal que hasta quería apoderarse de la bandera de la liberación de la mujer para llevarse el protagonismo y que en esta lucha era lógico que los relegaran. Sólo les faltaba pedir perdón por ayudar. En esta guerra contra el heteropatriarcado, los hombres han de tener cuidado de no ser más antiheteropatriarcales que sus compañeras, para no hacerles sombra, asumir su condición intrínseca de opresores y dejarse discriminar por ello.

Para conseguir que exista una violencia del hombre hacia la mujer sólo por ser mujer, la violencia *de género*, especialmente difícil de creer en los países desarrollados y con legislaciones igualitarias en todos los ámbitos, e incluso conseguir que se lo crean lo propios perjudicados, hay que poner en marcha cinco mentiras sociales:

- Magnificar la muerte de mujeres a manos de hombres.

- Negar la existencia de mujeres violentas y asesinas o justificar sus acciones.

- Eliminar del conocimiento social otros tipos de violencias y muertes. Las victimas varones, niños y muy especialmente ancianos, se eliminan o manipulan en función de que puedan adaptarse a los intereses de la violencia *de género*.

- Afirmar, eludiendo estudios sobre las causas reales de la violencia y las muertes, que todas ellas son por machismo, por la prepotencia del colectivo masculino sobre las mujeres y así perpetuarla por no hacer nada efectivo contra las verdaderas causas.

- Ampliar hasta el infinito las denuncias por violencia real o instrumental por ampliación del concepto de violencia (cualquier cosa es violencia), ampliación de los campos de víctimas (menores) y por el fomento de la denuncia a través de prebendas asociadas a su realización.

Negar, en definitiva, toda la realidad del emperador desnudo para conseguir que la inexistente tela brille con luz propia.

La primera mentira social consiste en magnificar la muerte de mujeres a manos de hombres para que realmente parezca una lacra que produce tal alarma social que toda medida que se aplique sea bienvenida. Campañas desproporcionadas, dinero a raudales, criminalización y vulneración de derechos fundamentales, adoctrinamiento de los menores… líneas rojas que serían difíciles de vender a una sociedad democrática si no es mediante el engaño. Esta hipertrofia, por todos los medios, de las muertes de mujeres por su género (pese a que todo señala que en todo caso sería por su sexo) va muy unida a la eliminación de toda causa que no sea la violencia sin explicación del hombre hacia la mujer, por ser mujer. Naturalmente, la más mínima capacidad de análisis y el simple sentido común, tiran por tierra semejante pretensión de causalidad. Por ello, por su amplitud y su dificultad de mantener, en este engaño participan, de una forma u otra, todos los colectivos y medios que se benefician de ello.

Analicemos la realidad española. En una población de más de 45.000.000 de personas, una media de 60 mujeres asesinadas al año por sus parejas (las cifras oscilan entre 49 y 74 dependiendo de variables muy diversas que en nada tienen que ver con las campañas y las ingentes inversiones públicas), siendo lamentable, no supone ningún motivo de alarma: sólo las cifras de suicidios, con una media de más de 3.500 muertes al año, es bastante más alarmante y merecería más inversiones públicas para tratar de reducir esa cifra si se valorara el problema por los costes en vidas humanas. Pero, en el caso del género, no interesan las vidas, sino la utilidad de las muertes.

Comparada con la cifra de otros países, España es una de las poblaciones con menos crímenes de mujeres a manos de hombres de la UE. Nuestra tasa media de uxoricidios es de 2,6 por millón de mujeres en tanto en países como Austria o Finlandia se alcanza la cifra de 9 ó 10 por millón de mujeres. Estamos en los puestos de cola, con países como Mónaco o Andorra. También son, afortunadamente para España, muy inferiores a la mayoría de los países sudamericanos.

Es decir, que no es alarmante en absoluto a efectos de tasas comparativas. Si bien, una muerte debe ser suficiente para tratar de evitarla si es posible, lo cierto es que la sociedad española no es en absoluto violenta, ni los hombres matan sistemáticamente a las mujeres. Si se analiza la cifra de una media de 60 mujeres asesinadas en una población de 23.000.000 de mujeres, se llega a la conclusión de que no estamos muy lejos de la "tasa de inevitabilidad".

En todas las estadísticas de fallecidos por causas ajenas a la biológica en poblaciones extensas, existe una "tasa de inevitabilidad" que es imposible erradicar por mucho dinero público que se invierta.

Veamos, para entenderlo, el caso de los accidentes: ante una estadística de 10.000 muertos anuales en accidentes, lo primero sería estudiar las causas de tan alto índice, las razones, caso por caso, que han originado el accidente para tratar de solventarlas. Detectadas las razones (tramos de carretera peligrosos, alcohol y drogas, ausencia de medidas de sujeción y protección, cansancio, apnea de sueño...) se realizarían acciones efectivas contra ellas: eliminación de tramos con alta accidentalidad, mejora de carreteras, campañas de protección (cinturones, airbag...), campañas contra la conducción en estado de embriaguez o drogas, consejos para el descanso en la conducción...

De esa forma, el número de víctimas se podría reducir hasta un mínimo que, desgraciadamente, nunca será cero, porque en una población amplia siempre existe la decisión individual de actuar con irresponsabilidad, los errores humanos fatales en la conducción, incluso un infarto en pleno viaje. Esa es la "tasa de inevitabilidad".

En un estudio francés sobre la casuística de muertes de mujeres a manos de sus parejas, y tras analizar las causas del homicidio, la inmensa mayoría se explicaban por peleas, consumo de drogas y alcohol, y enfermedades mentales del agresor. Sólo un pequeño porcentaje presentaba otras causas. En más de un tercio de los casos, el homicida se suicida o lo intenta, cifras estas últimas, coincidentes con los casos en España, lo que evidencia un estado de desesperación o locura transitoria del agresor.

En el caso de la muerte de mujeres a manos de sus parejas en España, lo primero que sorprende es que la causa se determine a priori: el patriarcado, esa situación de opresión en que la sociedad coloca a la mujer, por la cual el varón cree que es su posesión y, como dueño absoluto, decide matarla.

Semejante detección de causas, acientífica e ideológica, sería como si la Dirección General de Tráfico decidiera, a priori, que todos los accidentes son producidos por la idiotez congénita de los conductores. Si hay un accidente por infarto del conductor, como es culpable por idiota, se le mete a la cárcel en vez de curarle el infarto. Y, naturalmente, ni un arreglo de carreteras, ni campañas para el uso de cinturones de seguridad... Con semejante despropósito, las cifras de siniestralidad no bajarían jamás. En España, las cifras de feminicidios tampoco bajan, pese a unas inversiones increíbles de fondos públicos y unas campañas estúpidas destinadas a erradicar una causa casi inexistente.

Nada se hace en caso de drogas, problemas mentales, personalidades violentas por causas diversas, convivencias problemáticas…

Antes de la famosa y vergonzante LIVG, donde se instaura legal y punitivamente que la única causa de crimen y violencia contra la mujer es el machismo, la cifra de uxoricidios era una media de 49 en una población de casi 23.000.000 de mujeres, probablemente tan cerca de la tasa de inevitabilidad que, aunque se hicieran grandes esfuerzos, quizá fuera complicado bajarla por simple imposibilidad de controlar imponderables. Aun así, habría que hacer el esfuerzo. Pero un esfuerzo de verdad. No lo que se hace desde la ideología de género.

Tras la LIVG, la tasa subió a 60 de media anual. Y subió, probablemente y según dicen los abogados, por venganzas de hombres desesperados tras ser despojados de casa, hijos trabajo y dignidad. Las vividoras del género lo saben. Cada muerte es más dinero para ellas. La sangre de esas desdichadas les da derecho a exigir más fondos y a criminalizar más al varón. Que no les toquen una ley tan útil.

Como la única causa de homicidio de mujeres por parte de sus compañeros sentimentales es por machismo y dominio del patriarcado y no hay que buscar otras, llevamos mucho tiempo con esa media de 60 muertas al año. Y seguiremos así al margen de las inversiones públicas en erradicar inexistentes causas en campañas que, tras miles de millones de euros, no han salvado ni a una mujer. Y sin embargo, han creado y engrasado infinidad de redes clientelares dedicadas a "hacer caja" con el dinero público, a hacer de "caja de resonancia" de los crímenes de mujeres y de "agujero negro" del resto de los crímenes domésticos.

Si volvemos a la magnificación y la amplificación de los uxoricidios (muertes de mujeres a manos de sus maridos) vemos que para conseguir una alarma social que genere una respuesta adecuada ante legislaciones ilegales, se necesita que la gente tenga la sensación de catástrofe. Para conseguirlo se ponen en marcha los mecanismos de manipulación de masas de *creación de un problema y propuesta de solución*. Pese a la igualdad legal y la baja tasa de muertes, los lobbies feministas ya comenzaban a plantearse antes de 2004 una legislación completamente innecesaria para una violencia de cifras no alarmantes pero que cumpliera las funciones que, luego se ha visto, ha cumplido a la perfección: criminalizar al varón, reducir sus derechos y crear una red clientelar de asociaciones y empleos que permitiera malversar enormes cantidades de dinero público con la disculpa del desorbitado número de muertes.

Para ello, tratan de basarse en diversos organismos de la ONU que justifican la discriminación positiva en los alarmantísimos casos en los que sea necesario únicamente para erradicar una situación de sometimiento estructural de la mujer donde la legislación la discrimina claramente, si bien, siempre añaden que ha de hacerse de forma provisional. Naturalmente, se interpreta que esas medidas tan extremas se van a producir en países no igualitarios pero, en realidad, mientras los países no igualitarios siguen en la misma situación, en los estados de derecho con la igualdad como norma esa recomendación sirve de disculpa para crear diferencias entre los sexos a favor de la mujer. Por otra parte, hay que señalar que de ninguna manera imponen semejantes discriminaciones positivas: sólo las "recomiendan" a los países que han "ratificado su adhesión", pero en el neolenguaje de los organismos defensores del género, *recomendación, ratificación y adhesión* son las palabras clave para poner en marcha nuevas fases de la agenda del género. En aquellos años, aún se trataba de guardar las apariencias con una manipulación social que impostara un estado de alarma. Ahora, con los lobbies fuertes en muchos países y la tela del género vendida ya a políticos sin principios que cobran por ello, militantes del género o dirigentes incapaces de enfrentar valores éticos al buenismo social y el neolenguaje, ya no es necesaria la pantomima pública de alarma social. Si en los parlamentos o centros de decisión o capacidad legislativa hay mayoría sumando vendedores del género, incautos y mercenarios, como está sucediendo ya en diversos países, se introduce y vota al margen de la ciudadanía. Se apela a Europa, a la ONU, se ponen de ejemplo otros países que también tienen legislaciones parecidas y se cierra el debate.

Sin embargo, si se quiere mantener el decorado estético de permiso social de legalizar injusticias, se utiliza la sobreinformación de noticias sobre la muerte de mujeres con alargamiento de la noticia mediante datos de muertes, condenas de diversos colectivos… hasta la siguiente muerte si es posible, y se manipulan los datos añadiendo a la tasa de uxoricidios sucesos luctuosos que en nada tienen que ver con machismo, ni con el género, como puede ser el caso de un anciano que cuida a su mujer con alzheimer avanzado, al que le detectan principio de alzheimer y decide terminar con la vida de ambos angustiado al ver que la situación se le va a ir de las manos. Naturalmente, se informa del hecho (como violencia de género), pero no se informa de la causa.

En el año en que se decidió dar el empujón a la falacia de la violencia *de género*, aprovechando que era el año instaurado por la OMS contra la violencia doméstica (1998), hubo una campaña dirigida por un periódico de gran tirada en el que falsearon las cifras de tal manera que las 92 víctimas de violencia doméstica (hombres y mujeres) de ese año se vieron incrementadas a 299 víctimas. Este aumento falso se hizo por la suma de muy diversos crímenes que no correspondían a ese "perfil doméstico" aprovechando que nadie iba a revisar la realidad de las fuentes.

La alarma por la alta criminalidad en el hogar se trasladó a la idea de que sólo morían mujeres en la violencia doméstica por una posterior aplicación de métodos de manipulación que en un interesante estudio del sociólogo e investigador Murray A. Straus se definen de forma bastante clara.

Este estadounidense ha seguido la forma en la que se crea la ficción de la violencia de género en su país y que es muy semejante a la forma utilizada en España. Se fundamenta en que existe una CORRUPCIÓN EN LOS ESTUDIOS E INVESTIGACIONES SOBRE LA VIOLENCIA DOMÉSTICA.

Straus ha detectado, analizado y documentado la forma en la que la SIMETRÍA de ambos sexos en la violencia de pareja se oculta y distorsiona y posteriormente esa distorsión se utiliza para achacar al dominio patriarcal todos los casos de violencia contra las mujeres, siendo sin embargo ésta, una causa de incidencia mínima.

Pese a que hay muy diversos estudios que demuestran tasas iguales de perpetración y predominio de la violencia mutua, que la dominación y el control por parte de las mujeres es tan frecuente como en los varones, y que incluso la experiencia cotidiana y el sentido común empujan a pensar eso, la teoría de la violencia de género persiste por dos prejuicios previos fruto de una interpretación errónea. El primero de ellos es la evidencia de que los actos de violencia genérica y delictivos no se perpetran de forma simétrica y que los delitos son realizados en un 90% por varones. Esta asimetría delictiva se presenta como incompatible con una simetría en los datos de la violencia de pareja sin serlo realmente. El segundo prejuicio es el hecho de que, por la fuerza física de los varones, hay más lesiones en las victimas femeninas.

La manipulación de estos dos datos reales transformándolos en prejuicios contra el varón se materializa en el esfuerzo feminista por ocultar, distorsionar y negar la evidencia en la violencia de pareja mediante la mala praxis en los estudios que se hacen de forma ideologizada y buscando los resultados que previamente se han determinado. A esto se añade la intimidación y las amenazas al que muestre lo contrario. Straus ha sufrido, como otros disidentes del mito de la violencia *de género*, amenazas y coacciones.

Straus elabora una lista de siete métodos que se pueden aplicar perfectamente al caso de España en ocultación y falseamiento de datos y en la coacción posterior al que disienta, pues todos han sido utilizados con el resultado de que actualmente no se habla más que de esa violencia, casi parece que no existe otra y todo el mundo cree que realmente existe como consecuencia del dominio masculino sobre la mujer. Los métodos son los siguientes:

1º Suprimir evidencias: Hay que conseguir que se supriman los datos de violencia de mujeres. Se busca ocultar la simetría en la perpetración de la violencia.

2º Evitar la obtención de datos incompatibles con la teoría de la dominación patriarcal. Consiste en no preguntar en las encuestas si las mujeres han ejercido violencia o agresiones contra hombres.

3º Citar únicamente los estudios que se adapten a la perpetración masculina de la violencia y crear la idea de que la mujer sólo es violenta como autodefensa.

4º Sacar como conclusión en los estudios que estos apoyan las creencias feministas cuando realmente no lo hacen. Se trata de malinterpretar los resultados de las propias encuestas o cocinarlos de forma que se puedan malinterpretar y se adapten al concepto previo feminista de la violencia de género.

5º Crear evidencia por citación. Citar estudios con evidencias falseadas hasta que sean los de referencia.

6º Obstruir la publicación de artículos que contradigan la idea de la violencia de género o eliminar toda financiación. Esta censura, en muchos casos actúa como autocensura al encontrarse el investigador que, con los resultados que ha dado su encuesta contrarios a los parámetros de la violencia de género, sólo va a tener problemas, mala fama y dificultades para encontrar empleo.

7º Acosar, amenazar y penalizar a investigadores que producen pruebas contra las creencias feministas.

Otra de las cosas que Straus señala es que el enfoque exclusivo en una dirección, frente a la concepción de la violencia como algo bidireccional y de múltiples causas, lleva a crear casas de acogida sólo para mujeres y cursos de rehabilitación sólo de maltratadores dejando desasistidos a los casos inversos, que son bastante parejos en cifras.

La realidad es que se ha conseguido, mediante la manipulación y ocultación de la realidad por todo este tipo de artimañas, una sensibilidad especial ante esta clase de violencia y de asesinatos frente a otros igualmente lamentables y una casi unanimidad en la aceptación de los datos de las portadas periodísticas sin análisis, contraste u objeción.

La necesidad de ocultar la bidireccionalidad es tan perentoria que cualquier insinuación al respecto es acallada por una horda de vividores de la violencia de género, entre otras cosas, acusando de banalizar el maltrato y la muerte de mujeres con semejante pretensión de bidireccionalidad. La sombra de otras víctimas banaliza con su insignificante sufrimiento y muerte el sufrimiento y las muertes importantes: las que se pueden instrumentalizar. No se permite debate, ni datos. No se permite ni mencionarlo. Al fin y al cabo, la ingentísima inversión de fondos en la violencia *de género* y toda la industria asociada se fundamenta en esa falacia: que la mujer es siempre la víctima y el hombre siempre el maltratador machista. De hecho, en uno de los momentos álgidos de campañas contra la violencia machista y la insistencia en que se denuncie, la Guardia Civil publicó un cartel a través de twitter en el que aparecían las caras de un hombre y una mujer con el aséptico mensaje: *TOLERANCIA CERO AL MALTRATO EN TODAS SUS VARIANTES. DENUNCIA. NO LLEVES LA PROCESIÓN POR DENTRO.* Sobre el rostro del hombre ponía: *Cuando maltratas a una mujer dejas de ser un hombre. Ante el maltratador, tolerancia 0.* Sobre el rostro de la mujer ponía: *Cuando maltratas a un hombre dejas de ser una mujer. Ante la maltratadora, tolerancia 0.* La Guardia Civil tuvo que pedir disculpas y retirar el cartel.

Porque, si la violencia del hombre hacia la mujer es machista... ¿cómo se llama la de la mujer contra el hombre?

En esta magnificación de datos y de noticias, y en la negativa a detectar las causas de los asesinatos, hay que destacar los códigos deontológicos de los medios de comunicación sobre el tratamiento informativo de la violencia de género, completamente dedicados a llevar a cabo las manipulaciones denunciadas por Straus mediante un doble lenguaje en el que tratan de hacer creer que todo es por el bien de la causa. Como en el caso de los palmeros del género, existen dos tipos: los medios totalmente afines a la ideología de género, que colaboran con plena conciencia en la manipulación, y otros medios y sus reporteros, desconocedores de la existencia de estas auténticas confabulaciones ético-lingüísticas e informativas. Estos últimos colaboran amplificando formas de acción y terminología por imitación, o se unen al neolenguaje y el tratamiento especial de la violencia de género porque eso les garantiza acceso al dinero público, gracias a legislaciones que ofrecen subvenciones si se trata el tema según los parámetros que analizamos a continuación.

Por poner un ejemplo, veamos cómo en el Decálogo Deontológico sobre el Tratamiento de la Violencia de Género del diario Público aparecen estos esclarecedores epígrafes:

*Usaremos los términos 'violencia de género', 'violencia machista', 'violencia sexista' y 'violencia masculina contra las mujeres', por este orden. Rechazamos las expresiones 'violencia doméstica', 'violencia de pareja' y 'violencia familiar'.*

*Una vez haya sentencia condenatoria, los identificaremos debidamente, destacaremos el castigo e intentaremos incluirlo en los titulares.*

*Nunca buscaremos justificaciones o 'motivos' (alcohol, drogas, discusiones...). La causa de la violencia de género es el control y el dominio que determinados hombres ejercen contra sus compañeras.*

*Nunca recogeremos opiniones positivas sobre el agresor o la pareja.*

Otro caso que da luz sobre todo lo que sucede en la manipulación informativa es el "Decálogo de recomendaciones a los medios de Comunicación para el tratamiento de la violencia contra las mujeres" del Instituto Andaluz de la Mujer:

*Es importante presentar cada agresión, cada asesinato, no como un caso aislado sino como parte de la violencia generalizada contra las mujeres.*

*Es importante realizar un seguimiento de los casos publicados…*

*Es importante presentar los malos tratos como crímenes o asesinatos y no como un hecho pasional.*

*Es importante publicar los datos de los agresores evitando que el anonimato asegure su impunidad.*

Dentro de un contexto menos ideológico pero con notables errores de ecuanimidad, encontramos en el decálogo de RTVE frases de este tipo:

*…determinadas informaciones sobre desavenencias conyugales pueden ser erróneamente interpretadas e inducir a pensar que los malos tratos pueden ser consecuencia lógica de una situación de deterioro. Por el contrario, subrayar las buenas relaciones de la pareja es un argumento que podría avalar la hipótesis del arrebato pasional.*

*Utilizar adjetivos como 'celoso' o 'bebedor' para definir al agresor nos acercan a la exculpación.*

*Otra sugerencia es aportar material de apoyo, que permita contextualizar la información, así como buscar ramificaciones del problema: salidas, nuevos proyectos, campañas, etc.*

Viendo el decálogo de comportamiento deontológico de los medios en el caso de la "violencia de género" se comprenden la "lluvia fina" y continua de noticias, la persecución y muerte civil del agresor, hasta publicar sus datos "para evitar el anonimato que asegura su impunidad" (como si no hubiera una justicia penal por el crimen), la razón de la inexistencia de datos sobre las causas reales para evitar que la gente ponga en duda la violencia *de género* contra la mujer por el hecho de serlo, la eliminación de atenuantes en el caso del varón, incluso el arrebato de locura o una situación de deterioro de la convivencia y la inclusión de cada caso particular en una agresión generalizada del varón contra la mujer. Todas estas colaboraciones a la creación y magnificación de la violencia *de género* son generosamente pagadas con dinero público pues las poderosas y multimillonarias campañas institucionales sobre el *"016"*, el *"denuncia"*, el *"hay salida"*, el *"no a la violencia de género"*… son adjudicadas a los medios que se prestan al juego. Porque, naturalmente, la concesión de campañas públicas va a venir determinada por la "docilidad de los medios" a los objetivos del género, es decir, por la existencia y cumplimiento de este tipo de códigos deontológicos.

Todo esto lo amparan y recomiendan nuestros gobernantes, lo imponen nuestros legisladores y lo ejecutan nuestros imparciales medios de comunicación. Si no hay situación de opresión estructural del hombre contra la mujer, se crea. Si el hombre tiene atenuantes, se eliminan... ya ven cómo. El hombre ha de ser un monstruo de machismo que agrede y mata por su propia condición de prepotencia heteropatriarcal. No hay hombres enfermos mentales, drogadictos, alcohólicos o malvados de forma individual y si los hay, no se menciona para no dar pie a creer que actúan por algo diferente a su odiosa naturaleza y a ese ente suprasocial, el machismo heteropatriarcal, que los mueve al crimen.

Todos esos atenuantes que se le niegan al varón y que son consustanciales a la naturaleza humana al margen del sexo, son los que los medios se apresuran a aplicar a cualquier acto violento de las mujeres. Cuando una mujer mata, y lo hace porque le mueven las mismas pulsiones, enfermedades mentales, adicciones o maldad que al hombre, inmediatamente los medios tienen la orden de justificarlo: depresión, locura, enfermedad...

Las mujeres matan en una proporción comprobada de unos dos tercios de los asesinatos masculinos sobre mujeres. Mientras la muerte de hombres a manos de sus parejas femeninas se reflejó en las estadísticas del Ministerio del Interior, en el caso de España presentaba una media de 42 hombres muertos al año (años 1997-2006). A partir del año 2007 sólo hay cifras oficiales del Servicio de Inspección del Consejo General de Poder Judicial (CGPJ) con una asombrosa disminución a una media de 26 esos dos años. El 2009 sólo aparecen las cifras del Observatorio del CGPJ con una increíble media muy inferior de hombres muertos a manos de sus mujeres (media de 8 anuales en el periodo 2007-2009). En 2012 deja de hacerse seguimiento y ya no hay muertes de hombres a manos de sus mujeres de forma oficial, si bien las cifras continúan siendo semejantes y las garantizan asociaciones civiles sensibilizadas con esta ocultación, que van testificando muerte por muerte desde las fuentes de los medios de comunicación locales, únicas informaciones que se dan de tan indeseables evidencias de la violencia femenina.

Hay que preguntarse por las causas de que se haga desparecer de las estadísticas del INE un dato tan relevante como las muertes de hombres a manos de sus parejas femeninas. ¿Se les ocurre alguna respuesta? Lo que sí que he podido constatar es que la mayoría de la población desconoce que las mujeres matan a sus parejas masculinas gracias a esta progresiva ocultación, hasta el punto de que hay personas que niegan esa evidencia en la convicción de que las mujeres no son ni violentas, ni asesinas, y se fundamentan en la citada sustracción de datos de las estadísticas oficiales.

Las bondadosas mujeres matan a sus hijos en una proporción media de 66% frente al 33% de los asesinatos llevados a cabo por sus progenitores masculinos. Otro dato del que no se habla. En las estadísticas de algunos organismos no se contabilizan los menores muertos a manos de sus madres, cifra siempre muy superior a las víctimas del padre. Hay quien los llama "angelitos negros" por su inexplicable olvido y desaparición de los datos. No se habla de ellos pero cuando se habla es para buscar las causas últimas de ese crimen y justificarlo con todos los atenuantes que se niegan al hombre: depresión, esquizofrenia, drogas, pérdida de juicio… En el caso que la mujer termine suicidándose tras el asesinato de sus hijos, lo que evidencia, como en el caso del varón en la misma circunstancia, que muy probablemente era víctima de una angustia extrema, una locura transitoria, una enfermedad mental… se ha aplicado la figura de "suicidio ampliado" e incluso algunos "expertos" han hablado de "acto de amor extremo", de forma que el asesinato de los menores a su cargo se explica como "la solución al problema de no dejarlos solos cuando termine con su vida". Explicación, que no justificación de semejante acto, perfectamente aplicable a algunos casos de la llamada violencia *de género*, es decir masculina, pero que, como hemos visto en los códigos deontológicos, está terminantemente prohibido incluso insinuar la posibilidad, no se vaya a generar la duda sobre la causa machista y heteropatriarcal del crimen.

Y es que sólo con estas imposturas se puede sostener una causa única y difícilmente aceptable en una amplia variedad de situaciones que, en el caso de ser la mujer la agresora, sí se contemplan.

Otro de los puntos que resulta muy cuestionable en el tratamiento de los crímenes de violencia *de género* es que, contra la visión tradicional de no informar sobre acontecimientos peligrosos o mortales que puede llevar a la imitación social, con el consiguiente incremento del suceso, en el tratamiento de los medios de comunicación de este tipo de violencia, se sobreinforma. En los crímenes de violencia *de género* parece, y es asombroso, que no hay miedo al incremento por imitación. En el caso de los suicidios, que con miles de víctimas al año y con un incremento de 2010 a 2013 del 22% hasta llegar a 3.870 es la mayor tasa de muerte no natural en España, nunca se informa por ese peligro de imitación de modelos. Peligro que no parece darse en los casos de mujeres muertas por sus parejas masculinas pese a estar el suelo patrio, según nos dicen, lleno de maltratadores y asesinos machistas. Debería ser obligación de nuestros gobernantes explicarnos la razón del distinto tratamiento de los medios de ambos procesos con resultado de muerte, como sucede con la cuestión de la desaparición estadística de los hombres muertos a manos de sus mujeres. Cualquier persona podría pensar con malicia que se busca el comportamiento imitativo en el crimen de mujeres y el engaño de la población en la ocultación de las mujeres asesinas, ¿no creen? Y es que, efectivamente, hay muchos de estos crímenes que se suceden en el plazo de escasas horas de haber sobreinformado masivamente del primero de los casos, lo que induce a pensar en un peligrosísimo comportamiento imitativo. Ya se ha repetido el patrón de darse tres crímenes seguidos en varias ocasiones, detalle del que los grupos que se benefician del aumento de cifras parecen no darse cuenta mientras se echan las manos a la cabeza preguntándose cómo es posible ese "genocidio" y ese "terrorismo", en una utilización de esos términos tan terribles, de forma impropia, injusta y banalizadora.

Incluso en una reciente tesis sobre los asesinatos denominados *de género* de Isabel Marzabar se llega mediante datos a la conclusión que también dicta el sentido común y una observación no demasiado rigurosa: que sí se aprecia un efecto imitativo y un efecto de refuerzo de la idea de matar que ronda en la mente del asesino. Según esta estudiosa *hay similitud en las conductas de los agresores y muchos asesinatos contiguos en el tiempo o en el lugar suelen tener similares características en su desarrollo.* Afirma que *hay elementos en el tratamiento periodístico que pueden estar ayudando al asesino a considerar que el objetivo cumplido por un homicida anterior coincide con el suyo y al mismo tiempo puede estar provocando que individuos con tensión conductual alta realicen la misma conducta en cuanto tienen conocimiento de que otros la han puesto en práctica.* El análisis concluye que hay 24 veces más probabilidades de un asesinato machista si han aparecido noticias de violencia de género en los 10 días anteriores. Para mantener la corrección política, la solución que propone no es dejar de sobreinformar, sino hablar más de las consecuencias para el asesino de sus actos poniendo casos ejemplificantes, de forma que a la condena merecida por el crimen se una, para este tipo de crímenes y no para otros más horribles, el escarnio público, la antigua picota. De este modo, se sigue informando y sobresaturando con la violencia *de género* en su variante "castigo ejemplificador". Mientras todos vemos esta relación, los medios muestran los asesinatos machaconamente y según sus "códigos deontológicos", repitiendo, repitiendo…

Acerca de los suicidios, es más que lógico pensar que un estudio de las causas y un análisis de las razones que empujan a terminar con la propia vida dieran como resultado unas conclusiones que posibilitaran su reducción. Ya sabemos por la existencia de una tasa de inevitabilidad que nunca será posible su erradicación total. Sin embargo, no se hace. Y no sólo no se buscan conclusiones, sino que se evitan con datos mínimamente precisos. Es muy posible que la casuística sea amplia pero que haya vectores de concomitancia. A lo mejor se pone de manifiesto que hay que enfocar de otra forma los servicios de asistencia psiquiátrica, que hay que encontrar formas de acceder con redes de asistencia social a situaciones de infortunio familiar, a lo mejor se evidencia que hay leyes que, sin salvar una sola vida, son causa de cientos de muertes anualmente… Antes de la aparición de la LIVG se cuantificaba el estado civil del suicidado y una de ellas era "en proceso de divorcio". El dato desapareció de las estadísticas oficiales del INE de forma que en este momento sólo se sospecha el enorme incremento de suicidios que esta ley ha producido y de cuyo drama se tienen muchos casos concretos. ¿Es posible que sea una casualidad?

¿Qué pasaría si se pusiera en evidencia que hay una cifra inadmisible de muertes que se evitarían con solo derogar una ley innecesaria, ineficaz e injusta?

El proceso de eliminación del hombre como portador de la masculinidad se va dibujando con matemática precisión. La destrucción de su dignidad, su transformación, mediante engaños, en un ser salvajemente despótico y violento abre paso a la destrucción de la familia, de los menores e incluso a su propia destrucción física.

Demasiados muertos invisibles, demasiadas preguntas sin respuesta para mantener una infamia. Una infamia que da mucho, muchísimo dinero: la violencia *de género*, una de las cabezas de esa hidra asesina que es la ideología de género.

Vamos a analizar la Ley Orgánica Integral contra la Violencia de Género aportando datos extraídos únicamente de organismos oficiales, al igual que los de este capítulo.

# CAPÍTULO 18
# LEY INTEGRAL DE VIOLENCIA
# DE GÉNERO:
## LA CRIMINALIZACIÓN LEGAL DEL VARÓN

*Procure siempre acertalla*
*El honrado y principal*
*Pero si la acierta mal,*
*defendella y no enmendalla*
Guillén de Castro

*Un demagogo es aquel que predica doctrinas que*
*sabe que son falsas a personas que sabe que son*
*idiotas*
H. L. Menckel

La destrucción del hombre como portador de la odiada masculinidad tiene un punto culminante: la aprobación el 28 de diciembre de 2004 de la Ley Orgánica 1/2004 de Medidas de Protección Integral contra la Violencia de Género. Este tipo de violencia es un espantajo falso previamente creado, como ya hemos visto, con la única finalidad de sacar esta aberración legal como "solución".

Como todas las acciones llevadas a cabo por la ideología de género, esta ley presenta unos objetivos loables contra una situación indeseable (a veces creada previamente, o magnificada), para la que es totalmente ineficiente e incluso acaba produciendo el efecto contrario y otros efectos negativos colaterales y contraproducentes. Como el problema no se resuelve, exige más y más fondos para terminar con él. Resulta asombroso que una ley que once años después de su implantación no ha producido ni una mínima mejora sobre lo que venía a resolver y que, además, lo que ha producido es un evidente empeoramiento, si nos ceñimos a cifras, continúe vigente pese al profundo clamor social en contra de la misma. Es como si un médico que administra al paciente una medicina y ve que, no sólo no le cura, sino que le produce alergia, insistiera en subir la dosis. Y hay una razón de fondo: el médico no quiere en absoluto curar al paciente, e incluso se podría decir que teme que mejore y, por ello, quedarse sin empleo. Los objetivos reales y ocultos de esta ley "contra la violencia *de género"* pero que genera violencia (un nombre orwelliano) no serían los expresos en tal nombre: parecen ser claramente otros y se cumplirían a la perfección. Por ello se esconderían los enormes perjuicios que produce y se magnificarían esas causas originarias para seguir moviendo las ruedas del carro de una estructura industrial de enormes dimensiones. El dinero público riega todo este contrasentido para que se mantenga la mentira por manipulación, presión social, presión política, estructural y legislativa en tanto se ideologiza a las nuevas generaciones para que sostengan el entramado.

Por si hay personas biempensantes que creen que, si bien no funciona debidamente, en su origen esta ley tuvo una intencionalidad positiva, en la cabecera se presentan dos frases con las dos razones de su continuidad: el *defendella y no enmendalla,* o que simplemente se creó por demagogos que nos toman, posiblemente con razón debido a la enorme capacidad de engañarnos que poseen, por idiotas.

Para conseguir que existiera esa violencia, casi inexistente en España, concebida como opresión estructural contra la mujer, y que fuera la única relevante ya hemos visto la manipulación de encuestas y datos, la desaparición de datos de muertes de hombres a manos de su pareja femenina y la magnificación de las de mujeres a manos de hombres, la ausencia de comparativas con otros lugares que centren la gravedad real del problema, la ocultación de las causas de los crímenes en decálogos ridículamente llamados "deontológicos", es decir, sobre los deberes éticos profesionales, en los que se recomienda el recorte de información importantísima y el linchamiento social, entre otras perlas. Hemos visto la sobreinformación de las muertes, su tratamiento exhaustivo en medios al margen del miedo a ese terrible efecto imitatorio que acabaría generando más asesinatos. Noticias publicadas hasta el aburrimiento pero censuradas en sus causas por ser "datos tabú" y ocultando estas al margen de la libertad informativa y el respeto a los ciudadanos. Y hemos mencionado de pasada la ocultación de los datos de suicidios con posibilidad de ser propiciados por esa forma injusta de concebir la violencia en la pareja.

En 2004 el gobierno socialista de Rodríguez Zapatero llegó de forma inesperada al gobierno. En los últimos años del anterior gobierno socialista y durante el tiempo de oposición se fueron creando asociaciones, organismos y fundaciones de mujeres que decían luchar por la emancipación de la mujer amparadas por las recomendaciones y directrices de la ONU, en concreto del órgano feminista de inmenso poder: el CEDAW (Comité para la Eliminación de toda Discriminación Contra la Mujer). España, como país adherido a esas directrices debía rendir cuentas de las políticas a favor de la mujer realizadas con el genérico nombre de "políticas de género" en favor de la mujer. Esas políticas permitían una gran inversión de fondos públicos, y se recibían ayudas de Europa también con "obligaciones morales", que no reales, hacia la instauración de tales políticas. Obviamente, ya vimos que estas obligaciones se traducían en dinero y en puestos de trabajo dedicados a la ideología de género y sus montajes teóricos: existencia de un heteropatriarcado, machismo opresor, mujeres víctimas y la erradicación de todo este infierno social.

En nueve meses y debido a la machacona insistencia de los medios de comunicación afines y a los incautos que siguieron las pautas sin saberlo, la violencia *de género* era una lacra social tan inadmisible que se hacía imprescindible legislar "en caliente" y sacar una ley para erradicarla. Tal celeridad hace pensar en un proyecto previo muy meditado y ya en funcionamiento en el que la Asociación de Mujeres Juristas Themis colaboró activamente. Varias ministras de aquel gobierno provenían de estos entramados feministas.

La ley aparece como injustamente excluyente pues sólo ampara un tipo de violencia, la "de género", ejercida por el hombre sobre la mujer con la que mantiene, o mantuvo, una relación afectiva, por el hecho de ser mujer y cuyo origen está en la situación de opresión social en que se encuentra la mujer por causas estructurales. Se presupone como un acto de fe la existencia de un heteropatriarcado u estamento suprasocial que trata de colocar a la mujer en una situación de subordinación hasta el punto de maltratarla y matarla incluso, si bien para sus malvados fines utiliza al individuo particular al que, a través de la educación, ha modelado para creer que su situación de superioridad le permite disponer de la vida de la mujer. El ente suprasocial no es el Estado, cuyas leyes son igualitarias, ni la educación escolar igualitaria. Se supone que es un aprendizaje subliminal que inculca la sociedad a los hombres.

Naturalmente, ninguno está libre de ser un esclavo silente del patriarcado. Y naturalmente hablamos de algo parecido a un fantasma que, pese a la educación, las leyes y la propia sociedad, sigue subyacente. Y en muchas de sus características coincide con la biología de la naturaleza humana. Ya dijimos que es comodísimo como enemigo: es imposible de erradicar, por lo que supone una lucha permanente con sus fondos y subvenciones asociados y no es peligroso porque en realidad no existe como ente.

Se excluye de la ley la regulación de cualquier otro tipo de violencia intrafamiliar: la de parejas del mismo sexo, la de mujeres sobre hombres, la ejercida contra niños o ancianos, o la de hijos contra sus padres. Ninguna importa.

Es posible, porque nada se puede excluir en el comportamiento humano, que haya algún hombre que maltrate o mate a la mujer en España por esas causas tan ideológicas pero lo cierto es que ya hemos hablado de que la causa de la violencia es variada y muy poco habitualmente obedece a este patrón. Sólo esos casos deberían llegar a este entramado legal. Por otro lado, parece ser que su objetivo no era exactamente la protección de la mujer sino la erradicación de ese machismo subyacente en la sociedad que se ejerce contra la mujer como colectivo. Lo cierto es que, si nos guiamos por las cifras, no se ha conseguido ni lo uno ni, al parecer, lo otro.

Esa causa última del machismo es ideológica, muy poco habitual y difícil de probar por lo que, ante la necesidad de ampliar casos que justifiquen el entramado y hagan necesaria su existencia, cualquier violencia de un hombre hacia una mujer con relación afectiva se convierte en violencia de género por el procedimiento de adivinar la causa *a priori* en vez de investigarla según indicios y datos. Toda esta empanada ideológica adquiere categoría legal y penal sobre seres humanos concretos. A fin de castigar debidamente una intencionalidad tan "terrible" como el machismo, al margen del propio delito se establecen penas diferentes según las características personales del agresor y no del hecho realizado. De esta forma, el mismo tortazo o zarandeo sin lesión alguna es falta o delito en consonancia con el sexo del que lo lleva a cabo. Se presupone que el hombre actúa por machismo, que es lo que se castiga.

Desde el primer momento surgieron voces en la judicatura y 180 jueces presentaron cuestiones de constitucionalidad de esa ley que, a medida que se iban ejecutando, demostraba más claramente sus fallos e incluso generaba más injusticia. Esas demandas por inconstitucionalidad presentadas ante el Tribunal Constitucional (TC), incidían en numerosos aspectos vinculados al principio de legalidad y de seguridad jurídica y en la vulneración de derechos humanos fundamentales. Las cuestiones de constitucionalidad principales consideraban que la ley afectaba a la igualdad legal de las personas por discriminación de sexo, a la presunción de inocencia al culpabilizar a priori, a la inversión de la carga de la prueba al tener que demostrar la inocencia en vez de la demostración de culpabilidad por parte del denunciante. Se señalaba que la responsabilidad personal se diluía en una "culpa por estirpe" propia de la legislación medieval, que se creaba un delito "de autor" frente al delito "de hecho" porque no se podía añadir un plus penal por ser hombre a la conducta del maltratador. Se apelaba a la igual consideración de distintas figuras judiciales como son la falta y el delito, penándolas igual al margen de la gravedad, a la indefensión del denunciado y a la imposibilidad de tipificar las figuras de "amenaza leve" y "coacción leve". El TC las desestimó por 7 votos a 5 y la ley permaneció con todas sus defectos de fondo y forma.

Pese a su aprobación como "ley constitucional", la aplicación de semejante aberración legal siguió levantando todo tipo de quejas y avisos en los estamentos relacionados con el ámbito judicial. Como los defensores de la ideología de género y los lobbies que luchan contra la "opresión horrible del heteropatriarcado" tienen todo el poder y muchísimo dinero, todos los disidentes han sido expedientados, apartados de sus cargos políticos, puestos ganados por oposición o trabajos particulares y acallados con la terrible doble losa de la reprobación social surgida del asesinato de su reputación y la imposibilidad de acceder a algún medio público para defenderse o informar de los hechos. Su escarmiento ha servido para que los que estaban en contra y han salido indemnes, renuncien a denunciar esa falsedad lógica, esa nueva variante de la tela del género que no ven y empieza a ser cada vez más dañina, y renuncien a la disidencia por miedo a las represalias y por poder disfrutar del "carné de buenos". El miedo a defender a las víctimas de esa criminalización por contagio del estigma con la consiguiente ampliación de la muerte civil del que levanta la voz, va dejando cada vez más solas a las víctimas de los planteamientos del género y a sus defensores.

Diversos juristas han defendido que su mayor error es crear una asimetría legal por motivo de sexo. Esta asimetría legal fue propuesta hace décadas por las feministas norteamericanas al encontrarse con la llamada paradoja de las detenciones disuasorias. En los años 70 en EEUU se pensó en la posibilidad de evitar la violencia doméstica utilizando como elemento disuasorio las detenciones de los agresores: si los agresores sabían que iban a ser detenidos en todo caso, se abstendrían de ejercer violencia. Como la mayoría de las agresiones en el seno de la familia eran leves y no llegaban a delito, la legislación del arresto obligatorio incrementó exponencialmente las detenciones, incluidas las de mujeres, que llegaron a ser un 40% de los detenidos.

Los lobbies feministas se negaron a reconocer la existencia de mujeres violentas por lo que reclamaron que sólo se detuviera al agresor primario, el que comenzaba la agresión, pensando que las mujeres sólo usaban la violencia como autodefensa una vez iniciada esta. Esto no redujo las detenciones de mujeres, por lo que se planteó la asimetría penal como solución y forma de que sólo hubiera detenciones de hombres: que en una situación de violencia en la pareja sólo exista una violencia: la del hombre. Que en ese arresto disuasorio como en el caso del arresto preventivo de la legislación española se eviten las detenciones de mujeres mediante una asimetría legal, ha necesitado previamente crear un culpable genético y una culpa tan horrible que permita aceptar tal injusticia: la violencia *de género*.

Según F. Javier Gómez de Liaño, el error principal provendría de que *cuando en el Código Penal se sanciona la xenofobia por cometerse el hecho por motivos racistas, no siempre que la víctima pertenezca a una raza diferente de la del agresor puede entrar en juego la agravante de racismo, pues la apreciación de una agravante genérica o específica debe basarse en la prueba que lo sustente,* cosa que no sucede con la sanción de la violencia *de género*, que se aplica sin prueba que sustente la causa agravante por norma. Eso supondría mantener que cualquier acción ejecutada por un hombre sobre una mujer tiene su origen en una relación de desigualdad, lo cual es absurdo.

Hay quien afirma que el problema es que está mal redactada, mal interpretada y mal aplicada, lo que llevaría a definir el trabajo de las juristas feministas como de chapuza. Es posible. Sin embargo, al resultar tan favorable a determinados intereses y a las líneas de acción de las agendas feministas y sus libros de cabecera, es complicado pensar en errores bienintencionados.

Sin embargo, sin reparo y a causa de la posible chapuza, se aplican castigos y penas a hombres particulares desde esa perspectiva llena de injusticias. La negación de la naturaleza humana, la ocultación intencionada de hechos y datos, el dinero inagotable y los puestos de trabajo que proporciona, y la merma de derechos humanos fundamentales que a nadie quita el sueño, además de su evidente fracaso en sus objetivos expresos como ley, hacen pensar poco en el error bienintencionado y mucho en el interés malintencionado.

Veamos el funcionamiento siguiendo las pautas de la naturaleza humana, que de nuevo, y como es habitual, niega la ideología de género subyacente en esta legislación, pero cuyas pautas se cumplen y, en este caso, se utilizan de forma demasiado certera en beneficio de la causa del *género* como para pensar en casualidad o errores.

El primer paso era instaurar todo tipo de asociaciones y grupos de asistencia a mujeres desde organismos feministas que las ayudan de forma gratuita (fondos públicos mediante) porque parten de la consideración de que la mujer está en inferioridad de situación por esos motivos estructurales que la mantienen en la opresión en todo momento, incluido el divorcio. Estas ayudas especiales a la mujer que implican una valoración de la misma como un ser inferior e incapaz de valerse llevan, en el fondo, a que la presunta dependencia femenina del varón pase a manos de los grupos feministas. El entramado ya se estaba montado desde años antes y se reforzó con el dictamen de 1998 de la ONU instando a erradicar la violencia en el ámbito familiar y un plan nacional para tal fin dirigido desde poderosas asociaciones de mujeres adscritas a partidos políticos concretos.

La mujer, que acude a estas profesionales con intención de divorciarse, o de informarse sobre este tema antes de tomar una decisión, ha tenido previamente momentos de muy mala convivencia con su pareja masculina. En un divorcio hay que establecer reparto de bienes, y de niños, si los hay. La mujer enfadada y con la emotividad y la racionalidad estrechamente conectadas en los millones de conexiones de su cuerpo calloso cerebral se encuentra con que tiene una baza especial en el divorcio: la acusación de haber sido víctima de violencia *de género* por parte de su pareja masculina. En ese caso se produce una adjudicación instantánea de la casa, la custodia de los hijos, el alejamiento del varón y el pago por parte de este de una pensión para mantenimiento de los niños.

La persona de servicios jurídicos feministas que la atiende informa de todo ello y de que no siempre la violencia es física. Analizando las discusiones previas de la pareja aparecen momentos de insultos o zarandeo mutuo que son interpretados como violencia *de género*. Algunas se resisten a la criminalización del padre de sus hijos por reconocer que nada de eso es violencia unidireccional y machista. Otras ven la forma de sacar beneficios y vengarse. La naturaleza humana puede ser muy miserable.

La acusación de violencia presenta varias ventajas: la mujer no tiene que probar nada, porque su palabra vale como prueba al ser el hombre maltratador genético, se ponen en marcha sus consecuencias de oficio y, hasta ahora, no había apenas castigo para una falsa acusación pese a ser un delito de gravedad que utiliza recursos del estado.

Se ha dicho que la mujer no tiene que probar nada. Sólo decir que el hombre la maltrata. El maltrato que se vende en los carteles es siempre físico: nos presentan mujeres golpeadas salvajemente que inducen inmediatamente a la empatía y al juicio desde el sentimiento y nos impiden analizar otra cosa: la inmensa mayoría de las denuncias por violencia no son por violencia física, sino psíquica, cuya capacidad probatoria es mucho más compleja que la física. Y en la que la mujer está en perfecta igualdad de condiciones de ejercer y de defenderse.

Tras realizar la denuncia se ponen en marcha los mecanismos establecidos para la violencia de género: la policía va al domicilio y teóricamente investiga la situación. La modificación de la Ley de Enjuiciamiento Criminal contempla la protección preventiva al ordenar detención por si, el desprecio del presunto machista hacia lo femenino, desencadena el maltrato severo o la muerte de la denunciante. Por ello, en la práctica y ante la duda remotísima de que haya algo de cierto, los policías no quieren exponerse a que su juicio de que no hay riesgo y la afirmación de que se trata de una denuncia falsa o instrumental por su parte dé como resultado que esa noche el hombre mate a la mujer o la agreda brutalmente. Por ello, y además bien aleccionados por los colectivos feministas que informaron a las fuerzas de orden público del riesgo de ser responsables de semejante drama, detienen al sospechoso al margen de la veracidad o la falsedad de la denuncia. El sospechoso pasa a ser "culpable de ser hombre" y, por ello, de ser un potencial maltratador. Y ante la potencialidad delictiva, y sin presunción de inocencia, se le detiene de forma preventiva. La palabra de la mujer actúa *de facto* como hecho probatorio y el hombre no tiene derecho a ser escuchado.

El hombre comienza un calvario que se inicia con la salida del hogar esposado, en muchos casos ante sus hijos y vecinos, y sin posibilidad de llevarse objetos personales. Con la dignidad herida, sin entender nada y con una sensación de indefensión demoledora pasa la noche en un calabozo o, si tiene mala suerte y su mujer está especialmente mal aconsejada, un fin de semana, hasta que puede declarar ante el juez. Inocente y desconocedor de las implicaciones judiciales en su contra de cada uno de los pasos que dé por su nula relación con la delincuencia, declara ante la policía tratando de explicar su situación y sus alegaciones, lo que puede ser usado en su contra y probablemente lo sea, simplemente porque es imposible que coincida absolutamente con la declaración posterior ante el juez y cualquier discrepancia menor complica su situación. En una situación y estado lamentable se encuentra con un abogado de oficio que puede no estar familiarizado con la situación, o desconocerla y que le anima, para salir cuanto antes y no complicarse más, a firmar una Sentencia de Conformidad. Eso le supone aceptar su culpabilidad como delincuente *de género* y le impide denunciar a su pareja por denuncia falsa. Muchos de los casos de culpables de violencia *de género* provienen de esta trampa legal.

Las denuncias falsas o instrumentales evidentemente existen porque el mecanismo legal, tal y como hemos contado, las promociona claramente proporcionando ventajas en el divorcio a la mujer que denuncia. Sin embargo, esta no es la única promoción que hay. Con la carrera estúpida que han establecido los representantes públicos para ser los más benefactores con las víctimas de esta presunta lacra social mediante dinero público, es decir ajeno, a la mujer que denuncia maltrato se le adjudica una Renta Activa de Inserción aproximadamente de 425 euros mensuales al margen de la veracidad de la denuncia y del resultado final de la misma. De 2006 a 2013 se ha triplicado el número de perceptoras de la citada ayuda. Actualmente se busca aumentarla a más de 700 euros al mes.

El tiempo de duración de recepción es alrededor de un año aunque, en muchos casos, posteriores denuncias renuevan el plazo al margen de que la primera fuera falsa, pues no se investiga la situación final de la denuncia, ni si ha habido sentencia favorable. Tampoco, hasta ahora, se ha hecho devolver la cuantía si se demostraba la falsedad de la denuncia y la inexistencia de maltrato. La posibilidad de pedir semejante ayuda con una denuncia sin pruebas, y la ausencia de consecuencias por denunciar falsamente teniendo que devolver la cuantía obtenida y afrontando un proceso judicial, han llevado a diversas picarescas. Además de la trampa de encadenar denuncias falsas que realizan las mujeres, por propia iniciativa o por recomendación de la "asesora", se han creado redes delictivas de perceptoras de ésta organizadas por mafias (Operación Pomelo) y hay evidencias de mujeres que van a denunciar en connivencia con su pareja para disponer de la ayuda y retirar luego la denuncia, una vez reciben la ayuda, por la falta de control sobre el asunto.

A estas ventajas se unen otras como la oferta de prestaciones adicionales para las denunciantes de maltrato. Según los diversos gobiernos autonómicos, las mujeres maltratadas, que en realidad no son siempre tales, sino simplemente y en la mayoría de las veces denunciantes de presuntos malos tratos, tienen matrícula universitaria gratuita, ayudas de libros, para vivienda… Esto tendría sentido en el caso de mujeres verdaderamente maltratadas y cuya situación económica hiciera necesarias estas ayudas, de forma que los fondos y ayudas fueran a los casos reales, pero parece evidente que no hay mucho interés en "diferenciar el grano de la paja", probablemente porque el incremento de cifras de malos tratos justifica la existencia de la ley y la exigencia de invertir mayor cantidad de fondos, de los que la parte que llega a las presuntas maltratadas es mínima. Y la que llega a las verdaderas maltratadas, casi inexistente.

Por poner un ejemplo sobre datos de inversiones públicas en violencia *de género*, en el BOJA (23-12-2015) encontramos los presupuestos de 2016 para esto de "la industria de la igualdad y el género". La Consejería de Igualdad y Políticas Sociales va a manejar 1.817.551.687€. El Instituto Andaluz de la Mujer 41.241.378€, y en ayudas a las mujeres víctimas de violencia *de género* se dedican 616.121€ (1,5% del IAM).

El resto es entramado: expertos, comisarios, estudiosos, fabricantes de encuestas sesgadas, estructuras judiciales, observatorios, asociaciones feministas, lobby LGTB, campañas para seguir machacando a los ciudadanos en la mentira y regando a los medios afines… hay que seguir mintiendo para impedir que alguien diga la verdad por todos los medios y moviendo la maquinaria. Y naturalmente, esto funciona si hay muertas y denunciantes de violencia.

Este entramado de denuncias instrumentales, no sólo dificulta la atención a las verdaderas maltratadas sino que imposibilita saber los casos reales de maltrato. Por las facilidades que presenta la ley para el abuso y la trampa ha habido, desde su implantación, un incremento de denuncias, lo que supondría un incremento de los malos tratos y un evidente fracaso de una ley que, en vez de disminuir una situación injusta, la incrementa. Sin embargo, no es una conclusión cierta en tanto que lo incrementado es la denuncia, concretamente la falsa, pero no los malos tratos. La realidad es que posiblemente no han mejorado en absoluto los casos de mujeres maltratadas que, además, se diluyen en los miles y miles de falsas denuncias. Los defensores de esta ley afirman que se han incrementado los casos "que salen a la luz" para explicar el aumento de presuntas maltratadas. La explicación es que, gracias a la ley, las mujeres se atreven a denunciar o bien se dan cuenta de sus situación de maltratadas, como si antes de la ley, las mujeres fuéramos idiotas y tuvieran que venir a explicarnos lo que es admisible e inadmisible en una relación. Esta explicación del incremento de cifras implica otra manipulación de información: se deben ocultar cuidadosamente los datos de falsas denuncias.

En este punto comienza la guerra de datos con cifras tan escandalosas como que el número de denuncias falsas son el 0,01% ó el 0,001%, porque total da lo mismo a efectos de manipulación una mentira que otra. Y se llega al punto en que uno se pregunta cómo es posible que siendo solo un 0,01% el número de denuncias falsas se conozcan varios casos en el entorno amistoso y familiar y ni un solo caso de maltratada real, que son los millones de casos contrarios. Nuevamente la ideología de género nos exige creer lo que nos cuentan y no lo que ven nuestros propios ojos.

El Observatorio contra la Violencia de Género y Doméstica hizo en 2012 un balance de los 7 años desde la creación de los Juzgados de Violencia de Género contra la Mujer (JVM). En sus cifras contabilizaba 1.034.613 denuncias de violencia *de género* llegadas a tales juzgados. De ellas, 71.142 fueron tipificadas como faltas. De las 963.471 denuncias restantes, fueron sobreseídas 706.568 por ser completamente infundadas.

De las 328.045 restantes, 207.997 fueron condenatorias y 120.048 absolutorias (y sólo 1.750 correspondieron a delitos con sentencias superiores a 5 años por su gravedad). En porcentajes estamos hablando de un 20,1% de sentencias condenatorias frente a un 79,9% de exculpaciones entre las sobreseídas y las absoluciones. Evidentemente, la inmensa mayoría son denuncias falsas o instrumentales.

Más preocupantes resultan las conclusiones que se pueden sacar de los datos que se acaban de publicar en 2016 sobre los 11 años (de 2005 hasta 2015) de vigencia de la ley. En un informe de la Asociación Europea de Ciudadanos contra la Corrupción basado en datos de organismos oficiales, se concluye que de las 1.482.041 denuncias interpuestas bajo el amparo de la LIVG, sólo 177.994 desembocaron en una condena contra el varón. Esto supone que la justicia considera que en el 87,7% de los casos (1.299.578), esos supuestos delitos denunciados no están probados, son archivados o sobreseídos o se trata de denuncias falsas o simulaciones de delito. Por otro lado, entre los datos de condenas, existe la figura de la *sentencia por conformidad*, en la que el varón, mal asesorado jurídicamente y para evitarse problemas, firma su culpabilidad sin saber que en ese acto queda condenado sin remisión y sin posibilidad de apelaciones de ningún tipo. De todas formas, los datos exactos y reales sobre estas denuncias y los resultados de las mismas resultan muy complejos de entresacar por el hecho de que puede haber varias denuncias sobre una persona y un solo juicio derivado de ellas, o de que una denuncia puede presentarse en un año determinado y el juicio, si es que llega a haberlo, celebrarse el año siguiente. Y así lo señala el CGPJ.

Lo que sí que se evidencia, al margen de errores menores en la contabilización es: que el número de denuncias que terminan en condena es alarmantemente bajo; que en el resto de las denuncias, al no poderse probar nada, debería prevalecer la inocencia del acusado y no caer en la explicación de que "no es que sean falsas, sino que no se han podido demostrar"; que el sistema facilita enormemente la denuncia instrumental con datos falsos para conseguir ventajas en el divorcio; y, por último, partiendo de estas evidencias y suponiendo que una gran mayoría son denuncias falsas o instrumentales, estos datos no coinciden en absoluto con esos sorprendentes datos del 0,01% que últimamente han subido al 0,1% de denuncias falsas.

¿De dónde salen entonces semejantes cifras? Son los juicios en los que es tan evidente la falsedad, que el fiscal deduce testimonio a la denunciante y la acusa de falsedad. En el lenguaje jurídico son las únicas consideradas como falsas. Ni siquiera añaden el porcentaje de hombres absueltos que denuncian de falsedad a sus exesposas acusadoras, y que rondan el 2%. Todo lo demás no se considera denuncia falsa aunque es evidente que no es verdadera y que ha malversado los fondos públicos en un proceso judicial innecesario. Sería lógico que hubiera denuncia de oficio sobre las falsas denunciantes, y sobre sus abogados si se prueba que han aconsejado a su cliente utilizar esa ilegalidad. No se hace porque eso disuadiría a las mentirosas y reduciría las cifras de denuncias por malos tratos. Es más, eso implicaría reconocer como inocente al acusado sobre el que no hay prueba ninguna, como sucede en el resto de los delitos. Y eso es algo que las personas interesadas en que esta ley continúe y en defender su eficacia, no se pueden permitir. La presunción debe ser que Aunque en muchos casos el hombre falsamente acusado afirma que no quiere demandar a la madre de sus hijos, poco a poco van apareciendo hombres víctimas de la ley que han visto la necesidad de frenar esa concatenación de denuncias falsas mediante la contradenuncia. Gracias a pruebas evidentes, hombres avisados y móviles grabando todo contacto con la exmujer, se ha conseguido sentar en el banquillo a mujeres falsas acusadoras múltiples que han estado dispuestas a hacer todo el daño posible.

Sin embargo, la mayoría quedan impunes. Las ventajas vuelven a ser evidentes: a mayor número de denuncias, más afianzamiento tiene la ley por su presumible necesidad social y sobre todo, el entramado de empleos asociados (juzgados especiales, jueces especiales, abogados, asesores, asociaciones feministas de ayuda…) tienen trabajo y justificación de su existencia. También el alto número de denuncias, así como sucedía con la magnificación de las muertes, facilita la exigencia de más fondos para erradicar esa violencia.

Si volvemos a esas 207.997 condenas por violencia de género, encontramos las sentencias que se han obtenido por la firma de la *sentencia de conformidad* del hombre, traumatizado tras su estancia en un calabozo, sin comprender la razón del inexplicable abuso judicial y mal aconsejado por un abogado de oficio bisoño o desconocedor del asunto. En esa situación se le ofrece, para agilizar trámites, que firme esa conformidad con los hechos que le han llevado al calabozo. Si el hombre firma, tras esa rúbrica ya no se investiga lo sucedido, que ha podido ser nada y se cuenta con el acuerdo del varón de que ha habido violencia de género. También en esas sentencias condenatorias encontramos tal variedad de interpretaciones de "violencia" y algunas tan laxas, que la violencia judicializable puede englobar una ventosidad o unos insultos en una discusión.

Respecto al inútil entramado judicial y la asimetría legal que ha creado esta ley se puede contar como ejemplo el caso que narra el abogado Miguel A. Valverde, en el que se pelean un novio y un ex novio de 18 años, y se mete por medio la chica de 17 años, causa de la pelea. Sin otra cosa que daños menores (moratones, arañazos)… van todos a denunciarse mutuamente. Como no hay lesiones de importancia y nadie tiene antecedentes, lo normal hubiera sido que, en una única vista rápida en un Juzgado de Instrucción y sin necesidad de abogado, se les hubiera puesto a todos una pequeña multa por participar en una riña consentida con resultado de lesiones leves.

Sin embargo, por el hecho de que uno de los contendientes haya sido mujer y tuviera una relación de afecto con otro de los participantes en la riña, el exnovio se ve acusado de violencia *de género*. El mismo hecho pasa de falta a delito, por lo que habrán de intervenir el Juzgado de Violencia de Género y posteriormente el Juzgado de lo Penal y se barajarán penas de cárcel que, por no tener antecedentes, no llegarán a efecto y se reducirán a otro tipo de pena. La denuncia contra la chica pasará a Fiscalía y Juzgado de Menores, de dónde saldrá, cuando la citen, al cabo de años, con un rapapolvo. El nuevo novio es el único que irá a un Juzgado de Instrucción para un simple juicio de faltas.

En este suceso se van a ver implicados cuatro Juzgados con sus correspondientes cuatro fiscales, al menos dos abogados de oficio, al menos dos médicos forenses, policía, servicios sociales y toda la maquinaria administrativa que esto conlleva.

Sobre los miles de millones que nos cuestan abogados (la inmensa mayoría mujeres), asistentes sociales, asociaciones para asesorar a las mujeres, redes de ayuda sólo para esa violencia, estructura policial, puntos de encuentro de familias cuyas relaciones ha enconado la propia ley, hipertrofia judicial para atender denuncias sin fundamento o de faltas menores, campañas para prevenir sólo la violencia *de género*, subvenciones para asociaciones que dicen luchar contra ella… es imposible hacer una estimación. Se puede hablar de las cifras del BOE y otros boletines de CCAA donde aparecen subvenciones directas. El resto es incuantificable. Y en absoluto ha mejorado la atención de víctimas ni reducido cifras de maltrato o muerte.

El ex ministro J. F. López Aguilar declaró en 2006 a la vista de los ya evidentes abusos y denuncias sin fundamento que la ley propiciaba, que *las denuncias falsas eran un coste asumible para la LIVG*. Lo "asumible" del coste son miles de historias particulares de indefensión e injusticia.

S. Murillo de la Vega, secretaria de Políticas de Igualdad afirmó en una entrevista: *Cuando hicimos la ley se nos planteaba el dilema entre la presunción de inocencia y el derecho a la vida y optamos por salvar vidas*. Al margen de la falsa dicotomía que esta afirmación supone, pues no es excluyente salvar vidas respetando la presunción de inocencia, se demuestra el maquiavelismo *stricto sensu* al considerar que el fin justifica los medios. Tras no haber salvado una sola vida, a juzgar por las estadísticas, y vulnerado la presunción de inocencia, sólo queda seguir preguntando por qué sigue vigente esta ley en la que se reconocen ilegalidades y vulneraciones de derechos humanos por los implicados en su creación y que señalados por juristas, sin embargo han sido negados por el Tribunal Constitucional.

En la batalla por hacer desaparecer las denuncias falsas, reconocidas públicamente como "coste asumible" por el ex ministro que, además, afirma haber sido víctima de las mismas por parte de su ex mujer, se ha llegado a crear la figura de "culpable no probado". Esto significa que cuando un acusado de violencia *de género* es absuelto, no resulta inocente sino que simplemente no ha habido pruebas suficientes para demostrar su innegable culpabilidad. De forma inexplicable, un asesino absuelto por falta de pruebas es legalmente inocente pero un hombre acusado por violencia de género sin pruebas y sin ningún tipo de delito o lesión probado puede ser un "culpable no probado", tan terrible es el delito presuntamente cometido.

Acerca del entramado de trabajadores de la "industria del género" hay que explicar el alto grado de ideologización de todos estos jueces, fiscales, abogados, trabajadores/as sociales, asesores, policías… que creen, o dicen creer, plenamente en la indefensión de la mujer y la maldad intrínseca del hombre, base de esta ley ideológica. El índice de adoctrinamiento con el que trabajan, aconsejan y juzgan elimina la posibilidad de que, si la ley es irracional e injusta, al menos las personas suavicen sus consecuencias.

Por otra parte, la interpretación laxa de la violencia que comienza con la foto de una mujer brutalmente golpeada y termina con un hombre condenado por un par de insultos, es otro de los juegos de manipulación que se llevan a cabo. La violencia contra la mujer se vende al público como algo físico y la gente compra el mensaje porque es evidente la menor fuerza física de las mujeres y que, ante la agresión de un hombre, se llevaría la peor parte. Pero eso es solamente la manipulación visual del sentimiento. La violencia en la ideología de género y en la LIVG se convierte de nuevo en un concepto impreciso que se adapta a la situación que interesa. Lo mismo que es impreciso el concepto de "amenaza leve" o "coacción leve", la violencia de género, es decir, la presuntamente hecha por machismo, engloba acciones muy diversas, muchas de ellas verdaderas estupideces.

Junto al concepto "violencia" aparece el concepto "maltrato": El maltrato es un comportamiento violento que causa daño físico o moral. Una mujer maltratada se nos presenta como alguien que ha sufrido una violencia física o moral que le ha producido un daño. En la violencia física puede haber daño en una sola acción, pero la violencia moral se presupone que ha de tener una cierta continuación para producir daño. Unos insultos en una discusión no producen daño. Ofenden y enfadan pero la laxitud de la violencia hace que todo lo sea, e incluso, que dependa de la subjetividad de la víctima y no del hecho, creando una ausencia de garantías legales.

El socialista Miguel Lorente, hombre feminista que se siente a salvo de las aberraciones perpetradas contra su propio sexo por estar en la parte alta del organigrama del lobby, afirmaba que *todos los maltratos son lo mismo y que los maltratadores físicos solo son maltratadores torpes y primarios que no dan más de sí.* Según sus explicaciones, *el buen maltratador no necesita pegar, sino que somete a su víctima a un desgaste psíquico de tal forma que le mina la autoestima y la seguridad hasta hacer que se sienta inferior. El maltratador humilla en público, insulta, separa de familiares y amigos… la maltratada piensa que se lo merece y le resulta difícil asumir que a quien ha elegido como compañero es un maltratador, sobre todo porque nunca le ha pegado…*

¿Se corresponde ese perfil de lo que es un maltrato, de esa anulación psicológica que requiere un proceso, con un insulto en una discusión o una riña subida de tono? No, pero la ampliación de lo que es maltrato del hombre a la mujer exige ampliar ese concepto a situaciones que no lo son.

Por otra parte, esta violencia psicológica es perfectamente aplicable en el caso inverso de la mujer sobre el varón, no sólo porque las mujeres estamos perfectamente capacitadas para ejercerla, sino porque conocemos casos en nuestro entorno, con la diferencia de que la mujer es ayudada y, en el caso del hombre sólo cosecha las risas y algunos insultos, que en todo caso agravan su falta de autoestima, por esa dependencia psicológica de su mujer fruto del maltrato.

Se incide permanentemente en la igualdad femenina, incluso física, frente al varón. Se trata de esconder la evidencia de que la mujer es físicamente menor en talla, menos fuerte, resistente y rápida, tratando de que realice, de igual forma que el varón, trabajos donde las capacidades físicas son determinantes. Sin embargo, esa equiparación física, falsa pero machaconamente vendida por los ideólogos del género, hace aguas cuando, de forma asombrosa, en violencia *de género* los hombres resultan ser más fuertes que las mujeres y ejercen su fuerza para maltratarlas. Y nos venden la foto de la mujer brutalmente golpeada que, ahora sí, es inferior físicamente.

¿Aceptamos entonces que el hombre es más fuerte físicamente, o no lo aceptamos?

En el caso intelectual y psíquico, se supone también que somos iguales, que ambos sexos valemos para todo lo que queramos llevar a cabo en cualquier ámbito. Sin embargo, sorprendentemente sólo el hombre ejerce violencia psíquica, sólo el hombre es capaz de dominar, torturar psicológicamente, ponerse por encima de la voluntad de la mujer. Esto implica una superioridad masculina evidente en el plano psíquico, y en el plano intelectual, pues es inteligente para llevarlo a cabo. Esta aceptación de la superioridad masculina se refuerza por la evidente aceptación de la inferioridad femenina, que no sólo se deja dominar, sino que es incapaz de salvarse por sí misma y necesita de la protección del Estado y las feministas. La violencia *de género* implica aceptar que la mujer es tonta, psíquicamente frágil, manipulable y, como una eterna menor, no sabe tomar las riendas de su vida sin ayuda y ha de ser tutelada permanentemente.

Al margen de que reconocer la violencia *de género* psíquica implica reconocer la inferioridad femenina, cosa que es inadmisible e incluso legalmente punible e imputable a los colectivos feministas, la realidad, la evidencia cotidiana demuestra que no es así. Incluso en el caso de violencia física, aunque con menos capacidad para lesionar, las mujeres responden de forma bastante semejante a los varones como se demuestra en los perseguidos o manipulados estudios y encuestas y en las ocultas estadísticas de agresiones y muertes producidas a niños, e incluso a hombres. El asunto de las detenciones preventivas en EEUU lo puso especialmente de manifiesto.

Algunas feministas podrían alegar que la superioridad del varón no es personal, sino que proviene de la situación de superioridad estructural de la que le dota el heteropatriarcado y de inferioridad de la mujer que le impide defenderse. El planteamiento, que elimina la capacidad individual y presenta al patriarcado como una especie de poción mágica que vigoriza a uno en todos los aspectos y fragiliza a la otra, es absolutamente indefendible, salvo en un cuento de fantasía, cuando hay igualdad legal de derechos y de dignidad.

De hecho, en las variables para detectar violencia psíquica, las mujeres responden igualmente al perfil de maltratadoras al margen de la existencia de ese patriarcado vigorizador de las capacidades masculinas que parece convertirlos en más listos y más fuertes psíquicamente.

Como se ve, el maltrato a la mujer se vende como físico que es más visual, se amplía a lo psíquico sin asumir que la mujer es perfectamente capaz de realizarlo en las mismas condiciones que el varón y, finalmente, se amplía esa destrucción de la personalidad a los insultos de una pelea o a las normas de convivencia que se dan las parejas, como puede ser ceder en algo que a uno le molesta a cambio de que la otra persona ceda en algo. ¿Qué problema hay en que un hombre acepte no vestir desaliñadamente a cambio de que su mujer llegue pronto a casa cuando queda con las amigas? ¿Y viceversa?

La presunción de que la violencia que importa es la machista, la realizada por el varón sobre la mujer al margen de su intensidad, elimina la evidencia de que la violencia es bidireccional y que al margen de la mayor fuerza física del varón, ambos presentan unos índices de violencia y capacidad de maltrato semejantes.

Otros estudios interesantes son los realizados por Erin Pizzey, pionera en la lucha contra la violencia doméstica, que puso en marcha una casa de acogida para mujeres maltratadas y que definió dos situaciones diferentes en el perfil de la mujer víctima de malos tratos: la de la mujer *genuinamente maltratada* y la mujer *proclive a la violencia*. En el primer caso, cuyo porcentaje era alrededor de un 40%, alejarla de la situación de violencia y proporcionarle apoyo solucionaba el problema, en tanto que en el segundo caso, cuyo porcentaje era aproximadamente del 60% de las mujeres, no era así. Las llamadas *mujeres proclives a la violencia* volvían con sus parejas o mantenían nuevas relaciones en las que reproducían los mismos patrones de violencia, por lo que el alejamiento no resolvía nada. Igualmente, eran mujeres conflictivas en sus relaciones en las casas de acogida.

Publicar estos datos le supuso un acoso tal de los colectivos feministas que se vio obligada a abandonar Reino Unido. La explicación de Pizzey a este acoso era que estas informaciones hacían que los fondos derivados a esos colectivos para erradicar la violencia *de género*, la que los hombres ejercen contra las mujeres por relaciones de dominio negando otros condicionantes, corrieran peligro. Afirmar que había mujeres violentas que propiciaban, de alguna manera, relaciones basadas en la violencia repitiendo esos mismos patrones de conducta con otras parejas, echaba por tierra todo el planteamiento ideológico de la violencia *de género*. Pizzey afirma que, en los casos de mujeres *proclives a la violencia,* simplemente repiten patrones de conducta aprendidos en familias con relaciones violentas y que todos ellos están al margen del sexo porque les sucede por igual a hombres y mujeres. Esto implica que en estos casos es necesario hacer un abordaje terapéutico de la pareja, ya que otras medidas son ineficaces y además no frenan la espiral de nuevas conductas violentas que van a producir comportamientos violentos en los menores fruto de esas relaciones por imitación de sus padres.

Estas cifras de un 60% aproximadamente de mujeres *proclives a la violencia* coinciden con unas cifras semejantes que publicó el Observatorio contra la Violencia de Género del CGPJ, que cuantificaba el número de maltratadas que volvían con su pareja. Lejos de tratar de hacer terapias con estos casos, se sigue pidiendo dinero y haciendo campañas de denuncia y de criminalización del hombre como si no se quisiera erradicar la violencia y, además, se buscara la repetición cíclica de los comportamientos.

Al margen de que la concepción unidireccional de la violencia es irracional y falsa y no ayuda a resolver el problema, como explica Pizzey, implica que sólo haya protección y casas de acogida para maltratadas, dejando sin ayuda a maltratados, y que sólo haya cursos de rehabilitación y ayuda psíquica contra el ejercicio de la violencia para hombres, impidiendo que las mujeres violentas puedan reconducir sus comportamientos y rehabilitar su vida.

¿Qué consecuencias pueden sufrir las víctimas del entramado? Las consecuencias son que el hombre inocente, el que ha sido víctima de la denuncia instrumental, el que se ha visto expulsado de su casa, alejado de sus hijos, estigmatizado socialmente por maltratador, obligado a pagar una pensión compensatoria y de manutención de sus hijos sin poder verlos sea cual sea su situación económica y sus variaciones de la misma, el que recibe, cual espada de Damocles, nuevas denuncias por no respetar la orden de alejamiento involuntariamente, o para que su exmujer pueda renovar de nuevo el cobro de la famosa "ayuda", tiene tres opciones: resistir y luchar contra, ahora sí, una superestructura que lo discrimina, suicidarse en un momento de desesperación o matar a la causante de sus desgracias.

Afortunadamente, la tercera opción, que parece propiciarse con todo este entramado, si bien se ha constatado su existencia por parte de algunos abogados que han encontrado casos y que podría ser la causa, junto con el efecto imitatorio, del incremento de asesinatos de mujeres a manos de sus parejas a raíz de la puesta en marcha de la ley, es la menos habitual.

Los suicidios por desesperación se sabe que existen, pero se ocultan a nivel oficial en las estadísticas eliminando, a raíz de instaurarse la ley, toda información sobre el estado civil del suicidado, así como estudios sobre las causas de los suicidios. Se habla también de las "bolsas de datos negros" que serían los casos de suicidios contabilizados como accidentes de tráfico o laborales en los que se utilizaría ese medio para acabar con la propia vida. Las cifras mínimas que presentan algunas asociaciones relacionadas son de 500 suicidios anuales en adelante, cifras siempre no oficiales porque no existen datos al respecto. Por ello, si se acusa al machismo de matar… ¿qué se podría decir del feminismo que propició esta ley?

La primera opción, resistir, está haciendo surgir unas generaciones de hombres descreídos, que odian a las mujeres, a las que acusan de aprovecharse, de utilizarlos, de destrozarles la vida. La identificación de la mujer particular que les ha destruido la reputación y el proyecto de vida con un colectivo de mujeres que la han apoyado y que han generado el entramado legislativo que los han convertido en ciudadanos sin derechos, lleva a la creación de hombres antifeministas y por reflejo, en realidad, muchas veces anti-mujeres. Hombres, con razones de peso y con una experiencia vital demoledora, que abogan por las relaciones esporádicas, la utilización de la mujer como objeto sexual, cosa actualmente sencilla por la nueva sexualidad femenina, la evitación de formar familias estables, y la transmisión a los hijos de esa visión refractaria de todo lo que hasta ahora había supuesto la felicidad del ser humano, la familia estable, los hijos y el amor incondicional y entregado.

Hombres que recomiendan la vasectomización a fin de ser estériles y que ninguna mujer pueda imputarles un niño del que nunca podrán disfrutar y para el que deberán trabajar y aportar una pensión, basándose en la experiencia de la pérdida de la custodia y el contacto con su hijos en el proceso de divorcio que los ha traumatizado. Hombres que afirman que, en caso de querer tener un hijo, recurrirán al vientre de alquiler, método por el cual ninguna mujer, previo pago por su renuncia, podrá arrebatarles al niño. La perversión de la ideología de género se retroalimenta. Mujeres vasija para hombres apaleados.

El machismo que venía a erradicarse sin existir apenas, se siembra y se ayuda a su regeneración con verdadero afán. Si se quisiera tener en cuenta el comportamiento humano y no extrañas quimeras, cualquiera podría darse cuenta de que si un hombre odia lo femenino, tras una dosis de esta ley lo odiará mucho más. Incluso hombres que no odiaban a las mujeres, comienzan a odiarlas por asociarlas con el victimismo, la mentira y la injusticia.

Los que resisten y se atreven a establecer una nueva relación sentimental con intención de perdurar, se encuentran supeditados al estado de ánimo de la ex, a nuevas denuncias, a tener unos hijos "de segunda" que quizá no pueden mantener porque las pensiones a los anteriores son muy superiores a lo que resta para los nuevos. Y con una nueva compañera que tiene que afrontar su condición de "segunda mujer" en todos los aspectos y sus hijos en condición de "secundarios". Todo se pone en contra de que esa nueva relación sea exitosa y se prolongue.

Da la impresión de que, precisamente, lo que se buscaba con esta ley eran sus imprevistas pero lógicas consecuencias.

Si se repasa la información, se ve una ley que vulnera derechos fundamentales por una causa cuyas cifras en absoluto son merecedoras de tales medidas, que necesita de manipulaciones y ocultaciones para justificarse. Una ley que criminaliza a un colectivo. Una ley que no funciona porque no salva mujeres pese a los fondos invertidos y que tampoco salva del maltrato a maltratadas porque, simplemente, no busca el origen último del maltrato, ni en el caso del maltratador, ni en el caso de la maltratada. Una ley con efectos secundarios tales como la existencia de la denuncia falsa, que parece promocionarla en detrimento de las reales, que no la persigue hasta el punto de fomentar la picaresca organizada y detraer dinero para las verdaderas maltratadas. Una ley con apoyos "deontológicos" que se dedican a sobreinformar de muertes *de género* como si buscaran el efecto imitativo. Una ley que genera tal indefensión legal que parece empujar a la venganza individual del hombre desesperado sobre la mujer, que de ninguna manera erradica el machismo sino que parece quererlo revivir donde no lo había, en una sociedad libre, democrática e igualitaria. Una ley que empieza a provocar comportamientos misóginos. Un ley que empuja a un número indeterminado de hombres, pues se oculta ese dato, al suicidio por desesperación… ¿cómo es posible que no haya sido derogada?

Porque es, como ya denunciaba Pizzey en una situación semejante en Gran Bretaña y han denunciado muchas otras personas, una industria de fondos, de empleos y de subvenciones. Una ley cuyas campañas vierten a los medios de comunicación millones de euros. Una violencia rentable, al contrario que las otras violencias. Una violencia que da dinero y que destruye familias dejando a los menores indefensos y manipulables. Una violencia que sirve como caballo de Troya para entrar en los colegios.

¿Una violencia que se fomenta?

# CAPÍTULO 19
## LA NEFASTA FAMILIA TRADICIONAL
### ARREMETIENDO CONTRA EL ÚLTIMO BASTIÓN DE LA BIOLOGÍA Y DE LA PROTECCIÓN INFANTIL

*El lugar donde nacen los niños y mueren los hombres, donde la libertad y el amor florecen, no es una oficina, ni un comercio, ni una fábrica. Ahí veo yo la importancia de la familia*
G. K. Chesterton

*La tarea actual es destruir el orden natural. Nosotros no estamos ahí más que para canalizar y dirigir el odio*
Felks Dzierzynski, 1917

Ya se ha narrado como, desde Engels, la familia es enfocada con un planteamiento de lucha de clases donde las mujeres son la clase oprimida y los hombres la opresora, por lo que desde el origen estuvo en el punto de mira como objetivo a destruir. Afirman que la familia como concepto biológico pone a la mujer al servicio del hombre, le ata a la prole, le impide realizarse social y laboralmente. Nada se habla del amor y el afecto, ni de un proyecto común, y la realización personal se concibe como una preparación intelectual y una actividad laboral.

La destrucción de la célula sociobiológica humana básica, no sólo se supone que libera a la mujer de la opresión patriarcal, objetivo hace tiempo perdido de vista en el nuevo feminismo, sino que deja desprotegidos a los hijos, listos para ser ideologizados en este nuevo tipo de sociedad fruto de una ingeniería social donde no hay personas sino clases y donde no hay más realización personal que la elegida por la ideología de género para nosotros.

El concepto de familia es sexista porque es biológico. Y naturalmente los papeles que se realizan en la crianza de los niños son, en esencia, los que la biología nos ha asignado. En su incansable lucha por erradicar los comportamientos naturales, esos que los ideólogos del género llamarían sexistas aparece, como elemento distorsionador por excelencia, la familia: la familia tradicional o "heterosexual" según su manipulación idiomática. La familia biológica y natural, la familia ecológica capaz de procrear sin medios y sin ayudas artificiales, y en la que los roles difícilmente pueden ser construcciones sociales cuando la fuerza biológica desencadena todos los mecanismos de protección de la prole en hembras y machos según sus respectivos códigos filogenéticos de conducta.

El organigrama biológico normalmente crea asociaciones más o menos estables, en la inmensa mayoría de las especies, con un grupo de seres unidos por compartir códigos genéticos y, en especies superiores, añade lazos de afecto y solidaridad. El origen y objetivo primordial y biológico de esas asociaciones es la procreación como forma de supervivencia de la especie, de modo que se consiga en esa unión sexual y procreadora, que en el caso humano añade el amor, un entorno lo más adecuado posible a la descendencia, su mejor desarrollo y su supervivencia. Las funciones biológicas de los seres sexuados hembra y macho son evidentes, ya se han explicado y la naturaleza los dota de las características necesarias para llevarlas a cabo.

En el caso humano, además del desarrollo físico, es más que razonable que la naturaleza haya ido perfilando también un ambiente óptimo para el desarrollo intelectual, anímico y psicológico. La estabilidad en todos los ámbitos parece favorecer determinados aspectos de nuestra personalidad. La seguridad conforma temperamentos más seguros, confiados, estables, en tanto las carencias y las inseguridades en las necesidades básicas hacen que seamos más inseguros, egoístas y desconfiados, aunque también generan otro tipo de reacciones más positivas como la capacidad de iniciativa, el valor, el ingenio, la audacia... Puesto que el ambiente exterior crea suficientes situaciones de inseguridad como para que todos los seres humanos desarrollen ciertas capacidades, esa seguridad necesaria ha de provenir en edades tempranas del grupo más cercano y, posteriormente, del grupo extenso.

La familia estable aparece como la mejor salvaguarda del menor en todos los aspectos. En la familia estable el menor encuentra alimento, cobijo, afecto, educación, referentes, apoyo. Y no sólo a nivel físico, sino psicológico. Puesto que somos un animal tremendamente complicado y la evolución biológica que ha permitido llegar a modelos elaborados de protección de la prole y de mejora física del ser humano reserva a los seres más preparados y adaptados, es lógico pensar que haya establecido un organigrama óptimo también para su desarrollo psíquico, anímico y emotivo. Las diferentes características neurofisiológicas de varones y hembras que se expresan en comportamientos, capacidades y habilidades diferentes, también han ido pergeñándose como las más beneficiosas para la educación de la prole. La evolución de la especie va dejando, a través de la supervivencia de los más aptos, a los más adaptados en todos los aspectos. Y en el plano psico-emotivo, la estabilidad y su óptima formación son parte de ese éxito que garantiza la transmisión a la descendencia. Y para eso se han de generar ambientes favorables.

El hecho de que no siempre la conformación de la familia ecológica sea la más adecuada, no puede llevar a la conclusión de que otras formas de asociación para dar cobijo y atención a la prole son mejores. Sólo son sustitutos del modelo original, con mejor o peor resultado y por razones muy diversas, necesarios a veces como mal menor por ausencia del modelo mejor diseñado: la familia ecológica con sus referentes masculino y femenino con funciones biológicas que van más allá de procrear y solventar las necesidades puramente físicas de las crías. Esta afirmación choca frontalmente con la ideología de género, que niega las diferencias neurológicas y conductuales entre hombres y mujeres y las achaca a la educación.

Por su organigrama biológico, por su demostración continua de las diferencias entre hombres y mujeres, por su función de procreación y de "creación" de mujeres-madres y por su protección y salvaguarda de los menores, la familia ecológica está recibiendo todo tipo de ataques. Y aunque la renuncia a la familia estable y biológica parezca ser un canto a la libertad individual, a no tener lazos, a ser un ente autónomo y sin ascendentes ni descendentes, lo cierto es que si se ve el dibujo de la nueva ingeniería social, esa hidra del género que busca una sociedad nueva con desvinculación de amor, sexo y procreación, la cosa adquiere todo su sentido.

A la mujer se le ha vendido que la maternidad es un lastre, se le transmite desde todos los organismos públicos, educativos y medios de comunicación la idea de que el hombre es malo y maltratador, que se va a realizar más como mujer y persona lejos de los hombres o sin compromiso con ellos, y se le invita al lesbianismo como forma óptima de amor y sexo. La mujer adoctrinada por la ideología de género huye de la familia ecológica y el compromiso y busca su felicidad al margen de su propia biología. Es posible que algunas la encuentren, pero es seguro que no serán todas porque las elecciones personales, cuanto más informadas, menos ideologizadas y más libres sean, más posibilidades tienen de ser acertadas. Y la ideología de género necesita de demasiadas mentiras para ser aceptada. La situación a la que se aboca al hombre heterosexual con la LIVG ya se ha visto: hombres perseguidos por su masculinidad, invitados a diluirla en una feminidad impuesta. Hombres que huyen de las mujeres porque se han visto víctimas de sus mentiras, que han arruinado su estabilidad económica y les han quitado parcial o totalmente a sus hijos. Hombres que se ven permanentemente cuestionados en su ser ontológico y mermados sus derechos humanos por ser lo que son. Hombres que se prometen a sí mismos utilizar a las mujeres y no amarlas y que transmiten a sus hijos toda esta experiencia y prevenciones sobre el compromiso estable. Hombres que renuncian a la crianza de los hijos. Hombres que incluso se esterilizan para no ser víctimas de nuevo de lo que consideran una trampa biológica. Porque la maternidad y la paternidad ha sido convertida por la ideología de género en una trampa biológica y la familia en la jaula donde esa trampa nos encierra. Ante este panorama… ¿quién va a querer formar una familia?

El objetivo es que haya pocos niños y que los que haya, queden a merced de la ideología de género, ese poder paraestatal que cada vez más los educa para ser carne de cañón del negocio del género mediante varias estrategias. Niños para cubrir aspiraciones, deseos y neoderechos de los adultos. Niños que se compran, se venden y se matan, se fabrican de diversas formas, desligada ya definitivamente la procreación del sexo y del amor y por ello de la familia ecológica, y se utilizan para sacar dinero porque, al fondo de todo este entramado, están los menores: unos menores a los que se dice proteger, que nunca han tenido más derechos y sin embargo nunca en los últimos cien años han estado tan cosificados, utilizados y desprotegidos. Volvemos al neolenguaje en el que toda acción que lleve en su nombre o articulado "la protección de los niños" va a ser indefectiblemente para quitarles esa protección.

La familia protege a los menores. Los padres, por norma general, desean el bien de sus hijos, los quieren, los conocen mejor que nadie y van a tratar, mejor que cualquier estructura sin rostro, de darles lo que consideran "lo mejor", que puede o no coincidir con lo que piensen otros, pero sí coincide con lo que a ellos les ha hecho felices y ha dado sentido a sus vidas.

El divorcio fue el primer torpedo en la línea de flotación de la familia ecológica. Al margen de la necesidad de que determinados fracasos de la convivencia finalicen de forma legal y equilibrada, el divorcio se ha promocionado a sabiendas de que la familia biológica era el medio ambiente más adecuado para el menor. Nada se ha hecho para evitar rupturas y todo para facilitarlas pese al reconocimiento en todos los estudios, análisis, decálogos de derechos y legislaciones que la familia natural y estable es el entorno más beneficioso para los menores y al que tienen, ahora sí, un derecho inalienable permanentemente vulnerado. Si realmente se tuviera en cuenta el bien superior del menor y sus derechos fundamentales, se hubieran establecido servicios de mediación familiar que, en los lugares donde funciona, han conseguido reducir las rupturas hasta en un 40%. Salvar a un porcentaje importante de menores de la desestructuración familiar por divorcio debía ser objetivo prioritario de las políticas sociales que afirman mirar por el menor y protegerlo. Curiosamente no lo es, ni se lo plantean pese a que la desestructuración familiar se ha demostrado como un factor determinante en delincuencia, mucho más determinante que la situación social o la pobreza. En las estadísticas de delincuencia juvenil, el 44% de los jóvenes delincuentes provienen de padres sin vínculos de ningún tipo y un 33% de familias divorciadas. Casi la totalidad de ellos con la figura paterna ausente.

La investigadora y doctora en derecho M. Calvo Charro presenta diversos estudios en los que se ponen en evidencia las consecuencias de la desestructuración familiar para los menores. La falta de uno de los progenitores como referentes en el menor, figuras que la ideología de género considera innecesarias y perfectamente intercambiables, sustituibles o eliminables, aparece en diversos estudios como negativa para su desarrollo. La figura materna hasta el momento ha sido valorada como indispensable para la correcta evolución del equilibrio emocional y afectivo del niño en tanto la figura paterna, al tener menos protagonismo directo en el bienestar del menor en los primeros años de su vida, ha quedado infravalorada. Sin embargo, muchos trabajos documentados están demostrando la necesidad de la figura del padre para el óptimo equilibrio del menor, su adaptación social y el desarrollo de capacidades diversas de su personalidad. Al igual que la figura materna incrementa la seguridad y la autoestima en el menor, la figura paterna le hace desarrollar su autonomía, audacia y confianza en sí mismo porque los aprendizajes que uno y otra ofrecen al menor son completamente diferentes.

Si volvemos a la situación de desestructuración familiar, es manifiesto que la figura que en la inmensa mayoría de los casos está habitualmente ausente o inexistente es la figura paterna. Una figura cuya desaparición se potencia al máximo. En los caso de divorcio, la pérdida de contacto al cabo del tiempo con el padre es muy habitual y aún es más habitual, y con una pérdida de contacto absoluta, en el caso de parejas sin lazos legales de ningún tipo hasta llegar a unas estadísticas del 90% de desvinculación total del padre.

Las estadísticas del NFI (National Fatherhood Initiative) reflejan que la carencia de un padre es el origen de muy diversos problemas sociales y vitales que van de la pobreza al fracaso escolar, del embarazo adolescente a la delincuencia. Incluso señalan que se propicia el abuso infantil y la violencia doméstica.

Diversos estudios demuestran que los niños que han crecido disfrutando de la figura de un padre involucrado en su educación y con presencia en el plano emocional presentan mayor capacidad de socialización y menos comportamientos conflictivos y agresivos, mayor autocontrol, son más sociables, tienen mayor autoestima y empatía. En el plano intelectual tienen más capacidad lingüística y cognitiva, un mayor cociente intelectual y sacan mejores notas. Posteriormente presentan más estabilidad en las relaciones. Por el contrario, los niños que han crecido sin la figura paterna tienen más tendencia a la falta de control personal y social, y dificultades para asumir responsabilidades familiares reproduciendo, en el caso de los varones, el comportamiento de abandono de sus hijos que han experimentado en su infancia.

La ausencia de figura paterna es especialmente negativa en los hijos varones y se expresa en un menor autocontrol y un mayor grado de fracaso escolar. Al no tener un referente adecuado de masculinidad tienden a actitudes masculinas muy estereotipadas y con una exagerada violencia, agresividad y comportamientos de riesgo. En ese mismo sentido se expresa el psicólogo James C. Dobson, quien afirma que los menores que carecen de la figura del padre presentan mayor grado de violencia. Al no tener un referente masculino, buscarán en la calle sus líderes y sus modelos y generarán comportamientos extremos de los valores asignados la masculinidad.

Tras los desórdenes con saqueos, violencia e incendios que vivió Londres en 2011, con cinco personas muertas y numerosos heridos, en los que participaron miles de jóvenes y se detuvo a 3.100 de ellos, se descubrió que la mayoría eran varones jóvenes que habían crecido sin figura paterna o con desapego emocional hacia ella. Las palabras de D. Cameron tras los sucesos son muy elocuentes respecto a la localización de la causa del problema: *Si queremos tener la esperanza de arreglar nuestra sociedad rota, tenemos que empezar por la familia y por los padres. En ausencia del padre los niños tienen más posibilidad de vivir en pobreza, abandonar la escuela y acabar en prisión. No podemos ignorar esto.* Habría que preguntarse si la sociedad, y sobre todo sus representantes políticos, quieren arreglar la *sociedad rota* de la que habla Cameron o si quieren ignorar lo evidente.

Pese a que todo señala a la familia estable y biológica como un beneficio para el menor, y en caso de ruptura y como mal menor, el contacto con ambos progenitores, la destrucción de la figura paterna por desaparición, con la consiguiente generación de varones descontrolados, violentos, agresivos y fracasados en sus estudios así como incapaces de una responsabilidad familiar y un compromiso, parece fomentarse gracias a la LIVG y a la negativa de las asociaciones feministas a la generalización de ese contacto con ambos progenitores expresado en una custodia compartida por ambos en los casos de divorcio. Las situaciones en las que el menor no puede disfrutar de un entorno paterno-maternal natural adecuado por muerte o abandono de uno de los progenitores son lamentables e inevitables, pero lo irracional es crear esa carencia.

La custodia compartida consiste en que ambos progenitores tengan, en caso de ruptura de la pareja, los mismos deberes, obligaciones y participación en la educación del niño y que éste ejerza, de la mejor forma, su derecho a disfrutar de un padre y una madre. Se fundamenta en las ya mencionadas evidencias de beneficios en la relación equilibrada con ambos progenitores y en la idea de que el divorcio afecta a los padres, pero en ningún momento el menor se divorcia de alguno de ellos. Desde hace tiempo y desde muy diferentes ámbitos se presenta esta figura legal de responsabilidad compartida frente al menor como la mejor solución al conflicto familiar que supone un divorcio. El Tribunal Supremo, en una sentencia de mayo de 2013, consideró que la custodia compartida era la mejor opción para el menor, salvo casos excepcionales (maltrato) y siempre particularizando los casos: *La continuidad del cumplimiento de los deberes de los padres hacia sus hijos con el consiguiente mantenimiento de la potestad conjunta, resulta sin duda la mejor solución para el menor.*

Si todo está tan claro no debería haber problema. Sin embargo, sí lo hay a raíz de la existencia y aplicación de la LIVG y su proceso de destrucción de la legalidad que origina como consecuencia nuevas injusticias en una serie de efectos secundarios tan nefastos como evitables si la ley desaparece. Una de ellas es la injusticia para el menor, que la hace especialmente odiosa para las personas que buscan una sociedad mejor, más igualitaria, más justa y más protectora de los menores. Veamos su perverso mecanismo en este ámbito que, como en todos los demás, parece estar diseñado para conseguir lo contrario de lo que se dice pretender.

Pese a que la Ley Integral de Violencia de Género propicia la denuncia falsa o instrumental por las ventajas que proporciona en el proceso de divorcio, nada se hace al respecto, salvo negar la evidencia. El hecho es que hasta que no se demuestre lo contrario, el inocente es maltratador por obra de la palabra de la mujer, y la puesta en marcha de una orden de alejamiento dificulta el contacto con los hijos y facilita que se le niegue la custodia compartida posteriormente. Cuando se logra demostrar la falsedad de la acusación de maltrato, las carencias afectivas ya se han materializado. Y empieza el calvario de intentar revocar la custodia uniparental o privativa.

Y aunque muy lentamente empieza a aceptarse la custodia compartida por resultar manifiestamente el bien superior del menor, lo cierto es que los colectivos feministas se niegan a su generalización pese a que, en principio, va contra sus reivindicaciones tradicionales de igualdad. Efectivamente, estamos ante otra incoherencia de un pensamiento profunda y esencialmente incoherente, porque entre lo que dice defender y lo que busca en realidad no hay el menor parecido.

La reivindicación pendiente del feminismo ético, que el varón reconquiste la paternidad, que disfrute de la crianza, que se libere emotivamente, que se involucre en ese cuidado de los niños, tanto en el plano emocional como en los cuidados prácticos, se ve truncada por un inesperado derecho de posesión de la madre sobre los hijos. Todas esas obligaciones emotivas pasan a convertirse en una única obligación: la económica. Resulta que el padre que solo traía dinero al hogar, culpable de desapego, que no cría a los hijos, que no cuida en la enfermedad, que no mima, ni besa, ni se involucra en sus preocupaciones y que los ve de vez en cuando, es el padre que el nuevo feminismo quiere y exige.

El movimiento feminista más beligerante tenía como reivindicación tradicional que los hombres no se evadieran de las tareas típicas femeninas, como puede ser el cuidado de los niños. Esto se exigía entre otras cosas para que la mujer pudiera, al ser ayudada en esas funciones, acceder y mantener una carrera laboral sin la atadura de los niños en tanto estos son cuantificados como una "carga a compartir" y la causa de que las mujeres estén relegadas al hogar. De repente, con el divorcio, desaparece la necesidad de que la mujer deba ser ayudada y pueda acceder a una carrera laboral: se exige que los hijos, la tristemente llamada "carga familiar", queden a su cargo a tiempo completo.

Y el hombre moderno que, según exigencias feministas, se ha implicado en esa crianza de forma activa y emotiva y en el cuidado práctico de esos hijos en la gran mayoría de las familias, los ve desparecer de su vida por una denuncia de maltrato que posteriormente se demuestra sin fundamento. Incluso se encuentra con otra vulneración más de sus derechos al presuponerse por parte de algunos jueces que "van a estar mejor con la madre", lo que implica una discriminación sexista contra el varón actual, "incapaz por sexo" de cuidar y velar por sus hijos, al igual que antes se discriminaba a la mujer como "incapaz por sexo" de trabajos diversos fuera del hogar.

La lucha del lobby feminista contra esa custodia compartida se realiza con toda la artillería, llegando a cuantificarla como una "violencia de género contra la mujer" en conferencias y documentos. El razonamiento sigue el desarrollo de la mentira inicial: es maltratador todo acusado porque se niega la existencia de las denuncias falsas. De esa forma la custodia compartida es el origen de los nuevos maltratos del patriarcado: "quitarle" los hijos a la mujer y poner a los menores en manos de maltratadores. Lo conciben como un maltrato posterior al maltrato denunciado, hablando de "quitar hijos" cuando simplemente se mira por el bienestar de estos. Reclamar el ser padre es una violencia de género. A. Fernández Doyague, presidenta de la Asociación de Mujeres Juristas Themis, filial del PSOE, se ha lanzado a la palestra comunicativa con la conferencia "Custodia compartida impuesta, otra forma de violencia hacia las mujeres". Incluso en algún texto se ha insinuado que el verdadero móvil de los hombres con tanto interés por la custodia de sus hijos menores de edad sería por presuntos deseos pedofílicos. La miseria e indignidad de semejante insinuación parece que se ha percibido incluso por los propios colectivos que propalaban tal infundio. Resulta excesivo, pero todo vale porque el fin justifica los medios para el negocio del género.

Y todo tiene una explicación.

El lobby feminista, que conoce el entramado de la ley y sus consecuencias reales, es perfectamente consciente de que la custodia compartida como norma atenta contra su "sistema de denuncias instrumentales", en tanto deja de ofrecer las ventajas principales para las falsas denuncias de maltrato previo: la "posesión de los hijos" que supone disponer de la vivienda familiar en usufructo y de una pensión paterna para los menores de la que la madre es perceptora y gestora. Y el enorme monto de denuncias instrumentales para conseguir esos beneficios es el combustible que mueve el negocio-entramado montado en torno a la violencia de género. Por otro lado, los menores que son privados de su progenitor masculino, además de tener más probabilidades de comportamientos estereotipados y por tanto seguir alimentando el cupo de machistas, esos contra los que dicen luchar, pero que no les interesa que desaparezcan para que la lucha siga, también corren el riesgo de ser víctimas de un enfrentamiento inducido por parte de quien tiene la custodia en exclusiva contra el otro progenitor. La utilización del niño como arma arrojadiza tiene dos variantes: el incumplimiento de las escasas visitas reglamentadas en las custodias de un solo progenitor, que no se castigan habitualmente y que privan, a modo de castigo o venganza, del trato escaso pero regular con el menor, y la alteración de los sentimientos del menor hacia el progenitor para hacerlo parte activa del conflicto.

El Síndrome de Alienación Parental (SAP) es considerado por numerosos investigadores y psicólogos como una alteración cognitiva, conductual y emocional, en la que el niño desprecia y critica a uno de sus progenitores. Esta conducta y actitud de rechazo y minusvaloración, es injustificada o responde a una clara exageración de supuestos defectos del progenitor rechazado. Para hablar de la existencia de este síndrome debe descartarse por completo que se haya producido cualquier forma de maltrato o negligencia en los cuidados del niño, de forma que las críticas del progenitor alienador no tengan fundamento. Como todo avance científico y profesional, está sujeto a continua revisión, pero no puede ser negado *a priori* cuando existe literatura científica y actividad profesional que reconoce su existencia y lo describe. Sin embargo, como sucede con otros conjuntos de síntomas que cuestionan intereses de la ideología de género, como sería el caso del Síndrome Post Aborto (SPA), no son admitidos por los organismos de prestigio internacional que ya mencionamos y que llegaron a considerar la pederastia como una orientación sexual eliminándola de trastornos y desórdenes para desdecirse posteriormente ante la indignación popular.

Esta alteración de los sentimientos del menor para ponerlo en contra del otro progenitor en una batalla a la que debería ser ajeno, supone muchos perjuicios para el niño en carencias afectivas, pérdida de autoestima al cuestionarse el afecto e incluso, complejos de culpabilidad por no saber hasta qué punto es causante de desapego del progenitor "desaparecido", así como sentimientos de odio y resentimiento. Esto puede dar como consecuencia personas más inseguras y por lo tanto más manipulables. La custodia compartida por ambos progenitores elimina casi totalmente la posibilidad de que uno de ellos manipule al menor en su beneficio, pues éste tiene posibilidades de contrastar con el trato habitual las informaciones sesgadas o falsas.

Otro de los efectos secundarios de la LIVG, por su incitación a comportamientos injustos por parte de la mujer denunciando maltratos falsamente, es que se produce un enconamiento en las relaciones de la pareja que hace definitivamente imposible una reconciliación, garantizando la destrucción definitiva de esa familia. Ese emponzoñamiento se extiende a los miembros secundarios de ese núcleo familiar, al tomar partido por uno u otro miembro de la pareja entrando en una batalla creada artificialmente de lo que en la mayoría de los casos debería ser un final de convivencia con un punto común lo suficientemente importante como para ser causa de una relación de cooperación al margen de la inexistente convivencia: los menores.

El SAP, esa alteración de la realidad sobre quién es, cómo es y qué sentimientos alberga hacia el menor el progenitor apartado, junto con el incumplimiento del régimen de visitas sin aplicar sanciones y el propiciar una mala relación de los padres extendida a sus correspondientes familias, ha llevado a numerosos casos en los que se pierde la relación entre los menores y una de sus familias extensas. En esta lucha por intereses ajenos al bienestar social, la imposición de la custodia monoparental sin causa justificada implica en muchos casos el "divorcio" del menor, no sólo del otro progenitor, sino de la familia de éste: la relación con tíos, primos y especialmente abuelos se hace inexistente y el sufrimiento de esta "pérdida de los nietos" ha hecho que la sociedad civil cree diversas plataformas de abuelos afectados y de luchadores "de oro" por la custodia compartida.

No parece haber otras razones que la disgregación de la familia, la desprotección del menor y el mantenimiento del entramado socioeconómico que supone la violencia de género con el *sostenella y no enmendalla* de las falsas denuncias para que los lobbies feministas se nieguen a que la "carga familiar", a la que debería llamarse "responsabilidad familiar" y no "carga", se reparta entre el padre y la madre.

A la destrucción por todos los medios de la familia ecológica se une su disolución en un cúmulo de realidades diferentes con las que puede tener más o menos concomitancias pero que no son, ni pueden ser, lo mismo. El empeño en que "familia" sea cualquier relación afectuosa lleva a que unos contextos que podrían denominarse "entornos afectivos" sean considerados "familia" y hace que, a raíz de esa equiparación, se exijan unas características idénticas que naturalmente no tienen. La disolución del concepto "familia" lleva a que ésta haya pasado a ser cualquier unión afectivo-sexual humana y finalmente, cualquier convivencia, con la entrada en el ya nada selecto club de "familia" al entorno afectivo de un soltero con su perro o grupos de personas de cualquier sexo que, con distinto grado de afectividad entre ellos, mantienen relaciones sexuales. Ridículo pero efectivo a efectos de desvirtuar el concepto inicial. Como la familia ecológica tiene capacidad reproductiva, el resto de los entornos afectivos calificados como "familias" exigen como derecho lo que simplemente es un hecho biológico: la paternidad y la maternidad. La ayuda de la técnica ha llevado a conseguir inseminaciones pagadas con fondos públicos a mujeres lesbianas "porque tienen derecho a ser madres" y están en marcha los vientres de alquiler para los homosexuales con deseos de paternidad. Al margen de la gran cantidad de conflictos éticos y bioéticos que se provocan, que van desde el abandono de miles de embriones humanos, la cosificación del menor como bien de consumo y la utilización de la mujer, la evolución técnica ya ha dado un paso más y se envía semen crionizado para que la mujer pueda iniciar un estado de gestación sin pareja masculina y desde su casa. Lo próximo serán úteros artificiales para sustituir la labor femenina. Algo semejante aparecía en algunas novelas de ciencia ficción dónde la creación de vida, al margen de las personas individuales y las figuras de padre y madre, pertenecía a un ente supraestatal omnipotente, quien creaba seres humanos de forma industrial en úteros artificiales. Si bien aún estamos lejos de los avances tecnológicos en la disgregación de sexo, amor y procreación que aparecían en esas distopías, de lo que no estamos lejos es de los valores éticos y morales de las sociedades que reflejaban. En esas sociedades deshumanizadas, también la muerte estaba en manos de un supraestado que decidía el momento final de esos seres despojados de familia, afectos profundos, lealtades personales y dignidad humana.

Entre toda esta maraña de derechos e intereses se olvida el derecho del menor a saber su procedencia, a contar en su formación con referentes de ambos sexos, a disfrutar del afecto y la educación por parte de ambos progenitores. El derecho a que le sea preservado, garantizado o creado un contexto que le facilite la estabilidad psicológica y los beneficios de un entorno lo más biológicamente natural posible y a no ser convertido en moneda de cambio, objeto de deseo o mercancía con código de garantía. Sin embargo, todos los neoderechos se anteponen a ese derecho a una familia natural, a un padre y una madre, que debería ser simplemente lo que siempre ha sido: un hecho. Y el resto de los entornos familiares, una forma de suplir, lo mejor posible, la ausencia de este, nunca de sustituirlo o de destruirlo.

Con todas estas situaciones de crisis, entornos complicados, manipulaciones, ausencias de referentes, egoísmos personales de los adultos, neoderechos en los que la posesión de un niño es un derecho a ejercer... colocamos a los menores en un banco de pruebas de máxima tensión como se haría con un arco de madera. Muchos lo soportan, otros se astillan, algunos se quiebran. El bienestar superior del menor queda enterrado bajo miles de ambiciones de colectivos y de intereses individuales.

Parece evidente como afirma María Lacalle, que *la consigna de la ideología de género es abolir la familia, porque ahí se vive la masculinidad y la feminidad, la paternidad y la maternidad,* porque se busca dejar a los menores (y a los hombres y mujeres adultos) desprotegidos, vulnerables, adoctrinados, carne de la industria del género y a disposición del mejor postor. Se busca destruir la familia, concretamente una: la nuestra. Y es muy probable que muchas personas estén colaborando, sin saberlo, a esta destrucción. No es el caso de muchos activistas de los lobbies, que son perfectamente conscientes de lo que persiguen:

*Pedimos el derecho a casarnos no como una forma de adherirnos a los códigos morales de la sociedad, sino de desbancar un mito y alterar radicalmente una institución arcaica [la familia]. La acción más subversiva que pueden emprender los gays y lesbianas es transformar por completo la noción de familia.* Michael Signorile, homosexual y escritor.

# CAPÍTULO 20
# LOS MENORES, ESE OSCURO
# OBJETO DE DESEO I:
## LOS JUGUETES Y LOS CUENTOS CULPABLES

*El que escribe en el corazón de un niño escribe para*
*siempre*
Anónimo

*Dadme una docena de niños sanos, bien formados,*
*para que los eduque, y yo me comprometo a elegir*
*uno de ellos al azar y adiestrarlo para que se*
*convierta en un especialista de cualquier tipo que yo*
*pueda escoger- médico, abogado, artista, hombre de*
*negocios e incluso mendigo o ladrón- prescindiendo*
*de su talento, inclinaciones, tendencias, aptitudes,*
*vocaciones y raza de sus antepasados*
John B. Watson

Las ideologías totalitarias siempre han tenido entre sus objetivos principales la educación de los menores por razones obvias: son tremendamente moldeables al adoctrinamiento porque no tienen bagaje ético-moral ni argumentos defensivos y es fácil que se adapten y asuman cualquier cosa. Digamos que son fáciles de aleccionar y, una vez adiestrados, especialmente fieles al aprendizaje adquirido. Otra de las razones es que, una vez expandida la doctrina entre las nuevas generaciones, sólo es cuestión de tiempo que esos niños sean hombres y mujeres que aleccionen a las siguientes generaciones dejando ya el trabajo hecho para el refuerzo en las aulas de la moral estatal.

La ideología de género, movimiento totalitario clásico aunque con variantes modernas que lo han hecho especialmente indetectable y peligroso, ha considerado primordial la manipulación de los menores en sus falsedades, y está utilizando todos los medios a su alcance para imponer sus planteamientos y perseguir al disidente. Como sus antecesores, carece del más mínimo respeto por los derechos humanos fundamentales, si bien, gracias al uso del neolenguaje y las diversas técnicas de manipulación, sus vulneraciones aparecen disfrazadas de neoderechos o legalizadas mediante leyes indefendibles e injustas, como ya hemos visto.

El acceso a los menores se realiza por encima del derecho humano fundamental de los padres a educar a sus hijos según sus convicciones. Y por encima de cualquier libertad de opinión o credo. Normalmente, se hace bajo el amparo de los famosos *neoderechos* y de los problemas sociales artificialmente creados: la **igualdad de hombres y mujeres** apelando a una, cada vez más sutil, desigualdad, la terrible falsa e hipertrofiada **violencia de género**, que presupone a los hombres siempre y en todos los casos maltratadores y a las mujeres víctimas, y el **derecho a la diversidad sexual y la igualdad de las personas LGTB**, presuntamente cuestionado por pseudodiscriminaciones a las familias homosexuales y por el acoso escolar al niño LGTB, magnificado todo ello para implantar tales leyes y tales derechos.

Todas esas "lacras sociales" y *neoderechos* vulnerados, bastante menos alarmantes que lo que nos han vendido, pese a la magnificación e hipertrofia de los medios de comunicación, se intentan resolver o garantizar mediante legislaciones que se tratan de hacer ver como muy necesarias, cuando no lo son en absoluto: y naturalmente tales leyes tiene su capítulo educativo, el caballo de Troya que sirve para poder acceder a los menores a través de las aulas. Para no privarnos de nada tenemos legislaciones de género a nivel nacional y a nivel autonómico. Y ya empiezan a amenazarnos con leyes locales de los propios ayuntamientos.

Las leyes orgánicas y de alto rango, son más ideológicas y teóricas que prácticas y sólo inciden en la transversalización de las facetas del género, que es el obligar a que se imparta ideología de género de forma secundaria en todas las asignaturas, en que se incluyan todas las edades de enseñanza de niños y jóvenes y que se impartan cursillos sobre el tema que trata la ley. Los desarrollos prácticos son mucho más impositivos, pormenorizados y detallistas con la regulación de la vida privada que implica la instauración de esta ideología totalitaria en la vida de los ciudadanos. Los programas pormenorizados, en caso de que hagan talleres teóricos y prácticos, también pueden esclarecer el asunto. Pero, lo que mejor puede hacernos ver exactamente lo que se enseña es estar en el interior del aula. Y ver los resultados.

La forma de introducir en la cabeza de los menores toda esta bazofia acientífica es evidente que tiene que hacerse de forma diferente según sea su edad, por lo que en esta capítulo veremos el adoctrinamiento a los más pequeños y, en los siguientes, el de los adolescentes. Sabedores de que cuanto más tierno es el tallo, más fácil es dar forma al tronco, la insistencia en entrar en las cabezas de los más pequeños, y hablo de las aulas de infantil e inicio de primaria es objetivo de primer orden. Los menores, como se expresa en el título, se han convertido en un *oscuro objeto de deseo* en todas las acepciones que quiera darse al término. Todas son válidas.

Cuando en 2010 la Comisión de Igualdad del Congreso de los Diputados aprobó una proposición no de ley del PSOE para regular los juegos en el patio de recreo de los colegios a fin de eliminar los "estereotipos sexistas", el gobierno, imbuido en la ideología de género, legislaba para igualar a chicos y chicas según las recetas de los "igualadorólogos" y, naturalmente por la vía de la imposición totalitaria.

Se trataba de *elaborar e impulsar protocolos de juegos no sexistas para que se implanten y desarrollen en los espacios de juego reglado y no reglado en los colegios públicos y concertados de Educación Primaria y que en cualquier actividad lúdica desarrollada en los citados Centros de Educación Primaria se eliminen estereotipos que mantengan los roles machistas y se introduzca el concepto de igualdad entre ambos sexos.* En *román paladino* significaba que los niños no iban a poder jugar en los recreos a lo que ellos quisieran, con los juguetes que ellos quisieran, ni con quienes ellos quisieran; que los profesores debían actuar como "comisarios políticos del esparcimiento", inspeccionando las conductas desviadas y obligando a comportamientos políticamente correctos a los disidentes.

Esta es una de las lamentables facetas de la implantación social de la ideología de género. En este caso se ataca la libertad del ser humano en su primera etapa de formación como persona, la infancia, para tratar de modelarla retorciendo sus tendencias naturales. Como, evidentemente, la igualación de los sexos es imposible porque no son iguales, lo mismo que es imposible que una pera sea igual que una manzana sin que signifique que una tienen que ser mejor que otra, puesto que ambas son frutas, los ideólogos de género se preguntan por las razones del fracaso de las políticas igualitarias.

Y la conclusión a la que llegan no es, por errónea, menos previsible y peligrosa: ha de haber algo en los primeros estadios de la formación de los seres humanos que les marca a sangre y fuego sus roles sociales, su empeño en ser hombres y mujeres. Ha de haber algo y hay que eliminarlo para que el ser humano sea neutro, no sea ni hombre ni mujer, sea lo que la ideología de género cree que debe ser. Y, naturalmente en la vida de los niños hay tres aprendizajes fundamentales: lenguaje, juegos y cuentos. La "desprogramación sexista" en los roles, "reprogramación antibiológica" en realidad, ha de realizarse en esas edades tempranas y atacando esos tres accesos a través de los cuales el niño recibe influencias. Y hay dos ámbitos en su vida: la familia, elemento a destruir, y la escuela, elemento a utilizar. La escuela es de vital importancia en la vida de los menores y su fácil permeabilización a los lobbies puede ser utilizada para acceder a los juegos, los cuentos, los aprendizajes, el idioma… La enseñanza reglada y obligatoria, poderosa por sí sola en la implantación de doctrinas, pero letal si a ella se une la pérdida total de referentes.

Una vez se ha asumido que las diferencias sexuales no son relevantes y se niega que niños y niñas actúan como niños y como niñas porque, al fin y al cabo, son hombres y mujeres, una vez que se ha negado la alteridad sexual como hecho real, consumado por la naturaleza e ineludible, es lógico inferir que la culpa la tengan esos factores que esconden, peligrosamente, los odiados estereotipos sexuales. De género según su terminología.

Los juguetes y los juegos tienen la culpa de todo… de todo lo que no tiene la culpa la familia estructurada como varón y hembra que tienen crías. La educación, en definitiva, en todas sus facetas.

Vayamos a esos perversos juegos y a esos encasilladores juguetes que tanto mal han hecho a la sociedad y que hay, por el bien de la humanidad, que erradicar, eliminar y hacer desaparecer en el fango de la historia.

Como ya se ha señalado, los niños, desde muy pequeños tienden a juegos de contacto físico, de "acoso y derribo", de competición y fuerza mientras que las niñas prefieren juegos más sosegados, de tipo socio-dramático, donde no hay competición y donde tienden a interpretar papeles. Suponemos que los juegos "no sexistas" serán los que no presenten rasgos masculinos ni femeninos, los que no aludan a roles sociales por lo que las niñas no podrían jugar a juegos de comiditas, de mamás (de tipo socio-dramático), y los chicos no podrían jugar a juegos deportivos y de confrontación de equipos que les empuje a roles de agresividad y competitividad. Al revés sí, supongo, puesto que es estrategia de igualdad empujar a niños y niñas a jugar a lo que no les gusta. Y, desde luego, para todos muchos puzles y juegos de mesa donde se ha de cuidar que los chicos no compitan y las chicas saquen su faceta competitiva y de triunfadoras.

Al hilo de esta concepción de los gustos masculinos o femeninos en los juegos, puedo contar una anécdota personal que ilustra la irracional imposición de "lo que debe ser" frente a "lo que es".

Mis dos hijos mayores ganaron un concurso de dibujo que organizaba, en las fiestas del distrito, un partido político defensor de la ideología de género. Había unas mesas montadas en el recinto ferial, con pinturas y papeles en las que se afanaban varios niños en hacer dibujos sobre el tema de "La paz" y mis hijos se empeñaron en participar. Mi hija ganó el primer premio de la categoría "mayores de 8 años" y mi hijo, el segundo premio en "menores de 8 años". No sé si por casualidad o por "igualdad", había en cada categoría una niña primer premio y un niño segundo premio. Cuando les entregaron los regalos por haber ganado, mi hija recibió una peonza y un balón de futbol y mi hijo, una comba y un juego de teatro con muñequitos recortables para pintar. Se lo entregó una ex-ministra, famosa por las iniciativas que llevó a cabo, más que discutibles, a favor del género mientras ejerció el cargo, quien aprovechó para dar un discurso ideológico que explicaba las razones nada inocentes de la elección de los desacertadísimos regalos. Según terminó el acto, mis hijos se intercambiaron los juguetes por iniciativa propia. La niña y el niño que habían ganado junto a mis hijos y que no tuvieron la suerte de conocerse lo suficiente como estos, miraban sus regalos con desolación. La niña tenía un hermano que, a finalizar el acto, se apoderó del balón de fútbol sin que su hermana hiciera nada por impedirlo a causa del desinterés que el regalo le producía. No cabe duda de que alguna niña hubiera disfrutado con el balón de fútbol. Gracias a las insistentes campañas escolares de igualdad deportiva, se ha despertado el interés de alguna fémina, aunque en términos absolutos de esfuerzo-resultado, semejantes presiones pueden calificarse de resultado mediocre en la infancia y de fracaso en la adolescencia.

Volviendo al análisis de la anécdota, nunca he educado a mis hijos de forma diferente ni les he impuesto los juguetes: han jugado a lo que han querido cuando han querido. Alguien dirá que los anuncios de juguetes, los colores y la disposición de los muestrarios empujaron a mi hija a disfrutar con un teatrillo y una comba y a mi hijo a desear dar patadas a un balón. Lo dudo. En mi casa apenas se ve la televisión, así que, probablemente, fue la perniciosa convivencia familiar que les impusimos, un padre, una madre y unos hijos, la familia tradicional, la que les llevó a elegir ese tipo de ocios pese a que yo no he recortado muñequitos y pintado en la vida y a mi marido no le atrae demasiado el fútbol y raramente le han visto dar patadas a un balón. Pero las explicaciones de la ideología de género son así de estúpidas.

Cuando, en los cursos de ideología de género que imparten a los profesores, explican los estereotipos sexuales y lo imbricados que están con los juguetes infantiles, afirman que la elección de estos juguetes sexistas se realiza por la imposición sibilina o expresa y manifiesta de juguetes masculinos a los niños y femeninos a las niñas: cuentan cómo los anuncios muestran niñas con muñecas y niños con tractores, cómo el rosa invade los catálogos en la zona de chicas y el azul la de chicos. Y los niños, incluso los más pequeños, profundamente afectados ya por la imposición de los roles de género que han de desarrollar y conocedores del significado de los colores, eligen "lo que deben elegir".

Resulta asombroso que la asociación de colores con el sexo y la elección de esos juguetes por el color en el que vienen presentados, haga que los varones jueguen y se comporten como varones y las mujeres como mujeres, pero así continúan transmitiéndolo en esos cursos donde se buscan todo tipo de razones, excepto la biológica, para explicar la realidad. De hecho, en los últimos folletos que han caído en mis manos, la dicotomía rosa-azul ha dado paso a una ensalada de colores acorde con los diferentes apartados de una industria juguetera amplia y diversa: morado para bebés, rojo para niños pequeños, rosa para niñas, marrón para niños, naranja para juegos de mesa, verde para juegos electrónicos...

Los anuncios que los niños ven de forma habitual, y que son tan culpables de la implantación de estereotipos, cada vez se ven más afectados por estas conclusiones de la ideología de género y se tiende a sacar niños y niñas en la mayoría de los juguetes, salvo los más "femeninos o masculinos" donde la máxima del marketing que afirma que se ha de mostrar el producto al público más interesado, prevalece sobre lo que los ideólogos de género exigirían si por ellos fuera: niños con muñecas y niñas con cochecitos de carreras.

La pregunta que surge es parecida a la clásica disputa acerca de si fue antes la gallina o el huevo: ¿Los anuncios sacan niñas con muñecas porque saben que es un juguete que gusta, en general, a las niñas o a las niñas les gustan las muñecas porque sacan en la tele a niñas jugando con ellas? Si salieran niños, ¿los niños empezarían a jugar con muñecas? ¿Participan las industrias jugueteras en una oscura confabulación para mantener estereotipos y roles y la subordinación femenina?

Sinceramente, pienso que no, que anuncios con niños acunando bebés iban a ser un fracaso tal que las industrias jugueteras ni se lo plantean. Parece evidente que la elección de juguetes y los gustos diferentes están más relacionados con las funciones biológicas, no sociales, que unos y otras van a tener que desarrollar y a las que procesos biológicos de diversa etiología empujan a elegir a la gran mayoría de hombres y mujeres para poder asegurar un mayor éxito en la supervivencia.

Pero como, por alguna razón, los ideólogos del género se niegan a reconocer el factor biológico y la realidad, pronto veremos anuncios de niños en maternal actitud con muñecos bebés y niñas en agresivas carreras de cochecitos, sin que eso pueda variar la biología profunda y dando pábulo a una nueva vuelta de la tuerca de las imposiciones a fin de conseguir doblegar a la biología.

Acerca de los cuentos ha surgido una teoría, paralela a la expuesta por los juguetes, que afirma que los estereotipos sexuales vienen determinados por estas narraciones. En un principio se decía que los cuentos eran machistas e inventados para difamar a la mujer y encasillarla en su rol femenino y pasivo de mujer dulce, poco intrépida y supeditada al varón. Y en el caso contrario, de tener papel activo, era mala y despreciable. Se fundamentaban en que siempre que aparecía un personaje femenino, era pasivo y esperaba a ser salvado (según el prototipo de princesa que espera ser salvada por un príncipe), hacía labores de hogar (como Blancanieves en casa de los 7 enanitos) o era la bruja o la madrastra, es decir, la mala de los cuentos, de forma que el personaje femenino creaba en los niños desprecio o prevención. Los prototipos varoniles siempre eran buenos, valientes, fuertes y salvadores. Y eso creaba en las mentes infantiles la prepotencia en unos y la pasividad y deseo de ser salvadas por un príncipe azul en las otras.

Un año, tras escuchar nuevamente la "teoría de la confabulación antifemenina de los cuentos infantiles" en unos talleres "contra la violencia *de género*", sentada al fondo de la clase de tutoría con mis tutelados, decidí dar otra visión: ¿y el lobo feroz, los ogros, los reyes inhumanos que mandan matar a las protagonistas…? ¿y la estatua sensible del príncipe que se dejaba arrancar los ojos de diamante por un pajarito para ayudar? ¿Y Gretchel, que salva a Hansel de que se lo coma la bruja?

La respuesta fue: "de esos no hay casi". Y la ponente enumeró cuentos infantiles que han sido llevados a película por Disney. Como yo conozco muchos otros, con malo masculino, que han sido muy relevantes en mi infancia, pero que ahora son menos conocidos precisamente por no tener película de Disney, llegué a la conclusión de que los "confabuladores antifemeninos" eran la conocida factoría de dibujos animados, no los hermanos Grimm. Y es que esa es la categoría científica de las argumentaciones a las que nos enfrentamos los detractores de la ideología de género.

Lo cierto es que, aparte de lo estúpido que resulta el cambio de papeles en los "neocuentos de género", en los que un dulce y amable príncipe es retenido por un malvado padrastro mago envidioso de su belleza, y es una aguerrida princesa luchadora y valiente la que le salva, no parece muy peligroso que unos niños dispuestos a creer en lobos que hablan, dragones, hadas y enanitos que viven en setas rojas, puedan desvirtuar la realidad un poco más creyendo que mujeres con un 40% menos de masa muscular, menos capacidad en todas las cualidades físicas y sin testosterona que les haga más agresivas ante el peligro, vayan a salvar al chico, físicamente más dotado para la lucha. Pero lo cierto es que así se hace. Y también se están popularizando unos cuentos con dos papás o dos mamas de criaturas sin sexo que viven en una sociedad llena de parejas unisex en nada semejante a la sociedad real. Como los niños también leen cuentos donde se casan vacas con gatos y burros con perros, no dejan de ser otros cuentos con personajes ajenos a la realidad biológica de que todos los niños son sexuados y provienen de una pareja de distinto sexo.

No dejan de ser cuentos, donde la realidad y la fantasía se mezclan. Irrelevancias si no vinieran de la mano de imposiciones y mentiras sobre la naturaleza humana.

Y ese es el problema, las imposiciones y las mentiras sobre la naturaleza humana de la ideología de género. Cuando no se admite la causa de un hecho y se sacan conclusiones erróneas para las que se busca solución que, naturalmente no soluciona nada, la cadena de nuevas soluciones igualmente fracasadas puede ser eterna.

Y ahí nos encontramos. En un cada vez más interesado, mal diagnóstico de la realidad: Los hombres y las mujeres son distintos, no porque nacen distintos, sino porque les hacemos ser diferentes. ¿Cuándo? Pues muy pronto. De pequeños, porque enseguida hay diferencias. ¿Y qué educa a los niños? Los juegos, los cuentos, la familia, la escuela... Pues a por ellos.

Estupendo. Los ideólogos de género, hallado el mal, se ponen manos a la obra para eliminarlo. Y así empiezan a salir legislaciones tan totalitarias e impositivas como faltas del más mínimo sentido común.

Es el caso de Suecia, país puntero en la igualación de esa construcción social del sexo que llaman género, que no es lo mismo que la igualdad de las personas, al que es bueno mirar para aprender pero no para seguir su senda. El país nórdico, está sufriendo la lógica evolución a la irracionalidad de una ideología llevada a sus máximas consecuencias. Irracionalidad que exige, claro está, la imposición de la mentira del género a los que no están dispuestos a secundar tales dislates. En Suecia en este momento, ya no se busca la igualdad sino la identificación de ambos sexos por la sencilla lógica de que, ya que no pueden igualarlos es mejor que no existan. De esta forma, los seguidores de la neutralidad sexual disponen de nuevos nombres neutros o pueden poner legalmente nombres tradicionalmente femeninos a los varones y viceversa.

Para reinventar los cuentos, existen editoriales que publican historias donde personajes neutros, con nombres neutros y a los que se menciona con un nuevo pronombre neutro (hen) que sería algo así como "elle" para nuestro idioma, viven en mundos sin dimorfismo sexual con un "pamá" y un "mapá" en vez de tener un papá y una mamá.

En el caso de los juguetes, los colegios suecos favorables al *neutralismo* como evolución lógica de la ideología de género, controlan los juegos y el leguaje de los niños en los recreos, momento de libertad que debe ser "reconducido" por la posibilidad de que se cuelen estereotipos sexistas hasta llegar a eliminar los automóviles de las zonas de juego por considerarlos altamente sexistas debido a su evidente éxito entre los niños varones.

Pese a todo, los bebés suecos, de momento, siguen naciendo de uno u otro sexo con pertinaz insistencia. Y cuando a los niños les quitas los coches, juegan a hacer carreras con cajas.

Cuando se materializan las intenciones generales de las leyes aparecen propuestas como las del Plan de Coeducación del Gobierno Vasco, que presenta concomitancias bastante sorprendentes con lo que se ha narrado de Suecia, que es extrapolable a otros países nórdicos punteros en esto del género y cuyas sociedades presentan unos índices de violencia contra las mujeres, tanto en maltrato como en feminicidios, que triplican en porcentajes por millón las cifras españolas. Por ello, cabe pensar que, a lo mejor, imponer coercitivamente formas arbitrarias de ser, actual y sentir puede no ser tan beneficioso para la concordia social como se pretende.

Una de ellas es colocar "expertos de género" en todos los centros educativos para que estudien y analicen la existencia de diferencias irrelevantes, nimias o inocentes y las erradiquen. Una especie de comisarios de la corrección *de género* que, aparte del gasto en figuras innecesarias, hace patente la coacción que se plantea sobre las personas y los comportamientos "equivocados". Juegos y textos han de ser pasados por el "Tribunal de la Santa Inquisición del Género". Los libros han de tener igual número de fotos de hombres que de mujeres y en los mismos contextos ante el espantoso descubrimiento de que la ratio era 66%-33% a favor de los varones, que ganaban el "partido de la visibilidad" por goleada. Sin embargo, hay que señalar que los alumnos no han de preocuparse porque la derrota en los textos es vengada por más porcentaje de entrepierna femenina entre sus educadores. Mucho ha de trabajar el comisario de género para igualar, cesando a numerosas profesoras, esa imprescindible ratio de igualdad en los docentes que en el caso de infantil es casi exclusivamente femenina, en primaria mayoritariamente femenina y en secundaria, algo superior el porcentaje femenino. También supongo que este cuerpo de comisarios actuará con escrupuloso rigor profesional y se contratará a mujeres y hombres en un 50% y no como parece que sucede en todo el entramado de organismos y departamentos de género, en los que la proporción es, de forma casi total, discriminadoramente femenina.

Respecto a la organización de los ocios para chicos y chicas de forma idéntica, se interpretan una serie de hechos observados bajo el prisma de la ideología de género y se determina que, mientras los ocios masculinos ocupan gran parte del espacio (campo de fútbol), los ocios femeninos están en la periferia, como algo de "segunda". Concretamente viene redactado de esta manera:

*Diversos estudios han analizado los espacios escolares y su utilización concluyendo que la variable género es determinante. Así, entre otras cuestiones, se revela que en los patios y las zonas de recreo la distribución del espacio sigue siendo sexista, la jerarquía de los juegos, las actitudes de las niñas y niños o la falta de organización espacial del patio suele situar a los niños en el espacio central y arrinconar a las niñas.*

Se acabó el futbol en los centros escolares de la misma forma que los cochecitos sexistas en Escandinavia: el futbol infantil se revela como el objetivo principal del sexismo en España. Se acabó el futbol… y el resto de los deportes, normalmente más practicados por niños que por niñas y con los campos en el centro del patio. Naturalmente a ninguno de los que ha elaborado la ley se le han ocurrido cosas de evidente sentido común como que los campos de deportes donde van a rodar y volar balones han de estar, si es posible, lejos de las vallas exteriores para evitar accidentes, es decir, en el centro del espacio escolar; que los bancos con chicas hablando resultan molestos, e incluso peligrosos para las tertulianas y los deportistas, en el centro de los campos de deporte, pues se corre el riesgo de recibir pelotazos por un lado o de chocar contra los asientos por otro. Como siempre, los defensores de la mujer desde la ideología de género se quedan en folclorismos interesados y no resuelven nada, al contrario, complican la vida de las mujeres hasta extremos ridículos. Simplemente porque la mujer real no les interesa, salvo como coartada para implantar sus axiomas. Porque, la otra variable de la organización e imposición de los ocios y sus espacios es obligar a las chicas a que jueguen al fútbol mientras los chicos se sientan a charlar. U obligar a ratios de sexos en los equipos como intenten una y otra vez los profesores de Educación Física abducidos por la igualdad de género.

También les resulta muy molesto y desconcertante que los chicos elijan estar con chicos en sus ocios y las chicas estar con chicas. Y así es en todos los patios de recreo del mundo: los chicos suelen, mayoritariamente, jugar con chicos y las chicas con chicas por afinidad, por gustos comunes y por razones inexplicables para los defensores de la IdG. Y, naturalmente, los estereotipos de igualdad exigen que chicos y chicas jueguen juntos a las mismas cosas y a ser posible en número semejante de participantes. Aunque luego, ya adultos, se empeñen en separar a las mujeres de los hombres en asociaciones sólo femeninas de todo tipo y orientación, y en fomentar las relaciones con el mismo sexo.

El interés de la asunción pasiva de la ideología de género por parte de los niños, cuanto más pequeños mejor, se realiza sobre todo a través de profesores ideologizados que en la impunidad del aula van ejerciendo su labor adoctrinadora sin levantar sospechas. Incluso alguno sin conciencia del mal que puede hacer y de la vulneración de los derechos de niño y de sus padres. La entrada de los lobbies vendedores de la tela del género se ha demostrado pronto problemática por la excepcionalidad de que unas personas externas accedan a los niños. El riesgo de que los niños, especialmente cuando son muy pequeños e inocentes, ante la novedad de visitas externas en el cole, cuenten a sus padres todo lo que ha sucedido y les han contado y estos procedan a quejarse de semejante contenido e intromisión, es muy alto. Por ello, todo lo referente a educación sexual, diferentes familias, y diversidad sexual para infantil y primaria de niveles bajos se realiza a través de cursos para profesores. Y los profesores son los que han de adoctrinar al menor. Si los padres no están conformes con el adoctrinamiento, se encuentran con que el profesor del que se quejan va a tener a su hijo en sus manos durante varias horas todos los días, y debido a la falta de ética demostrada por alguien capaz de adoctrinar a niños, temen cualquier represalia, por lo que callan y aguantan. Y si hay quejas, porque algún padre se harta, que las afronte el maestro y no los ideólogos.

La aceptación de la gran mayoría de los futuros docentes de infantil y primaria es muy alta, a juzgar por los exitosos cursos y actos masivos convocados por los lobbies de género que se realizan en las Facultades de Pedagogía y Escuelas de Magisterio de Universidades públicas. Entre los asistentes a estos actos masivos no existe duda ni reparo en impartir ideología de género en la convicción de que *el niño debe abrirse a la sexualidad lo antes posible para que la integre con normalidad en su vida.* Igualmente, deben ver con normalidad las familias de un solo sexo y sus relaciones afectivas. Besos y carantoñas entre dos hombres y dos mujeres *deben resultarles algo normal y bello,* afirmaba en un acto al que asistí una ponente transexual de hombre a mujer que luego resultó que le gustaban las mujeres y era lesbiana, por lo que tenía una novia. Ponente que, luego reconoció que lo que a ella le resultaba chocante era ver darse besos a dos heterosexuales.

El adoctrinamiento es continuo y funciona por su insistencia y porque proviene de ese profesor o profesora que los niños, sobre todo los más chiquititos, admiran con arrebatado amor. Naturalmente, los docentes que no se sienten capaces o autorizados para hablar de semejantes cosas a unos niños, no realizan estos cursos. Los que, con irresponsable autoridad y alegría se creen con derecho u obligación de tratar con los niños temas de semejante índole, además de vulnerar derechos fundamentales, presentan una moralidad más que laxa. Y lo malo es que muy posiblemente lo hacen de buena fe.

La situación de España en esta variante de imposición infantil va empeorando conforme pasan los años tratando de asemejarse a lo peor que han hecho países igualitaristas. Por una inexplicable razón, los avances en propaganda a la opinión pública y legislativos que realizan los dirigentes de partidos afines a la ideología de género son asumidos en las legislaciones posteriores, sin que nadie se plantee una marcha atrás en este proceso enloquecido y enloquecedor, de forma que cada paso es un avance irrenunciable para esta ideología que nadie se atreve a desandar. Lo máximo que se hace es frenar el avance, pero nunca abandonar la senda hacia el precipicio. Naturalmente, esta inercia que va infiltrando la ideología de género en todos los ámbitos de nuestras vidas también es aplicable a la manipulación antinatural de las mentes infantiles.

Los objetivos profundos de este tipo de legislaciones y actuaciones y sus medios para implantarlos, nos muestran de forma evidente y descarnada hacia donde nos dirigimos, o nos quieren dirigir. Con unas líneas directivas para los que están metidos en la industria del género que marca la UNESCO en su guía, y que ya hemos visto. Con la implantación de la idea del derecho sexual infantil. Con niños sexualizados prematuramente y animados a masturbarse desde los cinco años. Con la ayuda de multitud de bienintencionados corruptores de menores. Con colectivos dentro de los lobbies feministas y homosexualistas que piden la bajada de la edad de consentimiento sexual a los 9 años o menos. Con la presión de los colectivos pederastas para la despatologización de su parafilia que irá seguida de su descriminalización siempre que el niño, en el ejercicio de su derecho a la sexualidad, acepte.

Quizá porque el sexo con prepúberes, como el sexo homosexual, no es reproductivo.

*El fin del tabú del incesto y la abolición de la familia tendrá como efectos la liberación sexual y la liberación consecuente de la cultura.* Shulamith Firestone.

# CAPÍTULO 21
# LOS MENORES, ESE OSCURO OBJETO DE DESEO II:

## EDUCACIÓN SEXUAL IDEOLÓGICA

*Los tópicos seudocientíficos de todo eso que se dice
"educación sexual" matan la niñez, precipitando
su madurez en corrupción anticipada: haciendo al
niño hombre antes de tiempo, por forzar el tiempo,
por robárselo desde fuera, como si explicándole
racionalmente a un niño el "mecanismo de la
sexualidad" le libertaran de algo, sin pensar que
es todo lo contrario... Porque no es el sexo el que
debe dominar al amor, sino el amor al sexo...
Verdad perogrullesca cada vez más desconocida de la
ignorante y corruptora y socialmente peligrosísima
pedagogía actual que se llama a sí misma progresista*
José Bergamín

Como ya se ha explicado, para la implantación final de esos *neodere-chos* con origen en la ideología de género, los colectivos implicados, esos "vendedores de tela mágica" consideran imprescindible el acceso a los menores para inculcarles una serie de principios que faciliten la posterior aceptación de unos valores acordes con la ideología de género y una moral que les lleve a comportarse de una forma favorable a los objetivos últimos de esa doctrina.

El acceso a los menores se hace a través de dos vías: la comunicación audiovisual y los centros escolares, y se facilita mediante leyes que permitan tanto la ideologización solapada como esquivar el tejido protector que es la familia. La acción directa sobre los niños y adolescentes implica a escuelas, colegios e institutos ya sea mediante cursillos impartidos por personas que se introducen sin permiso expreso de los padres, o mediante el adoctrinamiento previo de un profesorado sin demasiados prejuicios para tratar, a su manera, unos temas que implican la vida privada del menor y su escala de valores.

La educación sexual se ha establecido como algo muy importante, necesario para el desarrollo y la felicidad posterior de los púberes y adolescentes. Y ese es el problema: que la sexualidad es un tema importante que va a afectar, y mucho, la vida de los menores según cómo y quién enfoque el asunto. Por ello, el derecho de los padres a educar a sus hijos según sus valores, convicciones y principios, es una traba para los ideólogos del género, una cortapisa a su imposición educativa que poco a poco van vulnerando a base de manipulaciones y de leyes, es decir, por las buenas o por las malas.

Lo primero que hay que tener claro es que los padres tienen todo el derecho a transmitir, en la educación de sus hijos, los valores que han dado sentido a sus vidas y les han hecho felices. Es evidente que una vez adultos, ellos elegirán y que, muchas veces, no sólo es la educación sino el mismo ejemplo que ven en sus padres el que les va a decantar por una elección u otra en su vida afectiva y sexual. Sin embargo, lo que no se puede admitir son intromisiones en un derecho humano fundamental y básico.

Lo segundo que hay que tener claro es que la escuela y los poderes públicos no pueden, ni deben, entrometerse en ese derecho y, en todo caso, pueden afianzar de forma subsidiaria una educación afectivo-sexual, que es también ético-moral, elegida por los padres previamente, con cursos o aportaciones: jamás con mensajes contradictorios o simplemente opuestos. Y esto es lo que está sucediendo gracias al ansia de los "vendedores de la tela del género" por hacerse con las mentes y las vidas de las nuevas generaciones.

Esa intromisión en las mentes de los menores saltando por encima de los padres, sus derechos fundamentales, el respeto por la enseñanza ético-moral que ellos les han inculcado e introduciendo personas ajenas a la familia que hablan a los menores de temas para los que no tienen autoridad, y muchas veces ni preparación, se basa en varios argumentos en los que, o se insulta a los padres o se reconoce la utilización de sistemas propios de totalitarismos. Estos argumentos son:

- La incapacidad de los padres para educar adecuadamente. Un argumento que podría resumirse en la frase "Tú no sabes hacerlo".

- La reprobación y desautorización de determinadas elecciones morales privadas o "Tú eres tonto, lo que piensas está mal y no vale para tus hijos. Vale lo que otros decidan".

- La presunta dejación de funciones de algunos padres. El hecho de que haya padres que por incapacidad o dejadez no cumplan sus obligaciones, no implica pensar que todos lo hacen y actuar en consecuencia. Es el argumento que defiende que "Como uno no se lava, ducha para todos".

- La obligación del Estado de velar por los ciudadanos aún contra su voluntad, en toda situación, como si el ciudadano fuera un menor al que hay que proteger ante su incapacidad de hacerlo por sí solo. Es "papá Estado" que debe cuidar de los que no saben elegir lo que les conviene.

- El "presunto derecho" del Estado a modelar las conciencias de los menores para hacerlos "buenos ciudadanos" es decir, dóciles y acríticos (argumento de corte totalitario únicamente establecido en regímenes políticos de triste recuerdo).

Es verdad que hay padres que pueden encontrarse poco preparados o incapaces de afrontar ese derecho y obligación, y también hay casos de padres poco responsables, pero no se puede suponer que la totalidad de los padres están en esa situación. Y, desde luego, lo que ningún padre puede admitir es que se cuestionen los valores morales de su propia educación, que están dentro de los valores constitucionales, que el Estado tenga ninguna razón para meterse en la moral de sus ciudadanos y mucho menos que se imponga un presunto derecho del Estado a modelar conciencias. Sin embargo, todo esto sucede y es lo que ha llevado a que en este momento una educación sexual ideológica sea la preponderante y la impuesta por los poderes públicos a los menores.

Como todos sabemos, en este momento hay dos concepciones antropológicas sobre la naturaleza humana y su sexualidad:

Una de ellas está basada en los compromisos estables, enfatiza la prioridad del amor y los compromisos como sentimiento y voluntad que deben guiar la relación interpersonal. Esta vivencia, que marca intrínsecamente multitud de decisiones personales, va unida a la transmisión de unos valores muy concretos: búsqueda del ideal, autodominio, fidelidad, comprensión, lealtad, apertura a la transmisión de la vida volcando la propia afectividad en los hijos y asumiendo nuevos compromisos. Obviamente, el *neoderecho a la actividad sexual* ha de supeditarse a una situación de madurez, responsabilidad y relación estable.

La otra visión podríamos decir que está basada en una independencia sexual, cuyo objeto principal son los aspectos de placer en el ejercicio del sexo, minimizando riesgos de embarazo o de adquisición de enfermedades transmisibles por vía genital, enfatizando el conocimiento de las medidas de anticoncepción y la búsqueda de experiencias gratificantes, bien a través del propio cuerpo o a través de relaciones interpersonales. El énfasis en esta concepción del sexo estaría en la autorrealización personal y en el ejercicio de la libertad, rehusando referentes religiosos o morales.

En una sociedad democrática, ambas opciones son respetables, aceptables y quedan al libre albedrío del adulto y a su decisión de vida. El Estado no debe tomar partido en ningún caso, en tanto es la vida privada de los ciudadanos. La imposición de una opción sexual u otra sería inaceptable. Pero eso que en la población adulta parece claro, sorprendentemente no resulta nada claro ni evidente en la población infantil y adolescente para la que se impone desde el Estado una única visión sin que la mayoría de la gente oponga resistencia a esta intromisión estatal y adoctrinamiento moral sesgado y parcial.

En el caso de los menores, inicialmente, y si la educación proviniera de los padres que trataran de inculcar en sus hijos los valores y la sexualidad que les ha hecho felices, nada podría objetarse. El primer problema viene cuando un Estado democrático, que ha de ser neutral en estas cuestiones de elección moral de sus ciudadanos, impone una de las visiones sobre la otra. Y la imparte en las escuelas como la única aceptable y posible, no respetando la libertad de elección ni el derecho de los padres a educar a sus hijos según sus convicciones.

La educación sexual para menores que se ha generalizado últimamente en muchos países occidentales y se impone en España a través de una maraña legislativa que no deja apenas resquicio a oponerse, y que veremos a continuación, es la segunda cosmovisión: la de una sexualidad hedonista y sin más referente moral que la búsqueda del placer imponiendo una sola visión de la moral sexual.

Esta visión antropológica de la sexualidad está basada en los parámetros de la ideología de género e irradiada y avalada desde las más altas instancias oficiales. Se fundamenta en la existencia de un *neoderecho sexual y reproductivo*, no reconocido como tal derecho en ninguna carta de Derechos Humanos Fundamentales, que implica que toda persona debe obtener placer sexual sin tener consecuencias indeseadas. Las consecuencias indeseadas son los embarazos y las enfermedades de transmisión sexual. Sobre todo los embarazos, cosa que naturalmente sólo afecta a las mujeres. Ya hemos visto que la hembra bonoba debe ser sexualmente muy activa, pero no debe asociar su placer sexual ni al amor, ni a la reproducción como consecuencia de su *neoderecho a la salud sexual y reproductiva*. Ya hemos visto que la única forma de que eso no suceda son los métodos anticonceptivos y el sexo lésbico. La píldora de dosis altas de levonorgestrel (Píldora del Día Después) en caso de duda. Y el aborto, si sucede lo biológicamente esperable.

La guía UNESCO de Educación Sexual para la Autoafirmación de los Jóvenes, elaborada en 2009 con participación de asesores del Fondo de la Naciones Unidas para la Infancia (UNICEF), la Organización Mundial de la Salud (OMS), la Organización Panamericana de la Salud (PAHO) y el Fondo para la Población de las Naciones Unidas (FNUAP-UNFPA), documento también llamado Directrices Internacionales para la Educación Sexual, divide a los niños en grupos de edad y recomienda que a partir de los 5 años los educadores inicien a los menores en técnicas de masturbación así como la mentalización en los roles de género y en los estereotipos de género a fin de que tengan una visión acrítica de la libre orientación sexual. De 9 a 12 años deben ser instruidos en los efectos positivos y negativos de los afrodisiacos en un contexto de relativismo sexual. A los 12 años se debe profundizar en las razones para abortar, considerando violencia de género los impedimentos; para llegar a los 15 años asumiendo el derecho al aborto y el acceso al aborto seguro. Sabedores de que están vendiendo una mentira, ofrecen "las vendas" de las heridas que semejante ejercicio libre de la sexualidad va a producir. Si las nuevas generaciones asumen el aborto con total naturalidad, todo solucionado.

Desde estos organismos, originariamente creados para temas completamente diferentes a la ideología de género y a la imposición de comportamientos sexuales en los seres humanos, se promulgan directrices, a modo de *recomendaciones,* que los políticos de los países se comprometen a cumplir. De hecho, una transcripción literal de esta guía fue la propuesta por el gobierno inglés, aprobada por el Ministerio de Educación y enviada a todos los profesores para ayudarles a gestionar y comprender el comportamiento sexual de sus alumnos. Se consideraba positivo el autoerotismo de 5 a 9 años (siempre que no se haga en público) y saludables las relaciones sexuales a partir de los 13 con personas de distinto o el mismo sexo, así como sexo oral y con penetración consentida. La forma de valoración en la guía sobre si se tenía una sexualidad sana al realizar las mencionadas prácticas era mediante los colores de un semáforo; el verde indicaba que era adecuado en cada etapa de edad. Parte del revuelo que supuso esta guía fue la ilegalidad de recomendar como normales las relaciones sexuales a los 13 años, en tanto la edad de consentimiento en Inglaterra está fijada a los 16 años.

Una vez perdida la neutralidad ideológica y olvidada la situación subsidiaria de los estados libres para educar a los menores en cuestiones que afectan a su ética individual y se enfrenta a visiones antropológicas perfectamente aceptables, que sería una primera objeción a la imposición de la educación sexual, la segunda objeción proviene del evidente fracaso en sus objetivos. Lo que se pretende con la imposición de esa visión de la sexualidad humana, no sólo no se consigue, sino que es manifiestamente contraproducente. Cuando los lobbies hablan de sexualidad dentro de las aulas, dicen que lo hacen para que los menores tengan una sexualidad más saludable, feliz y plena. Todos podemos suscribir ese deseo. También afirman pretender que el ejercicio de esa sexualidad no tenga consecuencias indeseadas: embarazos y enfermedades de transmisión sexual. El hecho es que no hay una sola evidencia de que con estas clases de educación sexual disminuyan los embarazos y las ETS que presuntamente se viene a evitar. Veamos la información y los mensajes que se dan a los niños y púberes.

Las ideas fundamentales que se imparten en estas clases son tres:

- **"Practica sexo cuando te sientas preparado"**. Lo que implica dejar en manos de un menor, en proceso de formación, la decisión sobre su propia madurez para afrontar la sexualidad y sus consecuencias.

- **"Todo vale si hay consentimiento"**. Lo que implica que cualquier experiencia sexual es permisible si las partes lo desean, además de las relaciones heterosexuales; desde la pederastia (de ahí el afán de muchos lobbies por bajar la edad de consentimiento, e incluso que no exista) al incesto, del bestialismo a las parafilias, de la homosexualidad al sexo en grupo, porque la libertad individual se presenta como la única guía ética de comportamiento sexual en la implantación de la sexualidad libre.

• **"Todo tiene solución. La que sea. No te preocupes".** Lo que implica una pérdida absoluta del miedo a las consecuencias de no poner medios para que no sucedan cosas. Es el llamado *fenómeno de compensación de riesgos* que se une a la percepción ya atenuada de riesgos que tienen los menores por su propia inmadurez. Estos talleres enseñan básicamente técnicas sexuales para evitar el sexo con penetración, es decir, la masturbación mutua (*petting*), sexo oral, relaciones con personas del mismo sexo que evidentemente no producen embarazos, medios anticonceptivos (preservativo, anovulatorios…), dosis altas de levonorgestrel (Píldora del Día Después) en caso de duda para evitar la implantación del embrión, y aborto como posibilidad última de resolver una "situación" que ha llegado "demasiado lejos".

Sin embargo, una sexualidad que termina en enfermedades de transmisión sexual, ingestión de medicamentos perjudiciales o en un aborto, no es ni saludable, ni feliz, ni plena. Y ese es el problema: que pese a la enseñanza de todas esas técnicas desde hace años, las ETS de los jóvenes y, sobre todo, los embarazos, no sólo no disminuyen, sino que aumentan, por lo que es necesario analizar qué falla en esta historia.

Para los ideólogos del género la cosa es clara: hacen falta más clases de educación sexual y a edades más tempranas: la receta falla, por lo que deciden que hay que aumentar la dosis, incapaces de analizar las razones del fracaso y de asociar el aumento de la problemática sexual de los menores con la impartición de los cursillos.

Sin embargo, lo primero que resulta evidente para un observador imparcial es que el mensaje de "sentirse preparado" es un perfecto detonante de la presión social: ¿qué adolescente no se siente preparado para todo? El que no ha tenido experiencias sexuales en un plazo determinado, que comienza tras el cursillo sexual y se prolonga a lo largo del curso escolar, es un "pardillo", no está preparado, no es adulto. Lo que antes suponía el hecho de fumar para sentirse mayor, son en la actualidad las relaciones sexuales. En un año, la mayoría de los alumnos que han recibido el cursillo se han lanzado a unas relaciones sexuales tempranas y, los que aún no lo han conseguido, viven su virginidad con verdadera preocupación, como la prueba vergonzante de su inmadurez.

Lo segundo que surge es la sospecha de que esas medidas para evitar problemas en las relaciones sexuales resulten poco eficaces. Además de ser vendidas como infalibles y no serlo, la posibilidad de que se tengan en cuenta dentro de unas relaciones adolescentes no son demasiadas. Debido a la inseguridad propia de la edad y la que toda relación íntima produce en las personas sin experiencia, sus primeros escarceos amorosos van acompañados de mucho alcohol por lo que, a la natural irresponsabilidad fruto de sus pocos años, se une la pérdida de sensatez producida por la bebida. Si a todo eso se añade la presión social de tener relaciones cuanto antes, que les hace ver cierto tipo de ocasiones festivas con alcohol como el momento de "convertirse en adultos", se comprenderá la nada descabellada comparación de que los cursillos son una forma de decir al menor que si se pone el casco no hay ningún peligro en conducir una motocicleta, y en el momento en que se le dan las llaves del vehículo, este se dirige a comprarse una botella de alcohol.

En el caso de que las cosas no se hayan hecho según el "recetario" impartido y las relaciones sexuales hayan sido completas y sin medios anticonceptivos, la concatenación de soluciones que se les ofrece crean una sensación de impunidad en unos menores que ya de por sí, como hemos dicho, carecen de sensación de riesgo real de forma general y en cualquier situación, lo que les lleva a conductas temerarias. La muerte, los problemas, son cosas que les pasan a otros. El "todo tiene solución, no te preocupes" viene a reforzar las conductas de riesgo por la situación que, en salud pública, se ha denominado *fenómeno de compensación de riesgos,* que sería el efecto ocasionado por las actuaciones que reducen la percepción de riesgo en la población y terminan produciendo el efecto contrario al deseado al dar lugar a una falsa sensación de seguridad con las medidas preventivas invocadas. Esto conlleva una mayor exposición al riesgo que se quiere evitar. El actual repunte de VIH que se está produciendo en la población homosexual de muchos países que ya tenían controlado el contagio, está relacionado con que la población más expuesta tiene la sensación de que hay muchas terapias que lo convierten en enfermedad crónica y no letal, produciéndose ese mismo fenómeno de compensación de riegos. En el caso de los adolescentes, es posible imaginarse el grado de responsabilidad y consciencia con los que afrontan las relaciones sexuales prematuras.

Naturalmente, pese a que los cursillos de educación sexual con este enfoque están generalizados, no hay mejora en la situación, hecho que se explica por las razones anteriores. Y si el incremento de los embarazos en menores y su correspondiente tasa casi paralela de abortos terapéuticos no ha crecido alarmantemente, es por el uso indiscriminado de la conocida como "píldora del día después" (PDD), que se usa como método anticonceptivo habitual por parte de las menores sin calibrar, y en la mayoría de los casos sin conocer, el riesgo que supone para su salud.

Este fármaco es consumido de forma irresponsable, sin conocimiento de los padres y sin ningún tipo de control sanitario. El farmacéutico no puede preguntar la edad de la usuaria, ni tener los datos de cuántas veces la ha tomado una adolescente en un año. Hay niñas, porque son niñas, que toman casi una al mes. La decisión política de expedir un compuesto con numerosas contraindicaciones sin supervisión médica, es un atentado a la salud pública que se hace necesario precisamente por la decisión política anterior de empujar a los menores a una sexualidad que, saben perfectamente, les va traer numerosas complicaciones. No hay otra razón.

Si se contempla una actuación respecto a la PDD exclusivamente con mujeres adultas, se hace evidente que el principal objetivo de esta expedición sin control, receta ni estudios de incidencias a causa de una decisión política pero no de responsabilidad médica, es la "solución" de esas sabidas consecuencias en los menores: La mujer adulta que ha tenido una relación sexual que sospecha puede producirle un embarazo, acude a su médico y le solicita la receta. Su uso queda reflejado en un expediente. Si abusa, su médico puede avisar de los riesgos, asesorar y recomendar otros medios anticonceptivos. Sin embargo, el acceso de las menores a los médicos es mucho más problemático, entre otras cosas por su dependencia de los padres. Y los ideólogos del género saben que la niña no va contar a los padres el posible resultado de su último escarceo amoroso o que, si lo cuenta, va a ser tarde para que la PDD sea efectiva. Por ello, la forma de evitar el incremento exponencial de embarazos adolescentes es poner a disposición de las menores, de la forma más fácil posible, el levonorgestrel, cuyos efectos anticonceptivos se unen a unos claros efectos abortivos en el caso de que ya haya un cigoto, al impedirle anidar en el útero, y que lo hace especialmente odioso para las personas que por razones biológicas, éticas o religiosas consideran esta acción un asesinato.

Es posible que algunas adultas abusen de esta "solución" sin seguimiento médico aunque, al menos, se les puede reconocer un derecho legal a tomar sus propias decisiones, incluso erróneas; derecho que no es legalmente contemplado en el caso de menores a los que no se les admite una madurez suficiente para responsabilizarse de sus actos. Por esa inmadurez reconocida, son sus padres o tutores legales los que, hasta la mayoría de edad, son responsables de todo ello. Es curioso cómo, sin considerar a los menores responsables de delitos y crímenes hasta los 18 años, sin derecho al voto hasta los 18 años, sin posibilidad de conducir un vehículo de cierta cilindrada hasta los 18 años por considerar que no han alcanzado la madurez, en algo tan relevante como la sexualidad, se les presuponga una madurez y se les permita y facilite por parte del Estado realizar acciones peligrosas para su salud obviando a los padres. Ni los cursillos de educación sexual, ni la expedición de PDD a menores y, ni mucho menos, el aborto sin conocimiento de los padres, son decisiones políticas admisibles por parte de una sociedad madura y conocedora de sus derechos. Lamentablemente en esto, como en otras muchas cosas, hemos sido víctimas de una manipulación previa que nos ha dejado inermes para el abuso de los ideólogos del género sobre nuestros hijos.

Las consecuencias de estos abusos en la ingestión de la PDD se ocultan (ictus cuya existencia no traspasa las puertas de los hospitales por motivos políticos) y en muchos casos se recogerán sus frutos en los próximos años en forma de tumores asociados con los funcionamientos hormonales. Tampoco se han de esperar estudios al respecto, en tanto la decisión política de convertir un fármaco nada inocuo en un "caramelo de menta" va a impedir la información de la realidad a los ciudadanos. ¿Sexualidad sana y feliz? Algún día la sociedad civil debería exigir más que explicaciones a los políticos que han propiciado todo esto.

Este esquema que se ha reproducido al comienzo del capítulo sobre los cursillos y sus consecuencias, es el más habitual en las aulas de la Educación Secundaria Obligatoria (12 a 16 años) que reciben esa educación sexual y, generalizado, en toda la enseñanza pública y parte de la concertada. Y los resultados son los expuestos: incitación a la práctica sexual, amoralidad y aumento de riesgos en una población inmadura. Si cualquier observador externo, cualquier docente, ve todo esto… ¿no es sorprendente que los que propician esta locura no lo vean?

Naturalmente que lo ven. Simplemente, como en tantas cosas del género, el loable objetivo expreso, que es con el que nos venden la mercancía, y el discutible objetivo oculto y real, son muy diferentes. Como el objetivo expreso no se cumple, ni se pretende que suceda, y el objetivo real va de viento en popa, se sigue exigiendo más de la misma receta fallida. Precisamente porque no es fallida.

Los niños son lanzados a una sexualidad temprana que es evidente que sólo les va a crear problemas por su inmadurez y por su inseguridad, por su falta de percepción del riesgo y por la banalización que se ha hecho de soluciones tan extremas como el propio aborto. Y saben perfectamente cuál va a ser el resultado de sus bienintencionados consejos: niños hipersexualizados, consumidores de material sexual, de medicamentos y de abortos, cosa que no sucedería si no tuvieran relaciones sexuales. A la ampliación de la cartera de clientes de estos "productos" y la creación de unas generaciones ya adoctrinadas en esa forma de vivir la sexualidad, se une la compleja red clientelar de asociaciones y fundaciones que imparten los cursillos y talleres de forma altruista pero recibiendo cuantiosas subvenciones por su elogiable labor social.

La primera objeción que se ha de hacer a este enfoque de la sexualidad tan rentable para algunos es que si, como venden, una sexualidad temprana es mejor para los menores, afianza su personalidad, los hace más libres y más felices, si verdaderamente los menores tienen un *neoderecho a la práctica sexual*, o simplemente se está lanzando a conducir coches de gran cilindrada a niños sin capacidad de controlarlos y sin evidencia del riego que corren porque se les ha dicho que si se ponen casco no hay peligro pero que, si al final se chocan, siempre hay un hospital cerca.

La segunda objeción es si realmente los menores no pueden ni deben controlar sus incipientes pulsiones sexuales, por la simple razón de que son capaces de ello y porque la promiscuidad les puede traer consecuencias desagradables. Concebir al menor como un ser incapaz de controlarse es otro engaño que propician estas clases de "resolución de consecuencias" de un problema que consideran incapaces de dominar. Como el menor es un ser incapacitado de autocontrol y va a lanzarse sin freno a la experimentación del sexo, mejor informarle de medios y soluciones.

La tercera evidente objeción es si estas clases, verdadero detonante de la experimentación sexual, no son la causa de la hipersexualización de los menores y de que se lancen precozmente a unas prácticas sexuales que, de otra forma, pospondrían para más adelante.

Respecto a los resultados que pretenden los talleres, no hay ninguna evidencia de que realmente funcionen tal y como se refleja en la Guía Práctica del ICSI (Institute for Clinical Systems Improvement) producida por más de 55 organizaciones sanitarias de EEUU de carácter independiente y objetivo. En esta guía se le adjudica el nivel II (evidencia incompleta sin confirmar). Igualmente, la Guía de Práctica Clínica de la Agency for Health Care Research de EEUU menciona que hay pocos estudios controlados sobre el tema y muchas incógnitas sobre la efectividad de estas actuaciones. Todo esto las convierte en experimentales y de ningún modo en una solución a un problema que en parte propician ellas mismas.

¿Dónde quedan los padres en todo este asunto?

Hay padres que comparten esa visión de la sexualidad humana ligada al hedonismo y el disfrute sin más compromiso que evitar las consecuencias biológicas, por lo que aceptan de buen grado este tipo de talleres. Otros han asumido como propias las concepciones sobre sexualidad humana que parecen más comúnmente aceptadas por pura inercia y conformidad. Algunos padres carecen de valores éticos definidos, o de conciencia crítica respecto a las imposiciones estatales, y también los hay que se desentienden de determinados aspectos de la educación de sus hijos y exigen que el Estado les solvente lo que es un derecho y debería ser un deber. Supongo que todos estos padres no van a expresar crítica alguna porque a sus hijos se les imponga una visión ideológica de la sexualidad humana porque, o coincide con sus principios, o simplemente no se contradicen con ellos porque carecen de guías éticas.

Sin embargo, hay un gran número de padres que confían en el criterio de los educadores o de los organismos públicos, y dejan en sus manos la educación de la moral y la conciencia de sus hijos sin plantearse que puede no coincidir con la propia o que puede no ser beneficiosa; o los hay que se sienten poco preparados o incapaces de afrontar la educación sexual de sus hijos y delegan en la convicción de que lo que se haga en los centros educativos no puede ser malo. A estos padres se les está engañando.

Hay otros que no se atreven, o no saben cómo enfrentarse a una marea de pensamiento que no comparten pero que no pueden frenar. Ya sea por dejadez, sensación de incapacidad, temor, buena fe, exceso de confianza o falta de espíritu crítico, muchos padres han delegado en los centros educativos la educación de sus hijos, incluso en los aspectos más personales y privados.

Finalmente, también hay padres que, en el ejercicio de su libertad, tienen claro que quieren y deben ser ellos, o las personas en las que ellos confían, los que eduquen a sus hijos en sexualidad, aunque se encuentran serias dificultades para sustraerse de la marea de la imposición educativa y a veces resulta imposible evitar esa delegación de funciones forzada.

Y es que, esa delegación de funciones educativas, de grado o a la fuerza, facilita la imposición de cosmovisiones ajenas a las de los progenitores y se fomenta de todas las formas posibles. Por un lado, las enormes dificultades de recibir información completa de los talleres sexuales y el desconocimiento que existe sobre qué es exactamente lo que se les dice y qué personas o asociaciones entran en las aulas, dificulta tomar una decisión al respecto e impide comprender el problema. La ignorancia de sus derechos constitucionales por parte de algunos padres y el desparpajo con el que se les niegan, o se les intenta convencer de que tales derechos no son aplicables en las aulas, es otra de las estrategias. Finalmente, las dificultades establecidas para que los padres que lo tienen claro puedan negarse a que sus hijos participen en los talleres sexuales, desanima a muchos en la lucha contra la ideología de género y aboca a que los niños permanezcan obligatoriamente en el aula recibiendo de forma acrítica ese tipo de contenidos.

Todos deben ser conscientes de que los cursillos de educación sexual se imponen fraudulentamente y de que la única sexualidad que se imparte desde los poderes públicos es la dictada por los lobbies del género, que viene, a su vez, señalada por la ONU, organismo que en este momento es el mayor irradiador de esta reingeniería social. Todos deben saber que los lobbies del género pisotean los derechos de los ciudadanos, y los políticos se han dejado engañar o seducir por los grupos de presión del género.

Otra de las preguntas que hay que hacerse es por qué se informa a los padres exhaustivamente hasta de las más inocentes actividades escolares, con derecho a dar permiso o no a la participación del menor, y en la mayoría de los centros no se informa de estos cursos de educación sexual, de los contenidos reales, de las asociaciones y personas que entran a impartirlos, ni se da opción a desautorizar la asistencia, ni se les pide opinión acerca de si lo consideran necesario u oportuno o sobre el enfoque que desean, en tanto es una parte de la formación y la educación ajena a las materias del currículo y que implica a la intimidad de la persona y su vida posterior.

Porque otra de las objeciones que se pueden oponer a esta "ducha para todos" es que la edad biológica de los menores no es determinante en su maduración sexual o psicológica. En las aulas de la ESO conviven niños que aún juegan como niños con otros que despiertan a nuevas preocupaciones, niños desarrollados físicamente con otros aún impúberes... y a todos se les imparten las mismas enseñanzas sexuales, lo que explica el comentario de una niña a la salida de uno de los talleres en los que se le explicaron técnicas sexuales sin riesgo de embarazo: *yo pensaba que el sexo oral era decir cochinadas por teléfono...*

La única forma de frenar esta deriva es que los padres sean los educadores de sus hijos en ámbitos tan personales como la sexualidad y que exijan información completa de los talleres que se van a impartir en las aulas relacionados con temas de contenido ético-moral. Una vez informados, tener la posibilidad de negar la asistencia de sus hijos tomando las riendas de su educación en valores y sexualidad. En caso de sentirse poco capaces para esto último, deleguen su responsabilidad en personas de confianza, eligiendo el momento en el que sus hijos están preparados y maduros para ello. Y hay que tener presente que en España, todo lo que provenga de organismos públicos va a ser educación sexual *de género,* irradiada por la ONU y basada en un *neoderecho a la salud sexual y reproductiva* que no está avalado ni reconocido como tal derecho por ningún organismo internacional de forma expresa.

Hay que reivindicar que no es nocivo para los menores, ni afecta a su felicidad negativamente, aconsejar que pospongan su iniciación sexual, ni que la asocien a la afectividad y a un proyecto vital. Se ha convencido a los padres, de forma errónea y mediante la manipulación y la presión social, de que aconsejar esto a sus hijos es coartarles, impedir que se realicen, hacerlos desgraciados, negarles un derecho, prohibirles una diversión sin ninguna razón sólida, y que los prejuicios de aguafiestas se basan en motivos religiosos. Nada de esto es cierto. La única y verdadera forma de evitar "consecuencias indeseadas" es la sexualidad con madurez y dentro de un contexto de estabilidad, fidelidad y proyecto de vida en común.

¿Creen en verdad que es beneficioso para los menores, o son otros los beneficiados?

¿Qué razones hay para que los políticos se plieguen a los lobbies vulnerando derechos fundamentales?

¿Tanto dinero se mueve? ¿Con tanta persuasión se vende la tela del género?

Ni los menores tienen un *neoderecho al sexo*, ni se desarrollan mejor psicológicamente practicando un sexo prematuro, ni son incapaces de controlarse, ni comenzarían a tener relaciones sexuales a partir de los 12-13 años de forma generalizada y con serias complicaciones para su salud y estabilidad psicológica si no fuera por los "bienintencionados cursillos" que se imponen desde los poderes públicos aconsejados y dirigidos por los lobbies del género. Son mentiras interesadas que han hecho creer a los padres y a la ciudadanía.

El dinero y la manipulación informativa lo consiguen todo. Y los organismos internacionales dirigen todo esto. Porque detrás de absolutamente todas las cabezas de esa hidra que nos devora, está la ONU, el cuerpo de la bestia y, al contrario que el heteropatriarcado, estos poderes supranacionales poderosísimos sí que existen.

# CAPÍTULO 22
# LOS MENORES, ESE OSCURO OBJETO DE DESEO III
## LOS CABALLOS DE TROYA DE LA IDEOLOGÍA DE GÉNERO

*No es una coincidencia que los Estados deseen educar a los niños. La educación por parte del Estado, se supone que es evidencia de la bondad del Estado y su preocupación por nuestro bienestar. La explicación es menos halagadora. Si la propaganda del gobierno puede echar raíces mientras los niños crecen, los niños no serán una amenaza para el aparato estatal. Ellos sujetarán las cadenas a sus propios tobillos*
Lew Rockwell

Ya hemos hablado de la importancia que el adoctrinamiento de menores tiene para los movimientos totalitarios como es la ideología de género. Los menores son más manipulables al adoctrinamiento por no tener barreras éticas o argumentales sólidas que enfrentar a toda la batería de mentiras y dislates que despliegan los "vendedores de la tela". Y a determinadas edades son carne de cañón para la industria del género. Carne de cañón como consumidores de productos y como objetivo de campañas que impliquen millones de euros para publicitarlas, subvenciones a lobbies para estudios falsificados y creación de redes clientelares de asociaciones, fundaciones y cursillistas adoctrinadores…

También dijimos que el acceso a los menores se lleva a cabo a través de dos vías: la comunicación audiovisual y la escuela. Y se facilita mediante leyes orwellianas de *neoderechos* cuyos capítulos educativos permiten o imponen, según se van endureciendo, la ideologización solapada o expresa.

Ya hemos visto que la educación sexual es importantísima para sus fines. Se necesitan menores hipersexualizados, pero sin sexo, de forma que acepten cualquier relación sexual física pero huyan del compromiso estable. La sociedad bonoba sólo se establecerá cuando la ideología aplaste las últimas barreras del instinto chimpancé. Naturalmente eso no implica que seamos más felices, sólo que tendrán que reprimir mucho ese manantial instintivo con una sociedad opresiva. Muchos de los niños actuales serán esos adultos que colaborarán de buen grado a la presión social imprescindible, convencidos de que no hay otra forma de vivir la sexualidad, el afecto y la procreación que de forma independiente unas de otras. Es objetivo primordial es la separación entre amor, sexo y reproducción, y así lo dejaron escrito diversas feministas de esa tercera generación del feminismo que, desde Simone de Beauvoir, estableció las bases de la nueva sociedad bonoba.

La transversalidad de la ideología de género expresada como tal o con su otra "marca blanca" que es la *perspectiva de género*, aparece en las nuevas leyes educativas como multidisciplinar impregnando toda la educación reglada. Eso significa que desde cualquier materia o ámbito ha de tratarse este tema, y exige a los elaboradores de los libros de texto, coletillas o parrafadas desde esa interpretación sobre el machismo, la discriminación de la mujer, el movimiento homosexual o el neolenguaje.

Efectivamente, la ideología de género y sus falsos mantras anegan prácticamente todos los textos educativos de los menores con falacias y medias verdades que, pese a parecer inconexas o intrascendentes de forma individual, también suman en el trabajo de asentamiento de una realidad "matrix" y de la interpretación de la misma. Este caballo de Troya incorpóreo y que empaña toda la enseñanza, tuvo su materialización y asentamiento definitivo en las polémicas asignaturas llamadas de forma general Educación para la Ciudadanía. Concebida como un ariete ideológico de primer nivel, se vendió como valores democráticos y constitucionales para una juventud sin valores que necesitaba referentes éticos. Los padres incautos y biempensantes, deseosos de que sus hijos adquirieran algún tipo de valores o principios, o los padres favorables a ese tipo de ideología, estaban encantados con la idea. Sin embargo, otros padres que, afortunadamente, se dieron cuenta de que esa asignatura chocaba frontalmente con sus principios, organizaron un movimiento de resistencia que consiguió poner en entredicho ese caballo de Troya y desactivarlo parcialmente al ser minuciosamente examinado en cada una de sus enseñanzas. La lucha despiadada por mantener esa asignatura que consideraban importantísimo hito en su implantación de la ingeniería social del género por parte del gobierno que la instauró, promotor también de la LIVG, leyes de igualdad y otros fomentos de la ideología de género, confirman que la realidad sobre la materia no era la provisión de valores morales unánimes sino otra bastante más inquietante. En realidad, lo que se buscaba era dar un paso más en la desposesión del derecho a la educación de los padres, institucionalizar el relativismo moral e inyectar por vía de textos educativos una serie de planteamientos ideológicos controvertidos entre los que destacaba la ideología de género.

El problema de este tipo de caballos de Troya es que, como todo en la ideología de género, el objetivo oculto va camuflado en un bondadoso objetivo expreso que de ninguna manera cumple pero que es machaconamente repetido, admitido y nunca negado por los vendedores de la tela. Ante ese objetivo expreso loable como fachada, la detección del adoctrinamiento se hace difícil y la constatación de sus consecuencias es demasiado lenta y sucede demasiado tarde normalmente.

La educación sexual, otro de los caballos de Troya, tiene un nombre excesivamente elocuente, por lo que lo lobbies del género se han encontrado con el problema de que algunos sectores de las sociedades aún libres no ven clara la intromisión estatal en la educación ético-moral y sexual de los niños y menores. Por ello, han ideado dos caballos de Troya que les permiten seguir accediendo a los menores de una forma absolutamente indetectable por el ciudadano medio y de esa forma afianzar el adoctrinamiento que ya se realiza a través de medios de comunicación, libros de texto y colaboración desinteresada de profesores y maestros engañados, o que abrazan esta reingeniería social con verdadera fe de converso. Estos arietes son la violencia *de género*, en su versión general o en la nueva versión de recién descubierta violencia adolescente, y el acoso o *bullying* al diferente sexual.

Crear un buen caballo de Troya requiere tiempo, dinero y mentiras. Pero los lobbies del género lo tienen todo. Consiste en defender una causa noble o una lucha contra un mal o injusticia que existe de forma minoritaria, que se hipertrofia con cifras falsas y alarma social, que se apoya desde los medios de comunicación y que se repite mil veces en todos los ámbitos hasta hacerla verdad en la mente de los ciudadanos. Y naturalmente dar luego las soluciones, que son precisamente lo que se pretendía. Es la ya vista manipulación de CREAR UN PROBLEMA Y OFRECER LA SOLUCIÓN. Esos dos caballos de Troya se están creando en estos momentos y vale la pena estudiar el proceso porque las pautas que siguen son semejantes a las utilizadas en otras ocasiones. Por explicarlo de alguna manera, estamos viendo nacer una nueva cabeza de la hidra del género y tenemos a mano todos los datos frescos. Aún se podría frenar su desarrollo y salvar a los menores de esta nueva aberración que va a suponer la judicialización de sus relaciones y el castigo penal de comportamientos de aprendizaje social. Abramos los ojos.

Como hemos visto, el caballo de Troya de la violencia de género ya está muy trabajado por diversos medios de manipulación social, ocultación de la verdad y propagación de mentiras, de forma que es muy difícil que una sociedad convencida de que es una lacra social, reaccione a la entrada de lobbies feministas con la loable intención de educar a los niños y jóvenes en la no violencia… de género. Y lo hace sin comprender que afirmar que existe la violencia de género implica afirmar que existe una violencia estructural del hombre contra la mujer por el hecho de serlo. De todos los hombres contra todas las mujeres, creando un colectivo al que culpar de algo que realizan personas individuales. De esta forma, el hecho de ser hombre implica inmediatamente ser un violento de género. El mensaje a los menores es claro: *Venimos a avisaros, chicas víctimas de la violencia, que vuestros compañeros son maltratadores. Venimos a avisaros, chicos maltratadores, que no se os va a perdonar un solo error. Y tened cuidado porque hace tiempo que maltrato se ha confundido con machismo y que machismo, en este momento ya se ha equiparado con masculinidad, por lo que vuestros comportamientos masculinos son maltrato.*

Porque el eje del asunto es que ya, todo lo masculino es sospechoso o culpable de machismo y de maltrato. Y no estoy diciendo ninguna exageración: Los micromachismos, comportamientos denominados "violencia simbólica", como el piropo o los chistes de bromas sobre la mujer, son violencia. La situación inversa, que la hay, no es violencia. El hombre masculino es acusado de ser autoritario y agresivo en sus formas, poco cariñoso y sensible; en resumen, se le acusa de ser poco femenino.

Naturalmente, como todo en el género, estos cursillos contra la violencia producen el efecto contrario de lo que se dice buscar expresamente: el desconcierto es absoluto y el envenenamiento de las relaciones entre sexos es una de las consecuencias. Y naturalmente, ese desencuentro fruto de un adoctrinamiento interesado, sólo genera desconfianza y desprecio. Es posible que suene desagradable e incluso extraño, pero **en la escuela, con el argumento de no discriminar a la mujer, se enseña a discriminar al varón.**

Aunque los adolescentes, es ley de vida, no hacen demasiado caso a los consejos en general y por ello no son envenenados todo lo que se intenta, es cierto que surgen, como reacción, comportamientos de desprecio hacia las mujeres, fomentándose un neomachismo defensivo en los hombres, y de desconfianza hacia los varones en el caso de las mujeres. Violencia en todo caso, y no concordia y comprensión mutua… ¿qué sorpresa, verdad?

Estos talleres y cursillos "contra la violencia de género" y "por la igualdad" vienen también aderezados en muchos casos con la coletilla de "CONTRA EL AMOR ROMÁNTICO", aspecto este importantísimo y como para dar cursillos y gastar dinero público en ello aunque pueda parecernos sorprendente. Resulta que el amor romántico que ha sido fuente de arte y pasiones, de felicidad y sufrimiento de forma totalmente igualitaria y bidireccional (Romeo y Julieta), es machista y heteropatriarcal. Para sacar esa conclusión todo es ponerse, como hacen los lobbies empeñados en destruir las relaciones de pareja heterosexual, en un extremo del escenario de forma tan lateralizada que no se vea la mitad. De aquí a prohibir grandes obras de la literatura universal por incitación a la violencia *de género*, queda un paso. El argumento expreso es el siguiente: las chicas, con los cuentos románticos y de príncipes azules se enamoran locamente de lo que creen un príncipe azul y, en su inocencia, se entregan sin reservas al macho maltratador, puesto que no hay príncipes azules y sólo hay machos maltratadores. Obviamente, este planteamiento lo primero que manifiesta es la creencia en que las mujeres son (somos) absolutamente imbéciles, al más puro estilo que lo creían las feministas Margarita Nelken y Victoria Kent cuando, por esa misma razón, se negaron a que las mujeres votaran en España hace menos de noventa años. Porque siempre que los lobbies feministas quieren salvar a la mujer de sí misma, es decir, prohibirle ser como quiera y disponer de su vida libremente, hay una acusación implícita, o explícita, de imbecilidad, incapacidad y minoría intelectual que ha de ser tutelada. Este planteamiento también presupone que a los hombres no les sucede esto de enamorarse locamente, pese a que cualquier paseo por los textos escritos de todos los tiempos afirma lo contrario. Y ese es el objetivo del asunto: convencer a las chicas de que el amor sin condiciones y entregado es un peligro. Se trata en definitiva y como expone la investigadora María Lacalle, de *crear la mujer que no ama.*

Como ya se ha comentado, los adolescentes están en una fase de rebeldía que les hace ser poco permeables a los consejos si no les ven aplicación en su propia realidad. Y pese a que los cursillos y el constante martilleo al que son sometidos va haciendo mella en el particular mundo de la pubertad, siguen siendo arrebatados, impulsivos, proclives a enamorarse "locamente" y pensar que el ser amado es maravilloso y perfecto. Y a entregarse sin cortapisas o prevenciones… ellos y ellas. Es parte de la naturaleza humana, y obedece a unos procesos químicos cerebrales expuestos anteriormente de forma breve. Ese enamoramiento, esa sensación de plenitud junto al ser amado y de desolación ante su ausencia, que es bidireccional, es decir, afecta por igual a chicos y a chicas, cantado desde los primeros poemas que se conservan, resulta que es *un invento publicitario del heteropatriarcado* (sic). Y así se les dice. Pero solamente a ellas para que no caigan, como memas, en brazos de sus maltratadores. Porque primero tratarán de hacernos creer que sólo les sucede a las mujeres (pobres tontas) y ante la evidencia de que no es así, y de que es complicado convencer a nadie de que el amor cortés y la idealización de la amada no existió y que la "publicidad del heteropatriarcado" se remonta incluso a un pasado ágrafo, nos contarán los expertos que siendo bidireccional, es mucho más nocivo para la mujer… porque es tonta y se lo cree más. Nunca un "movimiento de liberación" ha insultado más al colectivo que dice defender.

Este enfoque de las relaciones heterosexuales basado en una lucha de sexos donde el objetivo del varón es someter a la mujer y donde adolescentes de ambos sexos se ven adscritos "a priori" a unas relaciones que se dibujan como viciadas y corrompidas de base, lleva a la desconfianza y a la búsqueda del propio interés, al olvido del bienestar del otro por ser indigno de ello, al individualismo y al egoísmo. Esta anulación del concepto "nosotros" produce hombres y mujeres que tratan de ser autosuficientes en los sentimientos, ajenos a las necesidades de la pareja y muy probablemente con un alto grado de infelicidad personal. Puede que haya personas que sean felices mirando únicamente por su propio bienestar, pero lo que es seguro es que no todas alcanzan su plenitud en el egocentrismo, por lo que esta visión doctrinaria de las relaciones humanas como imposición estatal, pues se imparte en los centros educativos como oficial, es un vulgar engaño. A cambio de ese amor romántico prohibido por peligroso, se les ofrece el sexo sin compromiso, sin vinculaciones excesivas puesto que la entrega y la fidelidad son causa de dominio. De esta forma se consigue destruir la familia ecológica, el núcleo familiar, incluso antes de haberse formado.

Sin embargo, como este entramado se retroalimenta, y se pagan estudios y encuestas que a su vez señalan nuevos caladeros de fondos públicos y víctimas, los estudiosos (sobre todo las estudiosas) de la violencia *de género* han oteado un nicho de mercado muy interesante: los adolescentes. La judicialización y la patologización de las relaciones humanas de pareja heterosexual, esta vez sólo en proyecto adolescente, continúa su avance. Ya a finales de los años cincuenta en América se habló de un tipo de relación de noviazgo juvenil o adolescente muy visceral y con un cierto grado de violencia bidireccional: la *dating violence*. Y lo han descubierto los vividores del género.

Efectivamente, durante el año 2015 hubo una fuerte campaña contra la violencia de género en las relaciones de los jóvenes y menores. Por su intensidad, su insistencia, su repetición en medios, marquesinas y redes sociales, la impresión causada es que se trataba de un terrible problema que, curiosamente y pese a su gravedad y dramatismo, era desconocido por la población. Sin haberlo percibido incluso los docentes que estamos permanentemente en contacto con los adolescentes, estos se maltrataban de una forma dramática. Pero no entre ellos de forma aleatoria. En este caso, el maltrato del que se nos informaba y prevenía, era del noviete varón a la chica. Lo decían una serie de estudios y encuestas encargados por organismos tan imparciales como la Delegación del Gobierno para la Violencia de Género y la Secretaría de Estado de Igualdad, organismos cuya existencia depende de seguir encontrando desigualdades y violencias *de género*.

Efectivamente, los ciudadanos descubrían, a golpe de campaña alarmante, la lacra del maltrato a las jóvenes y menores y la preocupación por tal problema se incrementaba al ritmo del bombardeo publicitario porque las cuñas radiofónicas, anuncios en marquesinas y periódicos y cortos audiovisuales estaban en todas partes. Una joven maltratada por su novio "buscaba salida". Y se le recomendaba un teléfono, el 016, porque "sí había salida". Una segunda parte de la campaña mostraba a esa joven aconsejando a otra menor que escapara del maltrato. No cabe duda de que los gastos de la campaña fueron muy elevados dada su intensidad: dinero público para premiar a los medios favorables y castigar a los díscolos, dinero para bolsillos de diversos "vendedores de la tela del género" y disculpa para repartir fondos a los lobbies que entren en los centros para impartir ideología de género a costa de la "nueva lacra social detectada". Lo que se llama hacer un pleno.

El maltrato en cuestión era que el noviete quería saber continuamente dónde estaba, que le revisaba el móvil, que decidía todo por ella… En este argumento se presentan tres manipulaciones:

- La judicialización tácita que propone esta campaña de la época de aprendizaje de las relaciones de pareja y la criminalización de la riña, los celos, el instinto de posesión y la falta de respeto a la intimidad.

- La ampliación del concepto de maltrato, patologizando las consecuencias sobre el afectado de lo que son simples roces de la relación que, en un contexto en el que no hay convivencia, no es tan sencillo que derive en lo que se supone que es un verdadero maltrato, y la cuantificación como violencia de cualquier cosa que no guste, moleste o incomode.

- La desaparición de las situaciones inversas por corrupción de los datos de las encuestas, como veremos. ¿Cómo es posible que sólo los chicos tengan celos, que sólo los varones miren los móviles…?

Con estos tres errores de juicio a los que nos abocan con la manipulación sentimental, haciéndonos creer que hay mucho sufrimiento detrás de una violencia prácticamente inexistente como tal, tanto en cantidad como en intensidad, nos llevan del ronzal a la incoherencia y la esquizofrenia legislativa tan común en España por la cual, a un varón menor inimputable o parcialmente inimputable, matar le va a salir casi al mismo precio que mirarle el móvil a la novia.

La JUDICIALIZACIÓN Y CRIMINALIZACIÓN de los errores propios de una época de aprendizaje de las relaciones de pareja es una propuesta descabellada inherente a esta nueva versión de caballo de Troya para entrada a los centros. Los adolescentes se encuentran en una etapa de su vida de aprendizaje interpersonal nueva: las relaciones afectivo-sexuales. Están pasando de ser niños a ser adultos. Han de evolucionar del egoísmo infantil al respeto por los intereses del otro, ampliar su concepto del "yo" al "nosotros", aprender a respetar y a querer. Y es un proceso con ensayos y errores que la inmensa mayoría atraviesa con éxito. Precisamente las relaciones sentimentales de los menores son pruebas, suelen ser breves, no hay lazos económicos, familiares, de descendencia… es el momento del ensayo-error y de valorar hasta qué punto comportamientos agobiantes pueden destruir una relación. También han de aprender a defenderse, a manejar situaciones insatisfactorias, a negociar concesiones o exigencias en función de lo que les resulta importante o accesorio. Ni ellos ni ellas son tontos o incapacitados para aprender.

Si la judicialización de las relaciones de pareja es desaconsejable, salvo en casos extremos, en el caso de los adolescentes puede ser perfectamente prescindible y profundamente traumática. En los adultos hemos pasado de la lógica judicialización de una paliza a la criminalización de un insulto. Lo que antes se resolvía con unas palabras de disculpa se ha transformado, ya lo vimos, en que entren, como elefante en cacharrería de las relaciones humanas, lobbies feministas exigiendo linchamientos por maltrato, jueces, fiscales y una enorme tropa que termina con la pareja, su relación y el sentido común.

Con este tipo de campañas lo que se hace es interferir artificialmente sin que haya nada semejante a un delito, malogrando posiblemente ese aprendizaje mediante la introducción de elementos externos que en todo caso sustituyen a la familia, que es la que realmente debe aconsejar y formar a los menores en las relaciones humanas.

Porque ante el consejo de que *si tu novio te mira el móvil llama al 016* hay dos preguntas serias que hacerse:

¿Qué es exactamente lo que va a suceder con esa "denuncia"? Porque nadie sabe, ni nadie ha dicho a los ciudadanos las consecuencias que esa llamada va a tener sobre el menor acusado de "controlar a la pareja", de un maltrato consistente en "querer saber dónde va y lo que hace". Porque en la campaña contra el maltrato juvenil y adolescente no se habla de pegar, o de insultar y humillar continuamente en público y privado, que sí serían hechos preocupantes y judicializables. Se habla, por ejemplo, de "controlar a la pareja", una figura legalmente escurridiza y poco clara. Y nada se sabe sobre qué medidas se van a tomar contra el acusado del maltrato, ni qué consecuencias van a tener en su vida, su formación y su reputación.

¿Qué medidas se van a tomar respecto a los posibles casos de llamadas falsas de las adolescentes que utilicen este medio para vengarse de un novio que las ha dejado? Porque, suponer que semejante herramienta de venganza no va a ser utilizada por una adolescente despechada, es no conocer la naturaleza humana o conocerla demasiado bien y, en el fondo, buscar precisamente esa respuesta que incrementará exponencialmente los presuntos casos de violencia y de paso justificará más medidas.

Los adolescentes deben aprender a madurar en sus relaciones de una forma normal y sin traumas por innecesarias injerencias externas, puesto que están en la fase de aprendizaje de las relaciones humanas y sentimentales. Y deben aprender a solucionar sus problemas en esas situaciones en las que no hay delito, ni tiene por qué especularse que lo va a haber, sin intromisiones de organismos estatales y sin que se tome cualquier medida contra el posible futuro delincuente. Porque, para cualquier persona que se aleje un poco de la manipulación sentimental creada por el tema del maltrato y lo analice, se hace evidente que, lejos de conseguir el objetivo de unas relaciones más igualitarias y sensatas entre ambos sexos, esta campaña de manipulación de las relaciones heterosexuales adolescentes va a conseguir el objetivo contrario, creando respuestas desproporcionadas y comportamientos de revancha.

Ya se ha adelantado algo sobre la AMPLIACIÓN DEL CONCEPTO DE MALTRATO con criminalización de sentimientos que los adolescentes han de aprender a controlar, las riñas, los celos, los insultos, el ansia de posesión del otro... Se convierte en denunciable la imperfección humana, no el maltrato, con la presunción de que puede suceder algo en el futuro. Porque esa ampliación del concepto de maltrato acaba incluyendo cualquier patinazo de las relaciones humanas: celos, enfados, mirar un móvil... cosas reprobables pero en absoluto delictivas y ni mucho menos detonantes de futuros maltratos ni destructivas de una personalidad. Es una falacia argumental equiparable a que, para salvar vidas se hace necesario destruir la presunción de inocencia.

Y se patologizan las consecuencias de esas imperfecciones de las relaciones humanas convirtiéndolas en delitos, pese a ser incidentales en la inmensa mayoría de los casos y, por ello, sin posibilidad de crear destrucciones o lesiones en la personalidad de la víctima. Pensar que la adolescente necesita llamar a un teléfono de ayuda para dejar de salir con un chico que "quiere saber siempre dónde está" es un planteamiento que olvida que, si está enamorada no lo hará, y si está harta, no necesitará intervención exterior porque lo que se expone como un drama de maltrato y como una violencia psicológica que incapacita para salir del círculo, no lo es. Pero la estructura de ayuda se monta porque esa era la finalidad: los fondos y los empleos asociados. Sólo hay que esperar a que se popularice su uso entre adolescentes enfadadas.

Si a alguien le queda alguna duda sobre el verdadero objetivo de esta campaña vamos a analizar la sorprendente DESAPARICIÓN DE LAS SITUACIONES INVERSAS, por corrupción de los datos de las encuestas y posterior manipulación de las informaciones públicas. En los anuncios, sabiendo la ínfima, casi nula, proporción de maltrato físico entre los chavales, aludían siempre al maltrato psíquico: al control de actividades y amistades… el espionaje al móvil aparecía como el colmo del maltrato. Contra toda lógica, sólo se contemplaba el control ejercido del hombre hacía la mujer, cuando todos sabemos que no sólo la violencia física es bidireccional sino que la violencia psíquica es, además de bidireccional, el campo donde, por sus condicionantes cerebrales, la mujer se mueve como pez en el agua.

El primer paso fue hacer públicas unas estadísticas sobre el maltrato juvenil desde la Delegación del Gobierno para la Violencia de Género con el título "Percepción de la violencia de género en la adolescencia y la juventud". El campo de muestreo eran 2.457 jóvenes, aunque en muchas de las tablas que se presentan no coinciden las cifras. Los datos aparecen mal sumados dando resultados que van de los 2.457 encuestados reales a 2.454 e incluso 2.416. Aunque a efectos de resultados pueda no ser demasiado representativo, señala falta de rigor. Estos datos mal sumados se arrastran durante toda la encuesta.

El grupo de menores de edad (15-17 años) sólo son 428 encuestados, lo que es un grupo demasiado pequeño para sacar conclusiones, sobre todo en una encuesta que va a afectar a millones de personas, que va a tener implicaciones legislativas y a mover una enorme cantidad de fondos públicos. Pese a ello, lo que más llama la atención a lo largo de toda la encuesta es la similitud de datos entre hombres y mujeres, que de ninguna manera alarman respecto a las diferencias de percepción de violencia de unas y otros.

En cuanto a las manipulaciones en las preguntas, se evidencian varias de las críticas que Straus hace en este tipo de estudios que no buscan la verdad sino resultados acordes con los intereses previos de quienes los realizan. Por ejemplo, en la situación comparada entre la mujer y el hombre hay que elegir entre tres respuestas:

Mujeres igual que hombres

Mujeres **igual o peor** que hombres

Mujeres peor que hombres

No aparece la respuesta "mujeres **mejor** que hombres", eliminando esa posible percepción en los encuestados. Por otro lado, la respuesta ambivalente "igual o peor" es ambigua y puede utilizarse de una forma u otra en función de los resultados que se desean obtener. En este caso se suma a "mujeres peor que los hombres" para que el porcentaje de percepción de que la mujer está "peor" se incremente, lo que no es admisible en una encuesta que trata de ser imparcial.

Como el objetivo era llamar la atención en la violencia sobre la mujer y su aceptación de esta, se trató de aumentar el porcentaje de personas que consideran aceptable la violencia en algunas circunstancias por suma de dos respuestas diferentes. Las respuestas a elegir eran estas:

Totalmente inaceptable

Aceptable en algunas circunstancias

Algo inevitable que siempre ha existido

Señalar que la violencia es "algo inevitable que siempre ha existido" no implica que se acepte, como indicar que "el asesinato es algo inevitable que siempre ha existido" no significa justificarlo, ni aceptarlo. Sin embargo, para incrementar el porcentaje y la alarma de aceptación se suman las respuestas de ambos grupos y se explica que hay un porcentaje de jóvenes que acepta o considera algo inevitable la violencia. La interpretación en ese sentido aparece como sesgada.

Los grados de violencia que se proponen son muy amplios y los divide en tres apartados:

- Mal ambiente en la pareja (gritos a los hijos o discutir delante de ellos…)
- Violencia de control (controlar horarios, ropa…)
- Violencia explícita (verbal y física), en la que se engloba desde "insultar o despreciar a la pareja" o "amenazar verbalmente" a "empujar o golpear en una discusión" u "obligar a mantener relaciones sexuales…"

Dependiendo de la forma en la que se analicen los resultados, la aceptación de la violencia va a ser mucha o poca, puesto que los encuestados respondían a los primeros apartados como "más aceptable" que lo que se mostraba en el último apartado. Si, como se hace en este caso, con una sola respuesta en "aceptable" o "inevitable que siempre ha existido" (por ejemplo, discusiones de los padres) se le incluye en el porcentaje de los que admiten la violencia, este porcentaje se dispara y se puede crear una alarma sobre el asunto.

Y eso es lo que se hizo para sacar titulares: considerar de la misma forma la aceptación de la violencia que el decir que "es inevitable y ha existido siempre", y considerar como aceptación de la violencia cualquier respuesta de las anteriores en el apartado de menor violencia, de forma que se daba como resultado un alto porcentaje de jóvenes admitiendo la violencia en las relaciones. Luego, pese a dar resultados muy semejantes con chicos y chicas en todos los apartados, pasa de considerar la violencia y su aceptación como algo bidireccional y semejante en ambos sexos a inferir que ellas aceptan más violencia y que son más víctimas de la misma, aunque nada en la encuesta señalaba semejante conclusión. Es decir, como ya se ha comentado anteriormente, puesto que pese a hacerse numerosos estudios, no hay forma de evitar que la violencia sea bidireccional, se realizan las estrategias denunciadas por Straus y se confía en la habilidad de la prensa subvencionada para tergiversar el asunto.

Aprovechando que nadie se iba a leer la encuesta con unos datos tan manipulados en sus preguntas y tan semejantes en ambos sexos, en algunos medios se habló directamente de violencia *de género*, en otros se comenzaba hablando de forma general de la violencia entre jóvenes para terminar dando sólo datos de mujeres y manipular al lector hacia una conclusión errónea de la forma más descarada aprovechando que se ha aceptado inconscientemente la "dominación patriarcal" y que los malos tratos sólo son a mujeres. Otros medios más escrupulosos daban los datos reales pero sacaban expertos para justificar que, pese a los resultados semejantes, las chicas son más víctimas y están más indefensas.

Con estos mimbres, se pone en marcha la campaña sobre violencia *de género* en las chicas adolescentes pese a que si hay algo que la inmensa mayoría de los estudios demuestran es que la violencia es bidireccional, e incluso que son algo más violentas las mujeres en su forma de encarar las discusiones. En la variedad de datos de los diversos estudios hay cifras tan alarmantes como que un 92,8% de chicos y un 95,5% de chicas admiten haber ejercido violencia psicológica contra sus parejas (INE 2016) o que hay un 48,4% de agresiones perpetradas por las chicas y un 38,5% por chicos en la pareja (Fernández G., O'Leary, Muñoz- Rivas, 2016), o bien que el 30,2% de las chicas y el 16,1% de los chicos se declaren perpetradores de agresiones físicas a su pareja (Fernández-Fuertes, Fernández) o que el 48% de los chicos y el 55% de las chicas declaran haber ejercido violencia física de algún tipo hacia su pareja (Sánchez, Ortega Rivera, Ortega, Viejo, 2008). Naturalmente, el porcentaje alarmante va a depender de lo que se amplíe el concepto de maltrato, agresión, violencia… en cada encuesta, pero lo que siempre se refleja es la bidireccionalidad de la violencia, se mida como se mida.

Cabe señalar que en el informe de Pradas y Perlés sobre resolución de conflictos de pareja en adolescentes (2012) se dice que "en términos generales las mujeres adolescentes tienden a manifestar un mayor uso de tácticas agresivas psicológicas y físicas leves que los hombres: discutir, amenazar, lanzar algún objeto, empujar, agarrar o abofetear".

Por todo ello resultaría asombroso que se pusiera en marcha una campaña de violencia *de género* adolescente, es decir, sólo con mujeres como víctimas, y se excluyera a los varones contra los datos reales y la lógica más elemental si no existieran razones económicas relacionadas con fondos europeos destinados a tal fin y que sólo es posible movilizar y repartir entre lobbies y grupos afines si se justifica esa causa, aunque en realidad sea poco relevante y no lleguen las ayudas a las escasas afectadas reales.

Ahora veamos cómo se manipulan en las noticias unos datos en los que ambos sexos dan porcentajes semejantes de presunta violencia ejercida y recibida y cómo se elimina a los varones como víctimas del maltrato.

Noticia 23-11-2015 El Mundo:

Titular: *NUEVE DE CADA DIEZ ADOLESCENTES ADMITEN HABER EJERCIDO VIOLENCIA PSICOLÓGICA SOBRE SUS PAREJAS*

Subtítulo*: Según los datos del INE, 499 menores de 18 años fueron maltratadas en 2013 y requirieron medidas cautelares o una orden de protección. Los expertos insisten en la importancia de revisar la eficacia de los programas de prevención en esas edades.*

Cifras reales*: El 95,3% de las chicas y el 92,8% de los chicos admiten haber ejercido violencia psicológica sobre sus parejas.*

Manipulaciones: Aprovechan la indefinición sexual del plural genérico adolescentes y la refuerzan con la información de las maltratadas del subtítulo para inducir a pensar en el maltrato a mujeres. Mezclan las medidas cautelares de cualquier denuncia de violencia *de género* con las órdenes de protección para alarmar y finalmente mezclan el maltrato a mujeres con la revisión de los programas de prevención… sesgados a los roles de maltratada la mujer y maltratador el varón.

Las palabras de la "experta" en esa noticia en concreto garantizan, en caso de dudas o por si la manipulación que mezcla imprecisiones, prejuicios y sentimentalismo no ha funcionado, que el varón no necesita ayuda: *Aunque ambos sexos se comportan así, la diferencia principal está en que ellas suelen minimizar estas conductas y verlas como normales mientras ellos las toleran algo menos.*

En otras noticias simplemente se eliminan los datos de los chicos y se aprovecha el plural masculino genérico de los términos invariables en género "adolescente" o "joven" para crear la confusión sobre el sexo de las víctimas al aportar unas cifras infladas y alarmantes que, sin embargo, corresponden a los dos sexos por igual.

Veamos otra noticia sobre el mismo estudio (27-1-2015 Europa Press Informativos Telecinco):

Titular: *UN TERCIO DE LOS JÓVENES CONSIDERA "ACEPTA-BLE" PROHIBIR A SU PAREJA QUE TRABAJE*

Subtítulos: *No creen que el control sea una forma de violencia de género. El 33% de los jóvenes españoles entre 15 y 29 años considera "inevitable" o "aceptable" controlar los horarios de su pareja, impedir que vea a su familia o sus amistades, no permitir que estudie o trabaje o decirle lo que puede y no puede hacer.*

Manipulaciones: En el titular sólo se dice "aceptable" y, como ya vimos, en la encuesta se suma a la respuesta "Algo inevitable que siempre ha existido" engordando cifras. Se juega con la confusión de los plurales en masculino, no se incide en que los resultados son semejantes en ambos sexos, pero se señala una sola de las preguntas del apartado Violencia de Control, concretamente "prohibir a su pareja trabajar", que hace pensar en que son los varones los que "consideran aceptable" esa prohibición por manipulación de nuestros prejuicios. Finalmente, en el interior de la noticia no se vuelve a mencionar nada sobre el alarmante dato del titular (probablemente porque hay que decir que afecta por igual a chicos y a chicas contraviniendo la idea del "control masculino"), y se aportan una serie de datos inconexos donde sí se diferencia, porque interesa, la opinión de varones y mujeres.

Este tipo de informaciones se han repetido de forma semejante con manipulaciones interesadas parecidas y en diversos medios durante 2015. En otra noticia sobre el mismo asunto que habla de humillaciones en privado y el malestar físico y psicológico que este maltrato produce, se publica la opinión de otro "experto" que dice que *se han normalizado ciertos insultos y muchos adolescentes los justifican porque ocurre en un contexto que consideran de juego o broma.* ¿Insultar en un contexto de juego o broma es capaz de generar problemas psíquicos, o incluso físicos, como se dice al principio de la noticia?

En otros casos se infiere que comportamientos adolescentes de celos y control van a derivar inevitablemente en violencia *de género.* Y que relaciones que se viven sin trauma son la causa de personalidades sin autoestima y trastornos del comportamiento y la alimentación. Sospechas o asociaciones de ideas que dan por fundadas y que justifican "cualquier cosa", cualquier medida que pueda evitar semejantes situaciones.

Por ello, en este nuevo caballo de Troya que es la violencia adolescente hay que tener en cuenta que se están manipulando datos y creando una alarma social como se hizo con la violencia *de género* de adultos, por lo que es más que probable que lo último que se pretenda sea resolver el problema. Si hay violencia entre adolescentes y, según nos dicen, se ha incrementado (aunque es posible que todo sea parte de la "apertura de nuevos caladeros"), en primer lugar hay que evitar en lo posible la judicialización de las relaciones adolescentes y reivindicar el enfoque e intervención familiar en la resolución de conflictos. Y en segundo lugar, exigir la igualdad de trato admitiendo la existencia de bidireccionalidad en la violencia, y un abordaje educativo para la compresión entre sexos, el respeto mutuo y en absoluto desde el enfoque de género. Y evitar la entrada de lobbies con intereses diferentes, cursillos en los que sólo se habla de maltratadores masculinos y victimas femeninas, teléfonos de denuncias, facilitación de denuncias falsas, intromisión de poderes públicos, tratamiento del posible problema al margen de la familia, y mucha ideología por medio.

Finalmente, señalar que ese 016 que tanto se publicita y al que llaman en feliz mezcolanza mujeres maltratadas, mujeres vengativas, adolescentes "controladas" y novietas despechadas pero que, y ya se ha experimentado en diversas ocasiones, no hace nada en caso de que sean dos hombres o dos mujeres los que se están maltratando fehacientemente, o en caso de que sea una mujer la maltratadora de un hombre, es una concesión pública a una empresa privada cuya existencia se fundamenta en la existencia de maltrato. ¿Alguna duda sobre la forma en la que se van a resolver las llamadas? ¿Alguna duda sobre si la verdadera preocupación de este tema es la mujer, o el dinero?

Sobre el segundo caballo de Troya, el acoso, un problema que existe pero que se está magnificando interesadamente tanto en cantidad como en sus consecuencias, se va a intentar centrar en su gravedad real sin demagogias y engaños. Es muy difícil, cuando está en marcha una alarma social y la mayoría de las personas son víctimas de la manipulación sentimental que les impide admitir más datos que su sincera preocupación por el drama con el que les ha sobresaturado, llevar la contraria respecto a la importancia del asunto. Precisamente es parte del funcionamiento de las técnicas de presión social y de autocensura por lo extremadamente fácil que es descalificar como insensible, cruel e incapaz de sentimientos a la persona que disiente de la visión impuesta, y que inmediatamente toda la sociedad siga el linchamiento.

La incidencia del *bullying* escolar descontando las riñas, es muy baja. En muchos casos, la percepción subjetiva del niño acosado hace que este viva con más angustia y gravedad la situación que como en realidad sucede. Esto no trata de quitar importancia al sufrimiento del menor acosado sino de admitir que los menores acosadores pueden vivirlo como un juego y no ser conscientes del sufrimiento que provocan. Muchas veces los maltratadores sólo son niños que se divierten molestando con bromas a un tercero, y a los que una reflexión o un castigo hacen recapacitar y abandonar el acoso. Otras veces son consecuencia de riñas previas en las que el ex-amigo o ex-amiga con quien se ha roto, forma un nuevo grupo que acosa al otro. Por ello, en la inmensa mayoría de los casos se resuelve con intervención de adultos cercanos y sin necesidad de intromisiones externas. En los casos donde hay personalidades que realmente disfrutan con el maltrato, hay que abordarlo de forma profesional y sin criminalizar al menor. La labor preventiva ha de hacerse desde una perspectiva amplia de aceptación e inclusión de todos y a través del propio profesorado, la educación en casa y, en todo caso, a través de profesionales sin intereses espurios o pertenecientes a grupos de adscripciones ideológicas claras, como el caso de la ideología de género. La labor mediadora de otros alumnos se muestra como la mejor forma de resolución de conflictos y de aprendizaje para los menores sobre mediación y acoso, y sólo sería necesario utilizar otros sistemas en casos especiales. Sin embargo, los talleres, cursillos, y actividades dramatizadas de rol y juegos están llegando a todos los centros desde colectivos ajenos a la educación, parciales e ideologizados para prevenir un solo acoso: el del menor LGTBI. El resto son como los varones y adolescentes maltratados: no existen.

Si bien la estrategia habitual sería la que se va a exponer seguidamente, en este caso, gracias a causas diversas, la ley ha venido antes que la trampa. Lo que hubiera sido previo a la legislación para facilitarla y justificarla, ahora va a servir como vaselina para la aceptación posterior de unas legislaciones que obligan a toda esa batería de cursos sobre la diversidad sexual y que prácticamente nadie sabe que existen, ni lo que significan en realidad.

Lo que nos toca vivir, y ya ha comenzado, es que nos empiecen a asustar con estadísticas desproporcionadas en las que muchísimos niños han sido acosados por el procedimiento ya conocido de bajar el listón del acoso a simples insultos entre compañeros. Se va a instrumentalizar el infortunado, y afortunadamente poco habitual, suicidio de menores. Se va a informar exhaustivamente sin miedo ni temor a que se generen comportamientos imitativos. En el caso de las muertes de mujeres a manos de hombres cada vez es más evidente que los casos, reiteradamente aireados, parecen hacer el efecto llamada sobre otros. Además, es muy posible que, cuando se suicide un menor se siembre la sospecha de que era acosado, haya o no la más mínima prueba de ello, por su identidad sexual o sus gustos sexuales. La posibilidad queda en la noticia y en la mente del lector y nunca se va a llegar a desmentir si no es necesario. Se va a gastar mucho dinero en campañas, planes de erradicación, estructuras para evitarlo, observatorios, organismos públicos… El pistoletazo de salida va a ser la liberación de fondos europeos utilizables en este problema, como en el caso de la violencia *de género* y la violencia adolescente. Poco a poco, el acoso se va centrar en el diferente sexual mediante la desaparición de los demás casos, de la misma forma que desparecen los maltratados varones. A la vista de la lacra de acoso a niños LGTBI, los lobbies homosexualistas van a exigir más campañas, dinero, cursillos de concienciación en los centros de menores y endurecimiento de medidas contra el maltrato al menor LGTBI.

Pero en este caso, como hemos dicho, ya hay leyes que obligan directamente a cursillos de aceptación plena de la diversidad sexual y de las relaciones homosexuales, que se están promulgando en muchas CCAA con el argumento de evitar la discriminación de las personas LGTBI. El problema no es la aceptación de las personas, que es incuestionable, sino la aceptación de comportamientos y la promoción de ese tipo de sexualidad. Por ello, en este caso, la magnificación de los casos de acoso homofóbico es sólo una estrategia para que a todos nos parezca bien lo que ya está decretado y todas estas imposiciones previas se consideren muy necesarias ante semejante "lacra social".

En realidad, como en el caso de la violencia contra las mujeres, el acosado no es el fin, sino el medio de acceder a los menores y obtener fondos, por lo que no pueden faltar ni maltratadas ni acosadas. Pese a esta evidencia, en este momento los talleres y cursillos "Contra la Violencia de Género", y "Contra el Amor Romántico" (como origen de esta violencia) en muchos casos asociados a la coletilla "Educación sexual" a fin de "limpiar" esa temática sexual y que se vea justificada por la evitación del maltrato, proliferan como hongos pese a que lejos de generar la no violencia promocionan la violencia soterrada y la incomprensión entre sexos. Y desde luego, la parte de educación sexual es la anteriormente vista, aliñada de desconfianza e instrumentalización del otro sexo: sin amor, pero con mucha promiscuidad. La posibilidad de una relación con el mismo sexo se presenta como forma aceptable, positiva y moderna de evitar los peligros diversos. Mientras tanto, los lobbies LGTBI se ofrecen para hablar desde la preocupación por el acoso escolar homofóbico, de la aceptación de las diversidades de género y la "normalización" (en su acepción de generalización) de este tipo de relaciones.

En los centros educativos se ofrecen a los equipos directivos a lo largo del curso, una gran cantidad de ofertas de cursillos de este tipo desde organismos públicos, fundaciones, asociaciones sin ánimo de lucro y empresas particulares. Adaptados a diferentes edades, dramatizados, en cuentos, con juegos interactivos y de rol...

# CAPÍTULO 23
# EL FEMINISMO DESQUICIADO:
## LAS DULCES Y PACÍFICAS BONOBAS

*El ser humano se divide en dos grupos: los que aman
y fundan y los que odian y deshacen*
José Martí

La ideología de género y los vendedores de la tela necesitan mentes poco capaces de meditar, de razonar coherentemente, de sacar conclusiones propias… y en general mentes poco cultas a las que poder manipular con datos absurdos sin que detecten incoherencias por el simple choque entre lo que les cuentan, lo que ven y lo que saben. No parece haber otra razón para explicar el éxito de una ideología descabellada, su avance, sus ramificaciones y su popularidad.

Si ustedes tuvieran la mala idea de sumergirse en el submundo del feminismo actual se encontrarían con unas teorías que transitan desde lo mitológico a lo supersticioso, desde lo ridículo a lo delictivo, desde el absoluto desconocimiento de ciencias a nivel divulgativo a la creatividad más absurda. Y que sólo pueden triunfar ante unos consumidores a los que, en muchos casos, simplemente les falta cultura.

Se van a dar algunos datos que cuesta creer. Demos un paseo por el feminismo actual, el que se lleva los fondos públicos y propone las legislaciones desde sus lobbies. Para hacerse una idea de qué va el asunto, deben recordar las hazañas de una portavoz del Ayuntamiento de Barcelona que se autodenomina *feminista posporno* consistentes en que, para transgredir y reivindicar la liberación femenina, orinaba en la vía pública y se hacía una foto. Como reivindicación y lucha es una mamarrachada: no parece que gracias a ella, las mujeres seamos mucho más libres, pero es posible que las calles estén más sucias. Como transgresión, bastante poco original y vulgar, como se verá tras el paseo por la deriva del actual feminismo. Esta inefable acción feminista de la portavoz se podría catalogar en el apartado "ridículo o creatividad absurda".

En realidad este capítulo puede que les resulte jocoso o que les produzca una justa indignación cuando sepan que algunas de estas acciones son financiadas como arte, o como activismo, por los gobiernos de turno, o que propuestas criminales no sólo no suponen a las personas que las realizan un justo castigo, sino que se les aplaude y admira. Empecemos por lo peligroso y delictivo, pasemos por lo repugnante, sigamos con lo degradante y terminemos por lo excéntrico o incalificable.

## 1. EXTERMINAR AL HOMBRE

En el apartado "peligroso y delictivo" encontramos el manifiesto SCUM. Es un panfleto publicado por una tal Valerie Solanas en 1967. Con él se marca el punto de inflexión en el que se pasó de prohibir a las mujeres ser mujeres, a perseguir a los hombres por ser hombres. Y en ello estamos porque, lejos de que este manifiesto quedara como algo residual y propio de mentes enfermas, ha ido impregnando el movimiento feminista de una radicalidad delictiva.

Solanas, paciente psiquiátrica con graves problemas de desequilibrio mental y que trató de matar a Andy Warhol de un disparo, afirmaba en su panfleto que hay que exterminar al género masculino, culpable de todos los vicios, y que la mujer solo será digna y humana cuando los hombres sean exterminados. Propone evitar traer hombres al mundo (aborto e infanticidio de los varones) y asesinar a todos los hombres que no colaboren directamente en la eliminación de sus congéneres.

Estas ideas, cuya difusión debería ser prohibida por incitación al odio y al crimen, que están a la altura del libro de A. Hitler "Mein Kampf", son las que vertebran el discurso feminista que podría llamarse de cuarta generación, posterior al feminismo de tercera generación que se ha desarrollado anteriormente. Simplemente se diferencian en que las de Solanas aún no se han llegado a poner en práctica.

Lo cierto es que esas feministas politizadas de la tercera generación, que ya comenzaban a pergeñar un discurso del odio, han dejado paso, acceso a los fondos públicos y poder, a las feministas radicalizadas que ahora tenemos ocasión de ver con toda su violencia y su animadversión hasta llegar a la destrucción del hombre. Y así lo gritan en las manifestaciones de diversos lugares del mundo en las que se utilizan eslóganes del tipo: *"Machete al machote"*, *"Al varón castración"*, *"Macho vas a arder"*, *"Tocan a una, matamos a uno"*, *"Muerte al macho"*, *"Un macho muerto, un feminicidio menos"*, *"Varón, pardillo, tu boca en el bordillo"*, *"Estamos hasta el coño de tantos cojones"*, *"Ante la duda, tú la viuda"*. Todas sus frases y argumentos son una incitación al asesinato de los hombres por su culpabilidad genérica y genética con ausencia de presunción de inocencia y una desproporción en la agresividad de las respuestas, como mínimo atroz. En resumen, criminalización de un colectivo que, en caso de ser por raza, o de variarse estos gritos y dirigirlos contra las mujeres, con toda razón sería denunciado inmediatamente por incitación al odio y al crimen.

Sin embargo, las oprimidas y esclavizadas del mundo occidental, sí pueden decirlo sin la menor consecuencia civil o penal, pese a que el heteropatriarcado es malísimo. La permisividad en estas actividades y el evidente beneficio penal y procesal que obtienen las mujeres en España, manifestado en la impunidad de la acusación falsa de violencia y en una permisividad social y justificación de los delitos violentos cometidos por mujeres, nos convierte en una especie de eternas menores inimputables. La minoría intelectual y la incapacidad de responsabilizarse de los propios errores y delitos es un nuevo insulto, y se une a esa acusación implícita en todas las propuestas feministas que señalan a los estereotipos sociales, y no a las propias mujeres, como responsables de la elección de ocios, trabajos y estudios.

Nada está haciendo más daño a la mujer y la igualdad que las que quieren liberarla de sí misma contra su voluntad y la convierten, en esa lucha de juguete contra un enemigo inexistente, en una tonta e incapaz de valerse, de dirigir su vida, de elegir libremente, que necesita del Estado y de las feministas como antes se pensó que necesitaba del varón, una niña mimada y privilegiada que se queja continuamente de sus privilegios.

En el caso del fomento del odio al varón, el invento de la violencia *de género* como categoría aparte, su hipertrofia y el alarmismo posterior, ayudan mucho a que mujeres frustradas y sin excesiva capacidad de análisis aborrezcan, de forma irracional y hasta querer su muerte, a un colectivo al que culpan de todas las maldades pasadas, presentes y futuras (que ellas no han sufrido y ellos no han ejecutado) en el más puro estilo utilizado por regímenes dictatoriales de triste recuerdo contra etnias, religiones o razas "eliminables"…

Frases como la de C. L. Clarke, que fomenta el lesbianismo como acto de resistencia, y es escritora, educadora y ensalzada por los colectivos feministas, contribuyen a la culpabilidad masculina de la violencia y nos hacen preguntarnos en qué extraño y terrorífico mundo viven o dicen vivir: *Las mujeres se mantienen, cuidadas y contenidas a través del terror, la violencia y la rociada de semen…*

El término "feminazis", que se utiliza contra estos movimientos violentos, odiadores y totalitarios que son una parte cada vez más amplia del feminismo actual, pues no sólo no se castigan esas derivas, sino que se subvencionan, tiene su sentido en cuanto se analizan las concomitancias de estos grupos de nueva generación y los planteamientos nazis: comparten el odio a un grupo o colectivo al que criminalizan y contra el que utilizan todos los sistemas de manipulación. Al igual que los nazis creían en la superioridad de la raza aria, censuraban noticias, libros y novelas, hacían cine pro-ario, distorsionaban la realidad en su favor y discriminaban a una parte de la sociedad, los neomovimientos feministas a los que nos referimos hacen exactamente lo mismo: superioridad de la mujer, censura de novelas, libros y noticias no afines o favorables, cine de mujeres con claro sesgo victimista o triunfalista, distorsión de la realidad en función de sus intereses y discriminación del hombre con leyes especiales para la casta superior mujeril.

Finalmente, y siguiendo las concomitancias entre movimientos totalitarios, los nazis crearon guetos para los inferiores, los esterilizaron y finalmente trataron de eliminarlos de la faz de la tierra: exactamente lo que propone el manifiesto SCUM al que siguen muchos, cada vez más, grupos feministas navegando entre la impunidad y la subvención pública.

En la última manifestación feminista que hemos padecido en España, el 7 noviembre de 2015, con el objetivo expreso de denunciar la violencia de los hombres contra las mujeres, (esa violencia *de género* que en España cobra una media anual de 60 víctimas de una población de 46.000.000 de personas y llaman "genocidio femenino", "terrorismo machista"…) además de algunos eslóganes "antiviolencia", lo que primó fue el eslogan del odio al varón con las frases ya mencionadas más arriba y la promoción directa de los fundamentos de la ideología de género. Se corearon consignas como *"Puta, pero no tuya", "Aborté y me gustó"* o *"No nací lesbiana, elegí serlo"* o el grito de guerra *"Al abortaje"* dirigidas a la aceptación de la promiscuidad, el aborto y las relaciones homosexuales. Nada diferente a otras manifestaciones feministas de otros lugares del mundo. Nadie que haya llegado a este punto del libro puede sorprenderse de esta asociación de conceptos entre la hipertrofia de datos y la utilización interesada de la muerte de mujeres, con el homosexualismo, la promiscuidad y el aborto. En este momento, muchos colectivos feministas inducen al lesbianismo como amor perfecto, como forma de resistencia y reivindicación política, como manera de eliminar al varón o como transgresión.

La idea de crear campos de exterminio y campos de reclusión de donantes de esperma se encuentra en muchos colectivos que se mueven por el espacio virtual y supongo que también harán publicidad de tal idea desde las sedes de sus asociaciones, propalando semejantes barbaridades. En las redes, grupos activistas como colectivo y feministas extremistas particulares proponen el "Día Internacional de la Castración Obligatoria" como fiesta de las mujeres y forma de igualar definitivamente a ambos sexos. Consideran que la testosterona es la causa de todos los males en el mundo, que genera violencia y por el bien de mujeres y niñas, lo mejor es cortar por lo sano en la plaza pública. Para mantener una reproducción controlada y una provisión de semen, se contempla encerrar a una parte de la población masculina, no castrada, en granjas de hombres. Aunque es una idea muy común y extendida, las últimas manifestaciones públicas al respecto provienen de lesbianas con posibilidades de hacer públicas sus opiniones a causa de su profesión. Una conocida feminista (R. Di Manno) periodista en un diario de Toronto consideraba en su columna de opinión que *Sólo necesitamos mantener un puñado de donantes en una granja de esperma para tal fin, donde puedan subsistir con pizza, cerveza y la revista Playboy.*

"Mejor persona" demuestra ser la autodenominada lesbiana política J. Bindel, periodista en The Guardian que propone encerrar a todos los hombres en un campo-prisión con guardianes, pero les permite actividades lúdicas (bicicletas, quads…) y que las mujeres que lo deseen visiten a sus seres queridos masculinos o los saquen, *como a un libro de una biblioteca,* para reintegrarlos al campo de nuevo en un plazo fijado. Confía en que la heterosexualidad no sobreviva pero, en tanto nos extinguimos como especie, sus campos de prisioneros son algo más agradables y no habla, de momento, de eliminar o castrar a "los sobrantes" e incluso permite que salgan a ratos por petición de sus parientes hembras.

El problema no es que personajes públicos despreciables digan semejantes barbaridades, sino que son muchas las que lo hacen, y legión las que lo aplauden. Y que no se haga nada al respecto hasta que estos inicios de merma de derechos de los varones que ya aparecen en algunas leyes, deriven en lo que nadie cree que puede pasar. *Androfobia, misandria, odio visceral al varón*, son conceptos que estos colectivos se niegan a reconocer en sí mismos, en un asombroso juego de cinismo o desconocimiento de su propia realidad. Sin embargo, cualquier comentario adverso a sus propuestas o actividades sí es perfectamente reconocido como *machismo, misoginia o feminifobia*.

## 2. DISCRIMINACIÓN DEL VARON EN TODOS LOS ÁMBITOS

En las manifestaciones del nuevo feminismo, o se impide directamente la participación de hombres o se crea un espacio sólo para mujeres al que se prohíbe el acceso a los varones, como una extraña e incoherente forma de exigir y promocionar la igualdad. El planteamiento debe ser algo como "haz lo que yo digo, pero no hagas lo que yo hago". Algunos hombres sumisos a la sociedad bonoba se dedican a que los incautos neófitos en el campo del servilismo comprendan la pertinencia de ser discriminados, normalmente porque son parte del entramado que se lleva el dinero público. Otras veces sólo son crédulos. Como curiosidad para los lectores que no conocen el submundo del feminismo desquiciado y de los movimientos opuestos que ha generado, vamos a mencionar términos que ambos utilizan: *hembrismo* y *generismo* son apelativos para estos grupos, cada vez más numerosos, y que han hecho desaparecer los objetivos del feminismo tradicional por una supremacía de la mujer frente al hombre. El primero sería el opuesto a *machismo*, para reivindicar una posición de supremacía femenina equivalente a lo que se achaca al concepto de machismo. El segundo proviene de considerar la reivindicación del género como distintivo de estos grupos y la causa de su irracionalidad.

Los hombres que actúan como siervos de una ideología que los relega a ciudadanos de segunda son llamados *manginas* (palabra surgida de *man* y *vagina* que define al hombre que oculta sus atributos, en principio físicamente, pero ampliado ya a la renuncia de su masculinidad en todos los aspectos). Los *manginas*, también llamados *caniches violeta* o *púrpura* son los que asumen todos los argumentos y mentiras del feminismo más moderno, reconocen su pecado original genético y tratan de justificar su propia discriminación al resto de los ciudadanos de segunda y convencerles de que por ser varones son culpables.

En esa discriminación del hombre, que se justifica con una discriminación previa y obedece al novísimo código de resolución de conflictos que instauró un tal Hammurabi y que se resume en *ojo por ojo*, los colectivos feministas exigen que no haya hombres en los numerosos observatorios, comisiones y organismos de variado pelaje y escasa utilidad práctica, salvo para el bolsillo de sus afortunadas miembros, que se empeñan en crear. Curiosamente suelen tener en su denominación la palabra "igualdad" y contravienen todos los códigos y legislaciones de igualdad que nos amparan.

Algunos hombres afectados por legislaciones discriminatorias han comenzado a unirse bajo la palabra *masculinismo* que significaría un opuesto de feminismo en su acepción positiva y ya olvidada de búsqueda de la igualdad de sexos. Sin embargo, cualquier asociación de hombres en la que no se permita el acceso a mujeres, tal y como se hace de forma inversa en los miles de asociaciones sólo para mujeres que hay en España, es casi seguro que no recibirá ayuda pública ninguna por discriminadores, salvo que sean hombres para ayudar a mujeres o profeministas. La doble moral del heteropatriarcado es así de sorprendente.

## 3. ASALTO A LUGARES DE CULTO Y DESPRECIO POR LAS CREENCIAS AJENAS

La obsesión de lobbies y colectivos feministas por el cristianismo en general y la Iglesia Católica en particular es algo recurrente. En realidad, la Iglesia marca unas pautas de vida para las personas creyentes en esa doctrina, no para los que son ajenos a ella y, además, carece de poder efectivo sobre quien no sigue esas pautas de vida e incluso entre sus propios fieles. Sin embargo, los lobbies seguidores de la ideología de género, que ni tienen por qué seguirlas ni van a ser obligados a hacerlo de ninguna manera, atacan continuamente cualquier manifestación verbal de la Iglesia impidiendo su libertad de expresión porque en muchos casos ponen en evidencia la inconsistencia de sus planteamientos.

Las dulces bonobas del feminismo actual no se conforman con la persecución de las ideas de sus enemigos, sino que entran en el permanente insulto. Además de todo tipo de gritos y consignas respecto a la sexualidad de personas referenciales y respetadas de la religión católica, existen otros muchos relacionados con la presunta prohibición de la Iglesia a que hagan con sus cuerpos lo que quieran, el aborto y amenazas varias del tipo: *"Fuera los rosarios de nuestros ovarios"*, *"Si el Papa fuera mujer, el aborto sería ley"*, *"La Virgen María, hoy abortaría"*, *"Vamos a quemar la Conferencia Episcopal, por machista y patriarcal".* La búsqueda de la ofensa, la *cristofobia* y la *cristianofobia* también abarcan imitaciones de muy mal gusto de procesiones, remedos de misas feministas y copias de oraciones católicas comunes con textos normalmente llenos de referencias sexuales, genitales, insultos y reivindicaciones de la ideología de género.

Sobre el asalto de lugares de culto hay muchos ejemplos protagonizados por el colectivo FEMEN, una especie de secta feminista con influencias neonazis y orígenes bastante turbios, que se ha encadenado en el interior de templos y realizado actos obscenos en lugares santos y con objetos sagrados para las personas creyentes, como en el caso de la Plaza de San Pedro del Vaticano. Estos grupos, para los que un piropo resulta violencia simbólica, machismo y maltrato, se creen con derecho a practicar la violencia simbólica, verbal, y física amparadas en unas ofensas, normalmente inexistentes, que creen suficientes para justificar todo tipo de insultos, abusos y agresiones.

El caso más emblemático de este tipo de sucesos son las marchas de mujeres en Argentina, donde ya es tradicional que se realice anualmente una multitudinaria marcha reivindicativa llena de actos violentos. Hace dos años pudimos contemplar diversos vandalismos en Salta. Al año siguiente el itinerario de la marcha pasó por la catedral de Mar del Plata. Después de que en años anteriores se produjeran abusos donde las participantes de la marcha entraron en iglesias para ensuciar, profanar y romper objetos, los feligreses decidieron organizarse. Cubriendo la puerta de forma pasiva impidieron la entrada de las pacíficas bonobas. Tras derribar la verja de hierro que rodea la catedral, agredieron, escupieron, pintaron y violentaron a los defensores del lugar de culto en un acto paradigmático de los que sólo las pacíficas bonobas pueden llevar a cabo sin ser castigadas y ni tan siquiera recriminadas por los medios y la opinión pública, tal es el poder del que gozan las rebeldes subvencionadas por el *establishment*.

Las imágenes, narradas en una televisión argentina por un comentarista adoctrinado o simplemente temeroso de los lobbies feministas sin una sola recriminación, son espeluznantes. Si no las han visto les recomiendo verlas. Y luego, es interesante escuchar acto seguido las palabras del icono del feminismo español, Lidia Falcón, diciendo en una manifestación que *toda la violencia es machista*. Para las personas con un mínimo de sentido de la lógica, es evidente entonces que estos movimientos feministas desquiciados son machistas.

Entre este apartado de "falta de respeto por los demás" y el próximo de "creatividad absurda presentada como arte", aparece una exposición celebrada por un colectivo feminista argentino llamado "Mujeres Públicas" en el Museo Reina Sofía. En la muestra, además de *performances* exigiendo el aborto legal en un país donde es más fácil abortar que comprar antibióticos, proponen una oración adaptando el Padrenuestro, y acompañan el rezo con el logo de una iglesia ardiendo junto al lema *La única iglesia que ilumina es la que arde*. En una caja de cerillas con este mismo emblema se añade: *¡Contribuye!* Simpática propuesta en un país donde aún hay gente que vio arder cientos de iglesias bajo esa misma consigna. El director del Museo justificó esta exposición con frases como: *(…)traza conexiones inesperadas, capaces de crear comunidades invisibles y nuevas experiencias de lo común y compartido. El Museo Reina Sofía se convierte así en laboratorio de ensayo de nuevas pedagogías.* La intención del montaje es *restablecer una relación no mediada por el saber(…), apoyar un pensamiento crítico(…), estas exposiciones muestran al museo como institución viva que se posiciona como un importante catalizador del pensamiento y del debate público.*

## 4. CREATIVIDAD ABSURDA Y CON DESECHOS BIOLÓGICOS

En la categoría "repugnante", el sangrado menstrual es el rey de fiesta. La menstruación es un hecho biológico asumido con normalidad por la mayoría de las mujeres, en ocasiones inoportuno, como cuando vas a ir a la piscina, fastidioso a veces si viene precedido de molestias, pero siempre inevitable por natural y al que hay que estar agradecidas por muchas razones, entre otras, la posibilidad de dar vida y la preservación de infartos. Sin embargo, para algunas aparece como motivo de veneración, superstición, exhibición y mitificación. Diríase que estas mujeres, para su proceso de aceptación, necesitan de esas actuaciones hiperbólicas y exageradas que, a las mujeres libres y orgullosas de serlo, se nos hacen innecesarias y un poco (o bastante) sobreactuadas.

Arrojar, a modo de reivindicación o queja, ropa interior manchada de menstruación es un clásico del feminismo de género más lumpen, si bien no es muy elaborado. Hay utilizaciones más curiosas del sangrado menstrual: es el caso de los cuadros con este elemento como pintura. Como arte que ya tiene adeptas y es conocido en ambientes feministas, se realizan concursos de pintura. Naturalmente, este uso de fluidos corporales en descomposición que podríamos definir como marranadas viene avalado por una preciosa palabrería pseudofilosófica reivindicativo-psicológica. En un certamen organizado por la Asociación de Alternativas Ecológicas de México dicen que *se realiza con la finalidad de fomentar una visión natural, abierta, creativa e informal del ciclo menstrual femenino.* Según los organizadores *hay un tabú que rodea la menstruación y un desconocimiento, y esto afecta a las mujeres nocivamente.* Con este tipo de arte se trata de buscar un cambio positivo sobre la percepción de la menstruación, que las mujeres pierdan el asco y la celebren cada mes para poder pintar cuadros. Entre las normas de participación se exige que no se mezcle la sangre menstrual con tinta china roja u otros productos acrílicos. Ha de ser 100% sangre, pues *no es impura, sino sangre que fluye de forma natural y sin violencia.*

La utilización de ese fluido mitificado llega a la celebración de una exposición de 90 paños menstruales en bastidores y a la altura de la cara del visitante con el fin de avanzar en la liberación de la mujer. Es el caso de una exposición de la licenciada en arte C. Úbeda en Quillota (Chile). La artista no podía utilizar compresas desechables por alergia, y como al cambiarse de paño veía imágenes abstractas, los iba guardando por si "se le ocurría hacer algo". Una vez se le ocurrió qué hacer puso en marcha la obra artística. Afirmaba que, cada vez que le iba a llegar la menstruación, *sentía algo distinto porque sabía que era parte de la obra.* Otras justificaciones que da son: *Este es un óvulo muerto, si hubiera sido fecundado, habría un nuevo ser humano, ahí hay ADN mío, y de mi padre y de mi madre.(...) Yo quise trabajar el pudor, y el pensamiento que se tiene sobre la sangre menstrual.*

Sobre el uso de la sangre menstrual, hay recetas para utilizarla como abono de plantas, para curar heridas, para mascarilla de rostro y cabello… parece que reivindicar a la mujer pasa por demostrar que es más "utilizable" que un cerdo en la matanza, del que todo se aprovecha. De momento, no hay información de morcillas de sangre menstrual.

En general, lo que se denomina arte feminista tiene siempre que ver con flujos y órganos sexuales femeninos en una especie de vagino-centrismo enfermizo de exaltación de la biología y de las sustancias de desecho mientras se desprecia, como ya se explicó, el resto que nos determina y une a nuestro ser biológico. *Performances* y objetos hechos con compresas que deberían ir a la basura; inspecciones públicas de vaginas consistentes en que cualquiera que pase pueda examinarla través de un tubo introducido en el interior de la "artis-ta"; otras inspecciones en las que una "artista" inspecciona la vagina de otra "artista" como lo haría un ginecólogo, pero con vestimentas extrañas y en un lugar público, a poder ser concurrido, para invitar a ver la vagina como "obra artística"; pintar con un pincel sujeto con la vagina; fotos y representaciones con mujeres atadas, manchadas con sangre, con pesos colgados al cuello tratando de expresar el horrible sufrimiento de ser mujer occidental… Una exhibición de órganos genitales, sangre y mal gusto exaltando, de nuevo, un victimismo impostado. Victimismo que termina mercantilizando y utilizando el cuerpo femenino de la misma forma que lo hacen las marcas comer-ciales, acción de la que se quejan. Victimismo de transgresión gruesa exaltando el desecho biológico que termina siendo desagradable y aburrido, de tan reiterativo, vulgar y carente de originalidad.

Si nos vamos al ámbito "extremadamente repugnante" encontramos experimentos en los que una tal C. Westbrook, feminista y docto-ra en una facultad de Wisconsin, hace yogurt con su flora vaginal aprovechando su alta concentración bacteriana en lactobacilos. En el mismo apartado se puede poner a otra feminista anarquista que con el mismo producto vaginal ha conseguido hacer pan, llamando a su producto "masa agria vaginal".

Dentro de un posible apartado de "superstición y magia" aparece una nueva táctica que las gurús de las feministas animan a practicar afir-mando contra la biología, como siempre, que es posible contener el sangrado menstrual con el suelo pélvico para poder librarse de las opresoras compresas o tampones. Con un vocabulario más cercano a una secta pseudofilosófica oriental que a una información anatómica, las feministas están convencidas de que, sin esfínteres que puedan frenar el tránsito a favor de la ley de la gravedad de los líquidos, pueden hacer vida normal durante la menstruación sin perder fluidos de sangre, ni manchar asientos, ni ropa, mediante la concentración, la contracción muscular y la magia. Naturalmente no hay una sola teoría fisiológica que pueda avalar semejante pretensión, pero seguidoras sí tiene. Resultados, no se tiene constancia.

## 5. MEJOR PROSTITUIRSE QUE ENAMORARSE

En el apartado de "degradación de la mujer para liberarla" encontramos a muchas mujeres que valoran y recomiendan la prostitución como forma final de liberación de la mujer que, curiosamente, cierra el círculo de la lógica irracional de todo este invento surgido porque el matrimonio y las relaciones heterosexuales eran *una forma de prostitución de la mujer con un solo hombre, para toda la vida y sólo por comida.* Esta utilización y opresión de la mujer se denunciaba al margen de que ella dijera que había amor, que lo había elegido libremente y que era feliz. Ahora se reivindica la prostitución con muchos y por horas, a cambio de dinero para comer y más caprichos. Es de suponer que, de la misma forma que antes, la variable de haberlo elegido y ser feliz será de nuevo irrelevante para cuantificar la utilización y la opresión por parte del macho. Lo que es evidente es que no hay amor por ninguna parte en esta nueva vuelta de tuerca de la liberación de la mujer, por lo que está claro que la diferencia es el amor. Es el amor el que degrada a la mujer, el que la oprime y la prostituye. Así se explican esos cursos para adolescentes "contra el amor romántico" que ya se mencionaron como forma de introducir la ideología de género en las aulas. La conclusión a la que de forma subrepticia se empuja a la menor es que el sexo sólo es malo y degradante si hay amor. Si hay dinero y no hay afecto, es libertad.

Volvemos por tanto a la creación de *mujeres que no aman* como María Lacalle señalaba acertadamente. L. Silvestri, personaje implicado en la destrucción del amor romántico que propone *la deconstrucción o la destrucción de los mandatos sexuales, del statu quo sobre el amor sentimentaloide y romanticón almibarado, de los estereotipos sexuales y de género* y el trabajo sexual como *un oficio autogestivo, interesante, creativo y una buena manera de ganar ingresos elevados de forma independiente, mientras ser esposa de alguien es prostituirse con un solo varón y por muy poco dinero.* Para ella, como para S. Firestone *parir es como cagar calabazas.*

El cuerpo femenino, que no debe ser utilizado para vender un perfume, es perfectamente utilizable para vender una ideología. En el enredo de ideas al que conduce un relativismo patológico, y que se evidencia en la indefinición entre el concepto de "venderse" y el de "ser propietaria de su cuerpo", las feministas reivindican la prostitución como sexualidad creativa y aceptable forma de vida, pero prohíben que una modelo use su cuerpo para un anuncio como forma de vida; no se puede reivindicar una playa con cuerpos femeninos pero sí desnudarse para vender postulados de la ideología de género. En este punto encontramos el *sextremismo*, o la táctica de reivindicar con extremismo y sexo todo tipo de causas. *Sextremistas* son unas FEMEN utilizando sus pechos para dar relevancia a unas ideas y, a su vez, utilizadas por grupos con intereses tan crematísticos o más que cualquier empresa que paga a una modelo para una foto artística pero con objetivos bastante más turbios que esta. Al final, la cosificación de la mujer no depende del hecho de que se cobre dinero o alguien se beneficie de ella, sino de lo que en cada momento, y según sus intereses, opinen los lobbies feministas.

Masturbaciones y micciones en público parecen ser el fundamento de un movimiento, el *arte posporno*, de raíces feministas que se define como *movimiento artístico que intenta revolucionar el concepto de la pornografía a través de las lecturas feministas y postestructuralistas y un arte que hace saltar por los aires los estrechos corsés que encierran las identidades sexuales y las fantasías eróticas.* Puede que la originalidad falte, porque esto de reivindicar cosas orinando y masturbándose es bastante común, pero la palabrería para definirlo y justificarlo es excepcional. En un show de *posporno* realizado en una universidad, hubo quejas porque, después de orinar en las mesas donde se llevó a cabo, las "artistas" se negaron a limpiarlas. La vulgaridad de la higiene frente al excelso arte.

La reivindicación de la "eyaculación femenina" con la posterior afirmación de que la mujer tiene próstata y que es el afamado "punto G", y los talleres de masturbación para liberar a la mujer, también tienen diversas seguidoras entre las que destaca la escritora de un libro llamado "Coño Potens" y que se define como *pornoterrorista.* Existe también el *lesboterrorismo* como movimiento de reivindicación sociosexual. Toda una llamada continua al sexo, el lesbianismo, el terror y la violencia. Terror y violencia que, en este caso y de momento, no se dirige a ningún colectivo y simplemente es un alarde barato de rebeldía y de transgresión que empieza y termina en el propio cuerpo. Afortunadamente.

## 6. EXCENTRICIDADES VARIAS

En este apartado hay que incluir diversos tipos de aportaciones intelectuales y culturales del feminismo a la liberación de la mujer, perfectamente prescindibles y que van desde la reinvención de la prehistoria matriarcal al descubrimiento de tribus de mujeres guerreras. Los trabajos de diversas estudiosas afirman la existencia de un matriarcado feliz, en una etapa indefinida del pasado, que los hombres truncaron en su ansia de poder y su afán de opresión a la mujer. Por qué no quedó nada de aquella Arcadia feliz y cómo se organizaron los hombres para dar el "golpe de estado" en lugares dispares del mundo, es un misterio. ¡Ay, no!, que atacaron a las tribus matriarcales y bonobas y las sometieron, que para eso los machos son los malos.

Otros estudios descubren, para indignación general, que el heteropatriarcado se remonta a los homínidos prehumanos. Y en otros se trata de encontrar mujeres con la mentalidad y la vida actual en un alarde de anacronismo y de incapacidad de comprender que la vida de la mujer de hace doscientos años, por ejemplo, tan dura y difícil como la del varón, implicaba embarazos encadenados, lactancias continuas, crianzas de hijos complicadas sin los adelantos actuales, sin agua corriente, lavadora, luz o pañales desechables, lo que no facilitaba un comportamiento de feminista emancipada.

Las presuntas heroínas luchadoras que vivían una sexualidad promiscua y varonil, ejerciendo esos roles de género masculinos que tanto valoran en detrimento de la mujer real y que nos presenta la nueva iconografía feminista, eran inviables por la inexistencia de métodos anticonceptivos y la probabilidad de embarazos, que hacían poco recomendable el sexo libre y dificultaban esa capacidad luchadora y esa autonomía emancipada que nos venden. La sensación al leer estudios sobre historia o prehistoria de corte feminista es la de estar ante una novela histórica de ficción poco rigurosa con el pasado.

La reescritura de la historia femenina también incluye descubrimientos más que discutibles sobre autorías de obras maestras robadas por el varón con quién la mujer oprimida verdadera artista convivía, maltratadores que nunca se supo que lo fueran pero no están para defender su memoria, y especulaciones poco fundadas sobre los gustos sexuales de mujeres relevantes a las que se presume lesbianas sin que ellas, tampoco, puedan desmentirlo. Es la ventaja de reinventar el pasado.

Puesto que cada vez es más difícil demostrar lo oprimida que está la mujer occidental, se ha inventado el término micromachismo para poder seguir encontrando razones para victimizarse. Aparecidos ya en algún otro capítulo, son comportamientos machistas que las costumbres sociales hacen pasar desapercibidos pero que realmente son terribles, violencia y perpetuación de los roles que oprimen a la mujer. Considerados como violencia simbólica y tan inadmisibles como otras violencias, merecen la misma reprobación. En realidad y fuera de la perspectiva de género que todo lo envenena, lo que llaman micromachismos son una mezcla de comportamientos tradicionales, formas de actuar de los hombres, que no son machismo sino masculinidad, inocentes sobreentendidos por estadística y pura biología. El hecho de que un camarero, al traer un cocido y una ensalada, ponga el cocido al varón y la ensalada a la chica es micromachismo e inadmisible desde cualquier punto de vista.

El piropo, por ejemplo, es otro micromachismo. No se habla de un comentario desagradable o grosero, sino de una frase agradable dirigida por parte de un hombre a una mujer de forma espontánea y sin conocerla. La movilización contra semejante "ofensa" se hizo popular por el intento de convertirlo en delito, que afortunadamente no prosperó, cercenando un poco más los derechos fundamentales de los varones, esta vez el de libertad de expresión y opinión. El caso del piropo es muy adecuado para entender la diferente perspectiva que las asambleas bonobas utilizan para juzgar las "violencias" que ellas realizan y las que consideran que les hacen a ellas y para ver la forma desproporcionada de responder a nimiedades con provocaciones: en las redes salieron numerosas mujeres fotografiadas con frases de este tipo: *No quiero tus piropos, quiero que te mueras*. Los anuncios con cuerpos femeninos, la elección de reinas de las fiestas, cualquier amabilidad por parte de un varón que este no hiciera con un congénere, son micromachismos. Circulaba en redes un montaje de fotos de personas sentadas en el metro, un nombre junto a una mujer. El hombre sentado con las piernas abiertas ocupaba un espacio que correspondía a la fémina y esta con las piernas juntas se amoldaba al espacio que quedaba. La denuncia era que los hombres que allí aparecían actuaban de esa manera como agresión y desprecio a la mujer. Sin embargo, la imagen estaba cortada a la altura de las cabezas, y un análisis del resto del cuerpo mostraba que la mayoría de aquellos opresores sin respeto eran pobres ciudadanos que se habían dormido y, relajados y a causa de la constitución física masculina, habían abierto las piernas para mayor comodidad. Ni desprecio ni deseo de opresión, sólo cansancio.

Estamos empezando a gastar dinerales en la erradicación del micromachismo. Con los problemas que hay, resulta que lo grave es que haya chistes machistas… y no feministas que son del mismo corte y en semejante número. El gracioso de la barra de bar y las jotas aragonesas "de picadillo" están a punto de ser elementos delictivos. Lo que nos faltaba es no poder reírnos de nuestras diferencias por una corrección política tan pacata y puritana que no admite la broma.

La reivindicación del vello corporal, que podría interpretarse como la liberación de unos gustos estéticos que resultan incómodos o dolorosos para la mujer, en realidad ha terminado por ser una especie de exaltación del pelo de la axila, con concursos y teñidos y un remedo del aspecto masculino en la mujer.

En el Egde Hill University británico se han establecido unos estudios de "Drag Queen y King" en los que se estudia el travestismo. Puesto que pertenece a los grados de arte dramático, sería normal y lógico el aprendizaje de la interpretación del otro sexo. Sin embargo, lo que debería ser preparación profesional ha pasado a ser ideología y adoctrinamiento. Entidad orgullosa de su *fantástica reputación en la promoción de grupos de identidad sexual minoritaria*, el curso *maneja complejas teorías de género, el feminismo y la sexualidad para explorar las implicaciones sociales y políticas de encarnar un género en la vivencia.*

Las corrientes antinatalistas en las que los adeptos se esterilizan por un mundo mejor, están vinculadas a movimientos feministas libertarios veganos y animalistas. Enemigos de los valores de la familia e incapaces de ver esta célula sociobiológica como lo más natural que existe, justifican su postura como lucha contra una feminidad impuesta, como contribución a un mundo mejor evitando gente que consume recursos y animales y que se va a seguir reproduciendo de forma incontrolada o como un derecho al egoísmo y el hedonismo:

*Cuando una decide esterilizarse está contra un prototipo de feminidad que, queramos o no, sigue muy arraigado.*

Aparatos para orinar de pie, acciones terroristas de destrucción de urinarios masculinos como monumento del heteropatriarcado y otras excentricidades podrían dar por terminado este paseo por un mundo al que los lectores de este libro sólo acceden por noticias sueltas en la maraña informativa a la que nos someten.

Sin embargo, queda un punto que se deja a juicio del lector.

## 7. PEDERASTIA FEMINISTA

Ante la imposibilidad de explicarlo, se transcribe parte de una entrevista aparecida en una revista feminista. Helen Torres es la "periodista" y María Llopis una *artista multimedia que desarrolla una visión alternativa de la identidad sexual a partir de la desconstrucción del sujeto del feminismo para acercarse al feminismo prosex o al transfeminismo y* está realizando un proyecto llamado "Maternidades subversivas".

María Llopis: *Pero es que los modelos estándar de crianza, al menos en la España del Mediterráneo, parten de la negación de la posibilidad de ese enamoramiento. Estos modelos de crianza plantean que como tarde al año empiecen la guardería. Y la escolarización, cuanto más pronto mejor. Como si se tratara de que, cuanto antes te quites la criatura de encima, mejor. Es un tema muy delicado. Yo creo que* **todos los problemas de crianza y maternidad vienen de la relación de pareja estable y monógama que no funciona en la maternidad.** *Hay sociedades que tienen otras formas de relaciones que funcionan mejor con la maternidad.*

Hellen Torres: *Y es ese modelo relacional de pareja estable monógama el que necesita negar la sexualidad durante la maternidad, pero no sólo en ese momento, sino que luego está la negación de la sexualidad durante la infancia. Fíjate que, cuando te preguntan cuándo has tenido tu primera experiencia sexual, te están preguntando por el coito, por un polvo con alguien, ya que antes de eso se supone que la sexualidad no existe. Pero,* **¡si hasta los bebés se hacen pajas!** *Y luego está ese* **explorar de los cuerpos entre la madre y la criatura***… tocarse, mimarse, descubrirse…"*

María Llopis: *Eso causa mucho terror… Tengo una colega que es terapeuta, hace medicina china, y tiene un crío, y me contaba* **sobre estas interacciones sexuales con su hijo en que deja que él le explore su cuerpo, le toque el coño,** *en fin… Ella decía que* **la gente no hace** *diferencia entre que yo satisfaga mis deseos sexuales sobre una criatura pese a ella, sin tenerla en cuenta, y el permitir que esa criatura explore la sexualidad ayudada por mí.* Entre esas dos posiciones hay un mundo. La diferencia sería la misma que la que hay entre una **relación sexual consentida** *en la que todas las partes se tienen en cuenta entre ellas* y una satisfacción del propio deseo sexual *pasando por encima de todas las voluntades que no son la mía.* **Eso se llama violación.**

Hellen Torres: *También es importante no perder nunca de vista el contexto. Es decir, cuando la situación se complica porque tanto la madre como la criatura viven en una sociedad en la que* ese acompañamiento en el descubrir de la sexualidad es considerado una aberración. **Entonces tienes que parar, o tener cuidado, porque esa persona a la que acompañas es muy pequeña como para ir por el mundo diciendo que se quiere follar a su madre y que el mundo no piense que eso es una perversión imperdonable.**

Fuente completa:

https://web.archive.org/web/20150428232736/http://www.pikara-magazine.com/2015/03/mi-mejor-amante/#sdfootnote4sym

Atando cabos puesto que, como ya se explicó en la manipulación por sobresaturación informativa, la información sólo es útil si somos capaces de relacionarla con otros conocimientos y extraer de ella una consecuencia…

*El fin de la familia biológica será el fin de la represión sexual. La homosexualidad masculina, el lesbianismo y las relaciones sexuales extramaritales no será visto, al modo liberal, como una elección alternativa.(…) La humanidad podrá revertir finalmente a una sexualidad polimorfamente perversa natural.* Alison Jagger.

No olviden que estos colectivos son los que entran en los centros de menores a hablar de *sexualidad plena,* de *violencia de género, contra el amor romántico* y sobre *el respeto a la diversidad sexual,* a través de asociaciones subvencionadas con fondos públicos para tal fin.

# CAPÍTULO 24
# LA INDEFENSIÓN APRENDIDA,
# LA RESISTENCIA PASIVA,
## Y LA OPOSICIÓN ACTIVA

*Sólo hay dos errores que uno puede cometer en el camino hacia la verdad: no recorrer todo el camino y no empezar*
Buda

El concepto de indefensión aprendida proviene de un experimento realizado por el psicólogo Martin Seligman para analizar las respuestas de dos perros en dos situaciones diferentes. Uno de ellos era sometido a descargas eléctricas que no podía evitar; el otro perro también recibía descargas, pero podía interrumpirlas mediante una palanca. Posteriormente los perros fueron situados en una superficie electrificada de la que podían escapar con facilidad. El animal que había podido evitar las descargas, saltaba al exterior de la plataforma en tanto el otro, que había aguantado las descargas sin posibilidad de evitarlas, permanecía en la plataforma incapaz de escapar de la tortura. Su pasividad provenía de la asimilación, mediante el aprendizaje, de que no podía hacer nada.

La indefensión aprendida, por tanto, sería la situación de pasividad en el comportamiento de una persona o animal que considera que la situación está fuera de su control y que, por tanto, no vale la pena hacer nada porque no hay solución. Convencido de esa imposibilidad, no hace nada por salir de un estado de cosas que no le agrada o beneficia, incluso si existen posibilidades de actuar, pues es incapaz de detectarlas o de defenderse.

Relacionada con la depresión clínica y ciertas enfermedades mentales que resultan de la percepción de no tener control sobre la propia vida, en este caso sobreviene por un aprendizaje dirigido a producir la ausencia de respuestas defensivas. Esa convicción de que la situación le supera, hace que el individuo actúe eliminando los mecanismos de toma de control de su propio estado, paralizando las respuestas y asumiendo y aceptando el perjuicio como mecanismo defensivo mental: "No hay nada que hacer. Aguantemos, evitemos el esfuerzo vano y la esperanza defraudada".

La situación mundial no es muy alentadora: la agenda del género, cuyos epígrafes se han expuesto en el capítulo de *la hidra de las mil cabezas*, se está imponiendo a la población de forma arrasadora con el desconocimiento de la mayoría, el aplauso de algunos y el espanto de otros, entre los que me cuento.

- Irradiada desde la ONU, organismo dirigido y completamente tomado en sus centros de poder por ideólogos de género y que hace tiempo que dejó de ser un medio para la paz mundial y pasó a convertirse en un medio de reingeniería social...

- Financiada por fundaciones, multinacionales y dinero público en un mecanismo de *do ut des* (te doy lo que me des) según el cual, los lobbies y fundaciones privadas financian a los políticos y sus partidos y a su vez estos les garantizan fondos públicos, subvenciones y contratos con las administraciones, que devuelven el dinero a sus arcas para reiniciar el proceso. Caso paradigmático es el de la multinacional del aborto Planned Parenhood, que dona grandes sumas a candidatos y políticos quienes luego le garantizan fondos públicos y contratos con la administración que le reintegran, con grandes beneficios, lo invertido. Naturalmente al margen de este ejemplo sencillo, las redes clientelares y de ayuda mutua son casi infinitas y complicadísimas...

- Impuesta desde la Unión Europea y otros organismos supranacionales a través de informes, directrices, directivas... que, sin ser de obligado cumplimiento, facilitan a los gobiernos la aplicación de los diversos puntos amparándose en el cada vez más inmerecido prestigio de esos organismos totalmente infiltrados de ideólogos del género (los últimos son los informes Estela, Lunacek, Noichl y Rodrigues...)

- Aceptada por los diversos gobiernos por convicción, intereses económicos privados o por desconocimiento de lo que realmente significan estos neoderechos para la población...

- Aplaudida por una ciudadanía engañada concienzudamente que cree avanzar hacia adelante en libertad al grito de "todo vale si hay consentimiento y si no se hace daño o se evita el dolor", mientras pierde dignidad, derechos y las libertades fundamentales víctima de la relativización y la manipulación del daño, el dolor, la violencia y el deseo…

…la ideología de género se implanta desde los gobiernos que vota la población por razones diferentes a la introducción de la ideología de género en los países, pero que, una vez con el poder, imponen, manipulan y legislan a una ciudadanía a la que previamente han enfrentado de forma que no pueda, ni sepa, organizarse.

Una visión general hace tener la impresión de que se van haciendo experimentos con los diversos países, utilizándolos de cobayas en uno de los puntos de la agenda para luego implantar esa cabeza de la hidra en el resto con las mismas estrategias que se han utilizado en el país cobaya y que han dado resultado.

No es fácil saber cómo se encuentran los distintos países en la implantación de la agenda del género, pues los medios informativos se encargan de que no tengamos forma de comparar las derivas éticas aberrantes a las que han llegado los "países cobaya", no dando pábulo informativo a ese tipo de datos. Eso dificulta la organización social en contra, y evita tener argumentos contundentes para negarse de forma mayoritaria a la implantación de cada punto concreto de la ideología de género si se viera la situación a la que se ha llegado en el "país cobaya". Igualmente interesante, cuando se crean líneas de acción para crear alarma social, es conocer la situación real en la comparativa con el resto de los países, única forma de saber si realmente hay un problema o simplemente son cifras de incidencia bajas que no justifican un tratamiento de lacra social.

Lo evidente es que, una vez establecido en un país uno de los puntos de la agenda, los lobbies internacionales fuerzan a que se implante en el resto mediante la presión internacional, las directivas sobre el asunto que imponen los organismos supranacionales y los grupos de presión interna dentro del propio país que tratan de hacer creer a la ciudadanía, mediante todos los medios de manipulación que hemos visto, que existe un problema y que hay un clamor social para que eso se cambie. Frente a esa enorme maquinaria, las asociaciones de diversa índole que luchan contra las cabezas del monstruo, son arrasadas.

Han llegado denuncias desde diversos países del tercer mundo, y a la vista de que por la escasa implantación de los medios de comunicación no se puede manipular a la población de forma masiva, de esterilizaciones forzosas o con engaños por parte de la ONU, o experimentaciones de anticonceptivos con graves efectos secundarios que han deteriorado la salud de muchas mujeres.

Parece que en algunos casos, los países que estuvieron bajo la influencia soviética y el comunismo, y soportaron los resultados letales de una ideología con reingeniería social impuesta sobre la población, han generado anticuerpos contra las manipulaciones ideológicas y los experimentos sociales, por lo que tratan de frenar el avance de esta nueva y letal ideología.

En todos ellos, y si no se remedia explicando claramente a la población el funcionamiento de la agenda del género, será cuestión de tiempo que acceda al poder un gobierno infiltrado por los lobbies y se imponga a la población la agenda del género por la vía rápida de la aceptación de las directrices internacionales como disculpa.

La propia Rusia que, tras la utilización del aborto como método anticonceptivo por motivos prácticos y al margen de cualquier problema ético o proyección ideológica, se ha encontrado con una población envejecida y unas tasas alarmantemente bajas de nacimientos que se alejan con mucho del relevo generacional, ha decidido promocionar las políticas de natalidad, protección de la familia y estabilidad matrimonial. Es muy posible que, al contrario que los casos de Polonia, Hungría y Croacia, en los que hay un sustrato ético-religioso plantando cara al totalitarismo de género, en el caso de Rusia no haya nada más que puro espíritu práctico, si bien, lo cierto es que se está apoyando en la Iglesia ortodoxa.

Rusia, con Putin a la cabeza, tiene la fuerza suficiente para enfrentarse a las presiones de los lobbies internacionales que no consiguen establecerse en este país para comenzar sus manipulaciones a la población, como se ha hecho en el resto de los países. Feministas, homosexuales y lesbianas, que pueden hacer lo que deseen a nivel personal pues no hay una moral que se les trate de imponer, no pueden crear colectivos de presión en suelo ruso ni se les permiten acciones de proselitismo de la ideología de género, en especial dirigidos a los menores. Incluso se planteaba la expulsión de las sociedades y fundaciones que financian a todos estos grupos en tanto se consolidan para vivir de los fondos públicos. La Soros Society y otras filiales del género están en el punto de mira. Las actuaciones de Rusia sobre estos grupos son una buena brújula para confirmar la implicación de esta y otras sociedades, cuya pertenencia a los lobbies no está clara para algunos, porque los servicios de información rusos son suficientemente fiables como para confirmar, si se les cuestiona o expulsa, que están involucrados en el asunto.

Sin embargo, precisamente por ese espíritu práctico y no ideológico que mueve al gobierno ruso a expulsar a los lobbies del género y a defender la familia y la natalidad como forma de fortalecer el país, no es esperable que colabore en la ayuda a los enemigos ideológicos del género que luchan en la debilitada Europa.

Para Rusia es beneficiosa una Europa débil, envejecida, descreída, incapaz de defender sus valores y principios porque no los tiene, con dificultades para mantener el "estado del bienestar" y con enormes tensiones internas para asimilar inmigración musulmana que revitalice la pirámide poblacional.

Una vez pergeñado un incompleto mapa de la situación en la que nos encontramos, con los ideólogos de género dueños de todo el poder, dentro de todas las instituciones, controlando incluso la ONU, con todo el dinero público a su alcance, con leyes a favor, con medios de comunicación públicos y privados comprados, subvencionados o engañados, pero colaborando en la mentira... y de los que nos oponemos en la batalla, desorganizados, desinformados, manipulados informativamente, sin saber muy bien de dónde nos vienen los golpes, incapaces de hacer nada contra esos poderes omnímodos establecidos... sólo nos queda ser víctimas de la última de las manipulaciones: la indefensión aprendida, la respuesta de dejar de oponer resistencia por la convicción de que no va a servir de nada y que tenemos la guerra perdida; que, incluso además de perder energías y esfuerzos baldíos, pueden haber represalias, uniendo el miedo a esa indefensión aprendida.

Sin embargo, es posible que no tengamos la posibilidad de dejarnos freír por las descargas eléctricas continuas de una ideología inadmisible, simplemente por nuestro futuro y el de los que van a depender del mundo que les dejemos.

Por ello hay que entender claramente la situación, comprender que las injusticias particulares que nos afectan y nos indignan sólo son parte de un plan mucho más complejo, asumir que todos los grupos que luchan contra una de las cabezas son aliados contra la ideología de género. Como ciudadanía que somos, tenemos que dejar de ayudar de forma personal a asociaciones, partidos y grupos que de una forma u otra promuevan la ideología de género, denunciar las manipulaciones, desenmascarar a los manipuladores… asociarse, explicar a todo el mundo el origen de los problemas que nos surgen, de las injusticias a las que nos vemos sometidos y de la tiranía de una ideología totalitaria.

La enorme cantidad de perjuicios, injusticias generadas por los neoderechos, dolor y despropósitos que va produciendo esta ideología ayuda a desenmascararla. De hecho, en este momento las sociedades están divididas en tres grupos: un gran mayoría que vive en el "Matrix del género", una minoría que vive del "Matrix del género" y una minoría creciente que, víctima de las injusticias que produce o por motivos diversos, se defiende como puede de ese entramado virtual poderosísimo en una nave desguazada cuya única forma de sobrevivir es que no se le detecte. Como Winston Smith, el protagonista de "1984" de G. Orwell, son conscientes de que ven una realidad diferente que el resto, que piensan diferente, que no pueden evitar ser críticos con la "corrección generista", que cometen pecados de heteronormatividad, que no asumen el derecho sexual de los menores, que, al margen de lo que cada uno haga, las uniones homosexuales no les parecen iguales que las heterosexuales convirtiéndose inmediatamente en homófobos, que no ven que la violencia doméstica sea *de género*, que matar niños nonatos les parece horrible… y no pueden controlar ese pensamiento libre, y esa percepción de que todo es mentira. Como Neo de "The Matrix", saben que todo es mentira. Y saben que si lo manifiestan, "Matrix" detectará la nave, matará civilmente al disidente, le destruirá la reputación, le dejará sin empleo, e incluso en algunos casos llegará a la amenaza personal y la agresión física. Los orígenes ideológicos del género garantizan que se justifique cualquier medio para obtener y mantener el fin.

Algunos puede aún elegir entre vivir en "Matrix", asumir el neolenguaje de 1984 y ser buenos ciudadanos. Otros, ya fuera de "Matrix", con el pensamiento incapaz de aceptar las mentiras, sólo podemos luchar contra ese poderosísimo entramado. Deberíamos organizarnos, si bien habría también que tener pautas de actuación individual:

Hay que afirmar la igualdad en derechos y dignidad de hombres y mujeres y negar la igualdad neurofisiológica y antropobiológica de ambos sexos.

Hay que exigir libertad en las funciones sociales de ambos sexos respetando los deseos individuales, fomentando las capacidades inherentes a cada uno y valorando el mérito sobre el sexo.

Hay que reivindicar el organigrama social natural y negarse a admitir la existencia de un heteropatriarcado opresor en las sociedades igualitarias.

Hay que reivindicar a la mujer natural y biológica y el respeto a sus características, su esencia y sus condicionantes.

Hay que reivindicar al hombre natural y biológico y valorar sus características, su esencia y sus condicionantes, respetando sus derechos fundamentales sin crear culpas genéticas.

Hay que reivindicar la unión de sexo, amor y procreación como forma de excelencia de unificar nuestras naturalezas y alcanzar la plenitud y la felicidad, al margen de la libertad individual de los que elijan otras opciones.

Hay que reivindicar la responsabilidad personal, y no resolverla con la eliminación de seres vivos o la ingesta de medicamentos peligrosos, y hay que exigir a los gobiernos responsabilidad en salud pública al margen de ideologías.

Hay que reivindicar el derecho a la vida y hacer comprender a una sociedad anestesiada que matar para eludir problemas y responsabilidades es una opción social e individualmente destructiva.

Hay que reivindicar la heterosexualidad como forma natural y biológica de organización social y de convivencia al margen de que, de forma individual, haya otros tipos de convivencia que no pueden equipararse al matrimonio por las derivas éticas y de merma de derechos de otros que conllevan.

Hay que fomentar la comprensión y el respeto entre los sexos evitando confrontaciones interesadas y valorando cuanto de enriquecedoras social e individualmente tienen las diferencias.

Hay que analizar la transexualidad como un problema médico que debe ser tratado por profesionales (síndrome de Harry-Benjamin) y no frivolizarlo transformándolo en una opción sexual voluntaria.

Hay que eliminar los derechos inherentes al matrimonio de uniones que no lo son. No hay un derecho a tener hijos, porque los menores no pueden convertirse en un derecho de nadie, ni en una posesión o mercancía.

Hay que respetar el derecho de los padres a educar a sus hijos según sus convicciones y exigir que el Estado no imponga una moral y una ética por encima de otras igualmente democráticas y respetables.

Hay que reivindicar que la violencia en la pareja es bidireccional y que existe una violencia familiar que puede afectar por igual a cualquier miembro de la misma.

Hay que reivindicar el interés superior del menor por encima de cualquier otra consideración o derecho, su derecho a una infancia feliz y protegida, su derecho a una formación libre de imposiciones estatales o de lobbies, su derecho a un padre y una madre en cualquier circunstancia y a una familia lo más estable y vinculante posible.

Hay que luchar contra la utilización del menor por parte de adultos en sus intereses personales.

Hay que luchar por el respeto a la persona y al valor de la vida humana en cualquier circunstancia y etapa de esta.

Hay que luchar contra el neolenguaje. Al margen de los eufemismos hay que hablar de leyes de desigualdad, de leyes de mala salud sexual y reproductiva, de asesinatos de fetos, del derecho a vivir, de la familia ecológica frente a la artificial, del universo heterosexual, de violencia bidireccional, de la violencia doméstica, del derecho de los niños a un padre y una madre, de vientres de alquiler, de cosificación de la vida humana...

Aprendamos a ser críticos, a no relativizar los valores éticos, a manejar la información con conocimiento de los intereses profundos del enfoque de las noticias.

Analice lo que le cuentan. Desconfíe de los datos sobre cualquiera de las cabezas de la hidra que no coinciden con su percepción personal. En temas de género no se quede en los titulares.

Luche por su estabilidad matrimonial. Aconseje a sus amigos y parientes para acudir a especialistas si hay problemas en la relación. Hágalo por sus propios hijos y por los de ellos.

Defienda y proteja a sus hijos en los centros educativos. Exija información sobre talleres que afecten a valores éticos, morales y a temas controvertidos socialmente relacionados con las diversas "cabezas de la hidra". Quéjese si ha habido desinformación, ideologización, abuso de confianza o manipulación de sentimientos.

Hable con sus hijos. Enséñeles los valores que le han hecho feliz y han dado sentido a su vida. Hágale crítico, dele herramientas de análisis e interpretación de la realidad. No le deje inerme ante el monstruo.

No se fíe de los organismos internacionales. Hace tiempo que dejaron de representarle y velar por sus intereses.

No vote a partidos que defienden la ideología de género o no sean claros en su oposición a la misma. Si los vota, luego no se sorprenda de lo que suceda.

Haga redes de colaboración: contacte con personas que también están "fuera de Matrix".

Colabore en las redes. Denuncie cualquier abuso de la ideología de género. Llame por teléfono, mande mails, mensajes de facebook y twitter, cartas al director… Apoye a los disidentes cuando los calumnien y difamen.

Hágase ciudadano activo. No colabore con el silencio de los corderos.

No dejemos que, de ninguna manera, nos convenzan de que estamos indefensos.

*Los absurdos no refutados de hoy son los lemas*
*aceptados de mañana*
Ayn Rand

# EPÍLOGO

*La maestra explicaba a los alumnos que la causa
de las guerras en el mundo residía en la violencia
innata de los hombres y, cuando lo decía, buscaba
mi mirada de consenso pensando que yo aprobaba
semejante basura de teoría. Mientras, los pobres
estudiantes varones de la clase se sentían tan
afligidos que hubieran deseado pedir disculpas
por existir. Todo lo que dijo fue peligroso y nocivo
además de estúpido... esta clase de cosas pasa en
colegios de todas partes y nadie dice nada sobre esto.*

*Hoy contamos con mujeres maravillosas en
todos los campos, pero ¿por qué esto debe
tener un coste tan alto para los hombres?*

*Los hombres están tan intimidados que ya
no se defienden. Pero deberían hacerlo.*

*Es tiempo de que empecemos a preguntarnos quienes
son esas mujeres que continuamente descalifican
a los hombres. Las mujeres más estúpidas,
ignorantes y repugnantes pueden descalificar a
los hombres más buenos, amables e inteligentes.*

Doris Lessing
Escritora y feminista

# BIBLIOGRAFÍA

Alvarez Deca, J. L. *"La violencia en la pareja bidireccional y simetrica. Análisis comparativo de 230 estudios científicos internacionales"* AEA-MA

Arsuaga Rato, I. y Vidal Santos, M. (2010) *"Proyecto Zapatero. Crónica de un asalto a la sociedad"* HazteOir.org

Asociación Europea de Ciudadanos Contra la Corrupción *"1 millón de denuncias falsas de maltrato finciadas con Fondos Europeos"*. Informe 2016

Barash, David P. (1987) *"La liebre y la tortuga. Cultura, biología y naturaleza humana"*. Salvat Editores. Barcelona

Barrio Maestre, J.M. (2005) *"Educación diferenciada. Una opción razonable"*. EUNSA

Blakemore, S. J. y Frith, U. (2005) *"Cómo aprende el cerebro. Las claves para la educación"*. Editorial Ariel. Barcelona

Bosque, I. Informe *"Sexismo linguistico y visibilidad de la mujer"* RAE

Brizendine, L. (2010) *"El cerebro masculino"*. RBA Editores

Brincedine, L. (2010) *"El cerebro femenino"*. RBA Editores

Calvo Charro, M. (2013) *"Alteridad Sexual. La verdad intolerable"*. Digital Reasons

Calvo Charro, M. (2011*) "La masculinidad robada"*. Ed. Almuzara

Camacho, M. J., Rodríguez, Rodríguez, M. I. y Moreno, A. (2002) *"La insatisfacción corporal de las adolescentes y la práctica de Ejercicio Físico como método de control del peso corporal"*. Ministerio de Educación, Cultura y Deporte. Consejo Superior de Deportes. Madrid.

Conferencia Episcopal Peruana (1998) *"La ideología de género: sus peligros y alcances"*. Comisión Episcopal de Apostolado Laical

Crown, Thomas S. (2016) *"El regimen ideología de género"*. Editorial Círculo Rojo

Dawkins, Richard (1985) *"El gen egoista. Las bases biológicas de nuestra conducta"*. Salvat Editores. Barcelona

Diaz Herrera, J. *"El varón castrado. Mentiras y verdades sobre la violencia de género en España"*. Ed. Planeta

Durán Escriba, X. (2005) *"Los secretos del cerebro: ideas, sentimientos y neuronas"*. Algar Editorial

Esteban, P. y Rodrigo Mora, F. (2012) *"Feminicidio o autoconstrucción de la mujer"*.

Fernández, E., Camacho, M. J., Vázquez, B., Blandez, J., Mendizábal, S., Rodríguez, M. A., Sánchez, F., Sánchez, M., Sierra, M. A. (2008) *"Guía PAFIC. Promoción de Actividad Física para las Chicas"*. Instituto de la Mujer. Ministerio de Trabajo y Asuntos Sociales. Madrid.

Fernández, E., Contreras, O. R., Sánchez, F., Fernández-Quevedo, C. (2002) *"Evolución de la práctica de la actividad física y el deporte en mujeres adolescentes e influencia en la percepción del estado general de salud"*. Ministerio de Educación, Cultura y Deporte. Consejo Superior de Deportes. Madrid.

Folguera, L. (2014) *"Hombres maltratados"*. Bellaterra

Grañeras, M., Savall, J. y otros *"Revisión bibliográfica sobre Mujeres y educación en España"* (1983-2007) CIDE/ Instituto de la Mujer

Graupera, J. L., Martínez, J. y Martín, B. (2002) *"Factores motivacionales, actitudes y hábitos de práctica de actividad física en las muejres mayores"*. Ministerio de Educación, Cultura y Deporte. Consejo Superior de Deportes. Madrid

Grupo de investigación *"Estudios de Género en la Actividad Física y el Deporte"*. Universidad Complutense de Madrid

Hines, M. y Alexander, G. M. (2008) *"Monkeys, girls boys and toys: a confirmation Letter regarding"* "Sex differences in toy preferences: striking parallels between monkeys and humans".

Hüther, G. (2011) *"Hombres: el sexo debil y su cerebro"*. Plataforma

Jacobson, J. N. G. (2001) *"Hombres que agreden a sus mujeres: cómo poner fin a las relaciones abusivas"*. Paidos Ibérica

Jimenez Abad, A. y Artácoz Colomo, A. (2003*) "La mujer impulsora del desarrollo humano. Una visión creativa"* ONG GAM TEPEYAC

Jiménez-Beatty, J. E., Graupera, J. L. y Martínez, J. (2002) *"Hábitos y demandas deportivas de las mujeres mayores en el municipio de Madrid"*. Ministerio de Educación, Cultura y Deporte. Consejo Superior de Deportes. Madrid

Lamas Abad, R. "Contra la dictadura violeta. Alegato *antifeminista"*. PDF

Liaño, H. *"Cerebro de hombre y cerebro de mujer"*. Ediciones B.

López Moratalla, N. (2009*) "Cerebro de mujer y cerebro de varón"*. Rialp

Macías, M. V. y Moya, M. C. (2002) *"Estereotipos y deporte femenino. La influencia del estereotipo en la práctica deportiva de niñas y adolescentes"*. Ministerio de Educación, Cultura y Deporte. Consejo Superior de Deportes. Madrid

Márquez, N. y Laje, A. (2016) *"El libro negro de la nueva izquierda"*. Grupo Union – Centro de Estudios Libre.

Martínez, P. y Lacalle, M. (2009) *"Ideología de género. Reflexiones críticas"*. Ciudadela Libros

Maynard, J. y Szathmáry, E. (2001) *"Ocho hitos de la evolución. Del origen de la vida a la aparición del lenguaje"*. Tutsquets Editores S.A.

Pease, A. y Pease, B. (2007) *"Por qué los hombres no escuchan y las mujeres no entienden los mapas"*. Editorial Amat.

Pérez-Tomé Roldán, H. (2015) *"Una vuelta de tuerca"*. Ed. Sekotia

Profesionales por la Ética *"Ideas clave sobre educación sexual en los centros escolares. Consideraciones científicas y éticas"*. 12 octubre 2011

Profesionales por la Ética *"Informe sobre la vulneración y recorte de derechos fundamentales en las nuevas leyes autonóomicas sobre igualdad de género"*. 20 octubre 2014

Reig Pla, J.A. (2010) *"La ideología de género y su influencia en el concepto de familia"*. Congreso "La familia en la encrucijada". Ediciones Cultura Cristiana

Rubia, F. J. (2007) *"El sexo del cerebro: la diferencia fundamental entre hombres y mujeres"*. Ediciones Temas de Hoy. Madrid

Scala, J. (2010) *"La ideología de género o el género como herramienta de poder"*. Editorial Sekotia

Serrano, F. (2012*)" La dictadura de g*énero". Editorial Almuzara

Skinner, Burrhus F. (1987) *"Más allá de la libertad y la dignidad"*. Salvat Editores. Barcelona.

Smith, Anthony. (1986*) "La mente"*. Salvat Editores. Barcelona.

Straus, M. A., Gelles, R. J. y Steinhetz, S. K. (2006) *"Behind closed doors. Violencie in the American family"*. Transaction Publishers

Trevijano, P. (2015) *"Relativismo e ideología de género"*. Voz de papel

Trillo Figueroa, J. (2009) *"La ideología de género"*. Libros Libres

Trillo Figueroa, J. *"El apocalipsis oculto. Cuando los hombres adoraban a las mujeres"*. Ed. Sekotia

Tylor, E. B. (2006) *"Primitive Culture: Researches into the Development of Mythology, Philosophy, Religion, Language, Art and Custom"*. Kessinger Publishing. United States

UNESCO *"International Guidelines on Sexuality Educato: An evidence informed approach to effective sex,relationships and HIV/STI education"*. UNNews 27-08-2009 Family Egde, 31-08-2009

UNIFEM *"Derechos de las mujeres. Principales instrumentos Internacionales"*. Impresol Ediciones 2006

20970352R00215

Printed in Great Britain
by Amazon